Rolf Stolz

WÜSTUNGEN

Kurze Prosa II

mit einem Vorwort von Uta Oberkampf

WERKE

Band 9

Edition Bärenklau

ISBN: 978-3-7597-7888-8

Edition Bärenklau
Koalabärweg 2
16727 Oberkrämer-Bärenklau
edition-baerenklau@gmail.com
www.editionbaerenklau.de

Photo Rolf Stolz *Fugen* (2009)
Bärenklau in Brandenburg 2024

Bewußt in alter Rechtschreibung

Verlag: BoD • Books on Demand GmbH, In de Tarpen 42,
22848 Norderstedt
Druck: Libri Plureos GmbH, Friedensallee 273,
22763 Hamburg

MIX
Papier aus verantwortungsvollen Quellen
Paper from responsible sources
FSC® C105338

Vorwort

Rolf Stolz nannte seine 1999 herausgebrachte Erzählung *Die Geschichte der drei spanischen Kavaliere* „ein Amalgam aus historischen und phantastischen Elementen“.

Diese Beschreibung lässt sich auch auf viele der Prosastücke in der vorliegenden Gesamtausgabe seines Werks übertragen, die zwischen 1998 und 2023 entstanden sind.

Schon die verwendeten Titel lassen erkennen, worum es dem Autor im Wesentlichen geht: *Unmöglichkeiten, Versuche* oder auch *Ausfluchten* stehen für den experimentellen Umgang mit der Sprache im Hinblick auf die für die Nachkriegsgeneration politisch notwendig gewordene Neuorientierung und der damit verbundenen Überwindung der überkommenen Erzählmuster. Sie bilden den poetischen Leitfaden für die Frage nach dem, „was mitten im Leben mit dem Leben geschehen kann“.
(Rolf Stolz *In eigener Sache*).

Sein Erzählen speist sich, wie er dort schreibt, aus Gehörtem, Gesehenem, Überliefertem sowie dem „Beschwiegenen“ des eigenen familiären Hintergrunds. Denn auch für den Nachgeborenen sind die Vertreibungserlebnisse der Vorfahren als Grundierung für die eigene Existenz immer noch präsent.

Dieses im Erzählvorgang nacherlebte Erinnern des Autors zeigt sich ihm jedoch als janusköpfig, denn es ist eines aus zweiter Hand und daher nur schwer in Worten fassbar:
„Manches gibt es vielleicht einfach mehrfach – als wirkliches Ereignis und als erfundene Flunkerei“, heißt es im Text *Bock auf Geschichten*.
Mit dieser Sicht auf die Welt wird von ihm der apodiktischen Literaturpraxis der Nazizeit eines *So und nicht anders kann und darf*

es sein ein „Vielleicht" entgegengehalten, welches auf das untergründig Experimentelle verweist, das in seiner Erzählpraxis für eine Neuorientierung unabdingbar ist:

„Vielleicht, wenn der Pope die Wohnung geweiht hätte, vielleicht wäre dann alles gut geworden, vielleicht. Aber es blieb nur beim Reden darüber", ist der Eingangssatz zu dem Text *Die alte Frau*, der mit dem Satz schließt:
„Vielleicht ist es einfach das Beste, immer den Geistern freie Bahn zu lassen, ihnen ruhig zuzusehen, auch denen, an die man nicht glauben mag".

Dieses „ruhige Zusehen", ob auf vergangene oder gegenwärtige Zeitumstände, ob selbst erlebt oder auf andere Weise zur Kenntnis des Autors gebracht, ist ein Markenzeichen dieser Prosa, die ohne Wertungen auskommt und vom Leser eine eigenständige Sichtweise einfordert. Dieses „ruhige Zusehen" kann manchmal durchaus satirische Züge tragen, wie zum Beispiel im Text *Urknall und Konsorten*.

In dem Text *Eine Art Partner* wird das „ruhige Zusehen" selbst auf seine Tragfähigkeit hin befragt:
„Ich habe es natürlich wieder einmal nicht endgültig und abschließend klären können", heißt es und gibt dabei augenzwinkernd zu erkennen, dass den Worten des Erzählers nicht immer zu trauen ist beziehungsweise, dass er selbst den eigenen Worten gegenüber skeptisch bleibt.

Kafkaeske Begebenheiten und Anekdotenhaftes wechseln sich mit rein Erzählerischem ab. Die Texte – so unterschiedlich sie sich in ihrer Gestaltung geben – handeln von Erlebnissen
„wie an einer Abbruchkante, an der das ganze verquere Leben in den Abgrund stürzt" (*Vor dem Vorgebirge*).

Da kann manchmal nur ein Seil zur Sicherung dienen, selbst wenn es sich als wenig belastbar zeigen sollte. Dieses Bild des morschen Seils als Sicherung vor dem Absturz im ersten Text des Bandes *Die Maschinerie* zeigt den poetischen Ansatz dieser Prosa, die davor warnen will, sich zu sehr auf die vorgebahnten Wege zu verlassen.
„Jedem, der in den Wäldern läuft, ist diese Konstellation bekannt: Von einem plötzlichen Regenguss oder von dichtem Gesträuch daran gehindert, sich ganz auf den Verlauf des Weges zu konzentrieren, hat man unversehens die Orientierung verloren oder doch jedenfalls den Glauben daran, auf dem eingeschlagenen Weg ans Ziel zu kommen“, heißt es in *Einladung zur Umkehr*.

Hier zeigt sich das Geheimnis und die unterschwellige Sogwirkung dieser Prosa: Immer ist es eine „Einladung zur Umkehr“, zum Nachdenken über den eigenen Lebensweg und eine damit verbundene Aufforderung zum Neubeginn.
Diese Prosa bietet eine breite Palette von Deutungsmöglichkeiten der Lebenswirklichkeit, die auf ganz eigenwillige Weise zu fesseln vermag.

Uta Oberkampf

DER ABSCHIEDNEHMER

Geschichten und Unmöglichkeiten

FÄLLE

Die Maschinerie

Es war ein Geräusch von Glas, das unter vielen Füßen zerbricht, wenn die Scherben immer kleiner werden und am Ende auf den winzigen Kügelchen die Füße geradezu ins Gleiten kommen, rollenhaft möchte man sagen, und das Leiserwerden dieses sich entfernenden Lärms verrät, daß die Spuren unter den Flüchtenden schon verschwanden. Es schien aus der Luft zu kommen, dieses Geräusch, und in der Zuordnung einer bestimmten Richtung wurde ich sicherer durch einen anderen Ton, den von schweren lederbespannten Trommeln, der in den Kellergeschossen begonnen hatte und sich fortsetzte in dem metronomartigen Schwanken der Fahrstuhlschächte und Gebäudekanten. Längliche weiße Hölzer, die einzelnen Seiten der früheren Fenster, lagen zu gefrorenen Scheiterhaufen aufgestapelt. Die Panoramascheiben, durch die an günstigen Tagen das ausgetrocknete Meer und der Horizont gerade eben zu ahnen waren, schienen ohne besondere Befestigung auf schmale Leisten und Klötze gesetzt zu sein. Die Balance wurde dem Wind überlassen.

Ich hatte versucht, von einigen stummen Frauen den Weg nach Eschach zu erfahren, aber sie ließen sich durch keine meiner Gebärden bewegen, mit Handzeichen und Kopfbewegungen die gesuchte Richtung preiszugeben, so daß ich es vorzog, am Rande eines Volksfestes einen jüngeren Mann zu bitten, uns weiterzuhelfen. Im äußersten Falle erklärte er sich bereit, uns den ungefähren Verlauf des Weges zu zeigen, von einem Übersichtsplatz aus. Vorsichtig und lauernd sich umblickend schlug er vor, gemeinsam bis zum höchsten Punkt einer Achterbahn aufzusteigen, der das Fest in der Hauptsache seinen Zuspruch und Zulauf verdankte. Diese Bahn bestand aus einem offenen steinernen Treppenturm, der an einen in Stufen herabgeführten Katarakt oder eine von Ebene zu Ebene ansteigende Terrassenplantage erinnerte. In diesem Turm sah man die Besucher des Festes sich emporbewegen, um ganz oben von der Achterbahn aufgenommen zu werden, die sich als bunte Lichterkette immer wieder hinab und hinauf wand, um irgendwo im Hintergrund die Fahrgäste freizugeben, verwirrt und glücklich.

Meine Begleiterinnen blieben zurück, sie zogen es vor, sich von mir nach meiner Rückkehr berichten zu lassen, wie wir unser Ziel am einfachsten erreichen konnten. Der Fremde drängte, daß wir uns ohne Zögern in die Warteschlange einreihten. Es war nichts Besonderes, auf Treppen aufzusteigen, die in einer gewissen Höhe in Leitern übergingen. Gelegentlich traten Störungen und Verzögerungen auf, weil dem Strom derer, die aufwärts wollten, Kinder in die Quere kamen, die es anscheinend mit der Angst bekommen hatten und auf diesem eigentlich nicht vorgesehenen Weg wieder nach unten zurückkehrten. „Dumme Bengel" war noch eine der freundlicheren Bemerkungen, mit denen sie bedacht wurden.
Es wunderte mich, daß mit der zunehmenden Höhe trotz einer gewissen Absturzgefahr die Sicherungsgeländer eher schmaler und niedriger wurden und sich der breite Aufstiegsweg verengte auf Stahlleitern und Kriechgänge, die es nicht mehr zuließen, nebeneinander zu bleiben. Aber mein Führer trieb zur Eile. Obwohl es letzten Endes um ein Hinaufkommen gehen mußte, waren kleinere Partien eingebaut, in denen man auf lustigen Rutschen wieder an Höhe verlor. Es lag vielleicht an dieser Abwechslung, daß ich keinerlei Anstrengung und Müdigkeit verspürte. Ich wollte gerade meinem Vorgeher folgen und hinter einer kleinen Biegung des Ganges ohne unnötiges Verweilen die dort angekündigte Rutsche hinabsausen, als ich stolperte, das Geländer packte und vor mir in einen quadratischen glatten Schacht starrte, der als einziger Weg vorwärts hundert oder zweihundert Meter hinabführte. Mein Begleiter war verschwunden. Ich hätte einen letzten Zuruf hören müssen und vielleicht sogar ein leises fernes Aufschlagen des Körpers. Ich formte, als wäre es für diesen Fremden, die Lippen zu einem fast lautlosen Schrei, aber es war die Wiederholung von etwas Ungehörtem. Das Ausbleiben jedes Abschieds, die Stille eines wie nicht gewesenen unbeweisbaren Absturzes beunruhigte mich mehr als alles sonst.
Gegen alle Wahrscheinlichkeit gelang es mir, mich mühsam auf allen Vieren zurückzuschieben, zitternd, unter Aufbietung eines Restes verzweifelten Mutes, obwohl die nachfolgenden Besucher es mir fast unmöglich machten, und ich nicht in der Lage war, ihnen noch etwas zu sagen oder sie darum zu bitten, mir auszuweichen. Ich wich unbemerkt und allein in eine neben dem Gang gelegene Werkstatt aus, in der es nach Holz, dem Öl der Motorsägen und nach abgewrackten Schiffen roch. Ich fand einige Stücke Seil, gesplissen und wenig belastbar, um mich zu sichern auf dem langen Weg hinab.

Die Nachricht

Daß nicht mehr alles in Ordnung war, daß die Zeit drängte, bemerkte ich zuerst an dem alten Mann, der ohne etwas zu bestellen und zu bezahlen herausging. Ich hatte in dieser Stadt, in der ich vor Jahren schon einmal gewesen wäre, wenn nicht eine kurzfristige Erkrankung es verhindert gehabt hätte, ich war über ein bis zwei Wochen außerstande, meine lukrativen Abschlüsse zu tätigen, in dieser fremden Stadt hatte ich eine Bäckerei betreten, hatte einige Minuten die Auslagen durchgesehen, Croissants und Schnecken, belegte Brötchen und noch weißlich-kalte Toastscheiben, Laugenbrezeln und Prasselkuchen, ich war gefragt worden, mehrmals sogar, was man für mich tun könne, hatte nur mit den Schultern gezuckt und Mädchen den Vortritt gelassen, die zu dritt oder zu viert hereinkamen, wortlos auf flache Brote deuteten, alle diese Mädchen trugen Kopftücher, schwarze oder weiße, aber stets hatte die kleine Gruppe sich auf eine der beiden Farben geeinigt, so daß es keine Minderheiten, keine Mehrheiten, keine gleichstarken Fraktionen, keine Einzelgänger gab, auch drängte sich keines der Mädchen vor, denn alle deuteten gleichzeitig und aus einem gleichen Abstand auf das Gewünschte, nur im nachhinein, mehrere Stunden später beschäftigte mich die Frage, welches Mädchen jeweils den Brotlaib (und sie hatten immer nur einen Brotlaib gekauft) an sich genommen hatte und welches bezahlt hatte, wo es doch unglaublich erschien, daß jede ein Drittel oder ein Viertel der Summe bezahlte, mit synchronen Bewegungen und gleichen Beträgen, mit einem wortlosen Einverständnis über eine möglichst gleichmäßige Aufteilung des Wechselgeldes, aber ich hatte keine Erinnerung daran mehr, wahrscheinlich war ich zu sehr beschäftigt gewesen mit meiner eigenen Entscheidung, was ich letztendlich bestellen sollte, ich setzte mehrmals an, zeigte auf dies und das, begann Sätze, die ich nicht zu Ende bekam, ich wußte, daß ich recht hatte und verstand mich durchaus, ich wollte die Wartezeit herumbringen und eine billige Zwischenmahlzeit einlegen, aber ich schwankte zwischen den vielen Möglichkeiten der Zusammenstellung, die Verkäuferinnen schienen irritiert, vielleicht auch durch meine rotkarierte Jacke und meine dunkelrote Baskenmütze, große Karos und dunkelblaue Streifengitter, aber ich konnte ihnen nicht so schnell weiterhelfen, ich nahm mein Portemonnaie aus der Tasche und steckte es wieder ein, laut und leise, hurtig und bedächtig, ich und nicht ich, der

Hund, der seitlich auf den geblümten Kunststofffliesen lag, rührte sich nicht, muckte nicht auf, war wohl auch schon zu alt oder zu sehr abgerichtet, daß ihn noch etwas beschäftigen konnte, ein Mann begrüßte eine der Verkäuferinnen, sie schienen lange zusammengewesen zu sein, „wo bist du jetzt?“, „hier, ich habe eine andere Wohnung“, oder sagte er „keine andere Wohnung“?, zumindest ging er sofort wieder hinaus, mit einem knappen Kopfnicken, diese Frau mußte ein Sandwich heraussuchen für eine Fremde, die so leise sprach, wohl ohne Absicht, daß ich sie nicht verstehen konnte und mit den gespreizten Fingern zeigte, wieviele Würstchen sie zu kaufen wünschte, das Fett drang durch das dünne Pergament, tropfte ihr in den Ärmel, aber sie aß die drei Würste, ohne sich davon stören zu lassen, ohne zu mir an das Wandtischchen zu kommen, sie versperrte in einem den Durchgang in den hinteren Teil des Ladens und den Einblick in die Kühltheke, dieser alte Mann mit seiner zerkratzten Hornbrille kam herein und mühsam an ihr vorbei, ich hätte halb geschworen, ihn draußen in der Verkaufspassage gesehen zu haben, mit einem selbstgeschriebenen Schild „Hunger und kein Obdach“, hinter ihm leergezogene Häuser, deren Umbau fraglich geworden und auf unbestimmte Zukünfte verschoben worden war, ich hatte ihm einige Groschen auf sein Stück Karton gelegt, ein Markstück rollte zur Seite, ich sagte „Bitte schön“, obwohl ich zu einer Partei gehörte, die sich der Ausrottung der Armut und Bettelei verschrieben hatte, aber ich wollte menschlich sein und eine Ausnahme machen, er schien fast zu schlafen, gekauert und abgewinkelt, dennoch bedankte er sich mit einer geringen Verzögerung hinter meinem Rücken, und zwei jüngere Männer blieben stehen, sie klingelten an jeder Haustür und fragten nach einer freien Wohnung, eine alte Frau wollte ihnen ihren Keller einräumen, aber die Farben müsse sie dort behalten können, es war ein stechender Geruch von Lösemitteln, Salmiakgeist und Terpentin, von dem Beton unter den Füßen zog Kälte hoch, über die Verstrebungen der Metallbetten, und der schwermütige Geruch einer undichten Gasleitung, ich dachte noch vor dem Einschlafen über mein Leben nach, es schien nicht ausgeschlossen, daß wir hier nicht mehr erwachen würden, aber wir hatten auch diesen Ort verlassen können, die Räumungsquote lag relativ hoch, ich ging mit Andrea in das Erlenwäldchen, trotz der Staunässe und der Granaten unter unseren Füßen, ein Schild warnte vor den Gefahren für unser Leben, aber wir legten uns trotzdem auf die weiß überfrorenen Grasplacken, eine Frau betrat den Laden, ich bestellte jetzt endlich sofort etwas, wie um ihr zuvorzukommen, drei Brötchen, einen Kaffee und eine aufgewärmte

Frikadelle, ich ging vor an das Wandtischchen, füllte Milch in den Kaffee, verschüttete etwas Zucker und verteilte das Fleisch in kleine Höhlungen, die ich in die Brötchen gedrückt hatte, sie hatte keine andere Wahl, als sich neben mich zu stellen, wandte sich dann ab von mir und schien im Spiegel ihr eigenes Gesicht zu betrachten, ich erschrak, daß ich dort, wo die beiden Spiegel in der Ecke zusammenstießen, drei Augen hatte und einen breiten offenen Mund, als verschöbe sich der Boden unter mir, als würden die Fliesen in einem rasanten Mischen und Austeilen gegeneinander getauscht, kreisherum und spiralig gewunden, und jetzt der Alte mit dem Horngestell auf der aufgeplatzten Nase, er war knapp noch vor einem flotten Auto weggekommen, über eine Granitkante gestolpert und mit dem Gesicht auf den Bordstein geschlagen, Passanten hatten ihm aufgeholfen und ihn in aller Eile getröstet, ich hatte es freundlich von meinem Ausguck verfolgt, wie eine Loge eines Fensters, das über braunschwarze Felder und durch unbewegte kahle Bäume hindurch auf einen grauen Fluß schauen läßt, alles kommt zur Ruhe aus dieser Entfernung, das Blut war schon krustig geworden, ich stieß halb ungewollt den Ellbogen gegen die Brust meiner Nachbarin, machte ein überraschtes freches Gesicht, nur daß es selbst dadurch nicht zu einem Anfang eines Geredes kam, weiße Plastikfiguren in dem Schaufenster eines Geschäftes für sexuelle Hygiene, nicht einmal fleischfarben, ganz ohne Köpfe und Arme, ein Haarbüschel eingespart jedes Mal, auf Vibration zu schalten, eingeschweißte Broschüren über moderne Erziehungsmethoden in jedem gewünschten Härtegrad, einzelne Brüste in allen Größen und Formen, aufblasbar, auffüllbar, Riemen reichlich, „Gestern Abend war es so schön warm“, aber ich fror schon wieder oder immer noch, der Alte hielt den Kopf gesenkt, als wolle er auflaufen, murmelte mit sich, ich wollte ihm eigentlich ein Informationsblatt über die sozialen Hilfsdienste in dieser Stadt zukommen lassen, das ich unterwegs erhalten hatte, ohne es zu brauchen oder diesen Anschein erweckt zu haben, aber ich unterließ es, um nicht zudringlich zu wirken, er hätte mich auch kaum beachtet, er machte eine Runde bis ans Ende des Ladens, wo über einem längst schon zugemauerten Eingang immer noch „Zutritt nur privat“ auf einem Messingschild stand, die Frau neben mir schien fünf oder zehn Jahre älter zu sein als ich, dies war wohl der Grund, warum sie mich nicht interessierte, nur falls sie den ersten Schritt gemacht hätte, hätte ich mich interessiert gezeigt, zumindest außerhalb der Öffentlichkeit, in der sanften Namenlosigkeit eines Bahngeländes oder eines Friedhofes, vielleicht Stunden später erst wäre der Gedanke gekommen, sie wiederzusehen und eine Wiedersehenswunschanzeige aufzugeben mit Ort und Uhrzeit unseres einzigen Zusammentreffens, mit einer Postlagerkartennummer, der alte Mann ging heraus ohne etwas zu bestellen und zu bezahlen, er hatte nicht hochgeschaut und nichts gesagt, die Verkäuferinnen tuschelten, er sei jetzt zum dritten Mal gekommen, sonst noch nie, immer das Gleiche, dreimal das gleiche Gemache, die Frau neben mir ging sofort, ohne den Pappbecher zurückzugeben oder in den Mülleimer zu werfen, ich folgte ihr bis zur Tür, wartete einen Augenblick, bis sie sich draußen für eine Richtung entschieden hatte, und floh, so gut ich es noch konnte.

Hieß sie wirklich Isabella?

Es war ein Traum, in dem ich in einem Übergang oder auf einem solchen stehe, der maßgebliche Mann spricht von seiner besten Kraft, die alle Dateien besser im Griff hat als er selbst, und erst am Rande, im nachhinein und im Herausgehen erwähnt er beiläufig, daß sie wegen einer Netzhautablösung fehlt, aber bald zurückkehren wird an ihren Platz, ich gehe weiter und muß immer höher aufsteigen, wie eine Art großen Pilz empor, Peter nimmt Christoph und springt hinab, herabgesprungen wäre es, wenn ich zugleich unten sein und ihn erwarten könnte, erst jetzt, nach dem Sprung und ohne daß ich zuvor gefragt worden wäre oder um ein Verhindern gebeten worden wäre, sehe ich, wie hoch ich über ihm stand und wie weit es die beiden bis unten haben werden. Die Männer behaupten jeder für sich in dem gemeinsamen Gespräch, sich zu kennen und in einem und demselben Betrieb gearbeitet zu haben, „du kennst doch noch den Reikowski", „einen Reikowski habe ich nicht gekannt in meiner Zeit die ganze Zeit über nicht", „komisch ich hätte schwören können, daß ihr beide öfters miteinander gestritten habt, aber vielleicht war er an einer anderen Anlage oder du erinnerst dich nicht gleich an ihn", „am besten habe ich Tacklein vor Augen, ein scheußlicher Zeitgenosse, obwohl keiner für sich selbst kann", „vielleicht ganz gut, daß ich dem nicht über den Weg gelaufen bin, oder war es der mit den Holzfällerhemden und den Frauenfingern", „kann er gar nicht gewesen sein, er hatte Hände wie Klodeckel Kloschüsseln und hatte immer diese grauen Pulloverpullunderjacken an, man sah nicht einmal einen Kragen, ich habe mal aus purer Neugier ihm in sein Halsbündchen gefaßt, um endlich zu wissen was darunter ist aber es war nur die Haut und weiter unten eine Art Unterhemd wahrscheinlich auch in diesem Einheitsgrau", „so einen habe ich mein Leben lang noch nicht getroffen, muß ein ziemlicher Spinner gewesen sein", „in etwa schon, aber auch wieder nicht der allerschlimmste, jedenfalls weniger als Karpen", „Karpen hieß nicht so oder so ähnlich jedenfalls einer bei mir in der Schule, von dem ich nichts mehr gehört habe nachdem sie ihn erst einmal gewippt hatten", „weiß ich wirklich nicht ich bin ja nicht mit dir in einer Schule gewesen aber vielleicht bist du mit ihm in der Schule gewesen, ich kenne ihn nur aus der Schicht das war immer mein Spannmann und auch noch der Schwager von unserem Meister aber darüber hast du dich selbst doch oft genug aufgeregt daß gleich zwei aus der Sippe bei uns waren und der

Alte Karpen immer was zugeschustert hat", „aber ich habe doch Karpen das letzte Mal mit zwölf gesehen wenn er wirklich so hieß und später nicht ein einziges Mal mehr, nicht bei Eduscho und nicht im Walliser Hof", sie werden noch eine geschlagene Stunde reden oder mehr, sie werden sich nicht einigen können, wer der Meister war und ob einer von ihnen zeitweise Meister war oder Meistervertretung gemacht hat, ohne daß sie eine einzige winzige greifbare Überschneidung finden können in ihren Erinnerungen Namensnennungen und Menschenerwähnungen.

Das Schließen der Tür

Nachts, in den Stunden zwischen zwei Uhr morgens und vier Uhr, höre ich ihn. Ohne ihn gesehen zu haben (aber ich werde ihn sehen) weiß ich, es ist ein Mann, es kann nur ein Mann sein. Nur ein Mann kann so gehen. Ich schlafe nicht mehr allzu fest, seit ich auf ihn warte; ich werde spätestens dann wach, wenn ich ihn höre, oft aber auch schon sehr viel früher, wenn ich aus Träumen aufschrecke, glaube, ihn gehört und vielleicht erneut verpaßt zu haben, wenn ich das Gefühl habe, es sei an der Zeit, daß er herunterginge.

Ich stehe mehrere Male in jeder Nacht auf, trotte im Flur ein wenig auf und ab, recke mich hoch und blicke versuchsweise durch den Türspion. Ich habe ihn noch nicht gesehen, wie gesagt. Mehrfach habe ich die Tür geöffnet, als ich ihn hörte, obwohl eine natürlich auch bei mir angeborene Scheu und eine lange eingeübte Diskretion mich zögern ließen. Ich glaubte, seinen Atem im oberen Treppenhaus zu vernehmen, als sei er gerade erst aus den Dachkammern oder den Einraumwohnungen des dritten oder vierten Stockwerkes gekommen, aber noch jedes Mal war er zu diesem Zeitpunkt bereits tiefer, schon an der Wohnung des Hausbesitzers im ersten Stock vorbei oder schon im Erdgeschoß angelangt, den Geräuschen nach zu urteilen.
Ich habe verschiedene Möglichkeiten erwogen und unauffällige Nachforschungen angestellt. Verwirrend ist, daß er weder zu einem festen Zeitpunkt das Haus verläßt noch an bestimmten Tagen. Was sich sagen läßt, ist, daß es oft geschieht, nahezu in jeder zweiten oder dritten Nacht - mit der Unsicherheit für mich, daß es ihm vielleicht gelegentlich gelingt, sich unbemerkt hinauszustehlen. Erstaunlich ist, daß er meist das Licht im Hausflur nicht anschaltet. Er muß abwärts gehen mit der geübten Sicherheit eines Blinden oder erst nach einer Weile des Wartens, um sich an das Dunkel zu gewöhnen, mit weit aufgerissenen Augen, die noch gerade eben etwas Restlicht erfassen. Ich höre ihn niemals kommen, seine Spezialität scheint das Abschiednehmen und Verlassen zu sein. Vielleicht gehört es zu ihm, zu seinen Angewohnheiten und Marotten, sich nicht sehen zu lassen, und er preßt sich in schmale Eingangsöffnungen und taucht ab hinter Treppensockeln, wenn jemand in das Haus kommt und das Hüsteln und Schlürfen ihn vorwarnt. Vielleicht hat er eine Verbündete im

Haus, die ihm zumindest zeitweise Unterschlupf gewährt, ohne daß er vor der Korridortür warten oder einen Dietrich hervorsuchen muß. Vielleicht auch käme er nicht oder ginge ganz unhörbar hinab, wenn ich nicht warten würde und nicht alle Angst und Hoffnung auf ihn richten würde, daß es ihn gibt und daß ich nicht aufhören werde zu existieren, solange er noch kommt.

Nur noch Inseln

Ich kam an diese Glastür, die ich öffnete, weil ich sie für den Eingang in die ringsum verglaste Halle hielt, aber sie führte nur in das Innere einer großen Uhr, die man in die Haustür eingebaut hatte. Ich schloß das Uhrentürchen wieder und ergriff die richtige Klinke, um mir endlich Zugang zu verschaffen zum Heim unserer Gastgeber. Es war ein Flachbau, in dem Lagerräume eines Adreßbuchverlages gewesen waren, die Zentrale unserer Organisation, ein türkischer Buchladen, zuletzt ein Waschsalon. Erst gegen Ende wurde die Abgeschlossenheit der Glasbausteine und gelben Vorhänge aufgegeben zugunsten eines freien Blicks auf die Werbetafeln, die Maschinen und die Wartenden. Wir saßen am Tisch mit vier Söhnen eines Arztes, deren Familienähnlichkeit unabweisbar war. Meist sprach der älteste. Es ging darum, daß früher die Ärzte wenig Rücksicht zeigten, daß Vivisektionen und Obduktionsfeststellungen mit fröhlich-gleichgültiger Härte erfolgten, und ihr Vater, solange er noch konnte, nicht abgeneigt war, seine Kinder zu schlagen. Entstellende Narben waren nicht zurückgeblieben. Ich sprach mit einer langsamen, tonlosen Stimme, als hoffte ich Zeit zu gewinnen und als müsse ich jedes einzelne Wort sorgfältig überprüfen. Adolf Hitler hatte sich entschlossen, zwischen dem internationalen Judentum und der SS zu vermitteln, um das Blutvergießen zu beenden.

Die Straßenbahn fuhr von der Charité zum Pantheon. Mit Licht und Rauch wurde ich zurückgelassen, mit einem dumpfen Hämmern im Kopf. Ich wurde wach neben G., schnitt scherzhaft in ein halbes Brötchen, das auf ihrem Bauch lag, ein kaum wahrnehmbarer Einschnitt in die Deckschicht ihrer Haut, wir lachten beide, und sie drohte scherzhaft mit dem gekrümmten Mittelfinger. Sofort danach, ohne Pause und Abmilderung durch eine mittelprächtige Fahrt, traf ich im bunten Treiben eines Marktes auf meine Patentante, eine alte Frau, und auf meine Frau, gleich hinter ihr und mit den üblichen überflüssigen Einkäufen beschäftigt. In einer Kirche weist eine fremde Frau auf das Altarbild, eine weiße Landschaft, in der einige winzige Menschlein, wie Fliegen fast oder mehr noch wie Fliegendreck, auseinandergehen in verschiedene Richtungen, in ungreifbare Weiten hinein. Sie dreht dieses Bild durch einen verborgenen Mechanismus um. Es ist wieder nur die längst bekannte Kreuzigung sichtbar, über die ich alles weiß.

Das Ufer

Eine Aufgabe wie das Anlöten von 32 Speichen an acht Rädern oder wie das Herausstreichen aller Ypsilons aus einem koptischen Text oder auch wie das Öffnen eines Fensters, das in einen oben verschlossenen Lichtschacht führt und die Luft scheint abgesaugt zu werden von dort her, wo sich nichts aufschieben läßt in die unbegrenzte Leere hinein, in der vielleicht noch Atem zu finden wäre und auch die übersichtliche Schaltung, die die Teilchen hinausreißt und uns den Boden raubt, mit dem die durchbrechenden Höhlungen für eine kurze Zeit gefüllt werden sollen, ist unerreichbar fern und es fehlt uns die klare Gerissenheit, sie im Sprung zu erfassen. Ich kam aus einer der Beredungen, die müde machen sollen und jede Möglichkeit nehmen, sich selbst anzuschauen und den unglücklichen Ablauf der Sprechordnungen und Protokollfüllung abzuändern. Ich hatte ehemalige Bekannte angetroffen, die sich nur kurze Zeit über das erneute Treffen freuten, aber die versteckten Duelle und mißlungenen Maßregelungen begannen erneut, ich vergaß es auch, alle einzeln zu verabschieden und nachzufragen, ob ein weiterer Versuch gemacht werden sollte. Der Paternoster war stillgelegt, es schien zu große Gefahren zu geben, daß einer aufspringen und zerquetscht werden konnte, obwohl dies nie vorgekommen war. Der Pförtner, der mir die Toilette aufgeschlossen hatte, in deren Becken das seit Monaten tropfende Wasser seine dunkelbraune Spur hinterließ, saß in seinem Glaskasten und blickte starr nach draußen, auf einen ehemaligen Parkplatz, der mit überwucherten Steinen ausgelegt war. Gegenüber waren neben den Neubauten ausgebrannte Ruinen, in denen die umherziehenden Kinder nach toten Vögeln suchten, die Schilder wiesen auf baldige Eröffnungen und Erneuerungen hin. Ich glaubte eine Gruppe Ausländer auf einer Bank gesehen zu haben, aber ich war in Eile, das Parkhaus würde geschlossen sein, wenn ich mich ablenken ließ. Eine ältere Frau sprach mich an und fragte mich, ob ich gesehen habe, wie der junge Mann seit einer halben Stunde festgehalten, geschlagen und gewürgt wurde. Ich blickte sie an und ging weiter, ohne zu antworten. Sie sagte nichts mehr und ließ mich in Ruhe. Ich befreite mein Auto, parkte es am Straßenrand, benutzte, ohne an der Theke zu bestellen oder ein überflüssiges Telefonat zu führen, die Toilette eines Lokals, in dem die Einheimischen sich drängten. Es war eine meiner häufig wiederkehrenden Blasenentzündungen.

Fünf oder zehn Minuten nach der kleinen Begebenheit betrat ich wieder den Innenhof. Zerrissene Flugblätter lagen auf dem Boden, aber ich sah niemanden, der gequält und vielleicht sogar getötet wurde. Meine Gesprächsgegner kamen aus der Tür, auch sie hatten niemanden bemerkt und waren sich sicher, der Pförtner hätte gefährliche Vorkommnisse beobachtet und gemeldet, wenn sie sich ereignet hätten. Es waren keine Spuren zu sehen, und es fand sich weder am nächsten noch am übernächsten Tag ein Bericht in der örtlichen Zeitung. Das Opfer würde erst später gefunden werden, ich würde es kaum erfahren und jene Hilflose, die vielleicht noch hätte helfen können, würde sich nach einigen Jahren nicht an mein Gesicht erinnern, das wirkliche Gesicht des Schuldigen.

ANNAHMEN

Fünfzehn deutsche Geschichten

Ein kommunistischer Funktionär flieht im Sommer 1939 durch Polen. Er will nach Moskau gelangen, wo er in einem der Straflager erschlagen wird. Er hat kaum Geld und keine Papiere, aber er kommt durch, weil er bei deutschen Bauern in der Ernte Arbeit findet. Er versteckt seine Überzeugung nicht, die Bauern wissen, warum er von den Nazis gejagt wird, aber sie helfen ihm weiter, weil er ihnen hilft und weil er ein Deutscher ist. Niemand von diesen Bauern kann nach dem Krieg in seiner Heimat bleiben oder dorthin zurückkehren.

Die jungen Deutschen in Westpreußen und der Provinz Posen, die nach 1918 polnische Uniformen tragen - Söhne der Minderheit, die zwei Millionen zählt. Ein deutscher Handwerker, der mit seinen polnischen Kumpanen auf den Kirchfesten zum Tanz aufspielt, wird 1940 eingezogen und fällt in Rußland. Familien stehen zwischen den Fronten, werden im Krieg, unter der Besatzung und im Nachkrieg aufgerieben. Ein halbes Jahrhundert später wird in München Siegfried Heim in einem grünlichen Blatt schreiben: „Daß die Polen auf die Deutschen nicht gut zu sprechen sind, liegt eben daran, daß die ‚Volksdeutschen' den Nazis gute Dienste im Terrorapparat Hitlers leisteten. Das saß so tief, daß die polnische Bevölkerung nach dem zweiten Weltkrieg ihre Wut an den Schlesiern ausließ, sie vertrieb und ihnen bis heute das Ausleben einer eigenen Kultur weitgehend verweigert.“

Ein Achtzehnjähriger im äußersten Westen Deutschlands geht gegen den Willen seines Vaters als Freiwilliger 1939 in den Krieg - so wie er sich

Jahre zuvor aus Opposition gegen die Eltern der Hitlerjugend angeschlossen hat. Er wird diesen Krieg und die Gefangenschaft überleben, aber sein Vater wird tot sein - gestorben aus Traurigkeit und Wut über die zeitweise siegreichen Mörder, an die er seine Leute verlor.

Der Sohn eines Landarbeiters an der Grenze zwischen dem Reich und Litauen, der stets besser Russisch als Deutsch sprechen wird, meldet sich zur Waffen-SS. In der Gefangenschaft am Baikal-See wird er zum Kommunisten und zum Verwalter einer Kolchose. Er verläßt seiner Frau zuliebe die Sowjetunion, findet in Köln an einem der Fließbänder Arbeit. Er bleibt als kommunistischer Vertrauensmann ein halber Russe. Bis zuletzt gibt er die Hoffnung nicht auf, daß die Arbeiter alle Macht und ein ganzes Deutschland bekommen werden.

Ein Kommunist aus den ehemaligen Gebieten im Osten versteckt sich auf der Flucht vor der Essener Polizei Mitte der fünfziger Jahre einen Tag lang bei einer unpolitischen Frau aus seinem Dorf. Sie schenkt ihm ein Hemd ihres Mannes, unter dem er weiter sein blaues FDJ-Hemd trägt - und wenn es ihn verraten sollte.

Der Leiter einer illegalen KPD-Gruppe in Danzig wird 1945 von Soldaten der Roten Armee erschossen, weil er sich gegen Verbrechen der Sieger wehrt. Sein Neffe sieht es mit an, ehe er nach Dänemark flüchtet. Ein Sechzehnjähriger, der die Internationale in der Hitlerjugend singen gelernt hat - inmitten einer von Anfang an gescheiterten Revolte gegen die Gauleiter, mit der kurz vor dem Ende die „Zweite Revolution“ nachgeholt werden soll.

Ein SS-Mann weigert sich in Rußland, auf Frauen und Kinder zu schießen. Es ist der erste Befehl, den er nicht ausführt. Er wird auf der Stelle erschossen. Er ruft seinem Kommando zu: „Ihr Schweine, dafür habe ich nicht gekämpft."

Ein jüdischer Deutscher, dessen Angehörige ihr Land so sehr lieben, daß sie eher sterben wollen als auszureisen. Es sind Frontkämpfer dabei, selbst die Nazis wagen sie nicht anzurühren im November 1938. Er flieht noch rechtzeitig. Irgendwo im Mittleren Westen Amerikas wird er sich noch fünfzig Jahre später als heimatloser Deutscher fühlen. Er läßt keinen Deutschen bei sich übernachten, der in seinem Alter ist, weil er fürchtet, einem der Mörder seiner Familie zu begegnen.

Ein Sozialdemokrat, dessen Kompanie im Hürtgenwald aufgerieben wird und der bis zuletzt für die SPD im Untergrund gearbeitet, seine Parteimarken ins Mitgliedsbuch geklebt hat. Mit den Überlebenden seiner Einheit wird er eingegliedert in einen Kampfverband der Waffen-SS. Er fällt wenige Tage später in der Eifel und wird in der SS-Uniform auf jenem Friedhof begraben, auf dem sich der amerikanische Präsident und der Primus seiner Vasallen die Hand geben. „Hier liegen nur Mörder begraben", sagt einer der Jungen, die gegen den kleinen und den großen Staatschef demonstrieren.

Der Vater, Werkmeister in einer Papierfabrik, kauft seiner Tochter 1933 eine BDM-Uniform, um seine kommunistische Zelle zu decken. Wegen eines Flugblattes wird er verhaftet, freigelassen und nach den Siegen in Frankreich freigestellt, weil seine Tochter Marinehelferin wird. Er rettet die Papiermaschinen durch den Krieg. Sie werden von den sowjetischen Truppen demontiert. Er soll Direktor werden oder Bürgermeister, aber nach zwanzig Jahren in der alten Partei entzieht er sich der neuen. Sie hatten es sich nicht vorgestellt, sie wollten es anders als früher und freier. Er wirft 1952 einen Hammer in eine Maschine. Er soll wegen Sabotage verurteilt werden, aber er entzieht sich den Behörden durch Selbstmord.

Ein alter Mann in einem Dorf des Westerwaldes, ein nachdenklicher und unvermutet feinfühliger Metzger, der eine Zeitschrift abonniert hat, die zur Rückkehr aller Ausländer aufruft. Seine Frau und er vergöttern ein zehnjähriges Mädchen, die Tochter einer türkischen Familie, die in seinem Haus lebt.

Ein anderer alter Mann, der sich bis zuletzt eine gerade Haltung und seine Art von Disziplin bewahrt hat. Ein Bauer, der zum SS-Mann wurde und nach dem Krieg zum Arbeiter. Er ist sich keiner Schuld bewußt, er spricht nicht über seine Schuld. Einem jüngeren Verwandten sticht in Pakistan ins Auge, wie ähnlich die Angehörigen der alten landbesitzenden Familien sind: aufrecht und mitleidlos, ihre Gesichter, ihre Blicke, ihr unbeeinflußbarer Gang.

Der Zwanzigjährige, der 1966 nach Frankreich geht, um dort zu bleiben und der kein Deutscher mehr sein will, der sich in Gesprächen rumänische und polnische Eltern zuschreibt, weil Deutschland ihm tot erscheint und die Ursache so vieler Morde sein soll.

Es waren viele, die nicht mehr ein einiges Deutschland wollten, weil sie nie eines gekannt hatten und weil sie als heimliche Revolutionsanhänger wollten, daß alles so bleibt, wie es einmal ist. Sie fürchteten, aus der gewohnten Ruhe gerissen zu werden, ihre Ferienwohnungen aufgeben und ihren Zweitwagen abmelden zu müssen. Sie fürchteten niemanden mehr als sich selbst und ihre eigene fürchterliche Angst. Aber neben ihnen waren ältere und ganz junge Menschen, nicht nur in Leipzig, die einen alten Traum für sich entdeckten. Ein alter Mann, Ende der siebzig, der ein einziges Mal Ernst Thälmann gesprochen hat, der die Gefängnisse und Lager überlebt hat, sagt: „Ernst Thälmann wollte auch Deutschland. Es kann nicht alles umsonst gewesen sein.“

Ein Kommunist aus Babelsberg, der 1945, als die Russen kommen, Schuldezernent wird, ist schon ein Vierteljahrhundert Mitglied der Partei, hat Oranienburg und anderes überstanden. Er bleibt in seinem Holzhäuschen, zieht nicht in eine der weißen Villen wie die neuen Genossen, die sich die Taschen füllen. 1948 wird er denunziert und für ein halbes Jahrzehnt nach Karaganda verschleppt. Seiner Frau wird geraten, ihn für tot erklären zu lassen. Die ehemaligen Freunde wechseln die Straßenseite, wenn sie seinen Kindern begegnen. Sein Mitgliedsbuch und seine Rente als Opfer des Faschismus erhält er nicht mehr. Seine Eingaben werden 1958 endgültig verworfen, die Besatzungsmacht könne in ihrer damaligen Rechtsprechung nicht kritisiert werden. Er vertreibt die, die ihn zur Wahl holen wollen, mit einem Knüppel. Auf seinem Grab steht: „Nur der ist tot, der vergessen wird.“

Januar 1942

Im Januar beginnt der dritte Kriegswinter sein wahres Gesicht zu zeigen. Zu Jahresbeginn liegt eine Schneedecke, die jedoch bei nebligem und trübem Wetter langsam abtaut. Plötzlich setzen sich Kaltluftmassen aus Rußland mit extrem niedrigen Temperaturen in westlicher Richtung in Bewegung, die in der Nacht vom sechsten auf den siebten Januar auch Deutschland in ihren brutalen Griff nehmen.
Innerhalb kurzer Zeit sinken die Werte bis auf 25 Grad Celsius am Rheinufer ab. Es kommt zu starkem Treibeis; die Nahe erstarrt über Nacht. Schließlich bildet sich eine Eisdecke auf dem Rhein, die von Werkendam bis Monheim und von der Loreley bis Erbach reicht. Im Januar und Februar herrscht an sechsunddreißig Tagen Eisgang. Im letzten Monatsdrittel des Januar kommt es zu den ersten starken Schneefällen.
In vielen Wohnungen sind die Wasserbehälter der Toiletten eingefroren. Viele Zimmerpflanzen erfrieren, ebenso eine große Anzahl Rebstöcke und Obstbäume. Vögel, Wild, ja selbst Menschen in unserer Heimat werden Opfer der strengen Kälte. An der Ostfront erleiden rund zweihundertfünfzigtausend Soldaten schwere Erfrierungen. Wegen Kohlenmangel schließen zeitweise die Schulen.
In Berlin findet die Wannsee-Konferenz statt. Die Endlösung der Judenfrage im gesamten deutschen Machtbereich wird dort festgelegt.
Erstmals erscheinen deutsche U-Boote vor der nordamerikanischen Ostküste und versenken dreiundzwanzig Handelsschiffe.
Die deutsche Fußballelf schlägt Kroatien 2:0 in Zagreb (damals noch Agram genannt).
Die Filme des Monats: „Alkazar" (der spanische Bürgerkrieg) und „Kellnerin Anna".
Indessen tobt in Rußland die große Winterschlacht unter härtesten Bedingungen. Man spricht von dem kältesten Winter in Rußland seit einhundertdreißig Jahren, man sorgt sich zunehmend um Väter und Söhne.
Im Gasthaus „Stolpereck" versammeln sich die Bürgermeister des Kreises. Es geht um die Diphtherie-Schutzimpfung, den Luftschutz und die Erweiterung der Seidenraupenzucht.
An einem Sonntag erfreut man sich in der Gaststätte „Gambrinus" an einem „Klingenden Feierabend", den Musiklehrer Föth in Szene setzt.

Am 9. Januar wird ein weiteres, trauriges Kapitel dieses Krieges aufgeschlagen. Die katholische Kirchengemeinde muß ihre großen Glocken abgeben. Nur eine kleine Glocke bleibt zurück.
Der Schüler Ewald Sommer bricht unterhalb der Hindenburgbrücke in das Rheineis ein und ertrinkt. Der Geschäftsmann Josef Dürrnagel stirbt im Alter von vierundvierzig Jahren. Obereichmeister Valentin Schäfer wird neunzig Jahre alt.

Die nächtliche Vereinigung

Es war der Morgen des vierten Oktober, nach einer überwiegend ruhigen, nur von wenigen Feuerwerken unterbrochenen Nacht, noch nicht einmal ein Jahrzehnt ist vergangen seit damals. Frau Mania, groß und stattlich, leise und vorsichtig, ging die Innentreppe, die den ersten Stock mit dem Erdgeschoß verband und seit wenigen Stunden im Leeren endete, hinunter. Fast wäre sie gestürzt. Zögernd sprang sie von der letzten Stufe hinab auf den Medaillon-Teppich, zwei Meter und etwas unter ihr. Sie verstand nun, daß die Decke des Erdgeschosses herabgestürzt war und sich, ohne aufzureißen und in Scherben zu springen oder sich an irgendeiner Stelle zu verwerfen, auf den Boden des Kellers gelegt hatte. Eine Einheit aus unteren und oberen Räumen war geschaffen.
Sie stand in einer Halle. Das einstige Wohnzimmer war schon höher angelegt gewesen als das Neubaumaß zweineunundvierzig und war größer gewesen als die schmalen Räume der Nachbargebäude. Sie hatte die über den Krieg gerettete, mit Fratzen, Teufelslarven und Spielermasken verzierte Decke dieses ehemaligen Roulettesalons abhängen lassen, es war die Zeit der Ölkriege und Energieverknappungen gewesen, als man den zu beheizenden Raum verkleinerte und die Fensterritzen so lange sorgfältig verklebte, bis in einigen Fällen Kinder in ihrer geringen Höhe nicht mehr genug Atemluft vorfanden und schnell verstarben. Aber dies war auch in Unterfahrungen geschehen, in denen der Verkehr nach mehreren Unfällen stockte und, um nicht zu frieren, schaltete niemand den Motor aus, oder Säuglinge wurden während der Fahrt vom Wind herausgezogen aus offenen Wagen und damit erloschen die Ansprüche auf besondere soziale Zuwendungen.
Der Raum hatte wieder seine alte Höhe von mehr als fünf Metern. Sie, die schon mit vierzehn Jahren zweinullfünf erreicht hatte, würde durch die Türen gehen, ohne ihren Kopf senken zu müssen. Sie schrieb sich auf, daß die Türzargen verlängert werden mußten und daß es sich als zweckmäßig erweisen könnte, die Türen durch eine untere Hälfte zu ergänzen zu einer zweiteiligen Klöntür, wie es früher war, mit einem meist freien Blick aus dem Raum heraus und einem zumindest symbolischen Schutz für den Teil des Körpers, der sich hinter der fast immer geschlossenen unteren Halbtür verbarg. Die Fensterbänke lagen jetzt recht hoch, sie würde nur noch

gelegentlich dort den angeflogenen Schmutz abwischen oder die dann schon längst vertrockneten Blumen entstauben. Auch die beiden Terrassen würde sie jetzt seltener betreten oder sie mußte Treppen bauen lassen, wie zur Straße hin, unter denen alte Koffer ihren Platz finden konnten.
Sie wischte an den Wänden Verunreinigungen und Kalkspuren ab, die die Decke im Fallen hinterlassen hatte. Sie beglückwünschte sich dazu, daß sie im letzten Sommer aus Ersparnisgründen die ehemaligen Kellerräume und den Wohnraum mit einer und derselben Tapete, einer von Schiffen durchteilten Nebel- und Wellenlandschaft, hatte bekleben lassen. Zwischen den beiden Tapeten, die nun im gleichen Licht sich nach und nach in ihrer Helligkeit angleichen würden, war ein gleichmäßiger freier Streifen entstanden, der den, der um die Zusammenhänge wußte, an das Auflager der Decke erinnern mochte, aber schon ihre morgigen Gäste würden ihr gratulieren zu dem glänzenden gestalterischen Einfall, zwischen zwei Flächen Platz zu lassen für gar nichts. Dies beruhigte sie ebenso wie das Wissen, gegen das kalte Erdreich und die untergründigen Wasser geschützt zu sein und die Gewißheit zu haben, daß böswillige und anzeigebereite Nachbarn von außen kaum einen Unterschied bemerken konnten. Als sie sich aufmachte, um Geld zu holen, fiel ihr plötzlich ein, daß bislang im Kellergeschoß eine vielleicht sogar mit ihr verwandte Familie gewohnt hatte. Sie entfernte das Namensschild aus der Klingelanlage. Sie würde in diesem Feld ihren eigenen Namen ein zweites Mal anbringen, als einzige in diesem Haus doppelt erreichbar.

Geschichten aus der Zeit

Der Sonderberater einer Züricher Bank Werner Gustav Kehl, geboren am 7. Mai 1931 in Berlin, wurde von arabischen Luftpiraten erschossen: erstarrt, als der Todesschuß fiel. Die Passagiere dachten, er stecke mit den Arabern unter einer Decke, er sei die ganze Zeit sehr freundlich zu den Arabern gewesen und habe viel getrunken. Erschossen, weil er Deutscher war. Für die Passagiere der V-10 ist der Schrecken zu Ende.

Die Zahl der Gastarbeiter ist um 9,4 Prozent gesunken.

Mit einer Reform der Kraftfahrzeugsteuer ist nicht zu rechnen.

Bei den Arbeitsämtern sind 10.000 Menschen mehr als vor einem Jahr beschäftigt.

Flick-Kapital bleibt (mit einer Barabfindung).

In Hessen beginnen 360.000 Metallverarbeiter die Verhandlungen. Sie fordern 17 Prozent.

Die CDU/CSU erhält Zugeständnisse bei der Rede- und Übertragungszeit.

Die erste Konzertierte Aktion des Jahres.

Für 50.000 18 Prozent.

Herr Eichler kann sich außer der Konzertierten Aktion auch ein Gespräch im kleineren Kreis vorstellen.

Bulgakow und Mandelstam erschienen wieder. 10.000 Millionäre.

Herr S. verlangt im „Bayernkurier" ein Umdenken der FDP gegenüber der Opposition, wenn die Opposition für Herrn Scheel stimmen soll.

Eine Steigerung um 40 % gilt als unabweisbar: 1.000 Millionen DM an die politischen Parteien.

Eine Gegenstimme, 9 Enthaltungen aus der SPD-Fraktion bei der Mitbestimmungsabstimmung - mindestens ein leitender Angestellter. Beide Seiten müssen zustimmen. Es gibt eine Grenze der gewerkschaftlichen Anwesenheit.

Die ÖTV stellt ein Ultimatum bis zum 28.1. null Uhr.

Zweihundertzwölf Mark im Jahr kommen heraus oder 5 Milliarden jährlich. Jeder kann wählen, bei jeder Bank. Nur einer arbeitet.

Die Zahl der Arbeitslosen liegt über 1966/67: Coesfeld 3,8 %, Meschede fast 5, Gelsenkirchen über 3 Prozent, in 7 über 3.

8,5 sind bundesweit angeboten.

Die Parlamentsvertreter sind weniger: Von 33.000 auf 13.000 nach Abschluß der Kommunalreform. Noch ein gutes Drittel Vertretung übrig.

Der Heizölkostenzuschuß muß bis zum 30. 6. beantragt werden.

Die Bundesbahn um 6,7.

Auch bei Regen wird am 1. Mai das Frühlingsfest gefeiert. Der Erlös geht an das Augustinus-Altersheim. (Firma Kess).

„Wissen und Tat“: „Über den Kampf um die deutsche Nation“.

Gesucht werden arbeitslose Frauen mit Kind.

Für jeden hunderttausend - für keinen eine Million.

2 Millionen arbeitslos oder in Kurzarbeit, 100.000 Jugendliche auf der Straße.

Jede Stimme zählt.

Lidice: 10. 6. 1942 (Bergarbeiterdorf).

Es könne nicht überraschen, wenn die Ölkonzerne jetzt die Regieanweisungen geben (Aspin, an Nixon 1972, 13 Millionen DM).

In Brasilien in der Silvesternacht 80 Tote.

In Israel die „Rechte“ plus 20, die „Arbeiterpartei“ minus 8.

160 in Schwelm, die Hälfte in Hunde, 800 in Wuppertal: Kurzarbeit. In Metelen Arbeitslosigkeit in jeder vierten Familie.

In Jena prüft ein Prüfungscomputer. Er fragt nicht, ob ein Physikstudent Angehöriger der Arbeiter und Bauern ist. So sollte es auch sein.

In Japan und Großbritannien das bisher höchste Defizit.

Hausdurchsuchung, Post und Konten drei Tage gesperrt, Zugehörigkeit zu krimineller Vereinigung, da in Tagebüchern Adressen von Anarchisten.

Was versteht ihr unter Sozialismus? Was ist Glück?

Das deutsche Kapital beschäftigt 14 % der Bevölkerung.

Urabstimmung, dritte Runde ohne Ergebnis, 11 % zugestimmt.

Venedig kämpfte auf der türkischen Seite gegen Konstantinopel.

400 katholische Opfer in den letzten Jahren, die Gemäßigten und die protestantische Mittelschicht: Nieder mit dem Stormont.

Die Laser-Strahlen werden erst in 20 Jahren von der Polizei eingesetzt werden können.

Zwei Tage blieben die sowjetischen Flugzeuge für Ägypten aus.

Gelber Drache, schwarzer Adler.

Nur noch 38 Vollerwerbsbetriebe im Kreis Wittgenstein. Mehr als 40 % suchen ein Zusatzeinkommen in der Industrie.

Von 94.000 bis 2.000 pro Kopf und Jahr.

Gezielte Angriffe auf das wichtigste Gebiet des Vietcong. Internationale Kontrolle: aufhören. Antwort: stärkste Bombardements durch eintausend neue Flugzeuge. Mehr als 100 Kampfboote, pausenlos Munitionsschiffe, eintausend Militärexperten. Februar bis August kleinere Gefechte, jetzt Artillerieschlachten.

Die älteren Herren lehnen die Einbeziehung der Luftwaffe ab. Sie wollen das gleiche Kräfteverhältnis verlangen, reduziert.

Auch Italien will Chiles Schicksal vermeiden, auch bei einundneunzig Prozent soll die Democratia Capitalissima beteiligt werden, aber Longo ist gegen ein Kondominium und hat Formulierungsdifferenzen. Die Kommunisten sind „Kommunisten“ und eine neuartige konstruktive Opposition.

Vor 15 Jahren lebte ein Auto 13, heute nur noch 10,2 Jahre.

Die Industrieverbände stellen ein Ultimatum. Wen wundert es, wenn sich dann manche Kommunisten fragen, ob das noch kommunistisch ist.

Die Zahl der Stadtverbote (Dekret von 1956) hat sich verdoppelt. Vagabunden und Politische („folio di via“), aber der DGB läßt seine Ausländerpolitik nicht kritisieren und läßt nicht zu, daß Falsches über ihn berichtet wird.

Die Blankoformulare liegen bereit, um eine Grundlage zur Selbstverwirklichung zu geben, wenn die Gefahr für die öffentliche Ordnung beseitigt ist.

Es ist ein langer Marsch zur Demokratie.

Klauseln, die die dynamische Politik behindern, ein Arrangement mit dem Negativum, 15 %, stahlspezifische Zuschläge, mit Zustimmung zur Kenntnis genommen. 48 Milliarden Subvention, teils seit 1869. In Zamora wird ein Priester zu 10 bis 50 Jahren verurteilt. Politische Vergehen, in der Botschaft des Vatikans.

Gegen Bergleute wird der Einsatz des Ausnahmezustands geplant, die Preise stiegen in zwei Monaten um 90 % (Chile).

Die Juden in Palästina, die Juden am Persischen Golf, im Oktober plus 6,6 , im September plus 6,2 %. Volksfront (?), permanente Revolution (?), Neutralität der Gewerkschaften. Kühn unterschlägt den Artikel („den“), wie die britische Übersetzung, die französische Fassung fordert die Israelis auf, alle zu räumen, Demirel beauftragt.

Brandt: „Wir können und wir werden Europa schaffen.“ So und so.

Rechtswidrig, sittenwidrig, standespolitisch, besoldungspolitisch: die Fluglotsen dürfen nicht unterstützt werden (Celle). Das Erkranken ist kein zulässiger Arbeitskampf. Konsequenzen! Ankündigungen! Schäden!

6 % der Weltbevölkerung brauchen 30 % der Energie (Amerikaner: klebrig, zuckersüß). Die Konsumanstalten werden liquidiert und die Schmiedwerke gestrafft.

Wir werden erheblich über 10 % fordern und abschließen müssen (der Große Dicke). Firmenleitung und Gesamtbetriebsratsvorsitzender erklären: Es sind hier und jetzt keine Entlassungen geplant.

Maschinenfabrik I, Widia, Telefonapparatewerk, von Fließband auf Einzelarbeit, der Auftragsbestand im Bauhauptgewerbe verringert, 1/2 Milliarde DM Schäden, ein Autokorso am autofreien Sonntag (DKP).

Vetter will vorsichtig anwerben, die Gleichbehandlung der deutschen und ausländischen Arbeiter ist rechtlich gewährleistet.

50.0000 Arbeitslose und 50.000 Kurzarbeiter.

Hussein will die Palästinenser nicht an den Friedenskonferenzen beteiligen, aber Waffensysteme werfen große Probleme auf und führen zur Ernüchterung. Israel wünscht im Dezember keine Friedenskonferenz, da Parlamentswahlen sind.

Die Inflation wird gestoppt, die Mieten sind niedrig, die Renten interessieren die Bevölkerung stark, der DGB begrüßt die Regierungspläne.

100 von 1.000 Campingwagenherstellern entlassen 100 von 1.000.

110 von 700 (Zerstörung der künstlichen Vernunft), das Geschäftsergebnis ist um das Fünffache größer.

Die Finanzexperten empfehlen, Ihr Geld in Alaska und der Nordsee anzulegen, desto rentabler sind die Bohrungen.

Die Palästinenser erkennen Israel in den Grenzen von 1947 an (in Moskau, als Minimalforderung). Die Mitbestimmungsdiskussion um den Pufferstaat Palästina ist abgeschlossen.

Die Friedenskonferenz kann ein Jahr dauern (Kissinger), Frankreich rüstet Libyen auf (gegen die USA).

Fast 30 % gehen ab ohne Abschlußzeugnis, 15 bis 20 % sind Fehlbestände.

Ein Tanzsaal dient als Sporthalle.

Brandt wendet sich gegen die voreilige Festsetzung von Höchstpreisen und unbillige soziale Härten.

Größere Opfer werden nicht verlangt, jedenfalls jetzt nicht.

Die Energiewirtschaft wird als Alibi benutzt, um die freie Marktwirtschaft aufzuheben. Die Energiekrise hilft, auf gegenseitige Hilfe angewiesen zu sein. Es ist eine Chance, sich darauf vorzubereiten, daß der Wind schärfer wehen sollte.

Die laufenden Stillegungen kann man nicht stoppen. In Athen sind 302 inhaftiert und ein Kameramann verhaftet.

Leber: Nur die NATO kann den Frieden gewährleisten. Strauß: Es sei ja keine Spitze gegen die USA, daß sich die Eigenverantwortlichkeit der Europäer nicht von den Unwägbarkeiten der amerikanischen Innenpolitik abhängig machen lassen kann.

Die rhodesischen Truppen dürfen aufgrund des Abkommens die Grenzen überschreiten. Nur mit viel Schweiß, Sparsamkeit und Solidarität ist die Krise zu meistern. Die CDU ist gegen die Verstaatlichung der Erdölindustrie, Helmut Schmidt ist gegen die Verstaatlichung der Erdölindustrie.

Es wird Arbeitslosigkeit in verschiedenen Bereichen angekündigt.

C. hält nichts von Politik, die ohne oder gegen die Vereinigten gemacht wird. B. ist sicher, daß wir ein friedliches Weihnachten erleben.

Arbeitsplätze müssen gesichert werden. Damit das Ganze nicht leidet, muß der einzelne seine Bequemlichkeit aufgeben.

Wir haben in der Stunde der Gefahr den amerikanischen Verbündeten im Stich gelassen. Der Austausch im Bereich der Sportwissenschaften, aber es ist sinnlos, gegenwärtig die Wiedervereinigung zu behandeln, erst nach der Einigung Europas können die Bündnisse wegfallen.

Sieben Stunden bereits mit Gandhi (13.45). Morgen noch 2 Stunden. Teils unter 4 Augen.

1 Milliarde DM Militärhilfe 10 Jahre, 2 DM Wehrsold. Die Türkei gehört zu den Essentials, pro Kopf ist sie an letzter Stelle. 650.0000 Soldaten, bis 1980 1 Million, 50 % der Kredite.

Das Militär ist an der Industrie beteiligt. Die Lebenserwartung liegt 16 Jahre tiefer.

Brandt, Vetter, Loderer, Friderichs, 11 Prozent mit 83 gegen 22, 11 Prozent unvereinbar mit Stabilitätspolitik.

Die Metallindustrie steht am Beginn eines Abschwungs. Friderichs ist erneut gegen Höchstpreise. Es soll denen ein Riegel vorgeschoben werden, die an der Not verdienen.

Die BRD soll soviel Öl erhalten, wie sie will. Die Arbeitnehmer sind gegenwärtig nicht bereit, Minderungen des Realeinkommens hinzunehmen.

Der größte Teil der Fahrlehrer kommt aus der Bundeswehr. Deshalb sind auch die Jusos, die den Boden des Godesberger Programms, den Satz, verlassen haben und kein Blut spenden und spucken wollen, für Wahlniederlagen verantwortlich. Genosse Niggemeier beklagt den fehlenden Mitgliederzuwachs. Brandt mit Vetter, Loderer, Friderichs. Mit 83 gegen 22 werden 11 % gebilligt, die laut Arbeitgeberverband und van Hüllen kein Orientierungsdatum für die am Beginn eines Abschwungs befindliche Metallindustrie sind. Das Fahrverbot ist unvereinbar mit der Stabilitätspolitik.

Eine Milliarde Militärhilfe 10 Jahre, 2 DM Wehrsold monatlich, Nixon rechnet die Türkei zu den Essentials. Monatlich 4 DM Pro-Kopf-Einkommen, 16 Jahre unterhalb der Lebenserwartung der BRD, von 650.000 Soldaten geplant auf eine Million, das Militär ist an der Industrie beteiligt, an 1000-Tonnen-U-Booten in deutscher Lizenz, um 13.45 Uhr bereits 7 Stunden mit Gandhi, morgen noch zwei, teils unter 4 Augen. Über die Bekanntgabe des Stillschweigens wurden Gespräche vereinbart.

Während Genscher einen Austausch im Bereich der Sportwissenschaften fordert und Bahr erst Europa einigen will, ehe er die sinnlose Wiedervereinigung behandeln kann, hat Karl Karstens die amerikanischen Verbündeten in der Stunde der Gefahr nicht oder nicht allzusehr im Stich gelassen. In der Kölner Stadtverwaltung hängt ein Plakat „Ubu König“ von Paul Wunderlich. Nur mit viel Schweiß, Sparsamkeit und Solidarität konnte ein Herr Schmidt in Pirmasens seine Krise meistern. Brandt und Riemer werden ein friedliches Weihnachten erleben. Damit das Ganze nicht leidet, muß der einzelne seine Bequemlichkeit aufgeben. Mehr nicht.

Aber nur Kurt Georg Leber kann Frieden gewährleisten und die NATO kann es und Strauß will ohne eine Spitze gegen die USA sich nicht von den Unwägbarkeiten der amerikanischen Innenpolitik abhängig machen. Mozambik erlaubt Rhodesien, zur Partisanenbekämpfung die Grenze zu überschreiten. Die Bergleute der stillgelegten Gruben werden auf anderen Zechen deren Wirtschaftlichkeit erhöhen und die Verstaatlichung der Erdölindustrie verhindern. Was hält Karl Karstens von einer Politik, die ohne oder gegen die Vereinigten Staaten gemacht wird? Diese nicht schwere Frage ist nicht schwer zu beantworten.

Willi Brandt: Arbeitsplätze müssen gesichert werden. Helmut Schmidt: Arbeitslosigkeit in verschiedenen Bereichen angekündigt. Willi Brandt: Größere Opfer werden nicht verlangt, jedenfalls jetzt nicht.

In Athen werden 302 inhaftiert, auch der Kameramann. Neue Energiequellen sollen gesucht werden, um mit der Energiewirtschaft als Alibi die freie Marktwirtschaft aufzuheben. Die CDU arbeitet deshalb mit der Bundesregierung zusammen. Das Wirtschaftsministerium ist gegen voreilige Festsetzung von Höchstpreisen und sorgt dafür, daß es möglichst nicht zu Bereicherungen kommt.

Der Tanzsaal dient als Sporthalle. Zwar kann die Friedenskonferenz ein Jahr dauern, aber Libyen ist durch Frankreich aufgerüstet worden im Gegensatz zu den USA. Fast 30 % verlassen die Volksschule ohne Abschlußzeugnis.

Die Mitbestimmungsdiskussion ist für Franz J. Strauß abgeschlossen. Shell plus 150 Prozent, Exxon plus 60 Prozent. Bahrein legt das Geld in Alaska und der Nordsee an. Willi Brandt bereitet uns darauf vor, daß wir uns darauf vorbereiten („wir“), daß der Wind schärfer wehen sollte. Die unbilligen sozialen Härten können vermieden werden, wenn erst geklärt ist, wie dies zu machen ist. Was fehlt, sind Straßen.

Die Einbeziehung der Luftwaffe in die mutige, bedenkenlose, forcierte Rüstungsreduzierung wird abgelehnt. Es sind die alten Imperialisten, die Februar bis August kleinere Gefechte lieferten und jetzt Artillerieschlachten. Sie antworten mit gezielten Angriffen und stärkeren Bombardements auf die Proteste des internationalen Vietkong. Eintausend neue Flugzeuge, über hundert Kampfschiffe, pausenlos eingesetzte Munitionsschiffe zeigen ihre Bereitschaft zum historischen Kompromiß.

Wie läßt sich das Schicksal Chiles vermeiden, wenn man noch nicht die 51 % hat, um die alten Mächtigen zu beteiligen? Über das christlich-kommunihilistische Kondominium gibt es noch Formulierungsdifferenzen, aber es sind keine Gegensätze, man kann sich verständigen auf einen Verständigungsnenner. Wen wundert es, wenn sich dann manche Kommunisten fragen, ob das noch kommunistisch ist? Aber ein PKW hatte vor 15 Jahren 13 Jahre Lebensdauer, heute nur noch 10,2 Jahre.

Angesichts der neuartigen konstruktiven Opposition, angesichts des langen Marsches zu einem westlich demokratischen System stellen die Industrieverbände ein Ultimatum. 1971 waren es 6.000 Stadtverbote, 1972 über 10.000, Vagabunden und Politische, in 48 Stunden im Heimatort. Es ist ein duales System.

Die Blankounterschriften liegen bereit, um Gefahren für die öffentliche Ordnung auszuradieren. Folio di via. Es ist eine wichtige Grundlage zur Selbstverwirklichung des Menschen, ein Arrangement mit der Inflation zu treffen. Eine dynamische Tarifpolitik führt von 312 auf 624 DM und zu stahlspezifischen Zuschlägen. Optimisten rechnen mit einer Entscheidung noch in diesem Jahr. Pessimisten rechnen mit einer Entscheidung in diesem Jahr.

In Zamora wird ein Priester zu 10 bis 50 Jahren Haft verurteilt. Auch der Sitzstreik in der Botschaft des Vatikänchens ist ein politisches Vergehen.

Gegen Bergleute und Kraftwerksingenieure ist der Einsatz des Ausnahmezustandes geplant. In zwei Monaten stiegen die Preise um 90 Prozent. Dem Land das blutige Schicksal Chiles ersparen. Persischer Golf !

Juden und Palästinenser, im Oktober plus 6,6, im September plus 6,2 Prozent. Die permanente Revolution (?) und die Volksfront (?) zwingen die Gewerkschaften zur Neutralität. Am 12. 11. 1973 wird Demirel von Korutürk mit der Regierungsbildung beauftragt. Der getreue Heinz Kühn tritt für die britische Übersetzung und gegen die französische ein, das „den" fehlt den besetzten Gebieten dort, dafür gibt es Bildungsgesamtpläne. Willi Brandt kann und will Europa schaffen.

Der Streik der Fluglotsen ist rechts- und sittenwidrig, weil die öffentlichen Einrichtungen sozial gebunden sind. Wer unzulänglicherweise kämpft, wird eine halbe Milliarde bezahlen.

6 % der Weltbevölkerung verbrauchen 30 % der Energie. Die Konsumanstalten werden liquidiert.

Die DKP fordert einen Autokorso durch das Ruhrgebiet am Fahrverbotssonntag. Im Telefonapparatewerk Bochum verlassen 2.000 das Fließband, erhalten Einzelarbeit. Die Auftragsbestände haben sich um 11,5 % vermindert. Die Maschinenfabrik I wird stillgelegt, die Schmiedewerke entlassen. Die Gleichbehandlung der deutschen und ausländischen Arbeiter ist bei der Entlassung gewährleistet. Die billigen sowjetischen Waffensysteme werfen große Probleme auf.

Hussein will die Palästinenser nicht an der Friedenskonferenz beteiligen. In der Bundeswehr herrscht Ernüchterung. Im Dezember wünscht Israel keine Friedenskonferenz, da dann Parlamentswahlen sind. Die Bevölkerung ist stark am Stop der Inflation, an niedrigen Mieten, an den Renten interessiert. Panzer können nicht nur durch Panzer bekämpft werden.

Unser Vater

Abwesende betreten den Raum. Von längst Gegangenen heißt es, sie kämen erst noch. Die Gestorbenen sind nicht unter uns oder in einem Stockwerk oberhalb der belegten Plätze. Die schwere Müdigkeit breitet sich aus und sammelt ihre Anhänger. Der Ablauf der Zeit bedeutet nicht viel, fast nichts oder völlig nichts. Die älteren Frauen kommen an den zusammengeschobenen Tischen aufeinander zu, schütteln sich die Hände und fassen sich an den Schultern. Eine spricht weiter vorn auf ihre Schwester ein, einen Finger und das Kinn ein wenig vorgestreckt. Die Jüngeren entziehen sich dem Gerede und fahren in eine größere Stadt, laufen an den Hafenbecken entlang und an den Fleischangeboten, die ausgebrannten Herrschaftshäuser liegen höher als diese Straße, vom Fluß nicht erreichbar, in einem Park die kolossale schwarzgraue Statue, dunkel vor dem rußigen Himmel, aber ringsum sind Feinde und wollen das schon verkleinerte Reich dem Erdboden angleichen.

Sie kehren nach kurzer Zeit zurück, haben fast nichts gesehen und keine der Frauen angefaßt, die dazu aus den Fenstern aufgefordert hatten, setzen sich wieder zu den Älteren an den Tisch und hören, ohne selbst dort gewesen zu sein, ohne selbst etwas sagen zu können, den Geschichten zu. Es sind die heißen Sommer an den Torfkuhlen, in die immer wieder Kühe geraten, und der Hirtenhund, der sich von dem kleinen Mädchen tragen läßt, sobald der Vater außer Sichtweite ist, treibt sie wieder heraus, aber die Löcher versanden auch und werden mit Bauschutt aufgefüllt, so daß ihr einstiger Platz kaum noch in den Feldern auffindbar ist. An den Sonntagen fährt die Familie in der Kutsche zur Stadt, die Zügel nimmt niemand sonst, allenfalls Paul, ihr ältester Bruder, der im Kursker Bogen vermißt wird, einer der jüngeren Brüder bleibt vor der Kirche und sieht nach den Pferden. Das silberne Zaumzeug wird nur angelegt zu den hohen Festen. Seit dem November liegt Schnee, es ist eine Plage, durch die Schneewehen zur Schule zu kommen, nur für den Schlitten war es ein leichtes Spiel auf dem Eis und auf der Wongrowitzer Chaussee. Unten im Dorf stehen die Kinder an den Fenstern, sie sprechen anders und sind auch für sich, erst in der Schule muß die Sprache gelernt werden, die gerade die einzige sein soll.

Es sind heiße Sommer, die Störche kehren früh zurück und das Scheunendach kann schon im März gedeckt werden. Ein durchdringender

Ton soll einigen im Ohr gewesen sein, auch wenn die meisten es abstreiten - als springe die Erde aus abgearbeiteten Scharnieren. Der Bürgermeister hat versichert, daß die Grenze ohne allen Zweifel gehalten wird und daß sie ohne Furcht das gesparte Geld zur Kasse bringen können. Aber am späten Nachmittag kommt die Aufforderung, sich dem Treck anzuschließen. Der alte Mann will nicht mehr fliehen. Er will zurückbleiben, zwischen den Holunderzweigen versteckt oder zwischen den kleinen Dachfenstern, das Gewehr im Anschlag, um noch einen oder zwei der fremden Soldaten zu erschießen. Sie zwingen ihn, das Gewehr abzugeben und sich der Flucht anzuschließen, die er für kurze Zeit überleben wird.

Der Fehler

Schon als er das Hotel in Richtung Flughafen verließ, wußte er, daß gerade er, den man als geborenen Diplomaten so oft ausgewählt hatte, alles falsch gemacht hatte. Er hatte seinen hellen Mantel übergestreift, ganz gegen seine sonstige Art hatte er den Gürtel nicht geschlossen, nicht in die Schnallen geschoben, sondern ließ ihn offen baumeln, ohne zu bemerken, daß er auf der rechten Seite herausgerutscht war und fast den Boden berührte. Er zog seine Krawatte gerade, drückte das untere Ende in den Hosenbund und prüfte, ob der Reißverschluß noch ganz oben eingehakt war. Er meinte noch den Händedruck jenes großen Herrn zu spüren, dem er gegenübergesessen hatte.

Er konnte nicht einschlafen, er war kurz davor, entweder seinen Gesprächspartner anzurufen und sich förmlich zu entschuldigen oder aber seinem Vorgesetzten sein Versagen zu melden. Er ging durch Bahnunterführungen, von denen aus über dunkle Treppen Bahnsteige zu erreichen waren, die halb schon unter Gras verschwanden. Er sah ein weißes Plakat, auf dem sein Name stand: *„Keiner kennt Molis?!“* Es wurde also höhnisch gefragt, ob ihn jemand etwa nicht kenne und mit dem Ausrufezeichen überdeutlich geantwortet, daß jeder natürlich wisse, wer er sei. Er stand vor dem Plakat, das ihm noch mehrfach begegnen würde, es schien schon Tage oder Wochen auszuhängen, ohne daß er halbherzige Überklebungen und unvollendete Abreißversuche wahrnehmen konnte. Er las den Text, aber mehr war nicht als der eine Dreiteiler, *Subjekt, Prädikat, Objekt,* wieder und wieder. Der Satz mit seinen handgroßen Buchstaben war unterlegt mit einer geschwungenen Linie aus grauen Pünktchen, einem Splitterbruch, der sich vielleicht auf einem Folgeplakat zusammenfügen könnte zu einer Rätselauflösung, einem Kreuz oder einem Richtungspfeil, um die Hinrichtung zu vollenden in einem flammenden Fahnenzeichen. Es gab für ihn keinen Zweifel, daß dieser Anschlag, auf dem kein presserechtlich verantwortlicher Urheber festzustellen war, sich nur an ihn richten konnte, daß weder ein findiger Kleingewerbetreibender noch ein spaßiger Galerist eine Kampagne nach den Vorschlägen der Werbefachgemeinschaft gestartet hatten.

Er hatte vor diesem wichtigen Mann gesessen, sein Chef, der sonst diese Abstimmungsgespräche geführt hatte, war erkrankt und hatte ihn vorgeschlagen, als einen erfahrenen und sachkundigen Verhandler, der ein unglaubliches Gedächtnis besaß, all die Kennzahlen, Streubreiten, Produktionseckwerte und Preismargen aus dem Ärmel schütteln konnte, und der stets wußte, wie er sich zu benehmen und was er zu tun hatte. Und ausgerechnet er hatte dagesessen und alles, was sein Gegenüber sagte, aufgeschrieben. Als er fertig war, als ihm der joviale ältere Herr zum Abschied die Hand geschüttelt und ihm alles Gute gewünscht hatte, fiel ihm wieder ein, daß er noch kurz vor diesem Termin gewußt hatte, was zu tun war und was unbedingt zu unterlassen war. Es war tödlich, bei solchen Gesprächen, die es eigentlich nicht gab, etwas aufzuschreiben. Er konnte niemandem erklären, warum er dies getan hatte, unterwürfig alles mitzuschreiben, wie ein Buchhalter, als wolle er sich selbst vernichten und seinen Partner, als wolle er belastendes Material sammeln, mit dem einige Millionen eingeschossenes Kapital in die Luft zu jagen waren. Absprechen sollte er sich und was machte er - er schrieb.

Er schob die wenigen Möglichkeiten, die es noch gab, von hier nach da, von der Unmöglichkeit der Hoffnung, daß der andere es nicht bemerkt oder kaum beachtet habe, zurück auf die Unwahrscheinlichkeit des Glücksfalles, eben noch zu entkommen. Er würde vernichtet sein, wenn die Gegenseite seinen Chef anrief, wenn der andere nur aus Höflichkeit oder Überraschtheit nichts gesagt hatte oder um ihn für den Augenblick in Sicherheit zu wiegen. Aber er würde auch vernichtet sein, wenn er seinem Chef eingestand, was er sich geleistet hatte. Es gab keine Entschuldigung. Er stand auf, zahlte und ging in eine einzeln auf einem gut überblickbaren Platz gelegene Telefonzelle. Als geringe Chance blieb übrig, den anzurufen, der ihn jetzt in der Hand hatte und am Kanthaken. Er würde probieren, seine Schreiberei auf zeitweise Übermüdung zu schieben, zwei Tage auf der Messe und an den Abenden auf Tour, er würde versuchen, sich selbst nur beiläufig zwischen Scherzen und höflichen Formeln zu erwähnen, *en passant*, und einzuflechten, daß er gleich danach, noch im Hotel, all seine Notizen vernichtet hatte. Mehr blieb ihm nicht, es war der einzige Versuch, sich den Kopf zu retten.

VERSUCHE

Die Besetzung von Vallendar

Wir waren auf der Landstraße in einem flachen, von Kiesgruben und Müllhalden durchsetzten Gelände geradelt. Es war einer der Tage, an denen Väter mit Söhnen, die schon kaum noch ihre Kinder sind, sich auf den Weg machen, um im gemeinsamen Aufbruch, im Vorauseilen und Zurückbleiben, im ermüdenden Warten sich noch einen Rest von Verbindung zu erhalten. Chris war nicht unbedingt freiwillig mitgekommen, ich hatte ihn eher zu seinem Glück zwingen und ihn anschubsen müssen. Nach den ersten Kilometern hörte er auf, sich über die Hitze und die Fliegenschwärme zu beklagen. Wir hätten die Route am Flußufer genommen, aber die Besatzungsarmee betrachtete diesen Feiertag nicht als den ihren und hielt das mit Stacheldraht und spanischen Reitern gesicherte Wegstück geschlossen. Schüsse ertönten, Befehle und das Aufklatschen, als die Legionäre sich in den Schlamm warfen. Wir drehten um, ich brüllte ein Schimpfwort hinüber, um einem älteren Ehepaar, dem dasselbe Schicksal wie uns beschieden war, zu zeigen, wie ich über Zaunkönige und Mauerratten dachte. Statt des Ufers, statt des Erlengeästs, bekamen wir eine Wohnanlage ins Visier, die einen guten Hintergrund abgäbe für Filme, in denen die Kameraleute mit Maschinengewehrsalven die Schauspieler ins Feuer treiben und die schwarzen glühenden Stahlträger stürzen effektvoll über ihnen zusammen. Auf der Promenade drängten sich die ersten Spaziergänger, die zurechtgestutzten Weiden, unter denen ich als Kind meine Dreiecksblumen in den Sand gezeichnet hatte, waren uns über den Kopf gewachsen, und für einige Minuten bewegten wir uns in einem Bereich, in dem keine der Autobahnbrücken und keines der surrenden Kraftwerke zu hören war. Außerhalb der Schwindelhauptstadt fädelten wir uns ein in die Bundesstraße. Ein Lastwagen hatte einen Hund überfahren, das braunweiße Fell war als Trophäe auf den Asphalt gepreßt und blieb lange sichtbar. Musik ertönte von jenseits der Straße, ein Bauarbeiter begrüßte seinen Polier mit „Heil Hitler“ und locker angehobenem Arm, es war das Lied, in dem von den drei Kontinenten um das blaue Bassin herum, von Propheten, Göttern und dem Messias in Person gesungen wird. „Ha“, sagt die gekrönte Ente auf dem Stuhl des Weltenrichters zu dem dicken Mann, der gleich abserviert werden wird, „sooo haben Sie sich Gott also nicht vorgestellt?“

Wir hielten neben einer Gruppe von Zigeunern, die aus einem uralten Admiral ausstiegen und sich an einer ummauerten Quelle wuschen. Die Männer gingen herum, die Frauen wälzten Fleischstücke in einer Kräutersoße und bliesen ins Feuer. Die Kirschen waren vom Weg aus nicht zu erreichen. Ein Kleingärtner vertrieb uns, als wir über die Umzäunung wollten. Hinter dem nächsten Dorf stießen wir auf ein für sich gelegenes Haus. Es schien unbewohnt, neben der Tür war ein Schild angebracht „Zum Verkauf!“, eine Telefonnummer. Wir räumten den einzigen Pfirsichbaum ab, füllten den Rucksack bis oben hin. Als wir gehen wollten, hörte ich, daß drinnen jemand begann, Holz zu hacken.

Auf dem Marktplatz waren schon die Tische herausgeräumt, obwohl Regen vorausgesagt wurde. Wir tranken ein zwei Gläser, ich war hier schon gewesen und hatte mit einer Ehemaligen am Nebentisch gesessen. Seitenwege, die zu kleinen Gasthöfen führten, kurze Nächte nach einem weiten Ausflug, aber niemand gibt alles, ehe er sich vor der Erschöpfung in den starren Schlaf rettet.

Kurz vor Vallendar hatte ich Chris, der inzwischen über Muskelkrämpfe klagte, langsamer wurde und gelegentlich Abstecher einschlug zu einem Badetümpel oder einer Anschwemmung am Ufer, aus den Augen verloren. Ich beschloß, jenseits des Ortes auf ihn zu warten, wo die von Steinbrüchen zerfressenen Hügel den Verkehr wieder in einer einzigen Straße zusammendrängten. Ich hielt vor einem der Häuser am Ortseingang und bat eine Frau, die mich grußlos und hämisch anstarrte, um ein Glas Wasser. Sie brachte es, nachdem ich vielleicht fünf oder sechs Minuten gewartet hatte, in den Pedalen stehend und mich an einem Laternenpfahl stützend. Das Wasser war in einem eckigen Gefäß, eine dunkelblaue Flüssigkeit. Ich konnte es mir nicht in den Mund schütten. Nach einigen vergeblichen Versuchen wollte ich das Glas schon an der Bordsteinkante zerschmettern, aber riß mich dann doch zusammen und gab es mit einem glänzenden Lächeln zurück. „Mein Durst ist weg.“ „Sie auch“, sagte sie nur und ging ins Haus zurück. Ich wollte meine Fahrt fortsetzen, aber die in Fahrtrichtung aufgerissene Vertiefung führte in einigen Metern in einen Quergraben, der die gesamte Straßenbreite einnahm. Ich beschloß, mein Rad zu schultern und quälte mich durch eine Wegbiegung, in der auf zwanzig oder dreißig Metern die Straße weggebrochen war. In dem steilen Bruchschiefer war mit Phantasie eine Spur zu erkennen, die gelegentlich eingerahmt wurde von aufgeschichteten Kieselsteinen. Ich rutschte weg, schlug mir den Ellenbogen auf und verkratzte das selbstlackierte Blech des Hinterrades. Aber ich wollte nicht umkehren. Mich an Brombeerranken und in die Erde geschlagenen, klebrig-schwarz geteerten Gerüsthölzern haltend, brachte ich mich in Sicherheit.

Dort, wo die Straße wieder fest wurde oder mich noch hielt, standen einige Autos quer, als ob sie nach einer überflüssigen und ergebnislosen Blockade zurückgeblieben wären. Es waren Modelle, die seit zehn oder zwanzig Jahren nicht mehr gebaut wurden, aber, da sie in gelbliche Folien eingeschweißt worden waren, schienen sie gerade erst ausgeliefert zu sein, wenn auch sich Flugrost und Sand auf den Hüllen abgelagert hatte. Einige Anwohner lungerten herum und verhandelten mit Gesten und Blicken über Preise und Ausstattungsdetails. Allerdings würden sie sich noch einigen müssen über ein wirksames Mittel, um die Autos von den kohlstrunkdicken Efeuranken zu befreien, die um sie herumwuchsen.

Ich hatte anscheinend die Siedlung umrundet, denn ich erreichte wieder das Haus, in dem ich nach Wasser gefragt hatte. Ehe ich es höflich zurückweisen konnte, reichte mir die Frau ein erneutes Glas. Ich goß es über den Lenker und wischte ihn mit dem untersten Ende meines Hemdes ab. „Ich wußte, daß ich komme“, sagte ich in die Richtung der Frau, „Sie auch?“ In dem vorderen Teil des Gartens lag ein ausgeweidetes Reh, das ungeborene Rehkitz in der Fruchtblase. Ich wollte diese Szenerie in Brand stecken, aber der Wind blies mir die Streichhölzer fast aus der Hand. Ich vermachte sie einem spielenden Kind, das an einem geschützten Platz aus kopflosen Zündhölzern eine Art Limes, eine Grenzbefestigung von mehreren Metern Länge, baute, hinter der es bald verborgen sein würde. Reiseführer kamen vorüber, stellten sich auf die Türme und warfen Windvögel und Fledermäuse in die Luft, die sich mühsam entfalteten und wie ein Samenschirm über die Kläranlagen bis zum Strom flogen.

Einer der arbeitslosen Wegbegleiter trat auf mich zu. Er sah mir scharf und prüfend ins Gesicht: „Wir haben uns einmal gesehen.“ „Ja, wir haben uns einmal gesehen“, antwortete ich, schüttelte ihm die Hand und ging weiter. An einem Kiosk kaufte ich eine Flasche Bier, trank sie auf null und schlug

an einem Gartentor den Flaschenboden ab. Ich richtete meine Waffe auf eventuelle Verfolger, die sich aber möglicherweise in schmalen Hausdurchgängen und hinter den vorspringenden Selbstbaukaminen verbargen. Probeweise schnitt ich mir dort, wo die Rose und der Adler tätowiert waren, eine kleine Ritze in den Arm und fing die Blutstropfen in der offenen Flasche auf. Ein Reh, das wie eingefroren in einem Fenster stand, schien hinaus- und hineinzuwollen zu einem Mitgefangenen, der hinter dem vorgetäuschten Sprossenglas eines Altersheimes zwischen zwei Gartenzwergen gehalten wurde, aber als ich lange genug zugesehen hatte, löste sich das Tier aus seiner Erstarrung, sprang durch das leichte Glas, knabberte einige Spalierzweige an und verschwand in dem Bannwald. Ich ging auf zwei Straßenarbeiter zu, die gerade in dem noch feuchten Beton eines kleinen Fußgängerüberwegs ihre Namen verewigten, zusammen mit dem Baujahr. Ich fragte, warum sie gerade dieses Jahr nahmen, bekam aber keine Antwort. Sie verhüllten ihr Machwerk unter lose angelehnten Dachlatten und Schaltafeln und verschwanden. Womöglich hatten sie zugleich den Dorfbach abgegraben und seinen Lauf abgesenkt in unzugängliche tiefe Schichten. Jedenfalls war das Bachbett pulvertrocken und dort, wo die vielgepriesene Kleinbahn gefahren war, hatten sich Ratten und Kröten einen Pfad angelegt. Ihm folgte ich ein Stück, bis ich auf eine glitschige Böschung geriet, vor der ich mich aber noch gerade rechtzeitig, bevor ich ins Rutschen kam, in Sicherheit bringen konnte. In dem Hohlweg, den ich auf der Flucht zurück nutzte, bedeckte eine trübe Silojauche den Boden und zwang mich, seitlich in halber Höhe zu laufen. Ich konnte, wollte ich nicht straucheln, nicht zurückschauen, ob diese Deckschicht sich anhob und die tieferen Teile des Ortsbildes verschwinden ließ.
Hinter dem Ortsausgang traf ich Chris. Er hatte mit dem Vorrecht der Jugend, einiges zu überspringen und auszulassen, Vallendar umfahren. „Es ist ein Ort wie fast alle“, sagte ich zu ihm, „aber ich war noch nie dort gewesen.“

Fantinis Fehler

Was ist nun eigentlich der Leitsatz aus dieser Angelegenheit? Vielleicht ungefähr, daß man fast alles glauben kann und nie zu wenig glauben soll und daß man gut daran tut, Fremden nicht zu nahezutreten, wenn sie in Horden auftreten nicht und wenn sie allein sind noch immer nicht, und daß es schnell gehen kann mit dem Ende aller Dinge. Jedenfalls würde ich nicht gerade behaupten, daß Fantini zu meinen ältesten und besten Bekannten gehört hätte. Ich kannte ihn ein paar Jahre, notgedrungen, aus dem Betrieb, und als ich in einem halben Jahr dreimal die Abteilung und schließlich die Firma wechseln mußte, wegen der Anscheinsvermutung eines regelmäßigen Absentismus, wie es der nicht umsonst als *Ass.* im Firmentelefonbuch firmierende Assessor Bärnath-Bielstein philosophisch-prinzipiell auszudrücken beliebte, blieb mir der Herr Kollege auf den Fersen und rutschte bei der nächsten großen Einstellaktion, „Wir suchen Schleimschaufler, Abseichspezialisten und Arschwedler", hinein zu meinem neuen Arbeitgeber und zwei Türen neben meinem Büro in einen weichen Sessel.

Ich wäre nie auf die Idee gekommen, mir mit Fantini auch nur einen einzigen Abend zu versauen, wenn er sich nicht herangemacht hätte an Fräulein Omega. Sie hieß natürlich anders, aber weil sie so ziemlich der die das Letzte war, nannte ich sie ganz für mich privat *Fräulein Omega*. Zum Glück begann ihr wirklicher Name auch mit O und so kriegte sie es nicht recht mit, als ich gleich am ersten Tag unserer Bekanntschaft, am ersten Tag im neuen Büro und im neuen Lebensabschnitt, wie es so treffend in den Beerdigungsreden heißt, sie ganz in Gedanken „Fräulein Om ..." anredete, ich bremste mich noch rechtzeitig. Aber dafür machte ich mich bei ihr damit unbeliebt, daß mir eben da ums Verrecken nicht ihr richtiger Hausname einfiel, den sie mir doch erst eine halbe Stunde vorher zugeflötet hatte. Und wenn schon - ich wollte ja nichts von ihr. Oder nur um die Ecke, in zweiter Hand. Sie ist nämlich die jüngste Schwester von Sibylle oder behauptet, das zu sein. Entweder hatte hier einer einer armen nichtsahnenden Mutter ein widerliches Balg untergeschoben oder aber es handelt sich in der Tat um eine jener mysteriösen Launen der Natur, die immer mal wieder nach einer Extraleistung total abbaut oder sich einfach zum Ausgleich der Bilanzen einen kompletten Patzer genehmigt.

Wenn es nach dem rosagoldenen Engelchen Sibylle als Kontrapunkt wenigstens eine rasante Teufelin gewesen wäre - aber diese absolute Null, diese faule Pflaume. Doch was rege ich mich auf: Sie paßte auf jeden Fall grandios zu Fantini. Der war zwar ein Beau, stets alamode ausstaffiert, aber innen drin war er mit tödlicher Gewißheit so abscheulich, wie sein Schwarm es von außen war.

Es hat etwas Außergewöhnliches, über eine derartige einzigartige unglaubliche Häßlichkeit zu verfügen wie Fräulein Omega. Ich bin immer ein Liebhaber des Ästhetischen und des dem Auge Zuträglichen gewesen, bei allen kleinen Perversionen und Ausschweifungen ins Reich der Zwerginnen und Faßwalküren, die auch sein müssen, aber bei Miss O hätte ich selbst im Zustand kompletter Abgefülltheit und unter doppelter Yohimbin-Ration noch den Totalausfall gehabt, selbst aufgebunden und mit manueller Beihilfe. Sie hat schwärzliche Zähne, die schnabelförmig vorstehen, dekoriert durch eine Zahnspange, die sie sich zwanzig Jahre zu spät genehmigt hat. Von den Ohren zum Kinn herunter wuchs ein silbriggrauer Haarflaum - ein sichtbarer Beweis für ihr Weiblichkeitsdefizit. Aber vielleicht war es gerade das, was Fantini an ihr so lockte, ihr Überschuß an maskuliner Substanz, ihre Flachbrüstigkeit und muskulöse Knochigkeit. Der Mensch ist eben ein Wunder, und es bleibt mir auf ewig ein Mirakel, wie noch die magersten Angebote ihre Nachfrager finden, nicht einmal zu Notstandssonderpreisen, sondern im regulären Handel. Diese Kuhaugen Fräulein Omegas, diese schlampige Art, wie sie morgens im Zug, der uns aus der schäbig-schläfrigen Vorstadt ins feudale Zentrum transportierte, sich quer über die Bank lümmelte, den Knopf im Ohr und die Füße halb im Gang, dieses verbiestert herabgezogene Mundwinkellächeln und ihr scheißfreundlich-flötiges „Dürfte ich heute neben Ihnen sitzen?“ Später hieß es dann „neben dir“, das war auch die einzige Änderung. Ich war immer kurz davor, in solchen Situationen ihr voll eins reinzusemmeln, aber ich ließ es, aus kollegialer Rücksichtnahme, um mir keinen Ärger im Büro einzuhandeln und aus den bekannten familiären Rücksichten.
Ich habe mit Sibi nie über ihre Schwester gesprochen, jedenfalls nicht direkt, aber wir verstanden uns auch so, denke ich, und ich hatte wirklich nie den Eindruck, daß die Schöne das Biest mochte oder aus fürsorglicher schwesterlicher Blindheit sich nicht eingestand, mit welch peinlichem Anhang Gott der Herr sie da fürs Leben geschlagen hatte. Ich sagte

einfach nur „Deine Schwester, na ja“ oder „Eben so dein Schwesterlein“ und Sibylle nickte voller Verständnis oder gab mir einen tröstenden Kuß. Manchmal sagte sie auch einfach: „Natürlich, Charly.“

Einmal, obwohl die Forscher ja behaupten, man träume nie von Menschen, die man liebt, jedenfalls wenn sie noch leben und die Liebe noch anhält, sind mir gleich beide Schwestern im Schlaf erschienen. Wohl ein Wunsch- und Angsttraum. Das ruhige sanfte Lächeln, die gleichmäßige und so beruhigende Stimme Sibylles schwebte irgendwo über mir, als würde ich daliegen, in den Himmel starren und diese Frau fliegt einen halben Meter über mir dahin, ein Helikopter ohne Krach, eine in die Luft gehobene Zauberjungfrau. Ich hatte witzigerweise große Druckknöpfe hinten an den Schultern, mit denen ich an das Bett geknipst war, und obwohl ich mich demzufolge einfach hätte losknöpfen und aufrichten können, blieb ich platsch liegen, auch als ich spürte, daß ich von den Hacken und der Fußsohle her angenagt wurde von einem kichernden Wesen, einem Rattenweib das ich nicht sah, von dem ich aber wußte, wie man eben in solchen Träumen alles ohne viel Nachfragen weiß, daß es die schreckliche Schwester war. Sie schien zu schrumpfen, aus der Rattengröße in eine Rattenpestflohdimension, in der sie noch weniger faßbar und abwehrbar war und weiter in die allerschlimmste Abart, in einen Spinnenfloh, so winzig, daß wahrscheinlich selbst die ihn spazierentragende Spinne ihn kaum sehen konnte, eine rötlich blutverkleckerte Zecke, und du weißt nicht, quält dich da nur ein einziges höllisches Exemplar oder ist es eine Milbenfamilie, eine Milbenkolonie, die durch den Teppichfaserdschungel heranrast, donnernd wie eine Elefantenherde und immer noch anwachsend, eine Verdoppelung im Zehnsekundenabstand, bis du verschwindest unter Milliarden vertrockneter Kerbtierleichen und unter dem Gekrabbel immer neuer Generationen.

Im allgemeinen habe ich nichts gegen Italiener. Es ist ein schönes Land, wenn auch manchmal arg daneben. Die Küche ist nicht schlecht und die Sprache auch nicht. Allerdings sprechen sie für meinen Geschmack zu schnell und dramatisieren andauernd. Besonders die Frauen. Ich habe aber natürlich etwas gegen Leute wie Fantini. Das ist so wie der Kellner, der sieht, daß du dreitausend Lire hast für den Kaffee zu zweiacht, aber du gibst ihm aus Frackigkeit zehn, damit du um das Trinkgeld herumkommst für diesen Stint, der nicht „prego“ gesagt hat und nicht „buon giorno“, sondern dich nur arrogant gemustert und angeschwiegen hat, und er muß zur Theke rennen, um Scheine zu holen und erst zehn Minuten später merkst du, daß er dir statt siebenzwei nur sechszwei herausgegeben hat, einzeln hingelegt die Tausender, und du hast es in dem Moment nicht geschnallt, sie haben einen Blick, mit wem sie es machen können. Oder sie sitzen am Nebentisch, bieten dir auf einer Untertasse vier Brocken Schokolade an und obwohl du nur einen genommen hast aus Feigheit und Höflichkeit, hast du statt der erwarteten Zahnpein den halben Tag über erbärmliche Kopfschmerzen. Oder du sagst „un panino“ und sie widersprechen dir kauend, es sei kein Brot, es sei ein Strudel und statt der Fleischfüllung, die du im Schaufenstergedämmer gesehen hattest, ist eine widerliche Rosinenpaste drinnen, und du überlegst, es angebissen wegzuwerfen, ißt es aber doch weg aus purem Geiz und das an einem Tag, wo es fast noch Winter ist, sobald die Sonne über das Dach abgemacht hat und es zieht zu, obwohl der Wirt dir verraten hat, daß erst für morgen schlechtes Wetter angekündigt wurde, „wir glauben es nicht“, nur ist es jetzt schon kalt und du frierst im Herumgehen.

Es war die erste greifbare Gelegenheit für mich, näher an Sibylle heranzukommen, als Fantini mir vorschlug, mit ihr, Fräulein Omega, und „meiner Wenigkeit“ (wie recht du damit hattest, Brüderchen) nach einer harten Woche essen zu gehen, an einem Freitag abend, und die Nacht kann hundertmal lang werden, am nächsten Morgen frühstückst du, ehe du ins Bett gehst und ob hinten oder vorn, es geht dir alles glatt vorbei, du kannst liegenbleiben bis Montag früh und vielleicht nicht einmal ohne alles.

Fantini hatte gelockt mit einer Entdeckung, einem gerade erst eröffneten italienischen Lokal, in einer Nebenstraße versteckt, volkstümlich-primitiv mit rohen Holzbrettern und freigelegten Deckenbalken, nicht einmal teuer, um erst einmal in den engen Markt zu kommen wahrscheinlich. Wir waren an dem Abend die ersten, die sich in dem hinteren Sälchen plazierten. Vorn saß ein einheimischer Säufer, den der Wirt mühsam hinderte, noch ein Karnevalslied anzustimmen. Mit uns kam eine Zigeunerin mit Kind auf dem Arm, die für umsonst ein Glas Wasser, Kranenburger Spezial, trank, sie hatte einen Besen, der an der Tür querstand, von hier nach da geschoben und bot uns an, die Zukunft aus unseren Händen zu lesen, aber Fantini, dieser abergläubische und wahrscheinlich insgeheim stockkatholische Hund, wollte das absolut nicht, nicht bei sich und nicht bei uns, während ich es ganz spaßig gefunden hätte, sie zu fragen, was sie über Sibylle und mich aus unseren Lebenslinien herauslesen konnte, „Hochzeit, Scheidung, noch mal Hochzeit und wieviel

Kinder und Bastard oder nicht“, und das Mädel wäre bestimmt ein bißchen rot geworden oder bleich um die Nasenspitze. Aus Säuernis, daß er mir diesen Einstieg vermasselt hatte, fragte ich meinen Freund Fantini ganz unschuldig, ob er wisse, was der Polier in dem Lied von Väterchen Franz dem Bauarbeiter zuruft. Natürlich wußte er das nicht, der Ignorant, es war nicht seine Güteklasse und nicht mehr seine Generation, wahrscheinlich hatte er noch in Palermo in die Hosen geschissen oder Streichhölzer am Hafen verkauft, als ich zwei Meter von Väterchen Franz in Essen in der Bahnhofskneipe mit den zwanzig Biersorten nach dem Konzert mein Bier trank und unauffällig mitzuhören versuchte, was das große Idol mit einer breitschultrig-vollbusigen Verehrerin tuschelte, die allem Anschein nach verheiratet und Beamtin war und mit der er gerade ein Kröschen anfing. Immerhin reichte aber Fantinis inzwischen angesammelter Grips aus, um zu raffen, daß der Polier nichts Gutes ruft, und er nervte alle zehn Minuten damit, er wolle jetzt endlich wissen, wie das mit dem Polier und dem Lied sei. Ich lächelte nur vielsagend und versprach: „Ich sage es dir zum Abschied, es ist eine bittere Lebenswahrheit.“ Dieser kleine Spaß hob etwas meine Stimmung, die dadurch angenagt war, daß ich erstens draußen vor der Tür eine halbe Stunde auf das fehlende restliche Dreiviertel, also auf Fantini und die beiden Damen, gewartet hatte und daß zweitens eine zu alte und zu häßliche Frau, die Sorte Globetrotterin in Parka und Netzstrümpfen, sich auffällig für mich interessiert hatte, wie ich da zwischen der Kirche der spanischen Protestanten im Exil und dem Rentenamt herumschlich und gedankenvoll auf die ausgestellten Lackfarben, Bettvorleger und Klobürsten starrte. Ich beschloß, fürs Erste davon auszugehen, daß sie entweder ihre Brille verloren oder einen im Kahn hatte. Ich konnte wirklich noch nicht so abgefahren aussehen, daß sich eine solche Schleiche ernsthaft an mich heranmachen durfte.

Fantini hatte mindestens dreimal beschworen, wie glücklich er sei, gerade dieses Lokal entdeckt zu haben, das sei doch noch das wahre Leben, wie bei la mamma, nicht diese Pizzahütten und Spaghettipaläste, und er bestellte umständlich und natürlich auf italienisch bei dem Kellner, fragte nach Ausweichmöglichkeiten und Variationen, ob die Pilze gegrillt oder gebraten sind, ob die Artischockenherzen auch alacasa mariniert sind und was weiß ich noch. Im Endeffekt gab es doch nur jene fünf oder sechs Gerichte, die auf der handgeschriebenen Speisekarte standen und alle zum Einheitspreis.

Ein junger Mann mit einem Kind an der Hand kam herein. Als hätte er es mit blinden Deppen zu tun, als hätten wir nicht längst gemerkt, daß er uns anbaggern und anbetteln wollte, klapperte er mit einigen Münzen in seiner Hand und behauptete, er käme aus Jugoslawien und aus dem Krieg. Wir taten, als wäre er nicht da. Auch ein braunhäutiger Rosenverkäufer und ein Indio, der uns kleine Papierchen mit seltsamen Zeichen aufdrängen wollte, traten ohne Erfolg auf. Nachdem wir schon erwartet hatten, daß als nächster noch ein Angolaner mit einer großen Tasche voller Kunstledertaschen und Schrottjeans uns beehren würde, kam doch nur ein einzelner Mann, der sich nahe bei uns ans Fenster setzte. Wir haben später die wenigen Male, die wir über die Angelegenheit sprachen, über sein Aussehen und seine Klamotten palavert, ohne richtiges Bild. Ich für mich glaube, er war zwischen dreißig und fünfzig, eher ein Arbeiter oder Bauer als ein Büromensch, sehr zurückhaltend und höflich, nicht unfreundlich, keine auffällige Erscheinung, jedenfalls *prima facie* nicht, wohl eine blaue oder schwarze Hose, wohl schwarze Schuhe und eine blaue Jacke von der Sorte, wie sie die Stadtwerke ihren Kontrolleuren und Sperrkassierern spendieren. Kann sein, daß er, wie Sibylle meint, ein schwarzes Hemd hatte, unpassenderweise. Er bestellte und bekam umgehend einen Grillteller gebracht, von vorgestern wiederaufgewärmt. Ekelhafter angebrannter Geruch wehte zu uns herüber, aber der Mensch mochte entweder Holzkohle oder er traute sich nicht, den Fraß zurückzuschicken.
Auch unser Essen kam jetzt, wirklich nicht übel, muß man zugeben, was Vati Fantini natürlich darauf schob, daß er mit seinem Landsmann von vornherein es klargemacht hatte. „Ihr müßt mit mir kommen, dann ist alles molto bene." Ich hörte weg, lächelte Sibylle vielsagend zu und rutschte näher an sie heran.
Der andere am Nebentisch war ein Ausländer, was ich in meiner verknallten Verträumtheit erst merkte, als ich ihn um das Salz bat. Er verstand mich immerhin beim zweiten Mal, lächelte ganz lieb und bedeutete mir mit der Hand, ich könne den Streuer behalten. Er war schon fertig mit dem Essen, hatte das meiste übriggelassen und den Teller ans andere Ende des Tisches geschoben. Jedenfalls war auch ihm der Geruch widerwärtig.
Wohl aus Langeweile griff er nach einer Illustrierten, die Fantini mitgebracht und hinter sich auf die Fensterbank gelegt hatte. Der arme Junge glaubte anscheinend, es gäbe hier eine Präsenz- und Leihbibliothek für die Gäste - eine in einer solchen Kaschemme etwas verwegene und

weltfremde Idee, zugegeben, aber er war eben nicht von hier und hatte nicht den Überblick. Fräulein Omega, das Aas, stieß Fantini an, der gerade eine Muschel ausräumte. „Phantastische Bilder, schön, was“, sagte Fantini und blickte den Fremden biestig an. Der nickte, er schien es als eine kameradschaftliche Plauderei, eine freundliche Tischbemerkung zu nehmen. Bloß, daß er zwei Sekunden später ohne Lesestoff dasaß, auf ewig auf den Farbbericht über die Rückkehr des Wolfes nach Europa und die Photos von der ersten Demonstration der Berliner Rufbereitschafts-damen verzichten mußte. Er blickte uns mit offenem Mund an, ungläubig und arglos, als habe er noch gar nicht begriffen, was hier geschehen war. „C'est à moi“ war das einzige, was Fantini noch sagte, für den Fall, daß es ein Franzose war oder einer, der Französisch verstand, dann drehte er sich demonstrativ weg, schäkerte mit seinem Monsterle und kümmerte sich um sein Essen.

Der Fremde sagte immer noch nichts, schien viel zu platt und fertig für irgendeine schnelle Antwort aus dem Ärmel, „ah pardon, je n'ai pas su que c'était le vôtre. Je n'aurais jamais pris la revue d'un tel con.“ Auch stand er nicht auf mit ekelverzerrtem Gesicht, um sich demonstrativ die Hände zu waschen, er spuckte Fantini nicht an oder schlug ihm eins kapaftich in die Fresse, er schleuderte ihn nicht hochkant über die Küchentheke zu dem polnischen Koch und der Blonden mit dem kecken Häubchen. Er saß nur belämmert da, bis der Kellner endlich kam, die miefigen Teller abräumte, und er leise und wutverbissen flüstern konnte: „Das Rechnung.“ Er zahlte, stand auf, ging, schüttelte sich, kam wieder zurück, stellte sich hinter meinen Stuhl, Fantini voll im Blick, der ihn von unten her mit einem schweinischen Hohngrinsen musterte. Ich sah nicht ganz, was der Fremde tat, ich wollte mich aus irgendeinem unerfindlichen Grund nicht zu ihm umdrehen, als hätte ihm das in die Quere kommen und seinen Aufmarsch stören können. Was ich weiß, habe ich von Sibylle. Angeblich machte er einige schnelle fahrige Handbewegungen, die Finger an den Daumen links, die zusammengepreßte Rechte in diese Öffnung gestoßen, die Hände über Kreuz, dann eine Art Dach oder Dreieck, eine glatte Handkante wie ein Messerschlag abwärts. Alles in einigen Sekunden. Zum Schluß nahm er den Kassenbon, die Bescheinigung für das ihm servierte Brandopfer, zog einen abgebrochenen Bleistift heraus, schrieb etwas auf die Rückseite. Er warf dieses Blättchen Fantini ins Gesicht und ging einfach weg, ohne sich noch einmal umzudrehen und ohne noch einmal vor dem Fenster

vorbeizukommen. „Nimm's leicht, Schwager in spe“, munterte ich Fantini auf, der irgendwie angeschlagen wirkte. In der Hoffnung, ihm noch eins einschenken zu können, hob ich das kleine Sendschreiben vom Boden auf. „Er hat dir eine Rechnung aufgemacht, die er noch mit dir offen hat. Schau mal, lauter Zahlen untereinander: sechzig, sechzig, zwölf mal zwei, achtundzwanzig neunundzwanzig dreißig einunddreißig, zwölf, eins. Dann ein Querstrich und als Summe ein Kreuz. Wenn es weiße Magie ist, wirst du das zum Dank aufs Konto kriegen. Wenn es die schwarze Sorte war, bist du irgendwann tot. Sieht eher nach schwarz aus. Was hältst du von folgender Deutung, ohne Garantie natürlich, kostenlos und unverbindlich. Sechzig Sekunden, sechzig Minuten, zweimal zwölf Stunden, achtundzwanzig bis einunddreißig Tage, zwölf Monate, ein Jahr. Stimmt das, bist du in einem Jahr tot. Mach dir nichts draus, es wird schon werden, trinken wir auf das Leben und die Liebe.“
Kein vernünftiger Mensch wird glauben, daß ein solcher Bauernzauber wirkt. Wahrscheinlich wirkt er auch nicht bei vernünftigen Menschen. Aber für einen abergläubigen Angstaffen wie Fantini hat der Zauber gereicht. Ich hatte tatsächlich zum ersten Mal in meinem Leben einen Todesfall im Kollegenkreis, ein knappes halbes Jahr später. Wenn ich übrigens Streß habe mit Fräulein Omega, erwähne ich beiläufig, ich hätte mir da einen schönen Zaubertrick abgeschaut, und das Vieh kuscht wieder. Jeder hat eben vor irgendjemandem Angst. Ich könnte Angst haben davor, dem vielleicht immer noch nicht besänftigten Fremden noch einmal zu begegnen. Er weiß ja nicht, daß ich mich insgeheim auf seine Seite geschlagen hatte. Ich könnte sogar Angst haben vor meinem Engel Sibylle. Schließlich hat sie seine Handbewegungen genau gesehen und studiert. Wer ist schon immer ein Engel?
Auf jeden Fall, ich war wirklich überrascht, als an einem Montag Fräulein Omega gar nicht und Sibylle arg zerknautscht ins Büro kam. Sie hatte die halbe Nacht solidarisch herumgeheult und alle paar Minuten versucht, mich anzurufen, um es mir zu sagen und sich Rat und Trost zu holen. Aber ich war außer Haus gewesen, hatte klugerweise den Hörer neben die Gabel gelegt, so daß es sich anbot, einen Telefondefekt zu behaupten. Fantini hatte es - wenn man so will, sogar ein halbes Jahr zu früh - erwischt, an der Einmündung eines asphaltierten Wirtschaftsweges in die Landstraße. Das alte Duell Motorradfahrer gegen gerade träumenden Autofahrer, Ausgang wie üblich. Die Parade der Schwarzklüftigen und ihrer röhrenden Maschinen vor dem Friedhof war eindrucksvoll und malerisch. Soviele

Freunde hatte er gehabt - nur daß ein einziger guter Feind mehr reißen kann als all die alten Kameraden.

Die Fälscher

Eine Geschichte für Mutige

Erst habe ich gar nicht geglaubt, daß es Fälscher gibt. Mein Vater hatte mir damals fest versprochen, solche Märchenmännlein hätte es nie gegeben und könnte es nie geben. „Das sind alles nur Einbildungen. Das hat sich einer ausgedacht, der den anderen Angst ...", sagte er zu mir. „Bilde Dir bloß nichts ein", fiel ihm meine Mutter ins Wort. „Ich habe auch schon oft das Gefühl gehabt, daß man mir den Boden unter den Füßen wegziehen will." „Ihr wißt alles besser", brummte Vater und zog sich in sein Arbeitszimmer zurück.

Mein Vater ist Baumeister und Statiker, er berechnet mit unwahrscheinlich schwierigen und verschachtelten Formeln, wie man verhindern kann, daß Häuser und Brücken zusammenstürzen. „Wenn ich nur eine einzige Zahl vertausche oder vergesse", so sagt er gern, „gerät alles aus dem Gleichgewicht."
Ich habe es nie verstanden, warum die Häuser nicht zusammenfallen und die Brücken nicht einfach einklappen, wo doch die Erde sich ständig bewegt und sich eigentlich einmal hin und einmal zurück drehen müßte, um im Takt zu bleiben und nicht aus der Bahn zu fliegen, und die Kontinente verschieben sich auch, weil sie auf einem endlosen Strom von flüssigem Feuer sitzen. Aber trotzdem - die meisten Häuser stehen still und die meisten Brücken enden nicht irgendwo in der Luft. Vater führt dies darauf zurück, daß überall auf der Welt Leute wie er sich niemals oder fast niemals beim Rechnen irren. Sie zwingen die Bauleute, die Steine und die Stahlträger genau so zusammenzusetzen, wie die Gesetze es vorschreiben.
Ich habe immer geglaubt, daß mein Vater recht hat und daß ich noch zu klein bin, um zu verstehen, warum er recht hat. In einer stürmischen Nacht, der Wind schlug die Zweige gegen die Fenster und trug den Regen durch die zersplitterten Scheiben, hatte ich von den Fälschern geträumt. Ich schrie laut auf. Meine Mutter kam und redete mir zu. Ich konnte mich nicht mehr an den Traum erinnern, nur noch an das Wort *„die Fälscher"*.

Außerdem war ich fest überzeugt, daß ich im Schlaf im Haus und im Garten herumgegangen war. Meine Hausschuhe standen nicht mehr so, wie ich sie abends immer hinstelle. Ihre Spitzen waren unter das Bett gerichtet, während sie gestern Abend noch zur Tür zeigten. Aber davon sagte ich Mutter genauso wenig, wie von dem merkwürdigen Umstand, daß sich keine Spuren der Gartenerde an den Sohlen fanden, obwohl doch draußen alles naß und schlammig war. „Vielleicht bist du über das Gras geschwebt", hätte Mutter zu mir gesagt, und ich hätte nicht gewußt, ob sie es ernst oder spöttisch meinte.

Ich hatte Fieber bekommen, so um die 45 Grad zeigte das Fieberthermometer an. „Dieses billige Ding ist kaputt", sagte mein Vater, „du müßtest längst schon tot sein." „Aber vielleicht bin ich schon tot, Vater, und nur noch ein Gespenst." Vater tippte sich schweigend an die Stirn, schüttelte das Thermometer, aber die Zahlenanzeige sprang sofort wieder auf 45, wenn ich es mir in den Mund steckte. „Eindeutig Schrott, du kaufst morgen ein neues und fragst, was ihnen eigentlich einfällt, einen solchen Wahnsinn unter die Leute zu bringen. Wir haben doch keinen Karneval."
Ich überlegte, wie ich das morgen organisieren konnte. Ich mußte ein paar Mark ausgeben, um drei oder vier meiner Freunde dafür zu bezahlen, daß sie die Sache mit dem Thermometer für mich in Ordnung brachten. Ich würde lange suchen müssen, bis ich jemanden fand, der gerade Geld brauchte, aber keiner würde den Teufel tun und alleine gehen. Mindestens zwei mußten es sein, die im Laden fragten und mindestens einer, der an der Tür stand, um notfalls zu schreien und die Flucht zu sichern.

Meine Mutter hatte das Thermometer im Brillengeschäft gekauft. Das war ein düsterer Laden in einer Seitenstraße. Ich war nur einmal drinnen gewesen. Der Inhaber, ein langer kahlgeschorener Mann, der sich als *„Herr Schmitt"* anreden ließ, aber sicher anders hieß, kam hinter einem Schrank hervor, der neben der Ladentheke mit der Rückseite Richtung Ladentür stand. Ich fragte nach einem Fernrohr für Einäugige. Herr Schmitt ging murmelnd in einen hinteren Raum. Ich konnte nicht anders, ich schaute mir an, was hinter dem Schrank zu finden war. Es gab dort weder einen Stuhl noch einen Arbeitstisch. Man konnte einfach nur stehen, wenn man sich nicht gleich in den innen und außen rot angestrichenen Schrank, dessen Türen halb offen waren und der völlig leer zu sein schien, setzen wollte. Ich drehte mich um in Richtung Schaufenster, als ich Herrn Schmitt zurückkommen hörte und machte schnelle vorsichtige Schrittchen, um zu vertuschen, daß ich hinter den Schrank geschaut hatte. Herr Schmitt starrte mich prüfend und vielleicht auch wütend an. „Die Fernrohre sind ausgegangen, du mußt in der nächsten Woche noch einmal fragen." „Ist gut, Herr ...", antwortete ich und tat so, als hätte ich seinen Namen vergessen. „Schnitt, ich heiße, äh, Friedrich Schmitt." Ich hatte genug gehört. Ich sah, wie der angebliche Herr Schmitt mit einem Messer eine Apfelsine zerteilte, lehnte das angebotene Stück mit der Begründung ab, ich habe einen Kloß im Hals, und machte mich weg. Herr Schnitt zerknüllte ein Blatt Rechnungspapier, auf dem ein roter Fleck war und warf es in den Müll. Er würde noch Stunden hinter dem Schrank stehen, das kleine Messer in der Hand und warten oder mit angezogenen Knien in dem roten Schrank hocken und die Klinge immer wieder leise über seinen Handrücken streichen.

In einer der folgenden Nächte sollte ich die Fälscher besser kennenlernen. Ich war heimlich aufgestanden, um in einem der Bücher meines Vaters nachzuschlagen, wie man Uhren durch Magnetfelder verstellen und so Zeit gewinnen kann, als auf einmal um mich herum Boden und Wände zu tanzen begannen. Dies schien gerade eben begonnen zu haben, da knallte es mit einem ungeheuren Echo. Überall Feuer und Gestank, die gesamten Reihenhäuser im Umkreis schienen zu brennen. War ein Tiefflieger einige Sekunden vor der Kampfbahn und dem Salzfeld abgestürzt, war der Reaktor endlich hochgegangen, wie es noch letzte Woche an der Untergrundbahn einer der betrunkenen Zimmerleute mir versprochen hatte, der allen den Tod wünschte, die Kinder und Häuser haben? Weil überall um mich herum der Sturm das Feuer anfachte, weil es keine Rettung mehr geben konnte hier mittendrin, wo noch genug Luft zum Atmen war und die Haut noch keinen Funkenflug abbekam, rannte ich hinein in die Flammen.

Am nächsten Morgen konnte ich nur eine einzige Spur finden: Meine Katze hatte an der linken Seite ein großes Büschel angebrannter Haare, unter denen die Haut zu sehen war. Sie kroch wimmernd unter das Bett. Als ich aus der Schule zurückkam, war sie verschwunden. Erst einen Monat später erzählte mir mein Cousin Wilfried, die Katze ist über die Schnellstraße gelaufen, ein Lastwagen hat sie überfahren. Mein Vater hat sie unter Gartenlaub und Zweigen versteckt in einem Plastiksack dem Müllmann mitgegeben. Ich hatte also keinen Beweis mehr.

In der nächsten Nacht schaltete ich den Computer meines Vaters ein. Ich wählte ein Programm, in dem Sterne geboren wurden, zusammenstießen, in sich zusammenfielen und als schwarze Löcher aus dem Bild verschwanden oder als ein feiner Regen winziger Pünktchen im Hintergrund untergingen. Ich hatte gehofft, eine Botschaft zu finden, ein Sternbild, das man als eine Art doppelten Anruf betrachten konnte. Aber die Milchstraßen tanzten nur wirr herum, die Radiosignale und der Wellensalat der fernen Welten rauschten vor sich hin, und es fand sich nicht der geringste Fingerzeig. Ich bekam eine böse Wut und hätte am liebsten den ganzen Sternenzirkus gelöscht und die Festplatte mit Leerzeichen überschrieben. Aber ich fürchtete, daß im selben Augenblick alles vorbei wäre: die vielen Sterne, die kleine Erde, ich natürlich auch und der Computer erst recht. Alle Bewegungen am Himmel, alle Himmelskörper und alle überhaupt schienen an diesem einen Computer zu hängen, den man für eine Zeit ausschalten, aber den man um Himmelswillen nicht auslöschen durfte.

Es war der sechsundzwanzigste Februar, als ich merkte, daß in meinem Tagebuch, in dem ich meine Einnahmen und Ausgaben, die Ergebnisse unserer Fußballmannschaft, die ewige Tabelle der UNO-Spiele und eine Liste besonders schlimmer Ungerechtigkeiten aufschrieb, das Datum nicht stimmte. Ich war erst am fünfundzwanzigsten angelangt, aber in Wirklichkeit (ich hatte Vater noch einmal gefragt und das Fernmeldeamt angerufen) war es einen Tag später. Ich stellte fest, daß mir ein Tag fehlte. Bis zum 23. Februar war alles in Ordnung, wie ich durch Vergleich mit dem Fernsehprogramm und dem Terminkalender meines Vaters feststellen konnte. Dann aber fehlte der 23. Februar, denn was ich unter diesem Datum aufgeschrieben hatte, war am vierundzwanzigsten passiert. Ich wußte, daß ich jeden Tag zumindest das Datum und einige Kreuze und Kreise aufgeschrieben hatte. Was war an diesem dreiundzwanzigsten geschehen? Wir hatten an diesem Tag keinen Unterricht gehabt, da ein Flüchtlingstransport auf der Durchreise einen Tag lang in unserer Schule untergebracht wurde. Aber Mutter, die ich fragte, konnte mir nicht sagen, was ich zuhause gemacht hatte und all das, was an Filmen im

Fernsehprogramm angekündigt worden war, hatte ich noch nie gesehen. Mir war ein Tag gestohlen worden, und, nachdem nun der Anfang gemacht war und es mir nicht gelungen war, das zu verhindern, würde es sich noch öfter wiederholen. „Sie haben mich in der Hand", schrieb ich auf einen kleinen Klebezettel, den ich unter meine Schreibunterlage legte. Vielleicht konnte er helfen, mein Schicksal aufzuklären, wenn mir etwas geschah. Aber Mutter fand ihn und ich mußte ihr, ehe sie ihn zerknüllte und ins Klo warf, irgendetwas erzählen von einem Spiel, das ich mit Jürgen spielen wollte, ich als Rebmann, der von einer roten Suzuki aus abgeknallt wird, und er als Baader, den ich gerade einen Tag vorher bei Ulrike Meinhof gefunden habe und mit einer ganzen Horde von Fernsehmenschen stürme ich das Schlafzimmer.

Nachts ließ ich die Lampe brennen, um leichter einschlafen zu können. Als ich morgens wach wurde, war es dunkel im Raum. Vater und Mutter behaupteten, das Licht nicht bemerkt und deshalb auch nicht ausgeschaltet zu haben. Sie waren, weil ihnen das Fernsehprogramm nicht gefiel, vor mir ins Bett gegangen. Ich hatte sie gehört, wie sie in ihrem Zimmer redeten und sich darüber stritten, wer nicht genug auf die Katze aufgepaßt hatte. Wenn ihr Streit vorbei war, würden sie in einem der beiden Betten liegen und herumknutschen.

Aber wer hatte mein Licht ausgemacht? Ich hatte Honig an den Schalter geschmiert, um Spuren zu sichern, aber solche Spuren gab es nicht. An diesem Tag hatte ich zu nichts Lust.

Ich wußte im voraus, daß in dieser Nacht nichts passieren würde. Aber ich ärgerte mich trotzdem, als genau das eintraf. Morgens vor der Schule ging ich an den Computer, legte eine Datei *„Fälscher"* an und schrieb hinein: „Warum seid Ihr nicht gekommen, ihr dummen Schweine, ihr miesen Ratten, ihr stinkenden Affen?" Ich hoffte, sie so aus dem Dunkel locken zu können. Das Gleiche schrieb ich auch auf einen weißen Zettel, auf den ich ein Dreiecksauge malte. Ich legte den Zettel aufgeklappt auf die oberste Buchreihe im Regal. Als ich nachmittags aus der Schule kam, war der Zettel weg, aber im Computer fand ich immer noch meine Frage - ohne daß ich eine Antwort bekam.

Nach einigen Tagen hatte ich das Warten auf die Fälscher aufgegeben und beschäftigte mich wieder mit meiner Lieblingsbeschäftigung, Briefe an Menschen zu schreiben, deren Adressen ich aus dem Telefonbuch heraussuchte. Jeder Brief war ein wenig anders. Es gab Briefe, in denen ich drohte, zur Polizei zu gehen und alles zu verraten, wenn derjenige es nicht selbst täte. Oder ich schrieb an eine Frau, ich möchte sie heiraten, benötigte aber noch eine genaue Aufstellung ihres Vermögens und das versiegelte Einverständnis ihrer Familie. Oder ich drohte einer Firma an, daß bald ein sich gerade im östlichen Sibirien zusammenbrauender Wirbelsturm das Dach abdecken und die ungenehmigten Müllverbrennungsöfen auspusten werde. Oder aber ich behauptete, von Gott oder einem seiner besten Anhänger erfahren zu haben, bald komme eine neue Sintflut und werde selbst den Berg Ararat überfluten. Oder ich ließ Grüße ausrichten von irgendwelchen gemeinsamen Bekannten, deren Namen ich frei erfand, von lange gesuchten Geiselgangstern oder von einem Geheimdienstchef, der bei Jesuiten in Südamerika untergetaucht sein sollte. Oder ich sandte Briefumschläge ohne Inhalt, mit weißen Blättern oder halben vieldeutigen Sätzen, mit einigen verkohlten Haaren oder einem winzigen Knochensplitter.

Es war fast schon Frühling, die Stürme hatten einige abgefaulte Äste auf mich geschleudert, als ich trotz der Orkanwarnung durch den Wald lief. Ich war zum ersten Mal in diesem Jahr an dem verlassenen Bauernhof vorbei zu der Quelle gelaufen, in der ich im Sommer wieder baden würde, unter einem glitschig-grünen Überhang, und unten in dem eisigen Wasser lag eine Baumkrone, die mich festhalten wollte, als ich hinabtauchte. Ich lief auf dem schmalen Erdrand zwischen dem eingefaßten Bach und den Straßenbäumen. In der Ruine brannte ein Feuer, aber es war niemand dort. Ich ging durch das Haupthaus, an den aufgeschlitzten Matratzen, den aufgeschichteten Flaschen und den Müllansammlungen vorbei. In der Badewanne lag der herausgerissene Wasserhahn, in den Spülstein hatte jemand Erde und einen Fetzen Stoff geworfen. Das Geländer der Treppe war schon verheizt, aber die steinernen Stufen hielten noch zusammen. Wenn man oben durch die Räume ging, wehten in den Fenstern die Reste der Vorhänge, und die Fensterläden schlugen hin und her. An vielen Stellen fehlte schon der Fußboden. Vielleicht waren Blutspuren auf den Kacheln unten, von denen, die heimlich weggetragen wurden. Ich mußte vorsichtig

prüfen, ob der Balken noch trug. In einem dunklen Raum tastete ich mich vorwärts. Ich stieß mit dem Fuß gegen ein Mädchen, das gekrümmt auf dem Boden lag. In ihrem Arm steckte eine Spritze. „Das Heroin, das macht dich hin", rief von unten jemand, der gerade an der Treppe sein mußte. Ich zog mich zurück.
Wir gingen um das große Üttinger Feld, auf dem schon geerntet und abgeräumt worden war. Im Frühjahr sollten hier Altenheime mit geschlossenen Abteilungen und einer multikulturellen Sozialstation entstehen. So hatte es in der Zeitung gestanden. Mein Vater konnte mir nicht erklären, was sich hinter diesen Worten verbarg, aber er war jedenfalls dafür, daß gebaut wurde und hatte sich an der Ausschreibung beteiligt. Ich schaute über das Feld, schloß die Augen und hörte die Rehe und Füchse jammern, daß sie hier bald vertrieben seien. Ein Fuchs mit Tollwutschaum vor dem Maul, glasigem Blick und verrenkten Pfoten schrie am lautesten: „Ich komme zum Richtfest und hole mir den Baumeister." Ich nickte gerade zustimmend, als das Feld sich drehte, mitten drin (dort, wo die Liebespaare im Sommer gewesen waren) aufgeklappt und hochgestellt wurde, dann wieder herunterkippte, nach unten hin offenstand, in eine riesige Schublade hinein, die erst klemmte und dann mit Gewalt und Geschrei herausgerissen wurde, und das Feld wurde an jeder Ecke erfaßt, wie ein Laken gerüttelt und umgeschlagen, ein lehmiger Staub flog auf, Gehäcksel und tote Käfer, um ihr Leben flüchtende Spinnen und ein zufällig hineingeratener Studienrat, der seinen täglichen Waldlauf nicht mehr beenden konnte, rollten umher. Meine Augen schmerzten.

Ich gab es auf, ein Zeichen der Fälscher zu erwarten. Ich überlegte, ob ich einfach glauben sollte, daß es sie nicht gibt oder ob ich es als einen Beweis ansehen sollte für ihre Existenz, daß sie mich in der Luft hängen ließen und es mir überließen, ob ich ihnen zutraute, was ich erlebte. Ich sah die Linien doppelt, das Blut lief aus meinem Kopf in irgendwelche versteckten Kammern ab, mein Herz schien verhakt und eingefroren, feine verknotete Fadenstricke glitten vor meinen Augen herunter, Sehstörungen, meine Hände krampften sich zusammen, ich konnte nicht mehr geradeaus einen Fuß vor den anderen setzen und kam nicht über die Straße. Ich setzte mich zwischen den Betrunkenen an der U-Bahn auf die Steine. Einer zog sein Hemd aus und sprang zum x-ten Male auf einen orangenen Plastiksitz, den er aus der Wand reißen wollte, ein anderer warf die leere Flasche einer Frau

mit Filzhut an den Kopf und schlug dann auf den Aufspringer ein, der sich nicht wehrte und nur die Hände über sich hielt und sich zum Schutz an die Wand drängte. Ich nahm ein Dragee und setzte mich auf den Rand eines Betontroges und spielte mit Zigarettenkippen, Korken und den herausgerissenen Kletterpflanzen.
In der Nähe der Schule (ich lief ein wenig im Kreis um sie herum, weil ich nicht recht wußte, ob ich hingehen sollte) traf ich Ostendorf, einen ehemaligen Lehrer, der wegen erwiesener Unfähigkeit und offenkundiger Verrücktheit entlassen worden war. Selbst als wir ihn mit getrockneten Apfelsinenschalen und Silberpapierkugeln bewarfen, hatte ich ihn leiden gemocht. Er stellt sich mir in den Weg und hielt mich an. „Warum läßt du die Kinder nicht sein, was sie sind“, brüllte er. „Geh vorbei, red‘ vorbei und leb dein Leben ganz lustig. Aber laß unsere Kinder mit ihren Träumen von Pfefferminz und Drops.“ Ich nickte. Er hätte eine Lehreruniform gestohlen und sie ununterbrochen getragen, wenn es so etwas gäbe. Er lauerte jeden Tag hier an der Schule, um mit seinen freudestrahlenden Augen den Kollegen ins Gesicht zu blicken, die sich ängstlich und angewidert abwandten und am liebsten die Schüler an die Hand genommen hätten, um sie vor den Nachstellungen dieses unheilbaren Kranken zu beschützen. Aber ich machte mir den Spaß und fragte Ostendorf, ob er die Fälscher kenne. Er blickte mich mißtrauisch und prüfend an. Dann zog er mich an meinem linken Ohrläppchen ganz nahe an sich heran. Ich roch seinen Atem - Schnaps, Zwiebeln und Magengeschwür auf einmal. „Du kannst sie nicht finden. Du siehst sie erst, wenn du einer von ihnen bist und dann kannst du nichts anderes denken. Vergiß es.“

Über meinem Kopf hatten sie einen transportablen Traumabzug installiert, eine kleine Esse, eine Art Feuerstelle, auf der sie meine Träume zerkleinerten und durch den Kamin jagten. Wieviel wiegt ein Mensch, vor dem Verbrennen oder nach dem Verbrennen? Wieviel Kilogramm sind es von Manila bis Hongkong? Ich weiß es auch nicht, ich weiß nur, daß ich von einem Tag auf den anderen aufhörte zu träumen.
Jetzt hatte ich Angst. Ich wußte, daß, wenn ich nicht mehr träumen konnte, mir die Fälscher auch nicht im Traum begegnen konnten. Ich würde nicht schreiend und klatschnaß aufwachen und zu meinen Eltern flüchten oder ins helle Licht des leeren Wohnzimmers und glücklich sein, daß es nur ein Traum war. Ich würde mich jeden Tag mit dem Gedanken quälen, ob es sie

gibt oder nicht, ob ich aufhören soll an sie zu denken oder ob ich sie andersherum herbeidenken soll. Oder sie würden, weil ihnen der Weg in die kurzen schlimmen Träume abgeschnitten war, sich es anders überlegen und kurzerhand kommen. Auf der alten Landstraße würden eines Abends mehrere Männer hinter mir stehen, eine unbekannte und vielleicht sogar unbegrenzte Zahl, vielleicht mit hochgeschlagenem Kragen und staubfarbenen Flanellmänteln oder mit Reitstiefeln und dunkelgrünen weiten Ledermänteln, durch verborgene Riemen eng geschnürt, mit breiten Schultern und Taschen, in denen ihre Arme in Händen oder irgendwelchen mechanischen Greifwerkzeugen endeten. Sie würden sich räuspern und warten, bis ich gestorben war. Ich würde mich nicht rühren können.

Über unser Haus war ein großer durchsichtiger Plastikbecher gestülpt, in den das Wasser eindrang, aber nicht mehr abfließen konnte, als ringsherum die Flut längst schon wieder vergessen war. Langsam, über Monate hinweg stieg das Wasser im Untergrund, bis es die Plastikfolie des Fundaments und den Betonboden des Kellers durchdrungen hatte und die alten Teppiche, die mein Vater im Parteihaus abgestaubt hatte, ins Schwimmen brachte. Ich hätte es längst schon meinen Eltern sagen müssen, wie es um unser Souterrain stand, aber ich wollte mir dieses Geheimnis erhalten und sparte meine Nachricht auf für einen Moment, wo ein richtiger kräftiger Schock zu erwarten war. Vater ging aus Bequemlichkeit nie in den Keller und Mutter hatte Angst, es könne ihr jemand folgen, hinter ihr das Licht ausschalten oder die Sicherung herausnehmen und sie dort im Dunkeln zurücklassen oder langsam auf sie zukommen. Also war es meine Aufgabe, alle Woche die auf einer Liste in der Küche eingetragenen Gegenstände aus dem Keller zu holen. Ich zog unten an der Treppe Schuhe und Strümpfe aus, krempelte die Hose hoch und besorgte das Gewünschte. Ich hatte, seit ich die Schimmelflecke und Wasserränder auf dem grauen Boden bemerkte, meine Vorkehrungen getroffen und alles, was von der Feuchtigkeit gefährdet wurde, auf die oberen Regalbretter gelegt. Ich gewann Zeit bis zu jenem Augenblick, wo man bemerken würde, daß sich von den Gurkengläsern die Etiketten gelöst hatten.

In meinem Zimmer fiel, wenn ich die runde Neonröhre an der Ecke einschaltete, das Licht nicht mehr bis auf den Boden. Auf halbem Wege, in Höhe meines Bauchnabels, wurden die Lichtstrahlen angehalten und zurückgeschleudert durch eine unsichtbare Lichtbremse. Es mußte eine Folie sein oder ein Glas mit unregelmäßigen Eindellungen und einzelnen schmalen Durchlässen. Ich konnte keinen Sinn sehen in diesem Manöver, denn das restliche Licht reichte immer noch aus, um sich zurechtzufinden. Es war mehr eine Vorführung, um mir zu beweisen und zu imponieren: „Das können wir, mach Du uns das erst einmal nach!“ Ich mußte nachgeben, ich konnte nur eingestehen, daß ich in diesen Dingen nichts zu bieten hatte.
Mein Vater kam herein. Er schien nichts zu bemerken von der Halbierung der Lichtzone. Sah er es nicht oder wollte er es nicht bemerken oder nur nichts davon sagen, weil er mich nicht ängstigen wollte oder sich nicht meinem bösen Spott aussetzen wollte? „Wie kann ich das Licht bremsen?“, fragte ich ihn. Er überlegte: „Du könntest die Luft zusammenballen oder ein schwarzes Tuch schweben lassen, aber du brauchst einen festen Rand, durch den das Licht nicht hindurchkann oder sehr vermindert wird. Es ist so schwer, das Licht zu bremsen, warum willst du es versuchen? Es lohnt nicht die Mühe.“

Beim Erwachen aus einem Traum konnte ich mich nur noch an den Begriff *„höhere Reisegeschwindigkeiten“* erinnern. Aber es ging nicht darum, daß jemand sich mit großem Tempo aus der Gegenwart entfernt oder aus der Vergangenheit in die Zukunft abstürzt. Es handelt sich um mehrere Reisen, die ich durch den unbegrenzten Raum zwischen den vielen Welten unternahm. Ich war längst schon aufgebrochen in diese oder jene Richtung, als ein ferner Zeitverkäufer sich zu mir auf den Weg machte. Es gab mir im Traum die Sicherheit, daß auch die Fälscher, wenn sie es überhaupt versuchen würden, mich nicht erreichen konnten in ihrem Projektil, auch wenn wir voneinander in Radioechos auf unseren Einbahnschirmen erfahren würden und uns mit kleinen weißen Tüchern, von den Kameras der Geheimsatelliten aufgezeichnet, zuwinken würden. Ehe wir zusammenkämen, um das endgültige Duell auszutragen, würde mindestens ein Gegner schon gestorben und ausgelöscht sein.

Ich fand jetzt immer häufiger Kopien vor von dem, was ich gerade getan hatte. In den Papierkörben lag ein zweites Taschentuch oder auf den Tisch war ein zweiter überflüssiger Teller gestellt worden. Durch ein erneutes Eindrücken des Schaltknopfes wurde das gerade gestartete Fernsehen wieder ausgeschaltet, und meine Pausenbrote waren eingewickelt worden in doppeltes Pergament. Ich hätte beschwören können, daß Träume sich noch in derselben Nacht oder allerspätestens in der folgenden wiederholten. Ich fürchtete, in eine endlose Schleife zu geraten, wo alles, was gerade geschah, sich wieder und wieder abspielte, bis die gedankenlose Fortsetzung Risse und Kratzer bekam und ungeplante Störgeräusche den Gleichklang durchbrachen.
In jener Nacht, in der ein Orkan einige Dachziegel herausriß, Trauerweiden und Kastanienbäume köpfte, blieb auf den Straßen ein rötlicher Ziegelstaub zurück. Ich hatte erwartet, daß die Öffnungen in der *„Dachhaut“* (so nannte mein Vater das) in den nächsten Tagen geschlossen würden, aber es geschah nichts. Ich erinnerte Vater daran, aber er schien nicht recht zuzuhören und in Gedanken mit einer seiner Formeln beschäftigt zu sein. Ich ging auf den Dachboden hinauf und sah in den weißlich-grauen Himmel. Wasser lief an den Sparren herunter und sammelte sich auf den durchgetretenen Dielen. Zwischen den Dachbalken klafften Löcher. Hier hatten in den letzten Tagen des Krieges die Dachgeschoßbewohner das Parkett herausgerissen und verbrannt und waren irgendwann nachts abgerutscht zwischen der Balkenkonstruktion und lagen jetzt in den Kellerräumen, mit Kalk bestreut und mit jener Asche, die als Zwischenlage die Decken gedämmt hatte. Ich konnte durch die Stockwerke sehen, hörte Vater weiter unten auf die Kinder und die Frau schimpfen und lachte über die Nachbarn, deren Tapeten wie von selbst abfielen und darunter liefen die Tapetenflundern aufgeregt herum und warteten darauf, ihre Blutration zu bekommen. Einzelne Wegelagerer und Halsabschneider hatten sich in der großen gekachelten Küche gemütlich niedergelassen. Sie häuften die Parkettstäbe und die Treppendielen auf und ließen ein Feuer brennen, das fast an die Decke schlug.

Ich wußte, daß die Fälscher an diesem Abend angreifen würden. Ich hatte den beweglichen Glasbaustein geschlossen gehabt, aber sie hatten ihn erneut geöffnet, um einen feuchten Nebel hineinzulassen, der mir das Atmen schwermachte, und um später mit ihren sehr langen beweglichen

Händen nach innen greifen und die Tür öffnen zu können. Ich schloß den Stein ein zweites Mal und sicherte verschiedene Fenster mit Draht und Bastschnüren. Ich konnte nicht widerstehen, ich mußte in den Garten hinausschauen auf die Terrasse und den schwarzen Teich, obwohl ich eigentlich schon wußte, was geschehen würde. Ich bewegte die Klinke langsam und vorsichtig. Ich hatte prophezeit, daß man von außen mit aller Kraft reißen würde, aber es war nur ein leiser, kaum merklicher Zug in die Gegenrichtung. Ich wollte schreien, konnte es aber nicht. Meine Hand wurde starr, und ich hörte in meinem Kopf Stimmen durcheinanderreden, die mir zu öffnen befahlen oder mich beschworen, um jeden Preis festzuhalten. Es hätte mich gereizt, loszulassen und abzuwarten, was dann geschehen würde, aber ich mußte nur einmal kurz rucken, um die Tür wieder ins Schloß zu bekommen. Von außen war ein Messingknopf angebracht, der sich nicht drehen ließ. Im Laufe des Abends schloß ich noch ab, da es mir sicherer schien. Ich wartete vergeblich ein oder zwei Stunden lang im Hausflur auf einen weiteren Angriff.

Ich stand gerade auf der Leiter, um einige Fotos und Spiegelkacheln abzureißen, die ich an die Decke geklebt hatte. Auf den Fotos waren Bäume, die aus dem Himmel abwärts wuchsen und mit ihrem Blattwerk kopfstanden, falls man von der falschen Seite auf sie zuging. Die Kacheln hatten es mir erlaubt, mich in der Spiegelung über meinem Kopf anzuschauen, wenn ich schon nicht durch die Luft tanzen konnte. Die Leiter war ziemlich hoch, ich mußte den Kopf einziehen und schräg auf die Schulter legen, um überhaupt arbeiten zu können.
Plötzlich bewegte jemand die Leiter. Ich geriet ins Rutschen, schlug mit dem Rücken auf und lag für einen Augenblick einfach nur da, bis ich einen Schmerz spürte. Ich hätte geschrien, wenn ich nicht Angst gehabt hätte, dadurch zu verraten, wo man mich packen konnte. Mit einem winzigen Schubser bewiesen die Fälscher mir, was sie parat hatten. Schon mußte ich mich verteidigen.

Ich war, weil ich müde wurde und den Film über einen Geheimdienst, der seine eigenen Agenten ermorden läßt, nicht zu Ende anschauen wollte, aus dem Fernsehsessel aufgestanden. Vater schnarchte seit einer halben Stunde im Schaukelstuhl, Mutter strickte und blickte nur gelegentlich herüber. Ich ging durch den Flur. In der dunklen Halle tastete ich nach einem Lichtschalter. An der Stelle, wo er immer gewesen war, fehlte er. Die Hände über Kreuz suchte ich in alle Richtungen. An kleinen Unebenheiten der Tapete hätte man fühlen können, daß hier etwas geändert worden war. Meine Angst kam, aber ich suchte weiter. In der Halle mußten sieben verschiedene Schalter für den großen Leuchter und die vier Wandlampen sein. Ich wollte schon aufgeben und mich vorsichtig, auf dem Bauch robbend, hinausschleichen, als ich einen Schalter fand, den ich bisher übergangen haben mußte. Eine Wandlampe mit einer gelben Glaskuppel leuchtete auf. In dem schwachen Licht konnte ich fünf Schalter finden, aber an der Stelle, an der ich zuerst herumgetastet hatte, fehlten immer noch die restlichen zwei oder vielleicht auch drei Schalter, die gestern dort noch gewesen waren. Ich versuchte weitere Lampen anzuknipsen, aber der Strom schien dort unterbrochen. Also suchte ich im Halbdunkel herum, wo Mutter die Erdnüsse und das Spritzgebäck versteckt haben mochte. Ich mußte ein wenig in den Eichenschrank kriechen, um hinter die alten Ledermäntel fassen zu können. Plötzlich war auch die erbärmliche gelbe Funzel aus. Ich saß mitten im Schwarzen, zitterte, schwitzte und versuchte zu beten und die Zeit auszuhalten, bis Vater wachwerden und kommen würde.

Ich blickte auf den Boden, die Kacheln waren weiß und grau getuscht und durch schmale Fugen kaum getrennt. Es sprang von einem großen ungerahmten Gemälde mit Schlachten und Seestücken zu mehreren Vierecken, zehn mal zehn, in denen einzelne Szenen vorkamen, groß aufgebauschte Wolkentrümmer oder der Kopf einäugiger Zwergenherrscher - ältere Bekannte, Unbekannte und Niemande mit schiefen zerschossenen Mützen oder Stricken um den Hals - Erinnerungen an Filme, mit roten Hauptbüchern unter dem Arm sich umarmend, das Getöse von einsamen Fanfaren oder große Stiefel, nichts als Stiefel von einigen sichtbar oder eine schwarze Öffnung unter der dünnen Außenschicht.

Ich trat morgens an das Fenster zum Garten. Der Nachbar hatte gestern seinen Rasen gemäht und den Rand markiert mit aufgestellten Waschbetonplatten und in die Erde eingegrabenen Flaschen, über deren braunen und grünen Hälsen der Wind eine wirre Melodie pfeifen konnte. Jetzt gab es nicht einmal den Wind. Ich dachte lange nach, was fehlte und aufgehört hatte, bis ich verstand, daß es keine Autogeräusche mehr gab und kein Kreischen der Eisenbahnschranke beim Hinunterdrehen. Aber es mußten ja wie gestern die Leute im Nachbarhaus sich bewegen, aus den Betten springen oder den Flötenkessel vom Herd nehmen. Hinter den Gardinen mußte die Frau des Wirtes auftauchen, durch ihre schräg gestellten Jalousien blinzeln oder in den seitlichen Spiegel, der ihr fast den gesamten Hof lieferte. Sie mußte mißtrauisch ihren Mann verfolgen, der mit meiner großen Schwester über ein Büschel Waldmeister verhandelte. Eine leise Katze mußte sich an den Teich schleichen und mit einem Frosch zurückkehren, den sie zwischen ihren Pfoten hin und her warf, um ihn irgendwann später zu zerreißen und zu verschlingen. Aber nichts, einfach nichts, kein Luftzug, kein Gelärme, kein Gardinenrascheln und Fensterschließen, selbst in einiger Entfernung kein radelnder Postbote und kein Plakatkleber mit seiner schaukelnden Leiter. Ich blieb den gesamten Tag am Fenster, bewegte mich nicht und schloß nicht einen Augenblick die Augen. Aber es änderte sich nichts. Für diesen Tag war ein luftleerer Raum hergestellt, aus dem alle abgezogen waren, die sich hätten wehren können und sich hätten rühren können. Ihnen war dieser Tag genommen worden, ohne daß er ihnen eigentlich fehlte.

Meine Nieren hatten keinen Riß, es war kein Blut gekommen, aber ich konnte doch an den gelb-grünen Flecken auf meiner Haut sehen, daß sie mich zu fassen bekommen hatten. Ich wußte, warum der Schaffner so laut geschrien hatte, als meine Mutter den Kinderwagen in den Zug heben wollte. Er hatte vor zehn oder fünfzehn oder fünfundzwanzig Jahren erlebt, daß ein Betrunkener ein winziges Kind zerschlagen hatte in einem überfüllten Zuggang, vielleicht einer, dem sie sein Kind halb verhungert weggenommen hatten oder es war überrollt worden von einem der Panzer am Tage der Befreiung, und dieser Beamte wurde bei der Verhandlung gefragt, warum er nichts unternommen hatte in jenem furchtbaren Augenblick. In dem Wartesaal hielt ich mich fest an meiner Mutter, eine blonde Frau brüllte herum, weil ich laut gefragt hatte „Warum malst du dich nicht so an wie die Frau da?“, aber sie beruhigte sich bald wieder und stieß einem, der auf die Hände gestützt neben ihr schlief, den Ellbogen herunter, daß er mit dem Gesicht auf die Tischplatte schlug. „Hier wird nicht geschlafen. Ich bin wach und will mit dir reden.“ Aber als er versuchte, ihr eine lustige Geschichte zu erzählen, von einer

Geburtstagsfeier an der Front, stand sie auf und schlurfte ab, in die Halle oder ganz aus dem Bahnhof heraus.

Ich hätte längst schon zu Hause sein sollen, aber ich rannte noch ein bißchen in der Stadt herum. Ich versuchte entlang der großen Promenade mit einem nach Hause hastenden Büroangestellten auf dem anderen Straßenufer Schritt zu halten, bis er mich bemerkte und etwas herüberrief, das ich nicht verstand. Ich brach das ohne Sieger gebliebene Rennen ab und beschloß, in eines der Außenviertel zu gehen und zu warten, bis keiner mehr unterwegs war.

Ich hatte einige Zeit gebraucht, um jenseits der Stadtgrenze in eine Gegend zu kommen, die ich in etwa kannte. Ich warf unter einer ohne Straßenanschluß in die Landschaft gebauten und für die nächsten Jahre völlig unsinnigen Brücke einige meiner Tagebuchnotizen auf einen Bauschutthaufen und kokelte an ihnen herum.

Im Aufstieg auf das Rothorn, es war schon später Nachmittag und die Kegelbrüder, die vom Lift aus quer fast ohne Anstieg zur Hütte herübermachten, waren schon auf Heimkehr gestimmt, rief mir ein älterer Mann zu, als er mich ganz allein unterwegs sah: „Gib es auf für heute. Du kommst nicht hin.“ Ich war weitergegangen, ohne ihn zu beachten, bis ich - von ihm unbemerkt - zurückgehen konnte zur Hütte. Meine Eltern warteten. Sie führten einen Tanz auf, als wäre ich freihändig über eine Hochspannungsleitung balanciert.

In solchen Vororten war es an Sommerabenden fast unmöglich, allein herumzugehen, ungestört an den Fenstern stehenzubleiben und in die Aquarien zu schauen. Vor den Türen saßen alte Männer in gestärkten Hemden, die Hände gefaltet oder fahrig durch die Luft streichend, Frauen strickten und betratschten, wer als erster unter die Erde kommen würde. Jetzt, in dieser von häufigen Gewittern und plötzlichen Böen abgekühlten Zwischenjahreszeit war niemand im Freien, und die Fensterläden waren von innen verriegelt. Ich genoß es, nicht grüßen und niemandem die Zeit sagen zu müssen. Ich war viele dieser Wege schon gegangen, aber es hatte mich noch nie so erwischt wie heute, wo ich mich unversehens in Kreisen bewegte und nach einem Marsch von etwa zwei Stunden wieder an Brandruinen vorbeikam, die ich eine Viertelstunde zuvor passiert hatte. Es wurde Zeit, zurückzukehren, aber ich schien mich immer weiter von zu Hause zu entfernen. Vor einigen Minuten hatte ich einen Polizisten

getroffen, aber ihn nicht nach dem Weg gefragt, da ich ihm zutraute zu den übriggebliebenen Geheimdienstlern zu gehören, die in den nach Schlamm und Moos stinkenden Felslabyrinthen unterhalb der Burg sich versteckt haben sollen.
Ich geriet in eine schmale, ein wenig gewundene Gasse mit kleinen Häusern, die vielleicht auf den Hafen zulief. Meine Schritte hallten auf dem Kopfsteinpflaster. Ich konnte das Echo hören, das die bröckeligen Mauern zurückwarfen. Aber als ich kurz stehenblieb, war dieses scheinbare Echo nicht auf Pause geschaltet. Ich war überrascht und mißtrauisch. Ich wollte einige Meter zurückgehen zu einer Straßenbiegung, von der aus ich den oberen Teil der Straße hätte überblicken können, aber dann verließ mich der Mut, und ich begann zu laufen, um rechtzeitig belebte Straßen zu erreichen oder mich in eines der Cafés zu flüchten, in dem die bärtigen Großväter an den kahlen Tischen in ihren fast leeren Tassen rührten. Aber die Schritte kamen näher. Als nichts mehr zu helfen schien, riß ich eine angelehnte Haustüre auf und versteckte mich am hinteren Ende des Flurs auf dem obersten Absatz der Kellertreppe. Die Schritte wurden lauter. Ich bewegte lautlos die Lippen. Das gleichmäßige Geräusch wurde kurze Zeit schwächer, verstärkte sich aber nach einiger Zeit geradezu zu einem rhythmischen Stampfen, um schließlich wieder abzuklingen. Ich hatte keine Chance zur Flucht. Es brauchte zwei Stunden, bis ich einen Ausbruch wagte, an dem mich niemand hinderte.

In der letzten Nacht bin ich in dem Fliegenpilzmantel, den meine Mutter mir aus Frotteehandtüchern und einem zerschlissenen Bademantel meines Vaters genäht hat, in den Garten hinaus. Ich hatte mir vorgenommen, einmal barfuß einen Kreis im Schnee zu laufen und mit diesen unerklärlichen Spuren meine Eltern zu erschrecken. Ich schob meine Füße (noch in den Pantoffeln steckend) auf dem Gartenweg gleichmäßig vorwärts, ohne sie anzuheben, um in dem festgestampften schwarzen Matsch keine sichtbaren Fußspuren zu hinterlassen. An dem Rosenrondell zog ich vorsichtig die Füße aus den Pantoffeln und sprang dann mit einem Satz auf die Granitsteine unter der Pergola, hielt mich einen Augenblick an den Balken und ließ dann langsam in größtmöglicher Entfernung den Fuß in den Schnee hinunter. Als ich den anderen Fuß nachzog, verlor ich das Gleichgewicht. Ich versank fast in dem zusammengewehten Schnee. Ich blieb einen Moment liegen. Jetzt hatte ich die Chance, mich nicht mehr zu bewegen, eine Zeit zu schlafen und es darauf ankommen zu lassen. Aber die nasse Kälte trieb mich doch hoch, und ich stapfte grimmig meinen Kreis, um mit einem großen Satz auf die Randsteine zurückzuhüpfen. Im Mondlicht betrachtete ich meine falsche Fährte. Wo ich abgestürzt war, sah es nach einem Kampf aus, als hätte der Schneemensch mich niedergeschlagen. Aber meine Fußspuren gingen darüber hinweg. Ich war Sieger geblieben. Mein Vater würde verzweifeln, weil er keine Erklärung finden wird für diese Spuren der Nacht.

Meine Mutter hatte mich weggeschickt, als ich nachts an ihr Bett kam und mich über die Schreie beklagte, die aus dem Haus gegenüber zu hören waren. Der Heizer, der dort wohnte und der vor dem Umsturz Polizeipräsident gewesen war, schlug vielleicht gerade mit dem Feuerhaken um sich. Meine Mutter behauptete, er hätte eines seiner Kinder mit bloßen Händen erwürgt und in dem großen Ofen verbrannt, mit dem das Schwimmbad und das Theater beheizt wurden, aber Vater hatte das als Hirngespinst und Gerede abgetan.
Es wurde mir zu warm und ich ließ mich anziehen von dem magnetischen Fenster. Ich wußte von Vater, daß seine jüngste Schwester in einer solchen Nacht aus dem Fenster gefallen war, das sie mit geschlossenen Augen geöffnet hatte. Sie war oft herumgegangen im Schlaf, und Vater hätte es sich gewünscht, daß sie zumindest gelähmt und stammelnd davongekommen wäre.
Ich öffnete das Fenster, um die Luft und eventuelle Spukgestalten hineinzulassen und stellte mich auf den Fenstersims. Ich hob den linken Fuß an. Aus Langeweile ließ ich mich in das Blumenbeet fallen. Dunkle Vögel umflatterten mich. Ich spürte Regenwürmer und Schnaken auf der Haut, wie ich sie auf einem toten Bettler gesehen hatte, der im letzten Sommer von den Nachbarskindern hinter unserem Gartenhaus gefunden wurde.

Als hätte ich Vaters Hallzidon-Tabletten genommen oder sein Shampoo gegessen, geisterte ich herum. Ich würgte, aber es kam nichts heraus. Es gefiel mir, im Dreck mich einzuwühlen und steif dazuliegen wie ein Wippbrett. Musik ertönte in meinem Kopf, weil in der Zahnspange und im Amalgam Sender installiert waren, die ein zeitversetztes Fernsehprogramm ohne die Bilder einspeisten, kurze Clips mit längeren toten Pausen. Ich hatte mit meiner Mutter über die binomischen Gleichungen gestritten, weil ich ihr aus Spaß aufreden wollte, man könnte sie in den Pythagoras überführen und mit ihnen jene Blumen berechnen, die ich so gerne mit dem Zirkel schlug, als ich plötzlich die Telefonmonteure sah. Ich wußte sofort, daß sie unsere Leitung anschneiden wollten, um mich besser anzapfen, kontrollieren und in meinen Schwingungen aussteuern zu können. Der Bürgermeister rief an, sprach längere Zeit mit mir über seine eigenen Schülerjahre, über die Schwierigkeiten seiner Frau und das siebte Buch Mose. Ich genoß es, die warme Sonne zu spüren, die auf mein Gesicht schien und mit ihren unsichtbaren Nebenstrahlen das silberne Metall unter meiner überflüssigen Schutzhaut erwärmte. Ich würde immer nur geradeaus gehen, mit maschinell eckigen Bewegungen, mit der unverwundbaren Tödlichkeit des dunklen Eindringlings.

Ende Mai: Ich stürze in ein Loch, das die Fälscher mit grauer Kreide auf dem Küchenboden vorgezeichnet haben, nur unter dem Mikroskop sichtbare Linienziehung, aber wo sie es markiert haben, zerbröckelt der Deckenaufbau und die Bodenisolation. Als ich erst einmal das millimeterfeine Häutchen durchschlagen habe, das noch zurückgeblieben ist vom Stahlbeton und den elastischen Armierungen, hört der Zerfall auf und schließt sich die Schicht über meinem Kopf wieder, auch wenn ich dies nicht mehr sehen, sondern nur noch als entferntes *„Plopp“* hören kann. Denn ich bin ja längst schon über diese Höhe hinausgefallen, immer noch in der Hoffnung auf einen Halt und ein Aufschlagen, aber das Fallen scheint kein Ende zu nehmen und nicht einmal Klammern, Türen oder Übergänge zu benötigen, sondern nur den vielen unausgenutzten Platz im Raum. Das ursprünglich recht mickrige quadratische Loch weitet sich zu einem riesigen runden Mund, dessen saugende wulstige Lippen mich anziehen und vielleicht einmal wieder ausspucken werden. Die Tiefe ist unabsehbar und das Fallen kann sich lange fortsetzen. Ich schaue in mich hinein und spüre, daß ich auch in mir in einen Abgrund stürze, der noch wachsen wird bis zum Ultimo.

Anfang Dezember: Ich bin zurückgekehrt. Auf der Rückfahrt hat Vater mir zu erklären versucht, warum ich so lange fort war. Mutter hat immer nur davon geredet, wie glücklich sie ist, daß ich wieder bei ihr und wieder gesund bin. Ich habe von Vater gehört, was in der Zwischenzeit geschehen ist, wie meine Lieblingsmannschaften gespielt haben und welche Kinder aus unserem Viertel weggezogen sind. Obwohl ich es besser wußte, habe ich ihn gefragt, welche Chance er sieht, daß meine Katze zurückkommt. Er war natürlich ganz optimistisch, aber er hat seine Stirn bedenklich in Falten gelegt, als ich davon gesprochen habe, daß es die Fälscher vielleicht doch nicht gibt.

Der Dreieckswald

Für M. S.

Alle Märchen beginnen so: „Es war einmal." Aber es war ja nicht. Es ist so. Es ist einfach so. Du mußt nur einmal die Augen schließen und sofort siehst du es. Wenn du die Augen öffnest, ist es immer noch nicht verschwunden. Nur das viele Licht blendet dich jetzt und macht es schwer hinzusehen.

Wer ich bin? Vielleicht bin ich ganz so wie du. Du kannst dir vorstellen, daß du es bist, der das sieht und hört, was ich gesehen und gehört habe und noch einiges mehr. Es gibt viele Dinge, die ich vergessen habe oder die ich schlecht beschreiben kann oder die ich für mich behalten will. Aber du kannst dir das alles denken. Du bist unterwegs, mit mir zusammen.

Das Dreieck liegt zwischen zwei Straßen, das große und das kleine Dreieck. Das kleine Dreieck aus Ginster, Farn und Brombeeren, halb eingezäunt. Das große Dreieck ist unser Wäldchen mit dem Platz und der Laufbahn zwischen den Kiefern und den verkrüppelten Eichen, mit der Seilerei und der Ziegelgrube und dahinter dem dichten Wald, mit den Trockenschuppen und den glühenden Brennöfen. Am großen Dreieck hält der Bus, gleich an der Halde, wo sie immer wieder den Schutt wegholen, der heimlich abgekippt wird. In dem kleinen Dreieck mußt du ganz nach innen, um nicht mehr gesehen zu werden, aber auf zwei Seiten hast du die Straßen und hörst vielleicht eine Mutter rufen oder hörst ein Auto. Im großen Dreieck bist du sehr viel leichter verschwunden, du kannst eine Grube ausbuddeln oder auch dich nur flach hinlegen, und von der Haltestelle aus bemerkt dich niemand. Du kannst ein Gewehr nehmen, das Vater gemacht hat, und einen Kampf anfangen oder Michael verfolgen. Du suchst seine Spuren, abgeknickte Zweige und Fußstapfen im Schlamm. Du kannst in die Höhle kriechen oder den Hirschkäfern mit ihren großen Zangen zusehen, ihnen aus der schwarzen Erde einen Wall bauen, den sie hinauflaufen.

Ich laufe auf den Kieshügeln, überschreite die vielen Grate, die sich um die Kuhle ziehen. Ich zähle die Gipfel, versuche sie in meinem Tagebuch abzuzeichnen. Oder ich mache mich daran, durch eine der steilen rutschigen Wände zu steigen. Weil es geregnet hat, ist es an den lehmigen Stellen so glatt, daß ich immer wieder abrutsche und von vorne anfangen muß. Ich probiere aus, ob ich barfuß besser zurechtkomme, kralle meine Finger in den Boden und versuche mich an einer der toten Wurzeln zu halten. Einige Meter unter mir lauern Frösche, Wassernattern und kranke Salamander, die unaufhörlich um ihre eigene Achse schwimmen, in dem moordunklen Teich, aber ich schaffe es, mich über den Grasrand hochzuziehen. Ich greife in Dornen und trockenes Moos. In einer halb verborgenen Senke schlage ich das Lager auf und halte Ausschau nach einigen Feinden.

Wir spielen Räuber und Gendarm. Wie beim Fußball auch wählen zwei ihre Leute, setzen Fuß vor Fuß, bis sie sich fast erreicht haben und mit Querfuß versuchen müssen, als letzter die Lücke zu schließen. Wer wählt, hat Glück, wer zuerst genommen wird, auch. Am schlimmsten ist es, als einziger zurückzubleiben und der schwächeren Mannschaft zugeschlagen zu werden. Die Räuber laufen in alle Ecken auseinander, verstecken sich in den überwucherten Gräben und den Bombentrichtern oder klettern in die Trockenschuppen. Jeder von uns ist bewaffnet. Wer sich anschleichen konnte an einen der anderen, hat das Recht, ihn zu erschießen, wenn er nur nahe genug heran ist. Aber er kann ihn auch zum Gefangenen machen. Das zählt am Ende mehr.

Bei Tage höre ich die Bahn kaum, weil so vieles andere in meinem Kopf ist. Aber wenn ich abends noch wachliege, fahren die Züge oder die Güterwagen schlagen gegeneinander, prallen gegen die Prellblöcke des Rangierberges. Es sind lange Züge, die ich manchmal abzähle oder ich stehe auf einmal hinten im Bremserhäuschen, viele hundert Kilometer lang, an den Bergen vorbei durch die Steppe. Oder ich sehe den Rauch der fauchenden Lokomotiven, die ihr Wasser und ihren schwarzen Fraß bekommen und die Heizer schaufeln die Kohlen in die offene Feuertür. Wäre ich nahe genug, könnte ich das Rote und das Silberne sehen, das sich in den Rädern dreht und die weißen Nummern an den seitlichen Blechen.

Auf der anderen Seite der Bahn liegen die Güterschuppen. Vater fährt mit dem Moped zur Arbeit, durch die scharfe Kurve in der Unterführung. Wenn die Straßenbahn und ein Auto sich dort begegnen, muß er aufpassen, daß noch genug Platz für ihn bleibt. Eine Frau läuft über die Straße, ohne auf den Verkehr zu achten. Vater kann gerade noch ausweichen, aber er stürzt und verstaucht sich die Hand. Ich rufe ihn im Dienst an. Weil ich aufgeregt bin, antworte ich, als er fragt, wer denn da ist: „Ich." „Welcher ICH?", fragt Vater zurück.

Wir fahren in der Tannenstraße Schlitten. Der Schnee liegt schon zwei Wochen. Vor ein paar Tagen war ich noch krank, Mutter hat mich in die dicke Pelzjacke gesteckt, ich habe mir zwei Hemden und drei Unterhosen angezogen und meine gefütterten Stiefel, und sie hat mich auf dem Schlitten durch den Wald gezogen. Die Kälte sollte das Fieber und die Erkältung vertreiben. Es hat tatsächlich gewirkt.
Es war schön, nichts tun zu müssen, einfach nur auf dem Schlitten zu sitzen und zu wissen, daß Frank, Dietmar und die anderen unterdessen in der Schule in die Mangel genommen werden. Aber es ist noch besser, sich jetzt auf den Schlitten zu werfen, die Kufen zu packen und Gas zu geben. Manchmal lasse ich meinen kleineren Bruder mitfahren. Er sitzt auf meinem Rücken, ich bremse mit den Schuhspitzen und passe auf, daß wir nicht aus der Kurve fliegen und uns überschlagen. Abends ziehen wir in einer wilden Rotte heim, schlagen die Schlitten gegeneinander. Wir reißen an den Bäumen, unter denen wir hergehen und lassen es über uns schneien.

Hinter der Eintrachtstraße beginnt die Eu. Das ist eine wilde Ecke mit allerhand Gestrüpp, mit gelbem Ginster und Brennesselhügeln, mit Dornensträuchern und braunen Gräben, die bis zum Hafen reichen. In einer Reuse holen wir Stichlinge aus dem Wasser und tragen sie in alten Marmeladengläsern nach Hause, aber sie sterben nach einigen Tagen, obwohl wir, damit sie ihre Farbe ändern und rot leuchten, ihnen Fliegen fangen. Ich werfe die toten Fische mit ihren milchigen Augen in ein Wasserloch, das jetzt ihr Grab ist, und schwöre, in Zukunft die Stichlinge nur noch anzuschauen oder kurz zu berühren.

Wir holen aus einem kleinen Flüßchen im Wald mit dem Kescher zwei Krebse und setzen sie im Graben aus, um zu wissen, was sie mit den Molchen und den Fröschen machen, aber sie verschwinden unter der Wasserpest. In den Holunderbüschen liegen verrostete Räder und zerbrochene Wäscheschränkchen, aus denen wir einen rasanten Wagen bauen wollten, aber es fehlt immer irgendetwas, und obwohl wir uns jedes Jahr die Seifenkistenrennen ansehen und alle Ergebnisse in die Programmhefte schreiben und Pfennige wetten, wer erster ist, der aus Neuisenburg oder der aus Kray, wüßten wir nicht, wie wir teilnehmen können und welche Bauregeln wir befolgen müßten.

Ich sammele in der Eu Flaschen - Bierflaschen mit Schnappverschlüssen und roten Gummiringen und Weinflaschen mit Schildchen, die sich im Regen oft schon abgelöst haben oder nur noch in Fetzen zu lesen sind. Ich trage sie in einem roten Netz, das ich in der Schule in der Handarbeitsstunde gehäkelt habe, ins Geschäft. Ich bekomme zehn Pfennig für jede Flasche, das sind zwanzig Knöterich oder zehn silberne Karos. Oder ich kaufe Salmiakpastillen, feuchte sie an, damit sie in kleinen Mustern auf meinem Handrücken kleben können.

Ich habe mir in der Kolonie das Knie aufgeschlagen, das warme Blut läuft herunter bis auf die Strümpfe. Ich beiße die Zähne aufeinander und laufe nach Hause. Mutter ist nicht da, aber Großmutter klebt ein Pflaster auf die Wunde. Ich gehe durch den Garten, hole mir ein paar Stachelbeeren und füttere die Kaninchen mit Salatblättern. Großmutter erzählt mir von der Zeit vor dem Krieg, bevor mein Großvater gestorben ist. Er hat die Kästen für die Stallhasen gebaut und die Werkbank.
Abends ist es unheimlich in diesem Stall, die Lampe mit dem zerbrochenen Glas gibt nur wenig Licht, und mein Schatten bewegt sich auf den grauen Ziegelwänden. Ich flüchte dann lieber aus dem Stall durch die Waschküche in die Wohnung meiner Großmutter.
In der Waschküche baden wir samstags, in einer Zinkbadewanne, die an die Wand gehängt wird. In dem großen Kessel wird das Wasser heiß. Ich muß für Mutter Holz und Briketts aus dem Stall herauftragen - und Kohlen, die wir an der Bahn aufgesammelt haben. Wenn es Streit gab mit meinem Onkel, müssen wir aus der Haustüre heraus und durch den Gang zwischen

den Häusern, wir dürfen dann nicht direkt durch den Hausflur und die Küche.

Wir holen uns Rosenkohl aus den Gärten, essen ihn mit Äpfeln und Brotstücken zusammen, rauchen Lianen und braten Kartoffeln im Sand. Der Rauch lockt einige Zigeunerkinder an, die uns stumm zuschauen. Sie wohnen mit Polen und Russen in einem Barackenlager am Rand der Eu. Wir wissen, daß das Lager etwas mit dem Krieg zu tun hat, aber wir wagen uns nie soweit. Mutter hat uns schlimme Geschichten erzählt von Kindern, die so verrückt waren, dort abends hinzugehen und die nie wieder gefunden wurden.

Seitlich der Rheinstraße ist ein rußiges, ganz mit Efeu überwachsenes Haus. In ihm schliefen früher die Schaffner und Lokführer der Fernzüge, aber jetzt steht es leer. Wir schleichen uns dorthin, ducken uns unter Brombeerbüschen durch und ziehen den rostigen Stacheldraht beiseite. In den Gängen kicken wir oder wir lassen von der Galerie herab Schwalben durch den Speisesaal fliegen. Das Glasdach über dem Saal ist zerbrochen, die Scherben knirschen unter unseren Füßen. Wir heben einige Spiegelstücke auf, ritzen unsere Namen in den Boden und schauen uns ins Gesicht. Dann gehen wir zu den Loks herüber. Es ist eine ganze Herde von toten, halb abgewrackten Lokomotiven. Eine liegt auf der Seite und hält uns ihre Räder und Achsen hin. Ich habe davon geträumt, daß all die Loks sich verkuppelt hatten und durch unsere Straße rasten, hinter schreienden Hausmeistern und Hausbesitzern her. Aber sie kriegten die Kurve bei Lenz nicht und rissen die neuen Bauten um, bis sie den Boden so sehr aufgeschürft hatten, daß ein Strom von Wasser und Schlamm hervorkam und uns halb begrub.

Ich gehe mit Mutter zu dem Garten, den wir in der Ziegelstraße gepachtet haben. Ich pflücke Brombeeren und grabe ein Stück Land um. Von Zeit zu Zeit nehme ich einen Regenwurm und werfe ihn zur Seite, damit er nicht vom Spaten zerteilt wird. Als ich fertig bin, nehme ich eine alte Bohnenstange und übe Speerwerfen. Ein Splitter aus dem silbrig-grauen Holz bleibt in meiner Hand stecken. Mutter sucht in ihrer Handtasche eine

Nähnadel und praktiziert ihn wieder heraus. Ein Schauer kommt und treibt uns in die kleine Gerätehütte, die Vater aus Palettenbrettern gezimmert hat.

Wolfram Lay und ich graben mit zwei alten Schaufeln, die wir aus dem Stall holen, einen Kanal zwischen zwei Teichen. Als fast die ganze Strecke ausgehöhlt ist (eigentlich wollten wir zwei Meter tief graben, aber dann geben wir uns mit einer Tiefe bis zum Knie zufrieden) lassen wir zuerst das Wasser aus dem unteren Teich in den Kanal. Es dringt wegen des Gefälles nicht allzu weit vor.
Wir beratschlagen, was wir machen. „Wölfi, das hat keinen Zweck. Wenn du jetzt oben aufmachst, dann läuft der eine Teich leer und die Fische liegen auf dem Boden und gehen kaputt." „Aber sie können durch den Kanal weg." „Das schaffen sie nicht oder wir müssen ihn so tief machen wie den Teich." „Ich hab' keine Lust mehr, noch weiter zu buddeln." Wir setzen uns hin und starren in das stille dunkle Wasser. Nur einmal sehen wir ganz kurz den Schatten eines kleinen Fisches. Nach einiger Zeit gehen wir.
Unser trockener Kanal wächst langsam zu. Kleine gelbe Blumen werden hier blühen und Franzosenkraut. Der Efeu wird sich ausbreiten über das Moos und die abgestorbenen Blumen hinweg.

Ich laufe am Bach entlang. Nebelschwaden treiben aus der Eu herüber, aber dann reißt es auf und die Sonne kommt durch. Ich lutsche Taubnesselblüten aus und kaue auf einem Grashalm. An der großen Blutbuche probiere ich, aus den eingekerbten Buchstaben Namen herauszufinden. Ich habe mit einem Schraubenzieher meinen Namen eingeritzt und die Abkürzung für VIOLA. Manchmal sehe ich sie am Bus, aber ich spreche fast nie mit ihr, obwohl ich es mir oft vornehme.

Es ist ein Feuerwerk, mitten in der Nacht. Onkel Mausi ist gekommen mit seinem hellgrünen Motorroller, die Motorradbrille lose unter dem Kinn, in seiner glatten, speckigen Jacke. Dieter darf mit ihm fahren, wir dagegen steigen im Dunkeln zu den Erwachsenen auf einen offenen LKW, der uns zur Rennbahn bringt. Über die weite Fläche, ohne daß irgendein Haus oder eine Mauer im Wege ist, sehen wir die roten Sterne hochplatzen und den hellen Schneestaub, der schon verschwunden ist, ehe die Überreste in den

Fluß fallen. Wir bleiben, bis sich der letzte Rauch verzieht. Unter den wirklichen Sternen fahren wir zurück, summen ein Fahrtenlied mit oder raten, in welcher Hand die Glaskugel ist oder ob beide leer sind.

Wir kommen mit dem Bus zurück aus der Stadt. Wir sind durch den klatschenden Regen gelaufen und naß geworden, weil wir keinen Schirm dabeihatten. Aber wir müssen zurück, mein kleiner Bruder ist allein. Die Haltestelle liegt auf einem größeren Platz, es gibt keine Möglichkeit, sich unterzustellen. Im Bus versuchen wir, einige nasse Kleidungsstücke auszuziehen und auszuwringen. Es blitzt, kleine Hagelkörner fallen, vermischt mit Regen. Wir sprechen über Kugelblitze, die aber auch Mutter und Vater noch nie gesehen haben. Vater behauptet, es gäbe sie nicht, sie seien nur eine Erfindung der Zeitungsleute, aber Mutter besteht darauf, daß ihre Geschwister früher in der Heimat solche roten Blitze gesehen haben, die sich zu einem Funkenknäuel zusammenballen und eine feurige Spur hinter sich lassen.
Als wir aussteigen, hat der Regen nachgelassen. Am Haus sind Ziegel herabgeschlagen. Mutter rennt die Treppe hoch, ruft nach meinem Bruder. Er hat sich in dem Wandschrank unter der Schräge versteckt und zittert ein bißchen. Im Wohnzimmer hat der Blitz einen Riß in der Wand zurückgelassen. Eine Tapetenleiste liegt auf dem Boden. „Es war ein kalter Blitz“, sagt mein Vater. In der Küche sind einige Stellen im Linoleum schwarz. Mein Bruder lügt frech, das sei der Blitz gewesen, er habe nicht mit dem Feuer gespielt. Ich weiß es besser, ich habe oft, wenn ich allein war, die weiße Herdtür geöffnet, in die Flammen gestarrt und mit dem Schürhaken in den glimmenden Holz- und Kohlestücken gestochert. Mein Bruder hat das Wasser genommen, das auf dem Ofen stand und es auf das Feuer geschüttet, das schon auf dem Boden züngelte.

Aus dem nachtschwarzen Himmel fallen grelle Blitze. Es donnert, der Wind rüttelt an den Fenstern. Mutter und ich flüchten aus der Dachwohnung in den Keller. Wir sitzen in dem Gewölbe auf alten Kisten und essen Vanillepudding mit eingemachten Erdbeeren. Auf einem der großen steinernen Sauerkrauttöpfe flackert eine Kerze. An den gekälkten Wänden sind winzige Wasserperlen. Streicht man darüber, bröckelt Kalk ab. Mutter erzählt mir aus der Zeit, als sie vor den Bombenflugzeugen in den Bunker fliehen mußten. Die Pfosten der Feldbetten standen in Konservendosen, in die man Benzin geschüttet hatte, aber trotzdem stürzten sich nachts die Tapetenflundern auf die Schläfer und saugten Blut. Als der Donner schwächer geworden ist, gehen wir wieder hinauf. Ich schiebe das Stahlfenster im Schlafzimmer hoch, stelle mich auf einen Stuhl und schaue über die Eu. In der Ferne, jenseits der Ruhr, sieht man noch einzelne Blitze.

Hinter jedem Haus sind Ställe, für die Hühner, die Kaninchen und die Tauben. Aber nicht in allen Ställen sind noch Tiere. Jürgens Eltern haben es aufgegeben, Tiere zu halten. Es wurde ihnen zuviel Arbeit. Sie möchten in den Ferien wegfahren und wollen nicht die Nachbarn fragen, ob die das Füttern übernehmen. Früher kümmerte sich Jürgens Großmutter um die Tiere, aber sie lebt seit einigen Jahren in einem Altersheim. Manchmal spielen Jürgen und ich im Stall. Wir schleichen uns heimlich hinein und schließen die Türe ab. Oder wir gehen zu Thomas, der keinen Vater hat.
In jedem Stall ist in der Decke eine Luke. Mit einer Leiter kommt man nach oben, unter das Dach. Im Sommer ist es dort sehr heiß, aber wenn wir das kleine Eisenfenster öffnen, kann man es aushalten. Wenn wir niemanden sehen wollen, verriegeln wir die Luke von innen. Falls Andi mit nach oben will, verstecken wir ihm die Leiter und verrammeln den Zugang. Er steht unten und schreit fürchterlich. Er droht, uns bei unseren Müttern anzuschwärzen, aber wir lachen nur leise und tun so, als ob wir gar nicht da wären. Andi weiß nicht, ob wir überhaupt oben sind, ob wir ihn haben wollen oder nicht.

Auf dem Dach des halbfertigen Hauses sitzen die Siedler zusammen und trinken ihr Bier. Wir streifen unten um die Kreissäge. Walter Glomb brüllt herunter, wir sollen die Finger von der Säge lassen. Wir schnappen uns einige Hände Sägemehl und werfen es in den Wind. Heinz Feikes droht uns mit seiner Flasche. Wir lachen leise durch die Zähne. Wir setzen uns auf den Balkenstapel und lassen die Beine herunterbaumeln.

Hinter den Ställen ist ein steiler Abhang. Unten liegen die Gärten der Eintrachtstraße. Vor einigen Wochen hat Jürgens Vater begonnen, einen Drahtzaun zu ziehen, aber wir gehen einfach durch andere Gärten, wenn wir im Dunkeln uns ein paar Äpfel holen. Wir halten uns an Grasbüscheln, als wir zurücklaufen, oder wir treten uns mit den Stiefelspitzen kleine Tritte in die steile Erde. Im Dunkeln werfen wir Kartoffelschalen und Papierschnitzel denen unten in den Garten oder schleichen uns an die hell erleuchteten Fenster heran. Wir sehen die Familie, die sich gerade streitet, vor uns. Es ist ein lautloser Wasserbehälter.

Ich bin auf einer der Einkauftouren. Meine Mutter schickt mich den Berg herunter zum Einkaufen, mit einem sorgfältigen Bestellzettel, auf dem ich nachher eintragen muß, was es gekostet hat. Ich kaufe in einem Großhandel einen Pappkarton mit Eiern, die noch durchleuchtet werden, und stelle mich im Geschäft an. Vorsichtig balanciere ich meinen Karton. Es ist mir schon einmal passiert, daß einige Eier herausgefallen sind und auf der Straße lagen. Damals bin ich zurückgegangen. Eigentlich wollte ich die Ersatzeier von meinem Taschengeld kaufen, aber der Händler hat sie mir geschenkt. Er kennt meine Mutter.
Aber es gibt auch Touren, die ich auf eigene Rechnung mache. Ich hole den Bauarbeitern Zeitungen von einem Büdchen unten im Tal oder bringe gefundene Flaschen weg und kassiere das Pfand. Vom Geld kaufe ich Drops oder Briefmarken von Staaten, die es nicht mehr gibt, von Bahawalpur und Estland, am liebsten dreieckige oder ungezähnte.

Ich verdächtige Wölfi, meine Fahrradpumpe versteckt zu haben. Er streitet es ab, aber ich bin so wütend, daß ich ihn verprügele. Er dreht mir den Rücken zu, hält sein Gesicht nach unten. Ich will ihm eins auf die Backe geben, treffe aber die Nase. Das Blut läuft herunter und Wölfi rennt schreiend nach Hause. Jetzt tut er mir leid, aber ich würde das nicht zugeben.
Ich bin noch nicht lange bei uns, als seine Mutter kommt. Meine Mutter verteidigt mich. Die beiden Frauen schreien herum. Ich schleiche mich durch die Waschküche nach draußen und verschwinde in Richtung Bahn. Es wird schon dunkel. Am Bahndamm gehen Horst und Gisela untergehakt. Horst hat mir gestern eine Mark gegeben, damit ich den Mund halte. Seine Eltern sollen nichts davon wissen, sie halten nichts von Gisela und von Giselas Familie.

Es wird dunkel, ich stehe mit Thomas auf Wache. Wir müssen die anderen warnen, wenn es einen Angriff gibt. Die aus der Eintrachtstraße haben gedroht, daß sie heute Abend kommen werden. Es ist ein Kampf, der schon vor Jahren begonnen hat, als die ersten Siedlungshäuser gebaut wurden. Immer wieder gibt es Gefangene, denen gedroht wird, ihnen die Haare auszureißen und die Zunge abzuschneiden, oder es wird eine Jacke erbeutet, die entweder im See landet oder nach langen Verhandlungen wieder herausgegeben wird. Wenn einer von unten langsam mit einem weißen Tuch in der Hand käme, dann würden wir mit ihm zu den anderen gehen, die in der Kurve unter der Laterne warten und Hockey spielen. Aber wenn unsere Feinde einfach angeschlichen oder angelaufen kommen, dann können wir nur sehen, so schnell wie möglich wegzukommen und die anderen zu erreichen. Wenn die Feinde uns einholen und uns den Rückzug abschneiden, dann ist es mit uns aus. Wir stehen zwanzig Meter auseinander, um besser beobachten zu können. Wir halten unsere Holzgewehre und unsere Schleudern. Aber in dieser Nacht kommen sie nicht.

Jürgens Mutter ist gestorben. Er ist zwei Tage nicht zur Schule gegangen und war auch nicht draußen. Als er wieder abends herauskommt, spielt er nicht mit uns Fangen. Er steht unter dem Strommast im Licht und heult leise vor sich hin. Wir reden darüber, wann sein Vater wieder heiraten wird. Wir wissen, wer es sein wird. Jürgen erzählt mir, was er alles mit seiner Mutter machen konnte und daß er sie nicht vergessen wird. Wir nehmen unsere selbstgemachten Holzgewehre und spielen damit Hockey, mit einer zusammengequetschten Blechdose. Der Lebensmittelwagen fährt vor, am Ende seiner heutigen Tour. Die Frauen kommen aus den Häusern, suchen etwas aus und tuscheln leise. Auch Jürgens Vater kauft einige Sachen, ohne etwas zu sagen. Für Jürgen, der jetzt sich einfach nicht wehren kann und zu gar nichts Lust hat, verprügele ich Dieter Neumann, weil der behauptet, Jürgens Vater hätte seine Frau vergiftet.

Die Kirmes ist, wo die Eu endet, wo die Wiesen aufhören und auf dem festgetrampelten grau-schwarzen Boden nur einzelne Grasflecken durchkommen. Wenn es regnet, muß man durch den Schlamm oder muß über Pfützen springen. An den zwei Malen im Jahr bekomme ich Geld für den einen besonders billigen Tag. Ich schreie und zittere, als sich über der Raupe nach den ersten noch ziemlich langsamen Drehungen das dunkelgrüne Faltdach schließt und ich mich an meiner Mutter krampfhaft festhalte und nichts mehr sehe in dem Dunkel, das nicht mehr aufzuhören scheint. Aber in einem anderen Jahr ist Dieter wütend, daß ich fast ohne Pause mit Karin Riesenrad fahre, obwohl sie zu ihm gehört. Ich stürze mit der Achterbahn senkrecht in die Tiefe oder lasse mich festbinden in einem kreiselnden Käfig. In der Boxbude steigt Hippe Wim in den Ring, als sie einem Zuschauer einen Hunderter bieten, wenn er einen großen Mann niederschlägt, der einmal fast Weltergewichtsmeister gewesen sein soll. Wim hat sein kariertes Hemd ausgezogen, schon nach der ersten Runde tropft Blut auf sein bläuliches Unterhemd. Er gibt in der dritten Runde auf und klettert wieder herunter. Außer uns klatscht kaum jemand für ihn.

In einem Kuppelzelt dreht sich eine flache Holzscheibe, auf der sich niemand länger als ein paar Sekunden halten kann. Ich stolpere, als ich abgeworfen werde und lache über die anderen, die es immer wieder versuchen. Eine Frau fällt hin, eine Naht an ihrem Rock platzt. Ein Kind schreit und will einfach nur weg. Ich gehe mit Trapper und Akim durch das Spiegellabyrinth, wir stoßen uns den Kopf an Glasscheiben, die uns den Weg versperren und die man nicht sehen kann. Wir laufen hin und her, stoßen mit dem Gesicht gegen eine Glaswand und probieren, an einer anderen Stelle weiterzukommen. Unsere Freunde stehen draußen und geben hämische Kommentare ab oder empfehlen uns Wege, in denen man nicht weiterkommt.
Weil es mit unserem Geld vorbei ist, ziehen wir zum Kino. Ein Liebespaar knutscht vor den Glaskästen im Eingang. Ein Zigeuner, der einen dicken rötlichen Goldring trägt, fragt uns, wie wir heißen und wie alt wir sind. Er schenkt uns Geld für das Kino.

Wir marschieren zu Zinter Mätes los, in einer Horde von sechs Jungen, jeder mit einem karierten Stoffbeutel, in den wir normalerweise unsere Turnschuhe packen. Wir machen Krach, singen das alte Lied von den Vögeln mit roter Kapuze, die weit weit über den Rhein fliegen und von den Würsten, die oben unter dem Dach hängen. Bei den Reichen singen wir, daß wir die langen Würste wollen und die kurzen hängenbleiben können, oder wir brüllen „Gizz,Gizz“, wenn wir nichts bekommen, und wir an einem Schatten hinter der Gardine sehen, daß jemand zu Hause ist. Drei Jungen aus dem Blätterweg wollen uns unsere Beute abjagen, aber wir springen über den Jägerzaun und flüchten durch Neumanns Garten in die Siedlung. Ein Schuster schenkt mir einen Lederbeutel, in dem ich alte grüne Kupfermünzen aufhebe und dunkelgraue Groschen mit Adler und Hakenkreuz. Ein Schuhfabrikant gibt jedem von uns eine kleine Schallplatte, die für seine Schuhe wirbt. Sie ist etwas krumm, als ich sie abends auf den roten Gummiteller lege und den Plattenspieler einschalte.

Der alte Zahn wohnt neben der Brücke, die über die Gleise und den Fluß gebaut ist, unterbrochen von einem Stück hochgelegtem Straßendamm. Er lebt in einer Baracke, die im hintersten Teil des großen Gartengeländes hinter Ligusterhecken und Holunderbüschen fast verschwindet. Wir sehen ihn sehr selten, aber wir haben Angst, ihm zu begegnen, wenn wir über die in die Mauer eingelassenen Eisenringe uns zum Flußufer durchschlagen. Er hat eine Glatze, einen wackelnden Kopf und dünne, zittrige Beine. Der Mund steht halb offen, auch wenn er uns nicht gerade etwas nachruft oder mit sich spricht und zwischen seinen verwilderten Kartoffelbeeten schlurft. Ich spüre, wie es mir schwindlig wird, als ich auf der Straße gehe und an den Brückenpfeilern hochschaue. Ich fürchte jetzt ohnmächtig zu werden, an dem Geländer vorbei hinabzustürzen und das Barackendach zu durchschlagen. Der alte Zahn soll mehrere Kinder verschleppt haben, aber keiner kennt ihre Namen und keiner weiß, warum die Polizei nicht eingreift.

Wir hecken mit dem Geld, das wir am Milchwagen herausbekommen haben. Jeder wirft seine Münze so nahe wie möglich an die Bordsteinkante. Wir haben auf der anderen Straßenseite einen Kreidestrich gezogen, über den keiner treten darf. Wer gewinnt, hat die ganze Faust voll Geld. Oder wir werfen aus der offenen Hand Pfennige hoch, und jeder versucht, möglichst viele an sich zu reißen. Wir legen die Pfennige auf den Ellbogen und fangen sie im Flug wieder auf.

Wir machen einen Abstecher zum Bahnhof. Wir fahren mit dem Rad Slalom auf dem großen Platz am Fluß, wo wir weiße Kieselsteine und schwarze

Basaltsteine aus der Uferbefestigung als Markierungen ausgelegt haben. Wir ziehen mit einer Steinspitze Linien in den Schotter, zwischen denen man bleiben muß. Dirk versucht ein rasantes Wendemanöver, aber es wird nichts, und er steigt über den Lenker ab. Wir reinigen sein blutendes Knie mit Wasser aus dem Fluß und binden ihm ein Taschentuch vor die Wunde.

Wir tragen an der Eisenbahnbrücke unsere Räder die Treppen hoch und auf der anderen Seite wieder herunter. Wir rollen - einen Fuß auf der Pedale - über den Fußgängerweg. Wir fahren einen kleinen Schlenker zum Amtsgericht und gehen hinein, aber schon kurz hinter dem Eingang sieht uns ein Pförtner, fragt uns aus und vertreibt uns wieder. Also bleibt uns nur der Bahnhof. Wir ketten die Räder in der Nähe des Taxi-Standes an, werfen einen alten Tennisball gegen die Mauer und fangen ihn abwechselnd wieder auf. Am Schalter frage ich, was eine Fahrkarte nach Rom kostet und wann der Zug fährt und kündige an: „Ich komme nächste Woche vorbei und kaufe die Fahrkarte."
Wir setzen uns zu dritt in die Fotokabine und lachen über den Spaß. Wölfi wirft Geld ein und photographiert unsere Köpfe, die gar nicht alle zusammen ins Bild passen. Auf dem Bahnhofsgebäude, auf den Bänken und den Gängen liegt ein feiner Zementstaub. Wenn es dunkel wäre, würden wir über dem Walzwerk den roten Himmel sehen.

Die Halde ist aus gelbem Sand. Wir haben versucht, Höhlen zu bauen, die zusammengestürzt sind, und mein Vater hat uns angedroht, daß wir ersticken können und die Rettungskolonne zu spät kommt. Wir kratzen komplizierte Rinnen in die steile Erde, mit Schiebern aus Brettstücken, mit kleinen Untertunnelungen und Rohrleitungen. Wir leiten Wasser hinab oder lassen Glaskugeln rollen in Wettkämpfen, bei denen jeder elf Kugeln hat und sie nur dreimal bespucken darf. Oder wir zerstören all die kunstvollen Bahnen und springen aus der Graszunge herunter, messen die Weiten unserer Sprünge oder fahren ab in der weichen Erde, bis der Schwung aufhört.

Zwischen den Kiefern habe ich rote Fäden gezogen. Es sind meine Hürden, über die ich renne. Manchmal kommen Jürgen oder Walter, um mir wieder zu beweisen, daß sie schneller laufen können, aber meist bin ich allein und laufe gegen mich selbst. Ich habe keine Uhr, aber ich spüre, daß ich besser werde. Ein Fremder, der sein Auto an der Straße stehen hat, kommt zu mir und fragt mich, warum ich laufe und warum ausgerechnet allein. Ich erzähle ihm von meinen Gegnern und zeige ihm einen schwarzen Käfer, der mit seinen Fühlern durch das Moos pflügt.

Vater und Onkel Georg streiten sich auf der Treppe über ein Zimmer, das zwischen den Wohnungen liegt und einmal das Kinderzimmer sein sollte für Thomas, aber Thomas ist mit acht Jahren gestorben, noch bevor ich auf der Welt war, und meine Tante hat danach kein Kind mehr gewollt oder keines mehr bekommen. Ich höre dem Streit zu, aber ich bin weder für den noch für den. Es ist mir ganz gleichgültig, obwohl mein Vater dafür kämpft, daß ich das Zimmer bekomme. Ich habe kein Recht auf ein Zimmer, das immer noch Thomas gehört. Ich weiß, daß er immer in diesem Zimmer sein wird, auch wenn längst alle Kindersachen herausgeräumt sind und nur der große braune Holzkoffer, ein hellgrüner Spiegelschrank und einige Persilkartons in dem Raum stehen. Selbst wenn Vater alles neu streichen und tapezieren würde, würde dieser unsichtbare Lufthauch bleiben. Nachts wird Thomas die Wand öffnen, sein zwischen den Steinen verborgenes Holzgewehr hervorholen und mich stumm auffordern, einige Schritte zu machen bis zum Blutgraben. Ich werde nicht einmal mehr Zeit haben, mich zu entschuldigen oder ihn oder meinen Vater zu verfluchen. Der Streit zwischen meinem Vater und meinem Onkel endet ohne Ergebnis, und das Zimmer bleibt eine Abstellkammer für jeden, die niemandem gehört.

Die Seilerei spannt ihre Seile über hundert oder zweihundert Meter am oberen Rand der Kuhle. Es sind Seile aus Hanf, die Stränge werden miteinander verdreht und verzwirbelt. Ich gehe mit Dietmar Hass die Strecke ab; er erzählt mir, was seine Schwestern gestern Abend getuschelt haben, als sie in der Waschküche badeten und er sie vom Keller aus belauscht hat. Wir waren in unserem Keller gewesen, haben Holundersaft getrunken und den fehlenden Rest mit Wasser wieder aufgefüllt. Der Besitzer verjagt uns, als wir in den Schuppen gucken, aus dem die Seile kommen und in dem sie wieder enden. Wir lesen zum soundsovielten Mal die Warnschilder, aber wir gehen doch wieder durch das untere Tal, in dem immer noch Granaten liegen. Manchmal finden wir Stücke aus rostigem Eisen, die wir nicht berühren dürfen.

Wolfgang Weiß hat beschlossen, die Polizei zu rufen. Wir zünden ein Feuerchen an und werfen ein zylinderförmiges Stück Motorschrott in die Flammen. Als es verrußt genug aussieht, häufeln wir Asche darüber, bis nur noch einige Kanten zu sehen sind. Wir drücken die Taste am Polizeimelder, Wolfgang meldet sich als Paul Finger: „Ich habe gesehen, daß im unteren Tal eine Granate in einem Feuer liegt." Dann rennen wir weg, obwohl die Stimme in dem grünen Kasten noch einiges von uns wissen will. Wir beobachten aus unserem Versteck am Waldrand, was geschieht. Nach einer Viertelstunde kommt ein Polizist, schaut sich den Rest des Feuers und den angeblichen Knaller aus sicherer Entfernung an und geht wieder. Wir hätten uns gewünscht, daß eine halbe Kompanie aufmarschiert, alles absperrt, daß der Bombenspezialist seine Zigarette ausspuckt und austritt und mit sehr langsamen, sehr ruhigen Bewegungen an seine Arbeit geht, geringschätzig umherblickt und den Uniformierten und der glotzenden Menge zunickt: „Ich für mich, ich für euch." In den nächsten Stunden kommt niemand. Am Tag darauf ist die Schwindelgranate verschwunden.

Wolfgang träumt beim Radfahren vor sich hin und brettert ausgerechnet auf den geparkten Volkswagen von Frau Seemaier. Ihm selbst macht es nicht soviel, aber die Motorhaube hat einen Kratzer und ein zwei Beulen abgekriegt. Wolli rappelt sich auf, hebt sein verbogenes Vorderrad an und schafft seinen Drahtesel weg. Er schaut immer wieder ängstlich herüber zu Frau Seemaiers Haus, aber es kommt niemand. Frau Seemaier wohnt für sich, halb im Wald, und so kann es wohl auch keiner der Nachbarn bemerken. Wolli beratschlagt mit mir, ob er es ihr und seinen Eltern sagen soll, aber er hat Angst vor dem Krach, den es dann geben wird.
Am nächsten Morgen steht der weiße Käfer vor der Schule, leicht ramponiert und angekratzt. Wir sehen, wie Frau Seemaier mit grimmigem Blick über den Schulhof geht. Aber wir haben sie erst in der dritten Stunde, nach Musik und Religion. „Was soll ich bloß machen, die weiß es bestimmt. Wenn ich es von mir aus vorher sage, ist es vielleicht weniger schlimm." „Du mußt es wissen", antworte ich, „ich weiß auch nicht, was ich an deiner

Stelle machen würde.“ Wir flitschen mit Papierkrampen gegen die Fenster und versuchen, was aber nie klappt, Fliegen auf der Wand zu treffen.
In der dritten Stunde wird Wolli gleich zu Anfang in die Ecke gestellt. Frau Seemaier versucht, ihm mit ihrem langen Bleistift eins auf die Finger zu geben, weil er unaufhörlich auf seinem Tisch mit den Händen irgendwelche Hütchen und Häuschen gebaut hat und mit den Nägeln über die Platte gekratzt hat, alles aus lauter Angst. Aber er hat rechtzeitig seine Pfoten in Sicherheit gebracht. Irgendwann in der Stunde kommt sie zur Sache. „Mein Auto ist beschädigt worden. Ein Nachbar hat gesehen, daß es ein Junge aus meiner Klasse war. Ich kenne den Schuldigen. Er hat noch bis morgen früh Zeit, sich zu melden. Andernfalls ist etwas fällig. Und wenn der Betreffende sich nicht selbst zu seiner Tat bekennt, so weiß ich jetzt schon, daß einer von euch es mir sagen wird. Wer so etwas macht und es dann nicht zugibt, der ist ein geborener Verbrecher." Sie klappt ihr Buch zu und läßt uns abschreiben, Satz für Satz aus dem Lesebuch.
„Sie weiß es ganz genau, daß ich es war.“ „Du spinnst, sie blufft nur und hofft, daß dich einer verpetzt. Aber solange du es nur mir sagst, kann das nicht passieren.“ „Wenn ich es nur wüßte . . .“
Am nächsten Tag geht Wolli nicht zu Fräulein Seemaier. Sie schaut noch grimmiger aus der Wäsche als gestern, aber sie sagt nichts mehr über den Vorfall, abgesehen davon, daß sie uns einen Vortrag hält, wie aus kleinen Taugenichtsen später große Kriminelle werden.
Nach einigen Tagen wird das Auto wieder hergerichtet. Ich habe einen furchtbaren Zank mit Wolfgang und überlege, ob ich ihn anschwärzen soll, aber dann schäme ich mich wegen dieses Gedankens. Verraten wird nicht.

Vor dem großen Sommerregen sind wir in die Ziegelei geflüchtet. Wir sind bis auf die Haut naß geworden, obwohl wir nur gerade aus dem Wald über den großen Platz, dessen Boden mit Ziegelscherben befestigt ist, laufen mußten. Neben den Öfen trocknen unsere Klamotten schnell.

Wenn man von draußen kommt, wo es immer noch aus dem schwarzen Himmel schüttet, ist es hier drinnen dunkel und undeutlich, aber es reicht uns, neben den Öfen zu hocken und den Männern zuzusehen, die die Steine aufschichten oder die Kohlen herbeischaffen. Wir sprechen mit ihnen über ihre Arbeit und über das entscheidende Spiel, ganz ernsthaft und ohne daß es ihnen etwas auszumachen scheint, mit uns reden zu müssen. Als wir gehen, dampft das Wasser in den großen Pfützen, über die wir springen. Wir halten unsere zusammengerollten Hemden in der Hand.

Die Arbeiter scheinen uns nicht mehr zu kennen. Sie vertreiben uns wie eh und je, wenn wir Sonnenblumen aus dem Pförtnergarten ernten oder in den Rostlauben des Lastwagenfriedhofs sitzen, Karten spielen oder mit Schraubenschlüsseln, Zangen und Hämmern einige Eisenbrocken herausholen. Wir müssen höllisch aufpassen, wenn wir uns in den Trockenschuppen verstecken wollen - aus dem Bombentrichter heraus, durch den Holunderbusch, kurz rechts und links den Zwischenweg gesichert, dann unter das überstehende Dach, an der Wand hoch und zwischen Wand und Dach hinüber in den schmalen Gang, der um die Ziegelstapel herumführt. Wir stehen zu zweit oder dritt nebeneinander, reden ganz leise, weil wir nicht sehen können, was draußen oder auf der anderen Seite des Trockenstapels passiert.

Die Sandbahn ist in einiger Entfernung. Das Geschrei der Kinder hörst du von da, aber die nächsten Häuser sind weit genug, so daß kaum einer der Rentner aufsteht, an der tropfenden Wäsche auf den gelben Leinen vorbeimarschiert, bis an das Ende des Gartens, um „Ruhe!“ zu brüllen. Wer im Ausbesserungswerk Schicht gemacht hat oder an der Güterabfertigung, kann hinter den geblümten Vorhängen schlafen und hört fast nichts. Wir schreien, wenn wir den Hang stürmen. Auf halber Höhe hat sich in der verkrüppelten Eiche Sigurd verschanzt. Wir schlagen die Holzschwerter aneinander, versuchen die am Fluß aufgesammelten Treibholzbretter wegzubrechen, mit denen Sigurd und Hagen ihre Burg fast uneinnehmbar machen. Wir greifen von oben her an, das Gelände ist vermint mit Panzersperren und Stacheldraht, und die schwarzen Ritter haben einen Verhau aus Dornengestrüpp und Brennesseln angelegt. Hagen zeigt drohend einen verrosteten HJ-Dolch, auf dessen Knauf ein Hakenkreuz war, das nach dem Krieg herausgebrochen wurde. Er steckt das Messerchen wieder in die Metallscheide, weil Peter das verlangt hat.
Hier ist auch der Ring, in den gelblichen Sand geritzt, in dem wir kämpfen, über mindestens zwanzig Runden. Jörg schlägt wie ein Blinder die Fäuste im Kreis, aber ich kann mich ducken und ihn mir mit einigen Kinnhaken vom Hals halten.

Wir machen hinüber zu den toten LKWs. Die Scheiben sind herausgeschlagen, der Holunder und der Rotdorn wachsen bis in das Führerhaus, aber die Sitze sind noch nicht aufgeschlitzt. Es ist gemütlich, sich an das Steuer zu setzen, den Ganghebel einige Millimeter zu bewegen und die Faust auf die stumme Hupe zu donnern. Wir haben unser Werkzeug mitgebracht und gehen daran, einzelne Schrauben und Verstrebungen zu lösen. Wir arbeiten einige Stunden, bis wir genug haben. Das alte Eisen schleppen wir in einem zerrissenen Sack zu einem Schrottkerl, der uns nach einigem Hin und Her zwei Mark gibt. Ulrich erzählt, wie sein Bruder in der harten Zeit Kupferrohre geklaut hat, die halbe Straße war unterwegs, oder Kabel, die dann geschält wurden. Wir köpfen eine Sonnenblume, um die Kerne herauszuholen. Eine Frau schreit hinter uns, aber sie wagt es nicht, uns durch den Rattensumpf nachzulaufen.

Ich sitze eine oder zwei Stunden im Gras hinter dem Haus und suche vergeblich das vierblättrige Kleeblatt. Dann spiele ich mit Holzstücken und Soldaten. Neben der Kreissäge liegt frischgeschnittenes Tannenholz. Aus dem Lehm forme ich Kugeln und Würste, mit denen ich mir ein Gefangenenlager baue. Um es zu überfluten, hole ich Wasser.

Ich sitze am Steuer meines LKW und spiele in meinem Kopf den letzten Krieg weiter. Ich habe mir lange die Karten und den Globus angeschaut, bis ich die Farben und die Flächen in meinem Kopf hatte. Es ist noch dunkel, im ersten Morgenlicht rollen die Panzer vor, Kanonen werden abgeschossen und die Bomber greifen im Sturzflug an. Die Soldaten marschieren über leere, staubige Straßen, an Gehöften vorbei, die einige Jahre zu einem anderen Land gehört haben. Grenzen werden verlegt, Regierungen stürzen, Gefängnisse werden gestürmt und die Gefangenen tauchen unter in einer nach Rache brüllenden Menge. Zuhause schneide ich mir ein Illustriertenfoto von der zerstörten Stadt Köln in viele kleine Schnipsel und setze sie mit Zigarettenwerbung, einem blauen Uniformarm und aus einer Flasche hervorströmendem Ketchup zusammen zu einem Klebebild. In meinen Träumen fließt kein Blut.

Der alte Seeger geht vorbei. Willi soll ihn in einem Streit verprügelt haben und Werner, sein Bruder, der schon fast achtzehn ist, soll zugeguckt haben, ohne einen Ton zu sagen. So ungefähr erzählt man darüber. Der Seeger geht gekrümmt und schlurfig.

An der Kreissäge hält der Lautsprecherwagen. Eine Frau bittet alle, ihre Partei zu wählen und kündigt an, daß abends ein Film in der Kehre gezeigt wird. Wir schauen zu, wie man eine Leinwand und einen Projektor aufstellt. Der Film ist schwarz-weiß und flimmert häufig, aber alle sind begeistert, weil in ihm auch unsere Stadt vorkommt und unser Verein, der fast Meister geworden wäre.

Das Fest findet im „Heidekrug" statt. Eingeladen sind nur Siedler und ihre Kinder. die Mieterkinder erfahren meist erst davon, wenn es vorbei ist. Ich habe mich von Walter einschmuggeln lassen, merke aber, daß mich einige Siedler knurrig anschauen. Ich bin noch wütend auf Walter, weil Dieter, der uns letzte Woche besucht hat, bei ihm schlafen wollte und nicht bei uns oben. Wir sitzen in einer Ecke und spielen „Schlapp hat den Hut verloren".

In den Gärten graben wir Regenwürmer aus, um mit ihnen zu angeln, oder um sie den Vögeln vorzuwerfen. Oder wir fangen Asseln und Marienkäfer, die wir unter einer Folie halten wollen. Wir heben einen Bewässerungsgraben aus und tun so, als ob wir in ihm Tom Prox begraben wollten.

Wir laufen eine oder zwei Stunden durch den Wald bis zur Autobahn. Wir sehen uns Autos an, die vorüberhuschen, raten die Autofirmen und die Modelle und versuchen aus den Abkürzungen im Kennzeichen herauszufinden, aus welcher Stadt der Fahrer kommt. Wir spielen kleine Spiele, ein Punkt für mich für ein rotes, ein Punkt an dich für ein blaues und Wechsel nach zwanzig Punkten.
Werner erzählt von einem, der nachts die Autobahn überqueren wollte. Hinter dem Mittelstreifen hat ihn ein Laster überrollt, der extra auf die Überholspur gewechselt ist, um ihn auch sicher zu erwischen. Der Lastwagenfahrer soll kurz vorher einen Streit mit einem Polizisten gehabt

haben. Wir wissen nicht, ob wir Werner die Geschichte glauben können, ob es solche Menschen gibt.
Die anderen wollen noch weiter zum Blauen See. Ich gehe allein zurück, irgendwo neben der Straße, durch Bombentrichter, an erfolglos gesprengten Bunkern vorbei. Hinter einem durchlöcherten Zaun liegt eine Villa, die seit Jahren leersteht. Unter den Dächern sollen schon mehrfach Leichen gefunden worden sein oder Teile von Menschen, Unterkiefer und Beinknochen. Ein Landstreicher auf einem Rad, das mit zwei dunkelgrünen Rucksäcken behängt ist, kommt vorbei. Ich verstecke mich hinter einem Busch. Er pfeift durch die Zähne, kommt näher, dreht aber dann ab und radelt weiter. Ich pflücke einen Strauß weißer und gelber Blumen, werfe ihn dann aber weg, weil ich damit nicht gesehen werden will auf dem Weg zur Siedlung. Ich klettere in einer Birke hoch und schaukele ein wenig herum.

Ein Stück neben dem heruntergekommenen Schlößchen ist die Farm. Das ist ein flacher Bau mit einer Veranda, einem angebauten Schuppen und einem separaten Stall. Auf der Veranda sitzt oft ein alter Mann, der von Verdun und Douaumont erzählt, wie die Schrapnelle seinen Leutnant in Stücke rissen. In der Futterküche kochen Kartoffeln für das Schwein. Wir bringen Kartoffelschalen und andere Abfälle und schütten sie den Kaninchen hin, schlagen dem Schwein ein rohes Ei auf, das es gierig vom Boden schlürft. Wir scheuchen die Hühner aus den Beeten und sperren einen Auslauf ab für unser schwarzes Lieblingskaninchen. In der Kaffeemühle mahlen wir Hühnermais und verfüttern das Gebröckel an die Spatzen. Die Wespen vertreiben wir von dem Fallobst, wir werfen die matschigen Birnen und Pflaumen gegen die Eingangstür der Farm, bis der Alte es spitzkriegt und mit halben Wackermännern zurückwirft.

Ein Polizeiauto fährt durch unsere Straße und hält bei Feikes. Zwei Polizisten steigen aus und gehen ins Haus. Nach einiger Zeit kommen sie zurück und fahren weg.
Es gibt viele Gerüchte. Dieter Feikes und Wolfgang Herg sollen zur Polizei vorgeladen worden sein. Man soll sie photographiert haben, mit einer Nummer in der Hand, und ihre Daumen auf Stempelkissen gepreßt haben, um die Fingerabdrücke einzureihen ins Verbrecheralbum. Was haben sie

getan? Ich frage beide, bekomme aber keine richtige Antwort. Es soll etwas zu tun haben mit Willi Bischgens, einem Achtzehnjährigen aus der Rheinstraße, von dem mein Vater behauptet, daß er schon gesessen hat „und nicht bloß auf dem Klosett".

Die Farm wäre fast abgebrannt. Ich hatte Andi angestiftet, eine Filmrolle vor die Tür zu legen und anzustecken. Es gab eine Stichflamme, das Holz kokelte und selbst der Teppich im Flur schmorte an. Der alte Frontkämpfer mußte zwei Eimer Wasser verschütten, um das Feuer zu löschen. Andi und Klaus, der nur zugesehen hatte, bekamen eine fürchterliche Tracht von ihren Eltern. Ich ging leer aus, weil beide kein Wort sagten, von wem die Sache kam.

Ich gehe über unsere Straße. Manni Liebmann wirft mir einen Stein ins Kreuz. Ich schreie, balle die Faust, brülle ihn an „Du Sau" und mache, daß ich nach Hause komme. Er lacht. Auch er weiß nicht, warum er den Stein geworfen hat.

Vater hat im Wohnzimmer die Eisenbahn aufgebaut. Das sind zwei Platten, die unter der abnehmbaren Kirche zusammengeschraubt werden. Gelagert werden sie in der Küche, in einem Oberschrank, den Vater selbst geschreinert hat. Er hat Berge aus Gips und Draht geformt, einen See aus dunkelgrünem Glas eingebettet in ein Gipsufer, eine Mühle und die Kirche aus Holz und Pappe gebaut - mit einem Licht, das durch die roten Papierfenster scheint. Die Eisenbahn steht auf einer Couch. Abends wird sie auf den Tisch gestellt, ich klappe die Liegefläche hoch und nehme das Bettzeug heraus.
Drei aus meiner Klasse kommen zum Spielen. Keiner von ihnen hat eine solche Eisenbahn, obwohl ihren Eltern Fabriken und große Häuser gehören. Auf den graugestrichenen Straßen fahren kleine Wagen - ein gelber Laster mit Möbeln, ein roter offener Sportwagen, ein verkratzter Mercedes. Manchmal lasse ich meine Autos eine schräggestellte Holzplatte herunterrollen und stelle in ausgelosten Zweikämpfen fest, wer es am weitesten geschafft hat.

Die Lokomotiven bekommen vor dem Lokschuppen Wasser und Kohle oder werden über eine Drehscheibe auf die Hallen des Ausbesserungswerks verteilt. Der blaue Bach treibt eine Wassermühle. Die Brandspuren am Haus stammen von einer Zigarette. Autos stoßen zusammen und werden abgeschleppt, Zugunglücke müssen bewältigt werden, mit dem Abtransport der Verletzten und der Räumung der Gleise. Bierfässer und sperrige Holzkisten sind an der Güterabfertigung aufzuladen, der Aufsichtsbeamte hält unablässig den Arm hoch und bläst unbeirrbar in seine Pfeife, die Reisenden hasten von Bahnsteig 1 nach Bahnsteig 2/3, Regenschirme und Campingbeutel in der Hand. Auf den Bänken träumen die Rentner und die Mütter vor sich hin, schauen dem Zug nach, vor dem im letzten Moment die Schranke herunterging, aber das rote Blinklicht hat schon länger gewarnt. In den Post-LKW werden Briefe, Ansichtskarten, Pakete in kleinen Kunststoffsäckchen geladen, die der rote Triebwagen aus der Kreisstadt gebracht hat. Zwei kleine Leute besteigen vom See aus den schroffen weiß-braunen Doppelgipfel und stürzen schon in der Flanke ab. Ihre Leichen kullern bis auf das farbige Glas. Die schwarze Dampflok mit den grünen Wagen, auf deren Plattform man stehen kann, in der Sonne oder in einem leichten Regen, um den Fahrtwind zu spüren, springt im Tunnel aus den Schienen. Das Krokodil, die grüne Elektrolok, rast hinein, weil die, die warnen wollten, zur anderen Seite aus dem Tunnel gerannt sind. Die Bergungsmannschaften müssen sich durch eine Flammenwand den Weg bahnen zu den Verletzten und Toten, die in den ineinander verkeilten Wagen eingeschlossen sind. Mit einem Kugelschreiber ändere ich in den Fahrplänen die Zeiten. Auf dem Bahnhof wird ausgerufen, daß alle Züge sich um unbestimmte Zeit verspäten.

Die neue Kirche wird gebaut, die alte liegt mitten im Ort und vielleicht haben die meisten keine Lust, eine halbe Stunde zu gehen. In der Zeitung steht, daß sie der Mittelpunkt eines neuen Stadtviertels sein wird. Wir turnen in der halbfertigen Altarhalle, als die Bauarbeiter endlich gegangen sind. Dann klettern wir im Gerüst für den Turm. Manni Liebmann hält mich fest, dreht mir den Arm herum und treibt mich auf ein Brett, das nach draußen hin übersteht. „Jetzt fliegst du herunter." Ich blicke hinab, es sind vielleicht sechs oder acht Meter und unten liegt ein wirrer Haufen Pflastersteine. Er reißt meinen Kopf an den Haaren nach unten, bis ich auf dem Brett knie. Nach einiger Zeit läßt er mich los und verschwindet, allein wie immer.

Ich sitze auf einem Holzstapel an einem Waldweg. Es dunkelt, ich müßte schon zuhause sein zum Abendessen. Ein Fremder mit einem hellen Stoffmantel, der seinen schwarzen Hut in der Hand trägt, geht vorbei. Ich sage „Guten Abend“ und balanciere weiter auf dem frisch geschlagenen Holz. Ich liebe diesen Geruch der Stämme und der Späne. Der Mann dreht sich um, schaut mich an und antwortet: „Guten Abend, mein Junge.“ Er scheint zu überlegen, ob er gleich weitergehen soll, bleibt aber dann stehen. Er fragt mich, ob ich alleine hier bin und ob hier oft Kinder oder Erwachsene vorbeikommen. Diese Fragen gefallen mir nicht, ich behaupte deshalb einfach, daß ich hier auf drei Freunde warte, die noch vom Blauen See kommen. Er antwortet „Ach so“ und fragt mich dann, ob ich nicht ein Stück mitkommen kann, um ihm zu zeigen, wo der Kreuzweg zum Waldschlößchen abgeht. Ich lehne ab. „Ich muß mit meinen Freunden zurück und die kommen vielleicht irgendwo quer aus dem Wald.“ Der Fremde nickt wortlos und geht weg, aber nicht in Richtung auf das Waldschlößchen, sondern zurück in Richtung Friedhof. Als ich ihn nicht mehr sehe, springe ich herunter von den Stämmen und laufe in der entgegengesetzten Richtung, so schnell es geht. Am Kreuzweg schlage ich einen Haken und renne über die Tannenstraße zurück. Vielleicht ist der Fremde jener Mann, über den ich am nächsten Tag in der Zeitung lese, daß er sich, ohne einen Abschiedsbrief zu hinterlassen, am Rand einer großen Lichtung aufgehängt hat.

Der Sturm hat die Trauerweide nicht umwerfen können, aber ein großer Ast ist abgebrochen. Ein jüngerer Mann, den ich hier noch nie gesehen habe, hat mehrere Äste abgesägt und die Sägestellen mit Baumwachs bestrichen. Die Trauerweide sieht aus wie ein aus dem Krieg heimgekommener Soldat mit abgehackten Armen und halben Beinstümpfen. Ich bin, wie ich es schon oft getan habe, hochgeklettert, wo ich mit Wölfi ein Brett und einen kleinen roten Teppich festgeschnallt habe. Ich rassele mit einer Blechbüchse, rufe den Kaninchen Schimpfworte zu und werfe brennende Streichhölzer hinab in den Sand. Ein Mann, mindestens fünfzig Jahre, kommt und brüllt, ich solle sofort herunterkommen, dies sei sein Grundstück. Ich bewege stumm meinen Mund und zeige auf meine Ohren, als ob ich taub wäre, aber er schreit weiter. Nur, ich komme nicht, um mich von ihm fangen zu lassen, und er riskiert es nicht, zu mir hochzusteigen. Nach einer halben Stunde zieht er grummelnd ab.

Der erfolglose Kinderfänger ist der Vater des Astsägers. Der spricht uns an, ob wir nicht Lust hätten, eine Ladung Bruchsteine für ihn den Hang hinabzuwerfen, über den Sandplatz zu tragen und durch die Sumpfwiese. Sein Vater steht dabei, glotzt mich böse an, ist sich aber anscheinend nicht sicher, ob ich der Junge aus dem Baum bin. Als wir nachhaken, erzählt der Astsäger uns, daß er sich hinter der Trauerweide ein Haus bauen will, aber noch keinen anderen Zugang hat als den durch das kleine Tal. Wir bekommen jeder fünf Mark und legen los. Der LKW hat die Steine an der Straße abgekippt. Wir tragen sie durch den gelben Ginster, schreien dabei „Zeck, geh weg“. Am Hang werfen wir die Brocken mit vollem Schwung herunter, daß sie noch ein Stück über den Sandplatz rollen. Zwischendurch habe ich eine Idee. Ich zerre mit Wölfi einen alten Autoreifen aus dem Gebüsch auf die Straße. Wir geben ihm einen kräftigen Stoß, und er macht sich auf den Weg: Noch ziemlich langsam kullert er auf die Treppe zu, läßt sich auch durch die Stufen nicht aufhalten und bleibt erst auf der anderen Seite der Friedhofstraße an einer Vorgartenmauer liegen. Wir wissen noch nicht, daß uns Frau Hegmann zuschaut und unseren Eltern einbläst, wir hätten beinahe einen Autounfall verschuldet. Zuhause wird es knallen.
Wir machen weiter mit unseren Steinen, bis wir sie alle durch den Binsenmorast geschafft haben. Wir schichten sie zu einem Haufen auf, hängen uns aus Binsen und Löwenzahnstengeln geflochtene Ketten um den Hals. Drei Steine haben wir behalten als Feuerstelle, in der wir Kartoffeln schmoren, die uns der kleine Hegmann aus dem Keller holen mußte. Wölfi geht zwischendurch zu Grosske und kauft Salmiak, Lakritz und Knöterich und zwei Flaschen Afri-Cola. Es ist eines unserer besten Feste.

Wir können nicht mehr einfach so ins Tal. Ein neuer Drahtzaun, oben mit Stacheldraht bestückt, ersetzt die halbhohen morschen Palisaden, deren Querstange eine gute Kletterhilfe war. Im Zaun ist ein mit einem Vorhängeschloß gesichertes Tor, durch das demnächst Lastwagen rollen und eine Stichstraße anlegen werden. Die Kirche ist mit einem Festsonntag und Fahnen eingeweiht worden. Von seitlich durch Neumanns Garten müssen wir uns heranmachen, um unter dem unterbuddelten Zaun ins Tal zu kommen. Wir springen im Sandhang und graben eine kleine Höhle, die fast über uns zusammenrutscht. Wir ritzen in den Boden RACHE und legen mit kleinen weißen Steinen das Wort TOD und ein Ausrufezeichen. Dann wechseln wir über die Friedhofstraße und schleichen in einen Neubau, der am Rande der Kuhle hochgezogen wird. Als uns ein Maurer mit einem Stein in der Hand vertreibt, machen wir einen Rundgang in der bankrotten Ziegelei. Im Dreieckswald schlagen wir geklaute Bohnenstangen in die Erde und flechten Farn zwischen den Stöcken, um die Wände dicht zu bekommen. Wasserflaschen graben wir in die Erde ein, daß sie kühl bleiben. Für einige Tage ist unsere Hütte grün genug, um von der Straße her nicht gesehen zu werden.

Wir bauen einen Unterstand in einem der Granattrichter. Wir heben einen Gang aus bis zum Abhang, um einen Zuweg zu haben, der sich leicht verschließen läßt. Über den Trichter legen wir junge Birken, die wir gefällt und gestutzt haben. Wir flechten Äste zwischen den Stämmen und decken alles ab mit Grasplacken und Lehm. Oben schichten wir zur Tarnung Farnwedel und Eisenkraut auf. In dem Kriechgang liegt ein alter Läufer und auf dem Boden unserer Höhle haben wir mit Kartons, einer Plastikplane und alten Kissen unsere Lagerplätze ausstaffiert. In der Mitte hängt eine Petroleumlampe an einem rostigen Nagel. Auch der Eingang, der in einem Gebüsch liegt, wird geschickt getarnt. Wir sitzen und liegen in unserer Burg, kauen Huflattich, Doppellakritz und Salmiakpastillen, erzählen von unseren Kriegszügen und alten Filmen. In einigen Tagen wird unsere dunkle Festung nur noch ein offener Trichter sein - zerstört von einem Stoßtrupp aus dem unteren Viertel. Wir werden kein zweites Mal einen solchen Stützpunkt haben.
Oben im Geäst eines Baumes an der Bushaltestelle haben wir uns versteckt. Unten haben wir als Köder ein Portemonnaie auf dem Boden ausgelegt. Als sich ein unehrlicher Finder gerade bücken will, ziehen wir es ihm an einem versteckten schwarzen Bindfaden vor der Nase weg. Er ist wütend, kommt aber nicht an uns heran und macht sich mit dem nächsten Bus davon. Wir lachen über ihn, als wir zurückgehen. Der Dreieckswald liegt hinter uns.

Ihre Lebenszeit

Ich hatte eher zufällig an einer Treppe zwischen den beiden Messegeschossen diesen Nebenraum entdeckt. Ich wollte vom unteren Geschoß in das obere gelangen, durch dieses fast immer menschenleere und hallende Stiegenhaus, in dem ich immer gefürchtet hatte, von Fremden bedroht und niedergeschlagen zu werden, als ich neben einer Tür las „*Aufbewahrung A. W. Czerny*“. Ich klopfte und trat in einen quadratischen, fast leeren Raum. Ein Mann saß auf einem schwarz gestrichenen Stuhl, in der falschen Richtung, den Kopf auf die Arme und die Arme auf die Rückenlehne des Stuhles gelegt. Er schien geschlafen oder sich doch ausgeruht zu haben, aber ohne sichtbaren Widerwillen und ohne unnötiges Zögern schaute er auf, bot mir eine mit unleserlichen Packzetteln beklebte Holzkiste als Sitzgelegenheit an und ließ mit sich reden, über den schleppenden Gang der Geschäfte in diesem Jahr, über das bisherige Ausbleiben des lange angekündigten wirtschaftlichen Zusammenbruches, über die fehlende Bereitschaft der Konkurrenten und Kunden, alles zu nehmen, wie es ist, und das Allerbeste daraus zu machen. Ich mochte nicht unhöflich sein, und so blieb ich, obwohl ich doch nur im Vorbeigehen meine Neugier befriedigen und im Schnellverfahren auf einen Blick erkennen wollte, wer hier was zu welchen Zwecken aufhob. Fragen wich Herr Czerny (oder der Angestellte der Firma dieses Namens) übrigens eher aus, beziehungsweise schien er sie geflissentlich zu überhören, so daß ich zwar mit den Augen einen Einblick gewann, sonst aber wenig Wichtiges erfuhr.
Nach einiger Zeit ging ich wieder, freundlich mich verabschiedend.
Mein Gesprächspartner stand auf, als wolle er mich die drei Schritte zur Tür begleiten, wandte sich dann aber um, als müsse er seine Holzkiste näher betrachten und als hätte er weder Sinn noch Zeit für ein Abschiedszeremoniell. Er verschloß hinter mir die Tür. „Sie sperren sich sicher ein“, sagte ich, ohne eine ehrliche Antwort oder überhaupt eine Antwort zu erwarten.
Auf dem Treppenaufgang bemerkte ich, in einer unregelmäßigen Anordnung, zehn bis zwölf schwarze Haken auf der weißgestrichenen Wand. Ich blieb stehen und betrachtete dieses Schema einige Minuten lang. Ich sagte etwas Belangloses vor mich hin, vielleicht etwas wie „Grundsätzlich schon“.

Die beiden Zeitvergeudungen hatten fast eine Stunde gedauert. Im oberen Messegeschoß waren die meisten Stände abgeräumt oder doch zumindest ohne Besatzung. Ich wollte mich den letzten Besuchern und den Aufsichtsbeamten anschließen, die gemächlich in kleinen Gruppen sich dem Ausgang zubewegten, als ich am Rande der Halle, in einem nur als Durchgang zu Lagern und Büros dienenden Korridor ein auf grauen Karton gemaltes Schild bemerkte *„Ihre Lebenszeit! Interesse?“*. Ich trat näher. Es war ein improvisierter, womöglich ungenehmigter Tapetentischstand. Auf dem dunkelgrünen Wachstuch waren Buchstaben aufgeklebt gewesen, die aber bei einer der im Geschäfts- und Sektenleben so häufigen Umfirmierungsaktionen wieder entfernt worden waren. Kleine bröselige Klebstoffreste ließen ein unregelmäßiges Muster entstehen, ohne daß ich mir aber die frühere Bezeichnung hätte zurechtphantasieren können. Die Werbeblätter waren fortgeräumt und die Ankündigungsplakate bis auf das graue Kartonschild von der Holzwand, in die man frech einige Bildernägel geschlagen hatte, wieder abgehängt. Auf dem Boden vor dem Tuch lagen zwei Faltbroschüren, zwei letzte achtlos fortgeworfene Exemplare, auf deren Titelbild sich die Abdrücke feuchter Schuhspitzen abzeichneten. Ich hob sie auf, aus der alten berüchtigten Neugier und Sammelwut, aber ehe ich sie näher untersuchen konnte, sprach mich eine Frau an, eine weibliche Person unbestimmten Alters, ob ich ihr nicht eben einmal eines der Heftchen geben könne. Ich tat es, geradezu automatisch, ohne Bedenken und in dem Gedanken, es unmittelbar wieder zurückzuerhalten. Erst im Abgeben sah ich den Titel - „Ihre Lebenszeit“, was auch sonst. Die Dame schenkte es sich, mir zu danken, machte auf dem Absatz kehrt und lief zu dem Lastenaufzug, der gerade einen Rollstuhlfahrer aufnahm, um ihn ins Erdgeschoß zu transportieren. Ich hätte ihr nachgerufen und sie um Rückgabe gebeten, hätte ich nicht gespürt, daß sie sich davon nicht berühren und beirren lassen würde. Erst als die Aufzugtür sich schloß, sah ich für einen Augenblick ihr Gesicht. Es erinnerte mich an niemanden, an rein gar nichts.

Man wird erwarten, daß ich den Stand noch einmal sorgfältig absuchte nach weiteren Exemplaren, daß ich am nächsten Tag zurückkehrte, um von den Standbetreibern eine Gratiskopie zu fordern. Ich tat beides, aber ich konnte weder den Durchgang noch den dunkelgrün drapierten Tapetentisch wiederfinden, obwohl ich mehrfach von verschiedenen Seiten aus Anläufe und Einkreisungsversuche unternahm, obwohl ich ohne weiteres den allerdings verschlossenen Lagerraum *„Aufbewahrung A. W. Czerny“* und das Hakenwändchen wiederfand, und von dort aus meinen gestrigen Vorstoß rekonstruieren konnte. Anscheinend hatten die Selbst- und Kleinverleger abgeräumt und sich zurückgezogen. Das eine Büchlein, das ich gefunden und nicht gleich wieder durch leichtsinniges Verleihen verloren hatte, warf ich nach Ende der Messe weg, ohne klüger geworden zu sein. Es war entweder ein unbeabsichtigter Fehldruck oder aber ein mit Absicht erstellter Dummy, eine Maquette, ein im Innenteil leeres, nur zu Vorzeigezwecken dienendes Exemplar.

Trauer

Die Schalmeiengruppe hatte gespielt, ein Chor hatte Arbeiterlieder gesungen, die vor fünfzig oder vor hundert Jahren entstanden waren, mehrere Redner hatten schon die Verdienste des teuren Verstorbenen gerühmt, seine langjährige Gewerkschaftstreue, seine Unbeirrbarkeit in der Zeit nach dem Verbot der Partei, als er durch Entlassung und Inhaftierung sich nicht hatte beeindrucken lassen, er war täglich über eine Stunde unterwegs, weil ihm im ganzen Ruhrgebiet niemand mehr Arbeit geben wollte, er stand auf den schwarzen Listen des Unternehmerverbandes und außerdem wurde stets angerufen bei dem alten Arbeitgeber oder das vierzehnte Kommissariat lieferte noch rechtzeitig vor der Einstellung oder zumindest während der Probezeit Listen möglicher Ostagenten und Diversanten, seine Frau, seit ewigen Zeiten aktiv im Konsumverein und bei den Naturfreunden, hatte zu ihm gehalten, seine Kinder hatten sich nicht von ihm abgewandt, obwohl sie sich politisch nicht aktiviert hatten, nicht einmal in den „Falken“, was er ihnen als Kompromißangebot vorgeschlagen hatte, aber sie waren selbstredend zu dieser Trauerfeier gekommen, „liebe Angehörige“, die Bühne war mit rotem Stoff ausgeschlagen, eine Art Kunstsamt, an der Rampe standen in zwei großen Vasen rote Nelken. Von der Decke hing ein Gebinde aus roten Nelken und weißen Chrysanthemen herab, jene Blumensorte, die sie mithatten, als sie in die chinesische Botschaft fuhren und sich eintrugen in das Kondolenzbuch, 1976, und Hsinhua berichtete von zwei Arbeitern, die nach ihrer Arbeit von weither gekommen seien, obwohl sie sich als mittlere Kleinbürger vorgestellt hatten, ein Arzt und ein Naturkosthändler, die vielen weißen Blumen und das gerahmte Bild des großen Mannes, seine dicke Warze und sein spöttisches Lächeln, das er vielleicht selbst dann hatte, als zwei Studenten, von den Palastwachen gefilzter Besuch, versuchten, ihn mit jenem silbernen Brieföffner zu erstechen, der vor wie nach zu seinen Schreibtischutensilien gehörte.

Der, dessen hier gedacht wurde, hatte, nach dem Austritt aus der alten, damals längst illegalen Partei und nach einer kurzen Zeit erzwungener Unabhängigkeit und Untätigkeit sich einer übereilten Neugründung angeschlossen, sich aber bald an der zweiten von fünf Abspaltungen beteiligt und war zum Obertheoretiker einer kleinen Partei aufgestiegen, die mit einem großen Einsatz seit Jahren versuchte, aus dem Funken zur

Flamme zu werden. Ich war diesen Weg nicht mitgegangen, teils, weil ich schon damals skeptisch war gegenüber dem Versuch, die alten Bewegungen zu wiederholen und jene festen Burgen wieder aufzubauen, die doch früher nur Heerlager auf Zeit oder Fluchthilfen gewesen waren, teils, weil man mich mißtrauisch als Intellektuellen und möglichen Verräter traktierte. Immerhin wurde ich in der offiziellen Parteigeschichte als jemand erwähnt, der begrenzte Einsichten besessen hatte und sich begrenzte Verdienste um das Entstehen der Bewegung erworben hatte, trotz seiner späteren destruktiven und parteifeindlichen Aktivitäten.
Als ich vom Tod des Genossen W. erfuhr, schrieb ich unter der Verwendung der zwei Dateien *„Traubrf1"* und *„Traubrf2"* einen Computer-Kondolenzbrief an die oberste Parteileitung, mit einem Durchschlag an die Familie, und bot mich telefonisch an als einer der Redner auf der Trauerfestlichkeit. Die Parteimatadoren akzeptierten überraschenderweise mich - wohl unter dem Vorzeichen „die Breite und Tiefe der Trauer in unserer Arbeiterschaft und unserem Volk" zu dokumentieren, die Erschütterung selbst im ständig zerrissenen und schwankenden Kleinbürgertum. Natürlich war man nicht bereit, die Katze im Sack zu kaufen und machte die endgültige Zustimmung abhängig vom Vorlegen meines Redetextes.
Ich konnte mich noch recht gut hineinfinden in die alten Parolen und Wendungen, in das Unisono-Stakkato, in die düsteren Drohungen und naiven Beschwörungen, „wir sind die Zukunft", „die Zukunft wird uns gehören", „morgen ist unser Tag". Der Erste Sekretär nahm zwei unbedeutende redaktionelle Änderungen vor, und mein Text wurde gedruckt für die Pressemappe, auf der in goldenen Buchstaben der Name des Toten und sein Geburts- und Sterbedatum prangten. Niemand ahnte, daß ich diesen Text meiner Ansprache gar nicht erst mitbringen würde, daß ich anderes zu sagen gewillt war, eine Überraschungs- und Überrumpelungsrede plante.
Ein ehemaliges Mitglied des innersten Führungszirkels, jetzt abgedrängt auf eher symbolische und repräsentative Funktionen, geleitete mich von meinem reservierten Platz in der ersten Reihe auf die Bühne, zu einem mit einer roten Fahne geschmückten Rednerpult und kündigte mich an als demokratischen Arzt, als alten und frühen Freund des großen Toten. Ich verneigte mich kurz in der Richtung des großen, schwarz umflorten Schwarz-Weiß-Porträts, trank einen Schluck Wasser, versteckte meine unruhigen, zitternden Hände hinter der Kanzel, räusperte mich und

begann, zunächst stockend und mit brüchiger Stimme, aber nach und nach immer fester und sicherer, ohne nach rechts und links zu schauen, zu sprechen:
„Liebe Angehörige, liebe Freunde und Gäste, liebe Genossen!“ (Es bereitete mir eine grandiose Freude, nicht die vorgeschriebene Formel „Freundinnen und Freunde, Genossinnen und Genossen“ zu benutzen. Daher legte ich an dieser Stelle gleich eine Kunstpause ein, um den Zuhörern Zeit zu lassen, das Unglaubliche und Unerhörte meiner Äußerungen zu bemerken. Als ein allgemeines Tuscheln und Murren mir bestätigte, daß ich ins Ziel getroffen hatte, sprach ich weiter.) „Alle, die hier gesprochen haben, haben geschildert, wann sie das erste Mal mit unserem toten Freund zusammenkamen. Ich will schon deshalb darauf verzichten, chronologisch die Geschichte unserer gemeinsamen Zeit auszubreiten. Ich will stattdessen einige Menschen und Umstände beschreiben, die zu unserer nahen Vergangenheit gehören und aus denen ein Bild entsteht, wer er war und wer wir alle waren. Ich denke an so viele kleine Vorkommnisse, an Sitzungen, Kontakte, Besuche, Gespräche, Veranstaltungen. Es war die Epoche der alten Bücher, die wir auf Flohmärkten zusammengesucht und in Rotkreuzsäcken abtransportiert haben - vergilbte bräunliche Nachkriegsbroschüren, ausgemusterte und gegen Westdevisen verhökerte Klassikerheftchen und Stalinbände. Es war die Epoche vieler leerer Aktenordner, in jenem großen Regal des Genossen Frieder Wennig, der als Genosse Wenig verhöhnt wurde, in eine Tür hineingebaut, und alle waren beschriftet im Hinblick auf ihren zukünftigen Inhalt, nur durch das silbern umrandete Griffloch sah man, daß sie noch nichts enthielten, auch nach mehreren Monaten nicht. Es waren die mit schmutziger Wäsche in Plastiktüten vollgestopften Schränke des Genossen Bauer, dieses Verschieben der Waschsalontermine oder des Ankaufs einer Waschmaschine, dieser leise untergründige Geruch nach Schweiß und Pisse, sein doch nicht so freiwilliger Rückzug aus dem ZK nach langem Zureden, seine weggelaufene Frau und sein ihm so ähnlicher zehnjähriger Sohn, der Elektriker und Volksarmeeunteroffizier, und bei den ZK-Sitzungen saß er draußen vor der Tür, am Fenster zur Straße, und beobachtete voller revolutionärer Wachsamkeit die Zuwege. Es war jene Zeit, in der Sympathisanten sich fanden in Landeskrankenhäusern, aus denen sie befreit werden mußten, eine Drehtür splitterte, und der Fluchtwagen blieb stecken im Schnee, ging aus und sprang nicht wieder an, mußte stehengelassen werden und war dann angeblich verliehen worden an

den Jerry aus Ehrenfeld, mußte liquidiert werden in einem Shredder, als Gegenwert *Häwelmanns Reise* und eine Einzelplatte mit dem Straßenkämpfermann von den Stones, und eine Vorladung des Letztbesitzers und Nachforschungen nach seinem Spitznamen. Es war möglich in dieser Zeit, einer Landesleitung anzugehören und mit Stahl zu handeln oder als Krankenpfleger auf ein radelndes Kind loszurasen in einem vollbepackten Auto und dann im letzten Augenblick dem Aufprall auszuweichen oder daß einer seiner Freundin kurz nach dem Ende der Schulungssitzung und nach einem langen Streit um irgendetwas oder um gar nichts eine scheuerte, oder lange zu sprechen, referierend und ohne Nachschlagen zitierend, so daß niemand dazwischenkam und Ergänzungen vornehmen konnte. Oder jener ältere dickliche Selbstorganisator aus dem Sektengehügel, der mit drei oder vier Anhängern in einer selbstgeschneiderten grünen Gardeuniform über die Straße zog, und jeder kleine Bericht in der Kreiszeitung über die eigene Truppe wurde aufgehoben, in Schaukästchen archiviert. Oder Genossen, die hinter dem Rücken ihrer Kompagnons deren Frauen tätschelten, und die wollten es nicht, wagten aber nicht zu widersprechen, und Zwanzigjährige fahren mit dem Motorrad gegen Betonpfeiler oder geben Zeitungen heraus, Din-A-Null-groß, bildzeitungsgroß, bis nach der dritten Ausgabe das Geld aufgebraucht ist und der Rückzug in die Wohnung der Eltern wieder einsetzt, die Rückkehr des Odysseus in sein Vaterland. Oder Autos in Filmen, die rasant und laut abgebremst werden, es knallt, der Zusammenstoß der Klassen, und ein alter Mann, Brandflecken überall an seiner Jacke, spricht über Ernst Thälmann, als hätte er ihn Tag für Tag begleitet, spricht über seine Hoffnungen auf die, die jetzt begonnen haben. Oder unser Tod ..."

Ich hob die linke Handfläche ganz leicht an, als wollte ich allen zeigen, es sei jetzt zu Ende, ging ruhig an meinen Platz zurück. Ich wußte, niemand würde etwas zu mir sagen, alle würden so tun, als hätte ich nichts gesagt oder zumindest nichts Störendes, als wäre ich gar nicht mehr gekommen zu dieser Zusammenkunft derer, die immer noch zusammen waren und von sich glaubten, weiter zu kämpfen.

AUGENHÖHE

Männer

Ein Dreißigjähriger mit einer dreißigjährigen Frau, die zwei oder dreimal im Monat es miteinander machen und es nicht öfter tun wollen. Erschöpfung der Samenfäden bei einem Fünfunddreißigjährigen mit einer dreißigjährigen Frau, die es fünfzig oder sechzig Mal treiben. Da trotz aller Nachfragen keine Differenzen nachweisbar waren, wurde eine Verringerung der sexuellen Aktivität empfohlen. Ein Fünfunddreißigjähriger mit einer fünfunddreißigjährigen Frau und einer täglichen Arbeitszeit von sechzehn Stunden und zweimal vierzehn Tagen Urlaub. Es ist nicht mehr drin, die Libido geht zurück und die Erektion wird schwächer. Weitere Schritte sind angebracht, als Mann muß er immer da sein (der führende Mann), auch um Mitternacht (nach dem ersten Schlaf, in den halben Rauschträumen und Ergüssen), aber er steht um fünf Uhr auf und arbeitet ununterbrochen bis zwanzig Uhr. Ruhepausen, in denen er nicht mehr verstört und verzweifelt ist. Das Vorspiel dauert zu lang, seit der festen Bindung Schwierigkeiten, sich von der Selbsthilfe zu lösen. Er könnte von der Wirbelsäule her versagen, da er stets an seine ehemalige Frau denken muß und auch nach Ruhepausen mit Schwierigkeiten rechnet. Der geeignete Zeitpunkt ist jetzt noch nicht.

Beobachtungen

Ich habe, als ich (dunkler Anzug, glänzende Schuhe, fingerspurenfreie Brille) von dem Büro einer Beratungsstelle für Langzeitarbeitslose aus zum Bahnhof ging, ein Paar beobachtet. Sie schien einige Jahre älter als er zu sein, der Anfang der Dreißiger sein konnte. In einer Anlage, vor Bänken und langsam abgetriebenen Schwänen, küßte er sie relativ hemmungslos. Er hatte sein Bein zwischen ihre Beine geschoben, preßte sie mit dem linken Arm an sich, schob vielleicht sogar seine Zunge in ihren Mund. Es dauerte eine Zeit, bis dieser Kuß endete und diese Unterbrechung schien wenig genug erwirkt zu sein von einigen älteren Herrschaften, die sich wie auf eine Absprache hin den Tieren zugewandt hatten. Eine der Frauen sagte, so daß alle Beteiligten es hören mußten: „Aber sie sehen doch schon so alt aus und dann trotzdem . . ." Das Paar reagierte mit hochmütigen und provokanten Tätscheleien. Ich bin fast sicher, daß beide spüren mußten, wieviel Zeit vergangen war, daß ihnen nur noch wenig zu verlierende Zeit blieb. Ich dachte wie selbstverständlich und mit automatischer Ruhe an meinen und ihren Tod, als sie endlich gingen. Sie traten übersteigert sicher auf, solange sie noch im sichtbaren Bereich waren und ehe sie sich unter den Vorübergehenden voneinander lösten und sich verloren.

Ich habe bei einem Abschied auf einem ausländischen Bahnhof ein ähnliches Paar gesehen. Der Mann bat die Frau, ihre Mutter, die er gerade erst kennengelernt hatte, von ihm zu grüßen. Sie antwortete, ob sie ihn auch auffordern solle, seiner Familie Grüße auszurichten. Es war die Ungleichheit der Voraussetzungen, die schwierige Multiplikation der Einsamkeit mit den begrenzten Fluchten. Aber sie fragte ihn trotzdem, ob der Altersunterschied ihn störe: „Ich werde fünfzig sein, ehe du vierzig bist." Er beschwor sie und sich selbst, daß es ihn nicht berühre, die Zeit spiele für ihn keine Rolle. Ich hätte ihm sagen mögen, daß er log, wie er immer gelogen hatte, und daß er verdammt sein würde, dies in jedem zweiten Augenblick selbst zu bemerken, sich daraus einen Spaß zu machen und nie etwas zu ändern an seinem Spiel, bis fast auf den Punkt.

Die mehrfache Umarmung

Es ist eine Geschichte, die jemand gehört haben könnte von einem älteren Freund, und der auch berichtet sie als eine ihm erzählte, spricht davon in einem Anfall von Selbstverteidigung und Rechtfertigung, vielleicht hatte er sie anderen auch schon vorgetragen, mit kleineren Abwandlungen und Abschweifungen, mit denen er den Strick um seinen Hals begründete, als wäre es sein eigenes Leben und das Leben eines anderen auch noch.

Er hatte damals mit einer Frau, die er Jahre zuvor einmal getroffen hatte, ein redseliges Wiedersehen gefeiert, das nach einigem Herumfahren, nach den Schlachtplatten in einem Dorfgasthaus und dem Hinüberstarren der Landfiguren in ihrem Wohnzimmer endete. Sie waren nach einem halben Glas Bier, noch halb angezogen, auf der Couch herumgerollt, bis sie nach der ersten Abkühlung die restlichen Fetzen beiseite warfen und im Schlafzimmer noch einmal begannen. Sie genossen es, als sei es ein Anfang und eine Chance mehr. Sie hatte von einer Ansichtskarte erzählt, die er ihr aus einem anderen Kontinent geschrieben hatte, vor ein oder zwei Jahren, sie wußte nicht mehr, ob er vor drei oder vier Jahren hier gewesen war, und er konnte sich nicht an die Karte erinnern. Er hatte sie besuchen wollen, als es sich ergab und er etwas von ihr wollte, sie für ein Wochenende sich vorgenommen hatte, aber sie hatte mit einer billigen Ausrede abgesagt. Er war sich sicher, daß ein Mann im Spiel war, der sich nicht mehr ausladen ließ oder der die besseren Papiere hatte, er hatte sich danach verleugnen lassen und ihren Namen in seinem Adreßbuch mit weißem Textentferner beseitigt, wie er es für gewöhnlich mit Toten oder mit Verrätern praktizierte.

Er war damals, in ihrer ersten Zeit, mit ihr für einen Sonntagmittag verabredet gewesen. Als er diesen Termin vorschlug, hatte sie gezögert, weil sie für den Samstagabend eine Einladung in ein Konzert hatte - von einem Mann, den sie *„meinen Silvestermann“* nannte. Sie hatte ihn bei einem Silvesterball kennengelernt, er war jünger und hatte reichlich Schmeicheleien aufgefahren. Sie hatte offengelassen, was nach dem Konzert sein werde, und sich geweigert, Versicherungen und Treueschwüre abzugeben. Fast nichts wußte er von dem Silvestermann - keinen Namen, keinen Beruf, keine Augenfarbe. Er fragte nicht, es blieb Platz für Zweifel und schräge Gedanken.

Er schlief in dieser Nacht wenig. Den Plan, in einem gemieteten Auto ihren Hauseingang zu überwachen, verwarf er wieder. Er stand sehr früh auf und war gegen acht Uhr bei ihr. Er würde sie wecken und in ihrem Bett frühstücken, wenn sie zuhause war und wenn sie allein war.
Als er an ihrem Haus entlangfuhr, auf der Suche nach einem Parkplatz, sah er, daß in der Küche Licht brannte. Der Vorhang bewegte sich, sie schien hinauszusehen. Er gab Gas, fuhr gegen den Pfeil durch eine Einbahnstraße, ließ den Wagen auf einem Radweg. Er lief. Sie hatte das Licht schon wieder ausgeschaltet. Vor dem Haus war ein Parkplatz freigeworden, der eben noch besetzt gewesen war.
Er hatte sie berührt, hatte sich neben sie gelegt und ließ sich von ihr streicheln. Er verschwieg seine Fragen und verschob sie. Sie erzählte von sich aus, sie sei gegen ein Uhr nach Hause gefahren, sie hätte diesen Mann haben können, mit zwei Fingern, von jetzt auf gleich, aber sie habe nicht gewollt.
Als er sie in der zweiten Zeit anrief, einige Tage nach seiner Ankunft, wußte er nach ihren ersten Worten, daß sie auf diesen Moment der Wiederauferstehung gewartet hatte. Sie freute sich überschwänglich, stotterte irgendetwas Belangloses und ließ ihn spüren, daß er nie aus und vorbei gewesen war. Sie wollte ihn, mindestens zwischen einer Liebe und der nächsten, für die kurze Zukunft. Er vereinbarte ein Treffen am übernächsten Abend.
„Ich habe dich sofort erkannt.“ Sie war erst halb angezogen, er setzte sich in der Küche neben das Bügelbrett, trank einen Schluck eines faden Rotweins und betrachtete ihren braunen Rücken.
Sie hatte ihn überreden wollen, die Nacht zu bleiben, aber er hatte dies verschieben können. Er wollte eine seiner einsamen Touren sehr früh beginnen, ohne ein Wort neben den Kegelschwestern und Skatbrüdern seinen Tee trinken, den Zimmerschlüssel deponieren und sich durch die hintere Tür davonmachen, ehe noch die üblichen Formeln von ihm verlangt wurden. Ihm blieben noch drei Stunden Schlaf.
Er hatte mit ihr vereinbart, sie nach seiner Rückkehr anzurufen. Er versprach, die Nacht bei ihr zu sein. Sie würden frühstücken und wieder ins Bett fallen und den ganzen Tag nicht mehr herauskommen.
Aber sie konnte nicht warten. Als er gegen neun Uhr - er hatte gegessen, ohne vorher zu duschen - in das Hotel kam, sie anrufen und sich ankündigen wollte, fand er in seinem Fach die Botschaft, es habe eine Dame angerufen und eine Nachricht hinterlassen. Sie ließ ihm ausrichten, wo er

sie fände. Er beeilte sich mit dem Duschen, rieb sich mit einem klebrigen Öl ein und fuhr los. Dieser Tag, das sanfte Auslaufen nach dem brüchigen Fels und den nebelverhangenen Graskanten, schien noch anzuhalten. Er liebte es nicht, gerufen zu werden.

Er war zehn Kilometer gefahren, suchte nach einem Lokal, das zuerst niemand zu kennen schien. Er stieß im Zurücksetzen gegen ein anderes Auto, schaute kurz heraus und machte sich dann weg. Als er noch einmal an dieser Ecke vorbei mußte, gafften zwei alte Weiber zu ihm herüber, als wollten sie sein Kennzeichen notieren und den Vorfall melden.

Er schaute sich im Biergarten um, mit dem unbehaglichen Gefühl des Eindringlings, der auffällt durch Alleinsein, eckige Bewegungen und rote Ohren. Die festen Paare und die festen Cliquen starrten ihn an, als wolle er ihnen vom Ende der Welt erzählen. Sie war nicht zu finden, aber er war sich nicht einmal sicher, ob er sie nicht übersehen hatte. Sie hätte über seine blinde Ungeschicklichkeit lachen und sich ihren guten alten Bekannten zuwenden können.

Als er in sein Hotel zurückkehrte, hatte er den Einfall, noch einmal in diesem Lokal anzurufen, obwohl er längst erwog, abzutauchen, mit einer naheliegenden Entschuldigung versehen. Er hatte sie am Apparat. Sie hatte zuhause auf seinen Anruf gewartet, war dann, als er gerade zurückkam, selbst hinübergefahren. Sie schlug ihm vor, nachzukommen, aber er lehnte ab. Sie verabredeten sich in ihrer Wohnung für halb zwölf. Sie berichtete in aller Unschuld, sie habe gegen halb neun in seinem üblichen Restaurant nach ihm gefragt und erfahren, daß er schon vor einer halben Stunde gegangen sei.

Er hatte noch ein halbes Stündchen schlafen wollen, zum Voraus-Ausgleich für das zu erwartende Defizit, aber er war noch zu sehr in Fahrt, um abdrehen zu können. Er sortierte Papiere und begann einen der unendlichen Briefe an eine ferne Geliebte, Betrachtungen über die Zweckmäßigkeit des Mißerfolgs und des Scheiterns ohne Versuch. Er blickte behaglich in den fallenden Regen.

Er war auf die Minute pünktlich. Nur das Vögelchen war noch nicht aufgekreuzt. Er erwog, dies als Vorwand zu nehmen, um davonzurollen. Sie konnte ihn in seinem Hotel, in dem es keinen Nachtportier gab, erst am kommenden Morgen erreichen. Aber sie kam.

Er ging mit ihr hoch. Auf der Treppe standen leere Kartons und gebündelte Zeitungen. Ein Mann öffnete eine Korridortür und schloß sie wortlos wieder.
„Was hast du?“ „Ich habe nichts.“ „Ich bin wütend, daß du dich so anstellst.“ „Ich kann nichts dagegen tun.“ „Komm, gib mir einen Kuß.“ Er küßte sie pflichtgemäß zwei oder drei Mal. Sie versuchte, ihn zu umarmen, er wehrte es eher ab. „Du bist müde, lege dich doch ins Bett. Ich lasse dich in Ruhe.“ „Ich kenne mich. Ich will heute nichts mehr.“ „Willst du gehen?“ „Es ist schade.“
Im Wohnzimmer hatte sie den weißen Fleck, über den er gestern Abend, am Ende des Taumels, hinweggesehen hatte, als sei er schon immer gewesen, nicht ganz wegbekommen. Er versprach ihr, am nächsten Morgen zu ihr zu kommen und mit ihr zu frühstücken. Er wußte, was dieser Ritus für sie war. Sie würde allein aufwachen.
„Aber das kannst du doch nicht machen, in ein paar Stunden das ganze Kartenhaus kippen. Du hättest doch erst einmal das Spiel spielen können und dich absetzen können, als sie auch etwas von dir gehabt hatte.“ „Ich wollte nichts mehr, ich wollte heraus.“ „Auf einmal.“ „Auf einmal, ich wollte los. Es hatte sich geändert.“ „Aber du hattest doch nur ein paar lange Nächte eingeplant.“ „Ich mußte nicht erklären, warum Ende war.“
Er fuhr, von ihr mit einer Abkürzungserläuterung und einem ängstlichen Kuß versehen, zurück. Auf dem für Autos gesperrten Feldweg, wo er vor Jahren in einer so stürmischen Nacht den Wagen geparkt hatte, die Frau eines Musikers, lachte er, kurbelte das Fenster herunter, schlug sich mit der flachen Hand vor den Kopf. Das Glück konnte kommen.
Er hatte entschlossen und ohne Unterbrechungen geschlafen, seine Tagesration ins Auto gepackt und war einige Kilometer gefahren, die verkehrte Richtung für sie, ehe er anrief. „Ich komme nicht, es hat sich noch nicht geändert.“ „Was hast du?“ „Nichts, ich weiß es nicht. Rufe mich nicht an, ich werde dich anrufen, wenn es wieder geht.“ „Ich habe dich sehr gern. Sei nicht traurig.“ „Du auch.“

Es war das alte Gemenge des Morgens, die Hoffnung auf Gratiswunder. Er fuhr über Land, durchlief eine Stadt, in der die Wachtmänner der Feuerwehr für ihre Geselligkeiten einen Pulverturm ausgebaut hatten, der in den morastigen Untergrund abzusinken drohte. Die amerikanischen Touristen, Partnerschaft und die heimatliche Stadtsilhouette auf der Brust, riefen von der leeren Stahlskelettkirche, an der schon Jahrzehnte

gebaut wurde, herab, wie lieblich alles sei, die Wellpappe- und Isolatorenfabriken und die gewerblich abgesteckten Wiesen.
Er war, da er mit Regen rechnete, in die Marktkirche gegangen. Er betrachtete, was ihm nennenswert schien. Ein hübsches Rokoko, das nicht in sein schmales Repertoire paßte, aber sich aushalten ließ. Er schlenderte durch den hellen und feierlichen Raum, setzte sich, blätterte in einer gestohlenen Beschreibung der Sehenswürdigkeiten (zwei Groschen in den Opferstock, daß es nicht auffiel).
Er sah dieses Mädchen, ganz halbe Frau - schwarze Haare, in einem Zopf gebunden. Sie blickte starr auf einen höhnischen Gekreuzigten. Bevor sie sich umwandte, fürchtete er, sie könne zu alt sein. Aber sie war Anfang zwanzig, ein halbes Leben weniger. Sie schien Studentin zu sein.

Er folgte ihr in einem unruhigen Muster, in Quergängen und Abschweifungen. Sie blieb stets länger stehen als er, sie wollte die grün-goldenen Putten und die lichten Auffahrten in sich hineinbringen, die Zierate aus den Mauern lösen. Er sprach sie an, als sie fast schon die Kirche verließ. Er fragte sie, ob sie sich überreden ließe, gemeinsam die Stadt anzuschauen, eine Fremde mit einem Fremden. Sie schien weder überrascht noch belustigt und stimmte mit einem kurzen Kopfnicken zu.

Sie gingen jenen Weg in den Hochwald, auf dem er zuvor aus Furcht vor den Regenwolken umgekehrt war. Sie hatte ihm gesagt, daß sie bis zum Abendzug ohnehin nichts Bestimmtes mehr zu tun habe und angeboten, eine drei oder vier Kilometer außerhalb der Stadt gelegene Dorfkirche noch einmal anzuschauen. Aber er schlug ihr etwas vor, das ihm aussichtsreicher schien, um sie zu fassen zu bekommen - eine heroische Wallfahrtskapelle, die mit der Bahn nicht zu erreichen war. Er hatte bemerkt, daß sie auf klassizistische Giebelhäuser und spätgotische Stadttürme keinen Blick verschwendete. Sie spann sich ein in ihr imaginäres achtzehntes Jahrhundert, in einem engen Kreis, vor den Revolutionen und den technischen Triumphen, in die so wenig greifbare, so wenig gewaltsame Ironie und Distanztändelei, in die unentschiedene wortreiche Schweigsamkeit, bis auf den untersten Boden hinab.
Sie hatte nicht einmal abgelehnt, mit ihm am Ufer des Sees essen zu gehen, obwohl sie nicht genügend Geld mit sich hatte, um für sich selbst bezahlen zu können. Sie offenbarte ihm ihre Magenprobleme, nahm nur Wasser und einen kleinen Salat, während er in braungoldenen Seerenken schwelgte. Sie

sagte sehr wenig, bewahrte eine gespannte förmliche Haltung oder konnte dieser nicht entgehen. Erst einen Tag später fiel ihm auf, wer hauptsächlich gesprochen hatte und wer sich weit über den Tisch gebeugt hatte. Er sagte ihr seinen Namen und fragte nach ihrem. Sie nannte einen arabisch-romantischen Vornamen, den er noch nie gehört hatte und den er erst nach zweimaligem Nachfragen verstand. Sie sprachen über Heimaten, und sie, die an mehreren Orten einige Jahre gelebt hatte, gestand ihm ihren Haß auf das Land, in das sie geboren war.

Sie entschlossen sich, ein Konzert zu hören, auf den Chorherrenbänken neben der Orgel. Er blickte hinunter auf die feierlichen Sänger und Staatspersonen, während sie eher gefangen blieb von den leichten Kapitellen und den schwebenden Engeln, die im Nichts, in der auf Null gebrachten Luft, ihren Ankerplatz suchten. Er bot ihr, erstaunlich spät für seine Maßstäbe und arg verfrüht für die ihren, das Du an. „Es fällt mir schwer, für mich sind alle über dreißig so weg." Er korrigierte sie anfangs mehrfach, als könne er den Abstand verringern. Die Musik, Haydn, die Schöpfung noch vollkommen, ließ ihn für einige Zeit vergessen, daß inzwischen ihr letzter Zug gefahren war und er ab jetzt nicht mehr ohne weiteres davonkommen würde.

Sie saßen stundenlang am See, der Regen legte los und vertrieb sie unter die Markisen, die Nebentische wurden abgeräumt und die Rechnungen aufaddiert, aber sie blieben, sprachen über die Reichtümer der Kirchenfürsten, über das für die Landleute inszenierte Schauspiel, über Menschen, die es vor zweihundert Jahren gegeben haben soll und über andere, die es nicht geben müsse. Sie schilderte ihre Erfahrungen mit dem Tod und ihre Gleichgültigkeit, da es doch keinen Unterschied macht. Sie sei optimistisch und lächele gern. Sie fröstelten und vergaßen die Kälte und fröstelten wieder.

Als sie im Dunkeln zurückgehen wollten, verirrten sie sich in ein Volksfest. Sie benötigten einige Irrläufe, ehe sie den in nächster Nähe abgestellten Wagen fanden. Er hatte versucht, den Arm um sie zu legen, aber sie schreckte zurück und bat ihn, es nicht zu tun, dies sei nichts für sie, aber sie lehne ihn deswegen nicht ab. Er war verwirrt, und auf der Fahrt noch schien es ihm, während er mit ihr sprach und mühsam versuchte, sich unter Kontrolle zu halten, als zittere sie und spräche sich Mut zu.

Die lange Fahrt und das Herumsuchen in der Stadt, die ihr immer noch fremd war, hatten ihn erschöpft. Er ging mit, sie hatte versprochen, ihm einen Kaffee zu kochen. Es wurde daraus nur ein Fruchttee, zubereitet in ihrem einzigen, mühsam von Milchreisresten gesäuberten Topf. Der befürchtete Beigeschmack stellte sich nicht ein. Er hob diesen Tee bis zum Nachmittag auf, ein Stück Nacht, bis er die Trinkflasche auf einem Bürgersteig ausgoß.

Sie hatte ihm gesagt, das Telefon in ihrem Zimmer sei nicht angeschlossen und sie müsse übermorgen für zwei Wochen mit ihren Eltern nach Belgien fahren. Sie versprach ihm, zu schreiben und ihn wiederzusehen nach ihrer Rückkehr.

Er versuchte nicht noch einmal, sie zu umarmen und sie herumzukriegen. Sie hatte ihm gesagt, daß sie nachts keinen Besuch haben durfte, daß sie riskierte, ihr Zimmer gekündigt zu bekommen, und er fragte sich, ob sie den unvermeidlichen Lärm fürchten würde. Nachträglich schien es ihm, als habe sie auf seine Vorstöße gewartet.

Sie begleitete ihn nach unten. Er phantasierte sich die Rückfahrt, durch die langgezogenen Kurven und die tanzenden Lichter der Tag-und-Nacht-Baustellen. Er winkte einige Male. Als er aus ihrem Blickfeld war, hätte er in den Gegenverkehr geraten können.

Die Handlung einer Reise

Immer mal wieder bin ich wie gelähmt, der Lahme, oberhalb der Hüfte als Mann, unterhalb als Kind, von einer Frau, silberblond, ein Kind schreit einen Namen, den ein Mann wiederholt, hinter einer Person her, die aber nicht zu sehen ist und nicht eingeholt wird und vielleicht nicht mehr eingeholt werden kann, er geht an der Hand dieser Frau die Brückentreppe hoch, schwankend, voller Gewackel und Verrenkung, erst mitten auf der Treppe, dann schrägt er zum Geländer, zieht sich hoch, hat Halt links und rechts und eine Pause oben, mit Abblick in das grüne stinkende Wasser, dann die Stufen herunter und hinüber, zurück wäre es auch nicht besser und ohne Fortkommen, eine andere Frau schiebt seinen leeren Rollstuhl, zwei Frauen, die ihn nicht hinübergeschafft hätten in seiner Karre oder er will es ihnen leichter machen und sich Bewegung verschaffen sich beweisen daß das Gehen noch geht, mein Schmerz in den Kniegelenken die Kurzatmigkeit auf der dritten oder vierten Treppe, die Abnutzungsdiagnosen Anfang oder Mitte vierzig, kalt formularig mitgeteilt, „wenn Sie zwanzig wären, wäre es tragisch, dann würde man operieren, der Verlauf ist je nachdem, es kann lange gutgehen und ohne Schmerz sein“, drei schwarze Straßenhändler der Koffer- und Taschenmafia posieren vor einem Plakat für TRASH-Jeans, auf dem ein schwarzer Bulle sich vor einen Pulk hübscher weißer Jüngelchen gepflanzt hat, lächeln in die Kamera, begreifen nicht die subtile Botschaft des Photographen, ein weißer Berber in einem dicken Mantel und löcherigen Schuhen hat einen Turban um, geht zackig und entschlossen, als müsse er zu einer Arbeit, meine Werkstatt meine Gedankenwerft, hat einen Handtuchturban Feudelturban, von oben bekippt ihn eine Alte mit Waschwasser Wischwasser Weihwasser, der Vollbartstrolch in dem dicken Mantel und den grauen Strickhandschuhen im Regen in dem Wartehäuschen bei San Roma, die Schuhe waren komplett durch, man sah die Fußsohlen, als er sich auf die Bank legte, alles naß und um die sechs Grad, ich ging auf den Anlegesteg hinaus, er schob die Tür wieder hinter mir zu, obwohl die Bude von der Landseite her offen war, aber immerhin weniger Wind, ich überlegte, ob ich ihm etwas geben sollte, vielleicht meine abgetragenen Schuhe die ich im Rucksack mitgenommen hatte in heiße Länder, aber dies war Europa wollte Europa sein, ich hatte nur meinen eigenen Bedarf dabei keine überzähligen

Bestände, er kam heraus und fragte gestenreich nach einer Zigarette, aber ich hätte ihm allenfalls Streichhölzer geben können, „no fuma“, nicht gerade grammatikalisch korrekt, er ging nach draußen in das Gefissel und redete einzelne Passanten an, ich gab es auf, mir über Hilfsmöglichkeiten Gedanken zu machen, die Führung durch das armenische Kloster inmitten einer französischen Gruppe immer noch mehr kapiert als von den italienischen Erläuterungen, Bilder irgendwelcher armenischer Salon- und Sonntagsmaler aus aller Welt zum Verkauf, „zur Unterstützung der armenischen Sache“ und auf den französisch finanzierten Briefmarken wird Deutschland die Hauptschuld gegeben am Massaker von vierzehn-fünfzehn die kleinen Völker sind immer ein Joker im Ärmel, ich wollte dem Mönch, der uns führte, *hier schlägt das Herz unseres Volkes hier sind die ältesten Manuskripte und alle Werke des Begründers in seiner eigenen Handschrift,* ich wollte ihm die ganze Zeit über etwas geben, eine mittlere Spende, nicht zu gewaltig aber auch nicht lächerlich, aber ich bekam keine Gelegenheit, fand keinen Absprung, als ich ersatzweise was im Klosterladen kaufen wollte, zu einem Solidaritätspreis natürlich, zögerte ich zu lange überlegte hin und her, erwog und verwarf Großinvestitionen und Postkartenerwerb, bis ich machen mußte um hinterherzukommen hinter der Gruppe, die sich schon fast auflöste und draußen im Park standen einige Exilanten um den Bruder herum und ich scheute es, jetzt noch zu kommen, mit einer dezenten Handbewegung, „für ihre Bemühungen, alles alles Gute“, ich stand schließlich noch etwas allein und wartete auf das Boot zurück, ein Tag ohne Sprache.

Es war das Jahr, als ich an San Marco eine mittelalte, schon sehr mittelalte Frau sehe und einen unendlich alten Mann, kurzlockige graue Haare, wäßrig-klare Augen. Er geht vornüber, fast auf allen vieren, hält sich an einem Stock und an ihrer Hand, hat das Kreuz verkrümmt, kriegt den Kopf kaum über Hüfthöhe. Die Frau hat alle Mühe, ihn in der drängenden schiebenden Menge auf das Schiffchen zu bekommen, er braucht halt den doppelten Platz, so horizontal wie er ist, er könnte in dem Druck hochgeschoben werden in die alte aufrechte Form und dann, wenn alle gegangen sind, ist das Rückgrat endgültig zerstückt und fällt er aschgrau in sich zusammen. Ich hörte, daß beide Deutsch sprachen, überlegte ob ich eingreifen und meine Hilfe anbieten sollte, aber im gleichen Augenblick habe ich beisammen, wer die beiden sind. Sie steigen an der Salute-Kirche aus, ich gehe schon vor, in der Sicherheit, daß ich sie drinnen wiedersehen werde. Sie brauchen ihre Zeit, aber sie schaffen es bis in die Sakristei. Er geht herum, betrachtet die großen Gemälde mühsam von unten her, nicht mehr Adler und noch nicht ganz Frosch, sagt ihr einige knappe und kluge Gedanken. Noch immer könnte ich eine Verbindung herstellen, zumindest einige Worte von ungleich zu ungleich, ein wenig spirituelles Florett, ich könnte ein Mensch sein, der einen Menschen begrüßt, der es fast schon hinter sich hat, einen alten Capitano, ein Leitfossil einer tellurischen Epoche. Der fast Hundertjährige und seine jüngere Frau, eine eigene Profession, die Frau eines Singularwesens zu sein, vielleicht ist er es auch nicht, vielleicht ein Rollenimitator und Schicksalsbruder, der auch Offizier war in zwei Weltkriegen, wenngleich er keine Bücher schrieb und kein sicheres Reichstagsmandat geboten bekam von Adolf Hitler selbst, vielleicht hätte ich es sogar in diesem Fall riskieren sollen, irgendetwas zu tun, irgendetwas außerhalb des schwarzen Schattens.

Zwischenfälle

Er hatte bei dieser Studentenversammlung anfangs in einer der vorderen Reihen gesessen, sich dann aber zurückgezogen in einen Wandschrank, eine Art Alkoven, um von dort aus zuzuhören und sich zu äußern, wenn dies notwendig wurde. Er war anfangs sogar einmal gefragt worden und hatte geantwortet, ohne zu stocken, ohne sich zu verhaspeln, ohne rot zu werden. Aus einem Grund, an den er sich später nicht mehr erinnern konnte, hatten die meisten Anwesenden ihre Hemden und Blusen ausgezogen. Irgendwann während der Versammlung mußte er die Alkoventür geschlossen haben und unversehens eingeschlafen sein. Als er wachwurde, fürchtete er, es sei alles schon vorüber, und er werde blamiert und aussichtslos durch die leere Aula hinausgehen. Aber es schien nur eine Pause eingelegt worden zu sein. In den vorderen Reihen saßen noch einzelne Frauen, teils komplett bekleidet und teils halb nackt. Er ging an ihnen vorbei. Im Hintergrund sah er Männer, die sich ganz ausgezogen hatten, für sich saßen und an sich herumspielten; andere, neben ihnen, die Uniformen oder Trachtenanzüge trugen, schienen sie nicht zu beachten. Schon vor seinem Schlaf hatte er von draußen rhythmisches Beifallklatschen gehört, aber jetzt war die Wand zu diesem Nebenraum beiseitegeschoben. Er überlegte, ob es eine Chance gab, ohne Eintrittskarte in das fröhliche Konzert, das dort ablief, zu gelangen.

Rosen und Felder

Die Rosen, die sich um das schwarz gestrichene und von grünen Algen erfaßte Holz schlingen, die Sanddornbeeren sind sterbensbleich und vom vorigen Jahr, zwischen den Stammgeweihen quält sich eine blaue Clematis empor und wird irgendwann die Betontröge und Pumpenrohre bedecken, ein Sternenbanner hängt immer noch vor sich hin, obwohl es längst schon hätte geerntet und verbrannt werden müssen, es wird ein Cowboyfan mit Stetson und bemalten Stiefeletten sein oder ein heimwehkranker Ex-Besatzer, die alten Frauen sind gegangen, ehe es dunkel wird, und die wenigen Rentner, die hier noch wohnen, haben ihre Hunde von der Leine gelassen und die vergitterten Türen abgeschlossen, haben das Licht abgedunkelt und den Fernseher leiser gestellt, aus den Behelfsheimen steigt noch der restliche Rauch, die Auflösungen des Holzes in weiß verstreuten Dünger, zwischen den Beeten liegen die Gehwegplatten in gerader Flucht oder werden große Kiesel nach und nach vermauert als schützende Grenze. Am See ist der Zaun ein dämmriges Muster, das Ufer stürzt ab in eine eben noch etwas rote Bucht. Das Feld ist ein einfacher Acker, der eine Zeit leer ist und sich dann hochquält vom minimalen Grün bis zu der gelben Sattheit, die die Tiere schützt und einige unverschämte Liebespaare, bis die Maschinen in einem Tag wieder Platz schaffen für die mühsamen Windvögel und den schlammigen Frost. Aber es gibt in den vielen Jahren einen einzigen frühen Abend am Anfang des Sommers, an dem ein fast durchsichtiger, unschwerer Nebel sich in der Luft ausbreitet, die Kaninchenställe am anderen Ufer verschwinden macht und das Feld in eine endlose Weite entläßt, ein Nebel, der sich in leisen Wellen bewegt, die Schlachtordnungen umstürzt und die vielen Fronten ins Kreisen bringt, es könnte auch Schnee sein oder Wasser und Eis unter den Füßen, nur Augenblicke, bis die Lichter und Steine wieder die Oberhand bekommen, bis das ziellose Schweben über der Erde abbricht.

FIGUREN

Der Krebsexperte

Er, der von sich ohne das Lautwerden eines Widersprechens anderer und ohne daß sich in seinem hintersten Hirn ein Widersprecher ein Gedankenaussetzer und Redigiererrevidierer melden würde, von sich behaupten konnte, alles zur Sache und zu seinem hauptsächlichen lebenslänglichen Thema zu wissen, hatte eine unglaubliche Wut auf dich, weil du falsche Diagnosen stellen würdest oder er behauptete doch jedenfalls eine unglaubliche Wut zu haben, in dem Zusammenhang, in dem er offen darauf zu sprechen kam, daß seine Lehrveranstaltungen von der Industrie gesponsort wurden und er so jeder Art von Angriff im vorhinein zuvorgekommen war, wie es Angelika geht wie es eben bei Bauchspeicheldrüsen-CA geht schlecht allerschlechtest, sein Bruder der Apotheker der fünfzig ist sagt ihm bei seinem des Bruders Geburtstag ein fremder Geburtstag ein kleiner Streit in einem Hinterhaus ungefähr Weißtorstraße an das ich mich nicht mehr erinnere nicht einmal die Tür um es wiederzufinden wir waren in den Garten weg und auf das Dach eines kleinen Schuppens, ich half ihr hinauf wie wir den Fadenmond sahen wußten wir schon nicht mehr warum wir uns angegiftet hatten und lagen uns um den Hals ich fragte sie in aller Förmlichkeit und Eindeutigkeit ob sie mit mir für immer leben wolle für immer mein Gott wir hatten Tränenhauch vor den Augen es war das erste Mal für uns nicht das einzige Mal aber es hatte sicher eine Bedeutung für diesen Moment und für den allernächsten schon sein Vater war Medizinprofessor gewesen und hatte weite Umwege gemacht um nicht den Blockwart als erster grüßen zu müssen und mit dem deutschen Gruß und seine Schwester Ärztin und sein Bruder der Apotheker sagt ihm ich habe Hämorrhoiden er geht mit ihm ins Schlafzimmer um ihn zu untersuchen Blut es geht ihm wieder blendend es hat ihn einen halben Meter Dickdarm gekostet das Wichtigste ist Feinde zu haben etwa einen Arzt der Tierversuche machte um ihn endgültig als Blödmann und Wurstfigur hinzustellen und dann doch keine Metastasen fand ich sage dir nicht den Ort wo er sitzt und auch nicht den Namen ich habe meine Gründe dafür ein paar Geheimnisse müssen sein ein Drittel vom Gehirn ist vom Boxen weg ein Drittel vom Saufen und von den sieben Abenden im Institut immer ein paar Nachtschichten jede Woche aber der Rest ist immer noch mehr als du im Kasten hast der geschlagene Feind ruft an und bietet die Zusammenarbeit an es gibt nur zwei Leute, die wirklich durchblicken und die sind jetzt zusammen bei allem Haß den er noch auf mich hat und den ich noch auf ihn habe es ist eine Vernunftehe ist sie nicht eifersüchtig wenn du längere Zeit wegbist warum denn nein warum denn weil es eine Ehefrau gibt die das so sieht ich habe schon vor zehn Jahren diese These gehabt und recht behalten und diese dicke Frau auch, warum sollte jede dicke Frau eifersüchtig sein warum sollte ich mich korrigieren müssen auch wenn ich es mehrfach gelöscht habe und nicht eingestellt hatte in irgendwelche verborgenen Dateien und es grob rekonstruieren mußte es sind nur diese zwei Leute die Klarheit haben und Überblick und die haben sich zusammengeschirrt und ich habe nicht aufgehört ihn zu hassen und er hat nicht aufgehört mich zu hassen wenn ein Text mitten im Text mitten im Tippen verschwindet und du kannst dann darüber grübeln ob es ein kleiner technischer Defekt ist oder ein großer Generalangriff vom Spinnenlenker über deine Schulter hinweg daß er es nicht leiden will und dich nicht mehr unbedingt gut leiden kann weil du ihm seine Kandidaten von der Schüppe holst eine Art Heimholungsdurchkreuzungsprogramm und er ixxt es dir aus als Vorwarnung wie er dich ausixxen wird Zeilensprünge Seitensprünge von Tippex nach Unkrautex, wenn er aber nun zwei Tumore hat, den einen an der Wirbelsäule und den anderen hinter dem Ohr die ihm wegoperiert wurden und der dritte der auf das Kleinhirn drückt ist nicht zu operieren schon Ausfälle trotz der Bestrahlung wegen der Bestrahlung, der ist ganz herunter den brauchst du nicht mehr zu besuchen der hat mich nicht mehr erkannt.

Der Prophet

Ein Zeichen zum Sturz der Religionen erscheint in den Wolken, mit einer rotbraunen Faust. 7 Jahre vorher werden die Selbsternannten einen friedlichen Übergang einleiten und den jüdischen Auftrag vollstrecken, um dann entlassen zu werden. Nach verschiedenen Berechnungen soll dies 1933 sein, aber warum dies elf Jahre vor der Zeit ist, bleibt ein Rätsel. Elf (die Rachezahl der Freimaurer) Naziführer wurden durch den Strang hingerichtet, 1946 oder (nach anderen) 1949. Rudolf Heß ist ein Eingeweihter der geheimen Freimaurer und weiß mehr, als ihm lieb ist. Elf Kerzen bei der Gründung der Großloge in Frankfurt 1949, elf Länder und elf Distrikte, einhundertelfter Distrikt. Uwe Barschel wird gestorben am 11. 10. um 11.11 Uhr im Zimmer 317, Quersumme 11. Auch der Karneval beginnt am 11.11. um elf Uhr elf.

Seit dem Reformationstag 1956 hatte der Vorsitzende des Gründungskomitees der Menschenrechtspartei gegen Menschenrechtsfeinde, Zehngebotefeinde, Menschenfleischesser, Menschenbluttrinker gekämpft. In den Gotteshäusern wollte er die Gottlosen aburteilen und heimsuchen lassen und sie zertreten lassen eines Tages. Die Böcke (die Egoisten) sollen in die Hölle kommen, die Schafe (die Sozialisten) in das Paradies. Aber er konnte nicht verflucht sein wie fast jeder, weil er das Gesetz einhielt, auch wenn die Blinden über ihn liefen wie über ein verdecktes Grab, auch wenn seine altreformierte Nichte aus 4460 Nordhorn seiner altreformierten Schwester aus 4930 Detmold verboten hatte, ihn zur Hochzeit einzuladen. Er hatte erleben müssen, daß weder der zuständige Kirchenrat noch mehrere Zeitungsredaktionen auf seine Beschwerdebriefe antworteten. Er hatte vorgeschlagen, zur Entkapitalisierung, Entklerikalisierung, Entmilitarisierung, Entamerikanisierung usw. die genannten Verbrecher in lichtlosen U-Bahn-Schächten auf Staatskosten einzuhausen und durch Tretmühlen Strom erzeugen zu lassen. Hundert weibliche und hundert männliche Menschenrechtsexperten sollten alle fünf Jahre gewählt werden, um rücksichtslos abzuurteilen und die selbstlosen Widerstandskämpfer aus der Isolationsfolter zu befreien. In dem geplanten Buch *Siebzig Jahre unter Irren* rief er in neunter Auflage zur Allgemeinen Mobilmachung auf, nahm Abschied von den Wäldern im Harz und forderte Tretmobile oder pferdegezogene Fuhrwerke. Die sensationellen Friedensvorschläge eines

Professors, ein Widerhall der Psalmen und einzelner kaum verständlicher Stellen im Buch Maleachi, erinnerten ihn an seinen leiblichen Bruder, demzuliebe er die Versicherung zum Vorteil des Versicherungsvertreters wechseln sollte, flegelhaft und antichristlich und idiotisch. Von den Jenseitsfanatikern, von den Anhängern des teuflischen Sündenvergebungsglaubens waren die rücksichtslosen Menschenrechtskämpfer mundtot gemacht worden, aber nach dieser Zeit werden die Gottlosen ersäuft im Meer, wo es am tiefsten ist.

Seit die katholische Kirche nicht mehr mordet, gefällt sie uns besser. Im *Rundbrief der Kleinen Seelen* heißt es, daß Monarchie, Kirche und Familie die Ordnungskräfte sind, die es früher einmal gab. Nach den Daumenschrauben wurden ganze Körperteile auseinandergerissen. Eine radikale Regierung ist oft schneller da, als man glaubt.

Die Zentrale der Freimaurer wird in Chikago sein. Ganz unten ist der Humanismus eingeplant, noch ohne Schurz, dem die blauen Logen und die Löwen folgen. Der schottische Ritus ist die Grundlage des Kommunismus und das Kellergeschoß des Großen Orient, von B. B., dem Klub der Dreihundert, dem Rat der Dreiunddreißig und dem Rat der Dreizehn. Alle, die etwas zu sagen haben, sind dabei. Über jede behördlich gemeldete Person auf der Welt, auch im Urlaub, ist herauszubekommen, was sie für eine Einstellung und wieviel Zähne sie noch hat und welche Schwächen. Diese Organisationen kennen jede Person auf der Erde persönlich, was erschreckend und wunderbar ist. Es fällt schwer zu glauben, daß die höchsten Chefs des Kommunismus und des Kapitalismus die gleichen sind, israeltreue Realisten und khomeinitreue Fundamentalisten.

Den Inhalt des Auftrags versteht kein normaler Mensch. Der Jude J. C. und der Jude Muhammad sind ein und derselbe Chef. Wir sehen hier einen zielbewußten Willen wirken, der den Gedanken der Gemeinsamkeit verbreitet. Das ist sogar alles demnächst nachweisbar.

Der Club der Dreihundert soll 666 Könige umfassen. Das Auge ist das allsehende Auge von Richard Tiermann, am 13. 3. 1933 geboren. Der sechseckige Stern wird untergehen und der fünfeckige Wiederauferstehung haben. Es sind keine guten Menschen, aber es gibt weltweit 465.813.404 Geheime, die sich - wenn vorhanden - jeder 12 Jünger suchen. 1.860.000 mal 12 Jünger sind 25 Millionen Wähler, die eine weiße Partei wählen und sofort die Mehrheit haben. Aber bevor dies geschieht, wird sich noch viel ändern.

Ein Rechner

Es war in einem Krankenhaus gewesen, daß sie *das Idiötchen* nannten, wo ein Heiliger in der obligatorischen Nische eins über die Rübe bekommen hatte, und während er noch behandelt wurde, starb seine Frau an Krebs. Er hatte immer getrunken, nur danach hatte er nach Meinung seiner wenigen Bekannten definitiv zu trinken begonnen, aber sie zweifelten oft auch, ob er trank oder ob er sich vielleicht nur hineinsteigerte in den nicht mehr aushaltbaren Schmerz. Er ging hinter die Kirche, in deren zerbrochenen Scheiben sich die Straßenlampen spiegelten - vorbei, beachtete die ländlichen Schützen und ihre Standarten nicht, die ihre Fahnen der Fahnenmutter geweiht hatten, die Katakomben und Katafalken, die aufgestapelten Totenköpfe und die schmierig abgebrannten Grabkerzen in dem zertretenen Schnee. Im Rechnungswesen wurde über seinen Verfolgungswahn gesprochen und darüber, daß er von deprimiert auf albern schaltete und sich einige Stunden auf der Liege erholen konnte. Er hatte ganz normal mit den Leuten aus seinem Betrieb gesprochen, auch mit denen, die er nicht leiden konnte, er hatte sie gefragt, aber keine Antwort bekommen. Er hatte einmal einen Tag und einmal drei Tage gefehlt, es war nichts gewesen, nur daß sie sich in dieser Zeit wieder auf ihre Arbeit konzentrieren konnten. Er wollte sich nicht mehr auf andere einstellen und lebhafte, ihre Stimmung leichthin wechselnde Freundinnen haben. Er schaute sich Filme mehrfach an, die ZEHN GEBOTE allein siebzehnmal, ohne ein Fahrrad oder ein Auto zu besitzen. Er lachte unmotiviert an Abenden, an denen er grundsätzlich keinen Tropfen Alkohol trank, obwohl er an Abenden, an denen er sinnlos besoffen war, locker und geschliffen reden konnte. Er besaß hunderte von Filmen, knapp zweitausend, um seine Schlafprobleme zu überwinden, die sich durch die Schichtarbeit und Bücher über Kreiszeichen und Sternbilder noch vergrößert hatten. Er las viel und ging zu Fuß, lehnte es ab, mitzufahren, obwohl er davor sich längst nicht mehr ängstigte und nie krank war. Er nahm nie einen Schirm und weigerte sich, Fleisch zu essen, obwohl er nicht an die Tiergötter glaubte, sondern Schlangen und Echsen bevorzugt hätte.

Sie hatten ihn kritisiert wegen eines angebrannten Papierkorbes. Er blieb stehen, hängte den Kopf herunter und schloß die Augen. Er kippte es in sich hinein, wie er aus beliebigen Filmen von vor fünf Jahren immer noch die hauptsächlichen Darsteller aufzählen konnte. Er galt als unheimlich intelligent und immer in Hektik. Er wechselte zwischen den Sendern von Rock auf Heimatmelodie oder auf Gregorianik. Hier war er ja nur nebenbei, das waren nur Kindereien, bei denen er beim Trinken ruhiger wurde, wo er nichts oder sehr viel redete. Es war eine zwanghafte Geste, sich zu erinnern und „Wie war das noch?" zu sagen, andere hatten längst aufgehört, solche Fragen zu stellen und den vorigen Momenten irgendeine Bedeutung beizumessen. Er war eben kein Gesprächstyp, und das Kegeln erschien ihm als Pflichtübung, die ihn sehr anstrengte und die ihn fahrig machte. Eine Zeit hatte er stark gestottert, aber seit seine Mutter sein Zimmer nicht mehr betreten durfte und seit ein stotternder Kollege entlassen wurde, hatte das aufgehört. Er aß eine fettige Wurst, grüßte die älteren Damen, die sich zu ihm setzten, machte ihnen bereitwillig Platz. Er sah hinüber zu den Ausflugsschiffen und zu den Landebooten der Besatzungsarmee. Er fragte leise eine der Offizierswitwen, ob sie nicht Lust habe, mit ihm ins Gebüsch zu gehen und konnte ihr nachschauen, wie sie mit roten Ohren und fliegender Hitze unter einem Vorwand sich wegmachte, ängstlich auf ihn zurückblickend oder vielleicht ihn animierend, daß er ihr folgen sollte. Aber er ging nicht, obwohl es in dem Grenzbezirk wenig begangene Randstreifen von Laubenkolonien gab, knapp vor dem Stacheldraht und dem Minengelände. Er blieb und verwickelte die restlichen Frauen in ein Gespräch über die Vorzüge einer Eigentumsabschaffung, für die er ebenso entschieden eintrat wie für die gesellschaftliche Nutzung der Unterwasserkulturen und das gemeinschaftliche Koitieren. Er behauptete, es sei nicht zu spät und versuchte, eine der Frauen zu umarmen. Es gibt niemals einen Schluß.

Ev

Daß sie ihn hatte haben wollen, daß sie an ihm hing, daß sie sich in ihn verguckt hatte, daß sie ohne ihn nicht mehr leben konnte und leben wollte, daß sie für ihn dasein wollte, nur für ihn, merkte er ziemlich spät. Sie hatte nie davon gesprochen, sie hatte nie einen anonymen Zettel in seiner Anoraktasche deponiert oder sich unter einem Vorwand mit ihm verabredet und bei den zufälligen Treffen im Zusammenhang mit politischen Aktionen erörterten sie nur sachliche Zuständigkeiten und terminliche Vorgaben, sprachen über die Weltlage und die Zukunft der Menschen. Sie hatte einen Freund gehabt, der kurz vor oder kurz nach der Verlobung gestorben war, an einem Blutsturz oder weil sein Boot gekentert war in der Erft. Es ist das Herunterschlucken einiger Keime oder einigen Ärgers in einer durchschnittlichen Ehebeziehung, das rasante Verrecken oder schrittchenweise Absterben in täglich gewechselten Laken. Sie war umgeben, umzingelt von Toten und fernen Geliebten. Sie hatte Wasser in den Augen, als er sie bei einer der Schulungssitzungen scharf angriff wegen mangelnder Standfestigkeit und Reife. Es war diese gemeinsame Fahrt auf einem halb abgewrackten Segler, zur Konsolidierung der Organisation in einer Phase der Zweifel und Rückzugsversuchungen. In Volendam hatte es eine Auseinandersetzung mit U. gegeben, die es ihm unmöglich gemacht hatte, die Differenzen vor den anderen zu verheimlichen. U. hatte panische Angst davor, daß sie am folgenden Tag zu einem Kapitel aus dem Programm der Organisation schriftlich und mündlich Stellung nehmen sollte. Sie hatte nur einige klägliche Stichworte zu Papier gebracht und fürchtete sich, in der Besprechung den Faden zu verlieren, rot zu werden und unter höhnisch-kritischen Zwischenbemerkungen zusammenzubrechen. Sie benutzte den Streit zu einer vorzeitigen Flucht zu seinen Eltern, wartete dort auf seine pünktliche Rückkehr, entzog sich den weiteren Fragen und überließ ihm die Notwendigkeit, annähernd vertretbare Erklärungen für ihr Verhalten abzugeben und die entstandene Lücke mit einem eigenen improvisierten Kurzvortrag zu füllen.

Aber Ev machte nichts aus der Chance, ihn für einen Tag für sich zu haben, sie versuchte gar nicht erst, einen Vorwand zu finden, mit ihm in seinem Wagen zurückzukehren, oder es war geradezu unmöglich, weil sich andere auf sie verlassen hatten. Er war allein in den entsprechenden Gassen in Amsterdam, betrachtete die rosa Offerten und den ausgekoksten Körper

eines Fixers, der einen angeblich ganz realen Tanz aufführte. Die nicht mehr bannbaren Wasserspiegelungen, das Zerbröseln der Hospitalmauern oder die bunten Fayencen hatten ihn mehr bewegt, durch seine offenbarte arrogante Einsamkeit hindurch. Er hatte Ev nicht gefragt, wie sie nach Hause gekommen war, ihn beschäftigten mehr die stummen Vorwürfe seiner Eltern und die lauten Vorwürfe U.'s, daß er nach dem Ende der Tour nicht sofort zurückgekehrt war. „Ich war ficken“, sagte er zu ihr, gerade weil es nicht stimmte, gefiel ihm der Gedanke und ihre bestürzte Reaktion.
Ev hatte mit sechzehn, lange vor dem gestorbenen Freund, eine Briefbekanntschaft in Japan, ein Mann, der schon als großer Junge ihre Eltern besucht hatte. Immer wieder Briefe, in die sich langsam eine hoffnungslose Zuneigung einschlich. Er war der erste, mit dem sie schlief, er machte weiter, als sie ihren Freund hatte und als er selbst geheiratet hatte. Sie sprach nie darüber, außer in Andeutungen, daß sie die Pille nähme, was aber andere von uns eher als einen Versuch sahen, den Verdacht abzuschwächen, sie habe nur etwas mit Frauen. Auch ihr Bruder äußerte sich nicht zu der japanischen Verbindung, er schien sie eher zu tolerieren als den Gedanken, daß sich seine Schwester Frauen griff.
Sie hatte ein oder zwei Jahre Japanisch gelernt, ehe sie das erste und einzige Mal für zwei Monate nach Japan ging. Er hatte sie jedes Jahr einige Tage besucht, war von Paris oder Wolfenbüttel aus zu ihr gefahren, hatte sich mit ihr eingeschlossen oder war stundenlang mit ihr durch die parzellierten Wälder gelaufen, mit jenem fatalen Lachen, das schon auf die Trennung lauert. Sie hatten einige Tage vor seiner Frau die Komödie der guten alten Bekannten gespielt und sich in obskuren Hotels tagsüber getroffen, bis sie dieses Spiel aufgaben und ein anderes spielten. Seine Frau hatte kaum etwas gesagt, sich zur Wand gedreht, um nicht zuzuschauen und einfach gewartet, daß die Zeit abgelaufen war. Aber diese japanische Frau hatte sie vor dem Abschied umarmt und ihr Glück gewünscht.

Einige Tage nach der Segeltour, nach der relativen Versöhnung mit U. und einer flügellahmen Zellensitzung hatte er sich eingestanden, daß er sie nicht anrühren könne, selbst wenn sie angefangen und ihn angefaßt hätte. Es war das unbestimmte Gefühl, daß hinter der Haut nichts war als ein eiliges Zerbröckeln.
In den Jahren darauf vermieden sie beide jede Andeutung, daß etwas gewesen war, eine in ihrem Kopf begonnene halbe und erstickte Romanze.

Sie bekam mit, wie er sich mit U. stritt und versöhnte, auseinanderzog und Wiederversöhnung feierte. Sie kam dazu, als seine zeitweilige Freundin ihm an allem die Schuld gab. Er hatte diese Beziehung zu verbergen versucht, auch wenn er von den Gerüchten wußte und immer damit rechnen mußte, daß U. nach einem stürmischen gemeinsamen Wochenende nicht mehr den Mund hielt. Ev hätte es eher hingenommen, wenn er nur U. ihr vorgezogen hätte. Seit sie wußte, daß er nicht ganz unerreichbar war, hatte sie für sich alles abgehakt. Sie sprachen über fast nichts, obwohl sie sich wegen der Liquidierung des Projekts mehrfach sahen.
Sie verließ dieses Land, machte ihren Krempel zu Asche, zehn Kleider für zwölffünfzig. Sie lebte mit einer jüngeren Frau, sehr auf der Kippe. Die Kobalt-Behandlung schlug nicht an, sie hatte die Haare verloren, als ich sie besuchte und sie für einige Wochen mit zu ihrer Schwester nahm, die nicht mehr viel Zeit vor sich hatte. Der arme Mann, die armen Kinder, aber sie wollte nicht mehr zurückkehren in ein Flachdachreihenhaus in Neufreimersdorf. Sie zog es vor, in der Nähe eines Raketensilos am Mittelmeer zu leben, Wolle und Thymian zu verkaufen und das Allerschlimmste mit Perücken und Schminke zu kaschieren. Ihr Japaner besuchte sie, es war jetzt ihre Freundin, die für einige Tage zu den Eltern auswich. Alle staunten, wie lange es sich hinzog, vielleicht wegen Menschen, die sie nicht loslassen wollte.

Geschichte eines Menschen, von dem seine Mutter getötet wurde

Herbert, ein Straßenarbeiter oder Astronom, er soll sich entschließen, für sich ein Seidenkleid zu kaufen, ganz für sich selbst, wie einer es nur ein einziges oder einige Male im Leben trägt, zur Einkleidung oder zur Einsargung, seine andere Sorte Stimmen spricht zu ihm und er spürt, wie er anwurzelt. Seine Mutter hat Herzbeklemmungen, bis hin zum Pflegefall, und er spricht zu ihr, wie sie zu ihm gesprochen hat, als sie über ihm war, es war eine ehemals große Familie. Sie war Kindertherapeutin, aber er muß sie jetzt aufwecken und abwischen, wenn sie eingenäßt hat oder es stinkend an ihr klebt, dieser Unterschied, und sie hatte ihm durch Gesten und wortlose Griffe bedeutet, daß er zurückkehren soll, er ist jetzt mehrere Jahre fort, durch die Zentralisierung der Läger, er ist hochgegangen, aber er redet immer noch gedehnt. Er ist Arbeiter geworden, auf der untersten sozialen Stufe, es ist für ihn acht Stunden eine Heimat unter dem Mantel der großen Jungfrau Maria, unter dem großen Kreuz. Er war heimatlos gewesen, obwohl er für ein halbes Jahr noch Geld hatte, so daß er trotz allem zurückgekommen war, wenn er auch jetzt am Tage keine Briefe mehr schreiben konnte und sich nicht mehr freute. Er mußte arbeiten, wegen sich, um sich nicht nur selbst überlassen zu sein, in einer asozialen Umgebung, wo er als Problemkind aufgewachsen war und verwachsen war. Die erste Frau seines Vaters war bei einem Flugzeugunglück gestorben, es war ihnen materiell schlecht gegangen, seine Mutter war Putzfrau und Schreibkraft, sein Vater soll bis 1958 in der Gefangenschaft der Amerikaner gewesen sein, obwohl es solange keine Gefangenen dort gegeben hatte, auch keine Chiffrierspezialisten der Abwehr, auch nicht ein Jahr länger, er verwirrte und verwischte die Jahreszahlen, wegen seines Herzfehlers und der Ausnutzung hatte er als Koch wieder aufgehört, hatte in einer Fabrik für Maßkonfektion sich beworben und war, weil ihm das Dienen gefiel, Gärtner, Butler und Chauffeur gewesen. Er war ja leistungsbereit, auch wenn die Konzentration nicht immer so war, wie er wollte, aber sie war in der Norm, Leistungsbereitschaft, Fleiß und Treue. Er hatte sich, einige Kilometer von den Autobahnen und den mit schwarzem Schieferimitat verkleideten Hochhäusern, haldenweise, eine Wohnung gemietet, kein

Knusperhäuschen, nicht einmal der Vermieter knusprig, eine halbe Stunde zu Fuß zum Geschäft und zur Haltestelle. Er hatte in Gärten Erde getragen oder kaum aufgebrochene Pflänzchen in Holzkisten, Osterglocken zwischen Himmelsschlüsseln, hatte den Rasen geschnitten und mit den Abfällen seine Obstzucht angedüngt, hatte Kleintierkäfige und Sitzgelegenheiten angelegt.
Sein Vater ist Wirtschaftstheoretiker und die Eltern haben in Südafrika, in Angola und Frankreich gelebt, sie sind getrennt aber nicht geschieden, sie mögen sich sehr, seine Mutter will nicht aus Stuttgart weg, nicht nach Wien zum Vater in die Gefilde, wo sie als junges Mädchen war, „mit Freud ohne Freude", es waren immer Trennungen, sie ist nur manchmal mit. Sie war siebenundsechzig, als sie den Schlag bekam.

Bei den Kollegen ist er sehr beliebt, weil er gesellig ist und ruhig. Wo er einen einstigen Kollegen wiedertrifft, wird er enthusiastisch begrüßt. Sie war in Wien und Karlsbad aufgewachsen, sie hatte den dickeren Kopf. Aber er ignorierte die Vernunft der Logik bei vielen, wickelte Arbeitsvorgänge in äußerster Eile ab, wirkte allzu klug, zeigte ein zu starkes Bedürfnis, sich mitzuteilen.
Es war nicht wegen des Selbstwertgefühls, daß er die Stufen der sozialen Sprossenleiter nicht betrat und finanziell weniger im Vorteil war. Er spürte häufig Geringschätzigkeiten, feine Andeutungen, daß er haltungsgemäß und gesellschaftlich weniger wert sei, in der Mimik. Gier und Neid hatte er an sich gespürt und das Gefühl stark destruktiv (destruktiv stark) zu sein, mitzuleiden, sich mitzufreuen, jemanden zu beachten, jemanden für wichtig zu halten und Liebe injiziert zu haben. Die Resignation in allen Erscheinungsformen, vieles liegenzulassen und auch die zu haben, die ihn wenig mögen, mit drakonischem Eifer schwach nur missionierend, er war heimatlos und hatte nur noch für ein halbes Jahr Geld, und ihre Sprache ist wiedergekommen, sie kann die Hände etwas bewegen.
Er spürte, daß viele die Vernunft der Logik ignorierten und daß er dies ihnen nicht eindringlich genug vermittelt hatte. Er wollte Ruhe und Gelassenheit erreichen, die Qualität des Lebens verbessern und sich zum Resignieren einstimmen, es liegen lassen in allen Erscheinungsformen. Es war ihm widerlich, wenn dreist und verletzend die Unwahrheit ausgestreut wurde, wenn unsicher und ängstlich Geld vorgezeigt wurde. Schlechte Manieren und Renitenz, anthropogenes Powerplay, methodisches Antichambrieren - so wurden der Vorteile wegen seelische Einschnitte für

ihn vorbereitet, weil er den Sympathiewert nicht darauf richtete, in Loyalität destruktive Redensarten zu führen. Er war ganz unten und es wurde ihm vorgehalten. Der Appell an den antreibenden Geist in ihm, Energie zu bilden und zu ventilieren, wurde schwächer. Leider, wirklich leider war ihm nichts über ihn bekannt.

Er hatte sehr kurzes, in den Spitzen angegrautes Haar, einen schwach angedeuteten Kinnbart, eine hellbraune Hornbrille. Sein weißes Hemd, das er auch in der Klinik trug, sein weißer Arbeitskittel, durch den schwache Strahlen, die schon ein Blatt Papier aufhält, nicht dringen können. Er wickelte Arbeitsvorgänge schnell, vielleicht zu schnell ab. Er wirkte etwas zu klug und sein Mitteilungsbedürfnis war stark, zu stark.

Auch daß er fast stets einen Anzug oder zumindest ein dunkelblaues Sakko trug, war nicht ohne Bedeutung. Er wollte ja verschiedenartige Standpunkte zwischen zerstrittenen Personen näherbringen, beruhigen und schlichten, Aggressivität zersetzen. Er war Erzieher, Journalist und Fremdenführer.

Er liebte die Gartenarbeit, schon aus Mangel an wuchtig vorantreibendem Geist, um mehr zu erledigen als einen kurzen Schnitt der Rasenflächen. Er trank Wein und sammelte Bücher über Kunst, um die Seele aufzuhellen, um zu lesen und zu lesen, um Monologe und Dialoge zu halten und zu führen. Er hatte nicht das Gefühl verloren, Arbeit zu haben, aber er hatte das Gefühl, gebraucht zu werden, verloren. Er hatte mit seinen schwächeren Vorgesetzten über seine glückliche Kindheit und über sein sehr schweres Problem, über unglückliche Knochenbrüche und schwere Prellungen gesprochen, über Lungenentzündungen.

Es hatte einen Jungen gegeben, der Spielzeug verschenkte und Lerchen züchtete. Der Junge besuchte alte Menschen in der Umgebung, um schönen Geschichten zuzuhören. Er stieg auf Berge, beobachtete Menschen auf der Straße und las bis weit in die Nacht: Streit, Angst, Aufregung, Zerwürfnisse und Verabschiedungen. Er schlug diejenigen, die sich über Schwächere lustig machten. Er haßte alle, die stärker waren. Er schloß Freundschaften nur zu Beginn der Erholungsphase, aber er ackerte sehr, um sie zu erhalten. Was er fürchtete, war der Tod der Eltern, der eigene Tod und der Tod der wenigen Freunde. Er wuchs auf, obwohl seine Mutter diese Umgebung nicht wollte, in einer asozialen Umgebung, als Problemkind. Er hatte an Scharlach gelitten und hatte Vorgesetzte um Rat gefragt, er hatte Menschen beim Einkaufen und beim Kaffee beobachtet, weil er es nicht ertragen konnte, daß andere stärker waren als er, auch im Berechnen, aber nicht immer. Er hatte Angst vor dem Krieg in Europa und vor dem Verlust seiner

Freiheit. Er hatte Angst, so leiden zu müssen wie seine Mutter und dabei alleine zu sein. Seine Familienverhältnisse waren schlecht, nicht nur wegen der Spannungsgefühle, sondern auch, weil er nichts mehr sehen konnte und die Freiheit in den Hungerstreiks und Erdbebenwellen fortgekommen war. Auch wenn er desillusioniert war, wenn er Subjektivität und Objektivität verwechselte, seine sexuellen Impulse als Säugling, das beiderseitige Glücklichsein durch beiderseitige Befriedigung wurde ihm bewußt. Er hatte von den biologischen Vorgängen erfahren und hatte Schuldgefühle, als er masturbierte. Aber das hörte auf, als er seiner Mutter davon erzählte und sie ihn beruhigte. Im moralischen Rahmen hatte er keine Hemmungen.

Seine Partnerin war aufmerksam, bedächtig, feminin, mochte die Menschen pauschal, religiös, gütig, fleißig, offen, tolerant, gebildet. Aber sie kochte schlecht, diskutierte lange vor jeder Entscheidung, fuhr verrückt auf. Sie verbrannte in einem Auto.

Eine andere Partnerin müßte gut kochen können, Frieden produzieren und dürfte nicht sprechen, ohne ein Ende finden zu können. Aber er selbst war zu wechselvoll und analysierte zu vieles. Die Beziehung zu seinen Stiefgeschwistern war gemäßigt, wie das so ist. Logik und Vernunft und all die Begriffe wurden unerbittlich diskutiert, aber er fühlte sich ganz früh mißverstanden, und sein Vater wollte es ihm unmöglich machen, abzusteigen.

Er hörte in die Natur hinein, um zu erlernen, sich an Dingen zu erfreuen. Der Platz war zu knapp bemessen, um einzelne Geschehnisse zu erleben, er hatte immer nur Nischen und Sehschlitze in den Vorhängen, die aus den Falten des Kleides nach außen führten. Er weinte, ohne Füße und Hände zu gebrauchen. Er weinte nicht hörbar, bei sehr großen Ereignissen.

Er litt an Abasie, an der Gleichgültigkeit, noch etwas zu verfälschen. Er vergaß nicht den Begriff der Liebe, der Sohnesliebe für einen sehr hilfsbedürftigen Menschen (die Mutter). Egoismus, einfach fortzugehen, wäre nach seiner Ansicht sehr vernünftig gewesen, ja geradezu zynisch ins Unendliche.

Er lachte viel. Er war kaum traurig. Er brauchte Menschen. Er half Menschen. Menschen riefen ihn. Er schwang keine zerstörerischen Reden. Er war schuldig. Er saß auf Geld. Er hörte Exhibitionistentratsch. Er war nicht moralisch verkommen. Es war nicht schön, verkommen zu sein. Andere taten ihm weh. Andere machten ihn verkommen. Mutter war voll Liebe. Vater war Vater. Mutter hielt zu „ihren“ Kindern. Er bekam kein Auto. Aus Großmut und sozialer Gelassenheit nicht. Erwachsene sind kriegsverfälscht. Erwachsene sind zuwenig infantil. Erwachsene sind altklug. Erwachsene kennen kein Ziel und kein Maß. Er machte nicht kurze 15. Er würde nichts tun, wenn er sich trauen würde. Er tut nichts Unbesonnenes. Stuttgart.

Er sah sich selbst ansonsten und gerade jetzt als durchschnittlich an. Sein Geburtsdatum schrieb er wie eine Kennziffer den Beamten auf, ohne Unterbrechung mehrstellig, in Fluß. Seine Mutter erschien ihm gezwungen und ehrgeizig, sein Vater als fröhlich, und beide kamen gut an bei anderen. Er ließ die Stimmen außen vor und die Gesichte, Zugverschiebungen, Umränderungen, Aussetzen von Herzverschlagenheit. Sein bester Freund kannte ihn nur als aufopfernd, anteilnehmend, mit den Frauen leidend. Aber er selbst gab zu, daß er fleißig, treu und offen war, vielleicht auch einmal unkonzentriert und so stickum, daß er zuviel auf einmal wollte. Er mochte höfliche Leute mit Stil, Lebensart und Charakter, und er wollte ja noch zielstrebiger werden. Alles Gute und Schöne plante er steigend durch. Die Menschen saßen mit ihm in einer Runde, und sie sagten aufgrund ihrer Erlebnisse mit ihm, daß er für sie und viele eine stark positive Wesenseinheit sei. Aber es gab auch Aggressive, die sich nicht sofort im Keim ersticken ließen wie böse Vorstellungsahnungen. Er hatte nicht auf seinen Vater gehört, er war unvernünftigerweise nicht so geworden, wie sein Vater es wollte und es war. Aber Menschen müssen leiden wie Tiere ebenso, sie werden traktiert und müssen aus sozialen Gründen hier bei uns Hunger erdulden oder seelische Blessuren. Aber er wollte ein Lemurium zimmern für die Verlassenen, die Trauernden, die Mütter und Frauen und Männer, für die Alleingebliebenen, die hoffnungslosen Kranken, die schon lange tot sind, ehe sie lange sterben müssen. Alle die, die vermindert und entfernt wurden, die in Abgrundgräben gestellt wurden. Aber er wollte eine Behandlung, die seinen Zustand beeinflussen konnte.

Er tötete seine Mutter während eines Wochenendbesuchs. Er schlug sie nieder mit einem Spaten, von hinten kommend. Für einen Augenblick lag sie in einer kauernden oder fast knienden Haltung.

Die Attentäterin

Sie hatte es schon längere Zeit gewußt, aber es sich nicht so recht eingestanden, sich nicht und ihrer Umgebung nicht. Sie hatte das Jahresende im Bett verbracht, den großen Knall und den Wechsel an den Uhren verschlafen, erst gegen Morgen hin war sie ohne Grund wachgeworden. In der Ferne hörte sie Musik und Explosionen, die Artillerieeinsätze bedeuten konnten oder Feuerwerk. Das Telefon klingelte, aber als sie abhob, meldete sich niemand. Nichts war ohne Bedeutung, auch dies nicht. Sie merkte erneut, wie die Erde zitterte und wie ihre Hand diese Erschütterung fortsetzte. Von weit her kam dieses krampfartige Zucken, mit dem sich der Boden zur Wehr setzte gegen all die Last auf ihm und gegen alles, was ihm an jedem Tag und in jeder Nacht angetan wurde. Sie dachte darüber nach, wer es gewesen sein konnte, ein Bekannter aus eigenem Entschluß oder ein Unbekannter in einem Auftrag, sie aufzustören und in Unruhe zu bringen oder aber der Bote einer Nacht, die sich auf ihre Seite geschlagen hatte, sie stützte und auswählte für die erste Linie. Ein Traum hatte es ihr offenbart, wieviele verborgene Gefängniskavernen es unter der Erde gab, in ausgenützten Katakomben und Bleibergwerken, oftmals bis an die Schächte der Untergrundbahn in den Vorstädten reichend, aber auch weit hinab in ein Gebiet, in dem schon die Glut des Erdinnern zu spüren war und die Haut der ausgemergelten Gestalten glänzte von feinen Schweißperlen. Die feuchte Luft beschlug die doppelt gesicherten unzerbrechlichen Scheiben in dem großen röhrenartigen Quergang, von dem aus die Wachmannschaften nach dem Rechten sahen und durch den gelegentlich eine geheime Gruppe von Besuchern geführt wurde, Personen aus dem innersten Zentrum der Macht, denen ein solches Geheimnis nicht verborgen bleiben konnte und die in klimatisierten Arbeitsräumen nach langatmigen Vorträgen zur Psychologie und Medizin des unterirdischen Daseins über denkbare Verbesserungen sprachen und Memoranden abfaßten, wie die geringe Gefahr einer Flucht von Häftlingen weiter verkleinert und an Null herangebracht werden konnte. „Ich bin fahrig, du bist läufig“, also verließ sie ihre Wohnung, ging auf dem Treppenabsatz auf und ab und ins Dachgeschoß hinauf. Zwei Frauen begegneten ihr, sagten aber nichts, obwohl sie ihnen zugenickt und zugelächelt hatte und obwohl sie sie zu kennen glaubte. Sie floh zurück, konnte gerade noch rechtzeitig ihre Wohnungstür aufbekommen und hinter sich wieder schließen und verriegeln. Sie lauschte auf das Stimmengewisper im Flur, in einer unbekannten Sprache, die sie erst noch lernen mußte. Kleine Vögel flogen im Garten durcheinander, hielten sich für einige halbe Minuten an den vertrockneten Klettensträuchern. Zwei schwarze Vögel kämpften hinter einem mit Efeu überwucherten Zaun, die Federn flogen hin und her. Auf den Wegen lagen Reste der Explosivkörper, der Pulvergeruch vermischte sich mit dem Brotduft aus einer Bäckerei. Aber nirgendwo war Feuer. Die Demobilisierung war im Gange. Niemand konnte sie zwingen, ihren Koffer zu packen und auszuwandern. Ihre Härte nahm zu.

AUSFLUCHTEN

Frauen

I. Er war in den Zug gekommen, hatte in dem wieder einmal völlig überheizten Abteil das Fenster halb heruntergezogen gehustet wieder zu und wieder halb herunter bis der Zug anfuhr, kalkweiße und schummerig-gelbe Lampen Straßenreihen und Brückenränder, er bemerkte daß er eine gute Stunde mit offenem Hosenstall herumgelaufen war, aber unter dem Ledermantel, vergessen, trotz der vollautomatischen Kontrollbewegungen den Reißverschluß wieder hinzukriegen vielleicht war es dem kleinen Neger mit dem großen blauen Transworld-Koffer aufgefallen, der ihn fragend angestummt hatte oder dem in den weißgrau-anthrazit Schachbrett-pullover gesteckten Mädchen, das seine Formblätter hin und herschob, eine Frau kam, setzte sich ihm gegenüber hin, eine von der man sagen würde nicht gerade eine Schönheit allenfalls die Augen die dunkel und nicht ohne Feuer waren ließen sich hinnehmen, sie trug lila Strümpfe und einen hellvioletten Schal über einem weißen Halstuch, das sie um den Kopf und den Hals gewickelt hatte, gegen die in diesem Jahr ungewöhnlich frühe Kälte, allenfalls der breite Mund und die fehlerlosen Zähne, aber sie hatte eine unreine Haut und pferdige Beine, die sie in den Schnürstiefeln und den lila Strumpfhosen kaum verstecken konnte. Sie spreizte ihre Hände gegeneinander, Zeigefingerspitze gegen Zeigefingerspitze, Daumenwurzel gegen Daumenwurzel, die Wangen zu gefüllt und wie krätzig ausgekratzt, diese Wülste knapp oberhalb des Endes der Halbstiefel, diese unter dem schwarzen Mantel verborgene Rundheit Massivheit, die in zügellose Fresserei gekippte Fluchtfrucht Fruchtflucht, in dem pißgelben Telefonaquarium sprang ein Ledertyp vor und zurück ein Flitzebogen, weiß mit schwarzem Balken quer, weißes Viereck weißer Pfeil nach rechts oben, sie schloß die Augen wie abnippelnd bei ihm nicht anders die Fieberwärme, Pissegeruch aus einem Zuglokus Moskau Sebastopol für sieben Mark circa, sie konnten es daneben nicht aushalten vor lauter Gestank Vorwährungszüge, ausgepellt aus Schal und Halstuch, die Baskenmütze neben den Rucksack geknautscht und wieder kein Wort.

II. Es war ein doppeltes Geräusch, von einem auslaufenden Lotsenboot das Getucker und von dem an zwei Pfählen festgemachten Kahn das knarrende Geschiebe, Aufscheuern der Taue in dem matten Geschunkel, ein Tropfen an der Nase, einer der Sprüche für das Wegbleiben bei purster Gesundheit, das flüchtige Blaumachen und Sichverpissen, dafür andere das halbe Gesicht schwarz nicht angemalt als Spaß und Kriegsbemalung, sondern von irgendeiner unbekannten unheilbaren unwiderstehlichen Krankheit eingefressen unwiederbringlich, ornamentale Schwären, heraus aus dem allergrößten Gewusel, ein paar Scheine waren weggeblieben, verbaselt oder von einer kleinen Ratte herausgefingert, obwohl er immer wieder Ausschau gehalten hatte, immer mal wieder sie zu sehen meinte oder es sich ins Ohr blies, neben den bleichhäutig pickligen Blondstoppeltypen, die an dem Kircheneingang auf den Steinen sonnten, den Steiß oben, sein Rammelhäschen daneben auch auf dem Bauch und das bißchen Brüste nach unten platt auf den Steinen der Gesuatikirche, wo unser Herr gerade erst zwei Tage in seiner Felsverpackung steckte und noch nicht sich wieder belebt und sich wieder nach oben abgeseilt hatte, aber das labernde Gesabber von der Seite ließ ihn nicht abtauchen absterben in einen Instanttraum in einen fixen Rausch, Admiralswitwen in Umhängen aus graugemustertem englischen Tuch, silbergrau toupiert und ein Männlein neben ihnen, fünfzehn bis zwanzig Jahre jünger der Sohn oder der Sekretär oder sonst ein Besorger, eine der wenigen Sachen, die man kaufen kann zu anständigen Preisen in mittlerer Qualität.

III. Sie war einfach eine fette Frau, aber mit einem heißen Blick. Sie hatte den gottverdammten Glanz in den Augen, auf den ich immer wieder hineingefallen bin zweihundert oder dreihundertmal. Ihre Jeans spannten gewaltig, obwohl es sicher die größte Größe aus einem Konfektionshaus für die Großen, Starken, Vollschlanken und sonstige Monster war. Sie hatte sogar einen Ring, einen richtigen Ehering, der einschnitt in das rosige Fleisch, breit und prächtig, daß er nicht zwischen zwei überlappenden Wulsten verschwinden konnte. Die Unterarme hatte sie frei - kräftig, ohne allzuviel Polster. Das war dafür unter der weißen Hemdbluse und als Unterbau zu ihrem Kinn, ein scharfes kantiges Kinn nicht einmal doppelt, aber dann ein Durchhängen in einen Halswulst und noch einer und dann erst der Hals, wie aus Reifen aufgeknorpelt, der lachende Mund, die obere Zahnreihe etwas vor, die ganze Mundpartie abgesenkt, diese Auflagerung auf den Backenknochen, stockenden, die Haare mittelbraunwuschelig, könnte auch eine Perücke sein, aber diese verfluchten Augen.

Light Roof Court

Montag, 3. Februar, 16 Uhr: „Jason Vineyard". „Jason, hier ist Hal. Ich muß Sie sprechen, sofort." „Was Gutes?" „Na, nicht direkt." „Was isses'n?" „Kann ich nicht so gut am Telefon sagen. Laß'n Sie uns'n Date machen." „Hm, um fünf bei Querry's." „Okay, bis dann. Bye." „Bye, Hal."

3. Februar, 17 Uhr dreißig: „Hey, Jason, du kommst'n bißchen zu spät. Der Herr ist gerade raus, hatte noch einen wichtigen Termin. Hat dir aber'n Briefchen geschrieben." Jason Vineyard nimmt den Umschlag, rosa lila getupft aus irgendeinem Grund. Verdammte Schweißfinger, gleich ein Schlabberfleck draußen drauf. Er reißt das Ding auf, obwohl er irgendwie das komische Gefühl hat, schon längst zu wissen, was drin steht. Hal Norton, Gebietsleiter der First Security für das Umland von Frisco, hat nicht einmal einen offiziellen Briefbogen aus seinem Rosenholzintarsien-Koffer genommen, sondern sich vom Wirt ein Rechnungsblatt abreißen lassen. Der Brief ist dankenswert knapp: „Lieber Jason, es tut mir furchtbar leid, daß ich wegmußte, es war wirklich wichtig. Ich hätte es Ihnen lieber persönlich gesagt und Ihnen für so einiges gedankt. Leider habe ich Order bekommen, die Organisation zu straffen - von oben, ohne Diskussion, Sie kennen das ja. Immerhin habe ich beim Board durchgesetzt, daß Sie noch nächsten Monat Ihr Geld kriegen und den Wagen bis Ende März haben. Das offizielle Schreiben kommt noch. Nächste Woche bin ich wieder im Büro. Nehmen Sie es nicht so tragisch - es wird schon werden. Hal Norton." Jason knüllt den Sauzettel weg, ab in die Tasche, nur nichts sich anmerken lassen hier. Er steht auf, drückt die Schultern durch und marschiert an die Theke. „Freddy, das Übliche." „Ärger gehabt, Jason? Is'n feiner Pinkel, dein Chef, was." Woher weiß Freddy, daß Hal sein Chef ist, gewesen ist, hatte der vielleicht gleich herumgesülzt, ein Superangebot für Lokalpächter zackzack auf die Serviette gerechnet und seine Visitenkarte rübergeschoben. Hat er vielleicht sogar nebenbei eine kleine stinkende Bemerkung fallenlassen, in der Art: „Wiss'n Sie, Herr Vineyard war bisher auch bei unserer Firma." Es war ein Scheißeinfall gewesen, den Ex-Obermacher ausgerechnet ins eigene Feld, in die eigene Stammkneipe kommen zu lassen, aber Jason war völlig daneben gewesen, als der Anruf kam, er hatte ein bißchen auf dem Sofa gepennt, die Baseballmütze auf die Augen gepackt - zu einer Zeit, wo der wahre Policenreißer sich noch die Hacken ablief und in irgendwelchen

Wohnzimmern sich Schwielen am Hintern holte. Meister Norton hatte ihn auf dem falschen Fuß erwischt - und dann noch der defekte Anlasser, er hätte die Reparatur nicht einmal bezahlen müssen, bisher nicht, aber er hatte es die ganze letzte Woche nicht geregelt bekommen, so daß er jetzt hier nicht einmal rechtzeitig aufkreuzte, um dem alten Hal ein Stuhlbein aufs Toupet zu brettern.
Eigentlich will er gleich abrauschen, aber Freddy Querry scheint noch nichts Genaues zu wissen, sonst hätte er gleich irgendeine miese zynische Bemerkung gemacht. Also muß Jason den schönen Schein wahren. Bißchen spät seine Reaktion, aber immerhin: „Nö, kein besonderer Ärger, Freddy. Einfach nur ein schlappes Kundenproblem, sie wollen nicht pünktlich zahlen, aber dafür geben sie dir ständig Gas, wenn irgendein lächerlicher Schaden nicht ruckzuck geregelt ist.“
Er kommt einfach nicht weg bei Querry's, schließlich sitzt er noch wie so oft bei Mungo in der Küche, auf dem Stuhl mit der kaputten Lehne, muß sich Schauermärchen anhören von einem, der angeblich schon ein paarmal hier eingekehrt war, nur leider immer dann, wenn Jason nicht da war, und der dreißigtausend im Monat macht, mit Landhandel, und Freddy Querry protzt herum, er würde das zwar noch nicht schaffen, aber immerhin zwanzigtausend auch. Jason ist so ab, daß er nicht einmal einen Querschläger plaziert: „Is wohl dein Jahres-Umsatz, Freddy, in Japsen-Yen.“ Außerdem ist es besser, sich zurückzuhalten, wenn man selbst gerade voll in der Scheiße rudert. Aber dann schafft er doch den Abflug, aus einer alten Gewohnheit heraus durch die Hintertür, was auch den Vorteil hat, daß er auf der Tankstellenseite rauskommt, wo sein Auto wartet - noch einen Monat das seine - und danach kann er den Bus nehmen zu den Weißen Vätern in die Suppenküche oder das Fahrrad zum Rentnertreff. Er denkt gerade an die satten Sprüche aus dem Starverkäufertraining im letzten Herbst: „Jeder hat es.“ „Es gibt keine Niederlagen, es gibt nur Chancen.“ „Immer einen neuen Weg suchen - immer den Ausweg finden.“

18 Uhr fünfundzwanzig: Jason Vineyard öffnet die Tür, auf der außen steht: „Privat! Eingang zur Bar um die Ecke!“ Er stolpert fast auf der Treppe, sucht umständlich nach seinem Autoschlüssel, läßt sich in die Polster fallen, will gerade durchstarten, springt dann wieder heraus wie vom wilden Affen gebissen. Er packt einen Mann, der gerade einen großen europäischen Wagen geparkt hat, dem Tankwart den Schlüssel gegeben hat und wohl noch auf einen Schluck in die Bar will, an der Schulter, umarmt ihn, schreit:

„Alter Junge, du bist es, du bist es wirklich, wir haben uns ewig nicht gesehen, darauf schütten wir uns einen rein, Tommy, altes Haus, das hätte ich wirklich nicht mehr geglaubt.“ Er hat den anderen fest in den Pranken, läßt ihm keine Luft, läßt ihn nicht zu Wort kommen. Der andere sagt erst gar nichts, guckt komisch, wie angegrätzt und wie angewidert. Schließlich kriegt selbst Jason Vineyard in seinem Indianertanz das mit, zögert einen Moment, läßt ein Stück los. Der andere schüttelt sich kaum merklich, greift an seinen Schlips, streicht sein taubenblaues Jackett glatt. Dann sagt er etwas, ein bißchen schrill, in einem schrägen spanglischen Selbstmachamerikanisch: „Not is it me. Not Tommy, soy español, strange here, stranger I.“ Mehr sagt er erst einmal nicht, er steht einfach herum und wartet, daß das ankommt, was er gesagt hat. Jason Vineyard's Arme fallen herunter, schlackern herum wie kaputte Prothesen. Er will noch einmal loslegen: „Du bist doch Tommy, Thomas Tuedy, der gute alte TT. . .“, aber er bricht mitten drin ab, ab in seinen Wagen, rote Backen, schneeweiße Visage, aschgrau der Teint, Vollgas.

18 Uhr vierzig: Jason Vineyard hat sein Auto in einer Seitenstraße geparkt. Er hat alle Zweifel abgeschüttelt, er hat auf gar keinen Fall wieder einmal aus purer Blödheit und Träumeligkeit jemanden verwechselt. TT verwechselt man nicht, den nicht, den gib's nur einmal, Gott und dem Teufel sei Dank. Der angebliche Spanier, der doch gerade erst den Wagenschlüssel abgeliefert hat, ist in den wahrscheinlich nur halbvoll getankten und mit Sicherheit ungewaschenen Wagen gesprungen, und vorhin war er doch schon halb Richtung Bar gegangen und dann ist er auf einmal im Rückspiegel, taubenblaues Auto, wie der Anzug, und Jason Vineyard schwitzt noch mehr als ohnehin schon, jetzt ist er verfolgt, und von TT verfolgt zu sein ist alles andere als komfortabel. Aber er schafft es, die Nobelkarosse abzuhängen, betet, daß ihn seine First-Security-Karre nicht im Stich läßt und sie gehorcht tatsächlich. Der Euro-Schlitten bleibt zurück, Jasons Lincoln verschwindet in einem Waldweg, Scheinwerfer aus. TT rauscht vorbei, Jason beobachtet es von einer Kuppe. Dann fährt er in respektabler Entfernung hinterher. Und er kriegt tatsächlich mit, daß das blaue Gefährt einrollt in das Blue-Marble-Areal, die beiden Wachtgangster am Tor in ihren Goofy-Uniformen salutieren, also ein alter Bekannter, einer der Traumhausinhaber oder zumindest ein eh schon gecheckter ständiger Gast. Aber TT ist da nicht nur mal eben zu Besuch, der wohnt ja da, und er ist auch kein Vortragender Rat beim spanischen Botschafter, der da oben

eine Sommerresidenz hat, deshalb die Spanier-Finte. Jason lacht gluckernd, TT als feuriger Spanier, Levantiner würde besser passen oder Wikinger oder Hunne. Jason Vineyard weiß jetzt endlich zweihundertprozentig, was Sache ist. Der Tip damals von dem vollgesoffenen Gärtner war also doch richtig gewesen, und jetzt weiß Jason auch, warum alle seine Briefe an Thomas Tuedy, XXIV Blue Marble Area als „unbekannt, unzustellbar" zurückkamen und warum er, nachdem er einmal tatsächlich mit seiner Geschäftsvisitenkarte und der dummen Ausrede, er wolle einen First-Sec-Vertrag mit Mrs. Johnson aktualisieren, hereinkam aufs Gelände und sich XXIV wenigstens von außen ansah, natürlich kein Namensschild an dem verschlossenen Tor und beim nächsten Mal mit einer noch viel besseren Legende und einem schönen Scheinchen für die Zerberusse aufkreuzte, abgeschmettert wurde und auf einem versilberten Tablett einen Brief serviert erhielt: „Sir, wir bedauern, Ihnen mitteilen zu müssen, daß Sie jetzt und in Zukunft Blue-Marble-Area nicht betreten dürfen. Nachfragen werden nicht beantwortet. Bitte ermöglichen Sie uns, auf die sonst unumgänglichen Maßnahmen gegen Sie zu verzichten. Der Verwalter". Am meisten wurmt es ihn, daß er damals dies Brieflein brav angenommen hat und ohne Widerworte belämmert abgezogen ist.
Jason Vineyard sortiert seine Gedanken, hilft nach mit einem großen Schluck aus der Spritflasche, die er im Werkzeugkoffer versteckt hat. Obwohl die Klimaanlage an war, ist der Stoff brühwarm. Jason ist seit drei Jahren, seit er die TT-Fährte aufgenommen hat, immer noch nicht klar, was er von dem ganz genau will. Gut, Geld sowieso, aber die eine Variante ist die, voll als Kompagnon einsteigen, mit das ganz große Rad drehen, von TT lernen, wie man es macht, wie man oben rauskommt und richtig absahnt. Und die andere Masche wäre, ihn ausmisten, ihn ganz kühl erpressen, mit alten Geschichten, bis er nur noch Wut, Blut und Geld spuckt. Wäre natürlich auch nicht ganz schlecht, direkte Rache für all die Schweinereien.

18 Uhr fünfundfünfzig: Jason beschließt, zum Light Roof Court zu fahren, wo es unten an der Straße eine Telefonzelle gibt. Er ruft zuhause an. „Hi, ich habe noch ein Arbeitsessen mit Hal. Wird spät werden. Bis später." Ehe es dumme Fragen gibt, hat er eingehängt.
Im Light Roof Court wird die Glitzerbeleuchtung eingeschaltet, die quer über die Küste zu sehen ist. Jason denkt an den Bericht gestern in der Zeitung, *Nobelrestaurant hilft den Fischern, sicher wieder heim zu finden.*

Laser-Pulsar als Leuchtfeuer. Aus der Zeitung hat er jedenfalls eine Vorstellung, wie es da drinnen aussieht. Französisch-ozeanische Küche zelebriert im Interieur eines alten englischen Gerichtes. Drinnen war er nie gewesen - wie heißt es doch in der Zeitung: „Man wählt die Gäste sorgsam aus. Ohne Empfehlung ist es fast unmöglich, Einlaß zu finden." Das will er sich nicht antun, da durch den Rost zu fallen.

19 Uhr zwanzig: Jason Vineyard hat außer einer leeren Flasche endlich Klarheit und einen Plan. Er weiß jetzt, daß er nicht der Kopilot sein wird bei TT - da ist er genauso abgeschmettert wie auf dem College, als er sich auch die Haare wachsen ließ und Ringe an jedem Finger hatte und barfuß herumlief und Dostojewski las und Fritz Nietzsche, und er war auch ein Wochenende von zuhause abgehauen, weil Tommy sich sechs Wochen mitten im Schuljahr bei Schamanen in Mexiko herumtrieb, aber mit all dem hatte er bei TT nur müde Verachtung geerntet, abgesehen von dem Krach mit Mom. Jason weiß jetzt, daß man Heldenväter irgendwann schlachten muß - und daß es das Beste sein wird, noch besser und abgekochter zu werden als TT, der große geheimnisvolle Wirtschaftsstratege, der Wegsanierer neuenglischer Stahlwerke und texanischer Raffinerien, der urplötzliche unvermutete Aufkäufer der Casinos in Reno, der angebliche Hintermann des Amtex-Deals.
Und Jason Vineyard hat vor allem eine Vision. Nicht bloß, daß ihm einfällt, wie man zur Not mit den richtigen Pressefuzzis und der Moralischen Mehrheit im Boot die alte Geschichte aufzäumen könnte, als Walter Tingus sich den Hals brach, eine Mutprobenwette, und Tommy hatte ihn erst aufgehetzt und heißgemacht und dann Schmierseife auf die Dachziegel geschüttet, er flog neun Meter nach unten, aber es kam nie richtig heraus. Jason Vineyard hat jetzt endlich begriffen, wie die Spielchen geendet sind, die sie damals mit den Nachbarsmädchen spielten und warum Cary, die etwas depperte Schwester Tommys, ihn, Jason Vineyard, kurz vor dem Finale hat abblitzen lassen und auf einmal war sie spurlos verschwunden, angeblich gewechselt auf ein Internat in Arkansas und fünf Jahre später trifft er sie, mit einem rotblonden Bengel an der Hand, der bald in die Schule kommen soll und er rechnet zwei und zwei zusammen und sieht, sie hat keinen Ring, und obwohl er nachbohrt und auf der alten Vertrautheit herumreitet, will sie nicht mit dem Vater heraus, aber den eigentlichen Clou an der Geschichte blickt er damals noch nicht, *Brüderchen und*

Schwesterchen, die Frucht der verbotenen Liebe - und jetzt ist Erntezeit, jetzt wird die Sense geschwungen.

19 Uhr dreißig: Jason ist an der Telefonzelle am Light Roof Court. Auf einem Schmierzettel hat er sich den Telegrammtext notiert, den er aufgeben will: „An Thomas Tuedy, XXIV Blue Marble Area. Schöne Grüße von Walter Tingus. Grüße Cary von mir. Werde gerne Pate bei Eurem Sohn. Bin am 16. Februar um 17 Uhr im Reef-Hotel in der Lobby." Er steht zwei Minuten in der Zelle herum, zögert und zögert und zögert, er weiß nicht sicher, ob man aus einer Zelle ein Telegramm aufgeben kann oder ob sie zurückrufen wollen, um den Aufgeber zu verifizieren, er denkt an den armen Walter, an dessen Höllenfahrt und wie glitschig es auch für ihn selbst werden kann, wenn TT seine Truppen gegen ihn in Marsch setzt, Serienkiller und Mafia-Soldaten, *„diese kleine Wanze ist erledigt, Chef, gibt's'n neuen Job?"* und gleichzeitig spinnt er sich aus, wie er zum Anführer einer Anti-Tuedy-League wird, einer rabiaten Lobby aller von TT Geschädigten, Aufstand der Kleinaktionäre und der gefeuerten Croupiers und Stahlarbeiter, ein paar Tausend nützliche Helfer in diesem Krieg. Als er gerade wählen will, bemerkt er das kichernde Pärchen draußen. Er hängt ein und verschwindet.

20 Uhr vierzig: Jason Vineyard ist reichlich groggy vom Herumfahren. Er sieht in dem Ring, den er in Mexico City gekauft hat, nach einer Aufputschpille, aber der Vorrat ist aufgebraucht. Eigentlich sollte da die Zyankali-Kapsel sein, hat ihm der Verkäufer damals erklärt, für einen schnellen Abgang, wenn sonst nichts mehr geht, aber Jason hat noch nie im Leben eine Zyankali-Kapsel gesehen und hatte noch nie Bedarf. Er überlegt, was im Auto zu schlafen, fährt aber dann doch weiter. Obwohl er an drei Telefonzellen vorbeikommt, will er, abergläubisch wie er ist, unbedingt zu der, in der er beim ersten Anlauf gescheitert ist.

20 Uhr fünfzig: Jason Vineyard klappen kurzzeitig die Augen zu, dann ein Lichtblitz, der Tote wachbekommen hätte, aber es ist zu spät, um den Totalschaden noch zu vermeiden.

20 Uhr fünfundfünfzig: Ein Latino-Polizeisergeant flucht, weil er kurz das Steuer verreißt, als er bei Light Roof Court aus dem Straßentunnel und um den Felsen kommt und plötzlich klatscht ihm das Mega-Licht in die Augen. Er bremst scharf und steigt aus, ein Warnblinkschild unterm Arm, die

Polaroid und einen Notizblock in der Hand. Hinter sich hört er den Radau des Notarztwagens, wie üblich und diesmal wohl ziemlich überflüssig.

Anwesenheit

Es war eine der Veranstaltungen, in denen versucht wurde, mitten in der schwersten Krise der Partei neue Mitglieder zu gewinnen und dadurch den wenigen, die weiter teils unerschütterlich, teils verunsichert der Sache anhingen, Mut zu machen und es ihnen zu erschweren, sich still zurückzuziehen und sich davonzustehlen ins große Lager der Ehemaligen und Zeitweisen. Eingeladen war für acht Uhr abends in das Hinterzimmer einer gutbürgerlichen Speisegaststätte in Lenzheim, einem südlichen Vorort der Stadt. Es gab kein festes Thema und keinen offiziellen Redner, aber ich ging davon aus, daß ich sprechen würde, zuerst und hauptsächlich. Als ich das Lokal betrat, war nur der Wirt anwesend. Er behauptete, von einer Veranstaltung nichts zu wissen, zeigte mir, daß nichts eingetragen war in seinem Vormerkbuch, aber der Hinterraum sei frei an diesem Abend und könne, wenn nur genug verzehrt würde, unentgeltlich benutzt werden.

Ich setzte mich an die Stirnseite des größten Tisches, ordnete meine Papiere, vom Sonnenlicht vergilbte Zeitungsausschnitte, Merkzettel mit Statistiken und auflockernden Scherzen, mit Modellrechnungen und den klassischen Schemazeichnungen, unten und oben, rechts und links. Ich betrachtete, schon ein wenig unruhig, weil es fünf Minuten vor acht war und immer noch niemand gekommen war, die Wanddekoration - eine mit einer dunkelbraunen Herbstlaubtapete bezogene Rückenlehne für die abgewetzte Holzbank, das geschnitzte Relief eines Landstreichers mit einem bettelnd hingehaltenen Zylinderhut, beige Wandkacheln, zwanzigfach eine Anglerhütte an einem kleinen See, Zäune und Pappelreihen, ein Kupferbild eines Fleischers, der Würste in einen Kessel wirft, fröhlich ein weinendes Schwein auf seinem Schoß umarmt, ein aufgehängtes Schwein ausweidet, während jenseits einer Holzbarriere einige wohlgenährte spätere Opfer sich ihres Lebens freuen.

Es war kurz nach acht, als zwei mir flüchtig bekannte Genossen grußlos den Raum betraten, gefolgt von zwei Jugendlichen, die nicht zusammenzugehören schienen, und einem älteren Mann, der von Typus und Gesichtsausdruck her wohl einer jener Spitzel der Sicherheitsagentur war, die keine Veranstaltung ausließen und selbst gekommen wären, wenn wir beschlossen hätten, mit geschlossenen Augen uns nachtschwarz anzuschweigen.

Und obwohl jeder von uns sich verpflichtet hatte, mit möglichen Neumitgliedern sofort ein scheinbar unverbindliches und unverfängliches Gespräch aufzunehmen, sprach keiner der beiden Genossen die Jungen an, und ich unterließ es notgedrungen auch, weil ich mich noch sammeln und innerlich vorbereiten mußte und weil es nicht meiner Stellung und Funktion entsprach. Ich machte mir eine Notiz, der Kaderüberprüfung eine kurze Nachricht zukommen zu lassen. Leider erfuhr ich erst Wochen später, daß die beiden zu dem damaligen Zeitpunkt längst schon die Organisation verlassen hatten. Aus unbekannten, unerfindlichen Gründen waren sie gekommen, vielleicht im Zuge des Sich-Herauswindens aus den alten Verbindungen, vielleicht aber auch schon mit neuen Aufträgen der anderen Seite.
Als um zwanzig Minuten nach acht sich immer noch lediglich wir sechs eingefunden hatten, eröffnete ich mit einem unwirschen, witzig gemeinten und doch sofort völlig verunglückten Gruß die Veranstaltung, um schon in meinem ersten Satz allen anzukündigen, die heutige Zusammenkunft werde mangels Beteiligung und aufgrund der Vielfalt wichtigerer Aufgaben ausfallen und zu einem späteren Zeitpunkt nachgeholt. Ich hatte diesen Satz noch nicht beendet, da erhob sich ein Sturm der Entrüstung, sofern fünf Zuhörer einen Entrüstungssturm entfachen können. Jedenfalls wurde lautstark protestiert. Ich wurde als Saboteur und Diversant gebrandmarkt. V., die gerade in diesem Augenblick hereinkam, entnahm den Angriffen auf meine Äußerung, was ich voraussichtlich gesagt hatte, und attackierte mich, ehe sie nach einem Sitzplatz Ausschau hielt, als ungeduldig, kleinmütig und voreilig. Ich gab sicherheitshalber nach und gestand zu, ich hätte noch länger abwarten sollen. Tatsächlich begann sich der Raum zu füllen, mit Menschen mittleren Alters, die mir bisher unbekannt waren. Ich beschloß, umzuschalten auf eine kleine Ansprache, merkte aber, daß kaum jemand zuhörte. Ich hätte auch gegen eine Glaswand reden können, nur wäre dann auf einer Seite ein stiller und stummer Raum entstanden, während ich jetzt mit steigender Anstrengung und Lautheit gegen Privatgespräche, unpassende Zwischenrufe und rülpsende Lebensäußerungen anreden mußte. Auch Anke war inzwischen an Bord. In den letzten Monaten hatte sie eher einen Bogen um unsere Zusammenkünfte geschlagen. Obwohl es noch freie Plätze gab, stand sie hinter einem kleineren Tisch, dem die Stühle fehlten. Erst nach ein oder zwei Minuten bemerkte ich, daß sie unterhalb eines dünnen Pullovers mit Flechtmuster, der ihr bis zu den Hüften reichte, nackt war. Die schwarzen Haare, vielleicht erhitzt und

feucht, und der rötliche Fleischsaum verwirrten mich, aber ich wagte es nicht, irgendeine Bemerkung oder Andeutung zu machen, da ich mir weder sicher war, was sie damit im Schilde führte, noch ob die anderen ihre Nacktheit bereits bemerkt hatten, noch mit welchen Folgen ich bei einer öffentlichen Bloßstellung zu rechnen hätte. Ohnehin entglitt mir die Veranstaltung immer mehr, vielleicht einfach schon deshalb, weil immer neue Teilnehmer hinzustießen und sich umständlich mit den Anwesenden bekanntmachten. Der Veranstaltungsraum schien sich im hinteren Teil geradezu zu öffnen und in die Tiefe zu wachsen. So sehr das Gerede dieser Zuhörer, die das Zuhören verweigerten, gegen elementarste Gebote nicht nur der Parteidisziplin, sondern selbst primitivster bürgerlicher Höflichkeit verstieß, so war diese Meute immerhin relativ friedlich. Kein feindlicher Agitator trat auf, niemand forderte aus dem Hintergrund, die Partei zu verbieten, aufzulösen und ihre Mitglieder Mann für Mann auszurotten. Niemand verlangte von mir, endlich still zu sein und auch andere reden zu lassen. Aber es sprang mir auch niemand hilfreich bei mit einer mittleren Zwischenbemerkung, die es mir erlaubt hätte, mich für einen Augenblick zurückzulehnen, die Manschettenknöpfe zu reiben oder die Brille hochzuschieben, einen Schluck Wasser zu nehmen und die Hände zu öffnen. Da einzelne bereits wieder gingen und der Strom der Neuankömmlinge versiegt war, entschied ich mich dafür, es werde das wenigste unangenehme Aufheben machen, wenn ich weitersprach, bis ich wieder allein war.

Das weiße Dach

Im Endeffekt weißt du nicht mehr, ob von der Straße her „Heil Hitler!“ gerufen wurde oder etwas, das so klang und von dir so gedeutet wurde, immer mit dem Allerschlimmsten rechnend und es zur Not schon vorwegnehmend ehe es überhaupt sich entscheidet, ob es eintreten wird oder es doch lieber bleiben läßt oder ob du es dir nur aufgeschrieben hattest als einen kleinen Einfall was sich in einer Geschichte ereignen könnte, in der sich die Straßenweichteile verkrümmen und auslaufen in eine Abgrundverzierung, dieses Geseiere, ob *„Anrufen: Ci.“* nun ein Phantasieprodukt war oder ob es sich um eine tatsächliche Notiz handelte, bei der mir trotz langen Überlegens und Zuwartens niemand einfiel und meinen Leuten auch nicht, dessen Name so begänne auch unter Unterstellung eines Verschreibers nicht, jeder Traum ist erinnerlich und in allerlei Raunen verstehbar kurz nach dem Wachwerden und verflüchtigt sich unweigerlich bis in den Nachmittag hin nach mehrmaligen Anläufen und dem Vergessen solcher belangloser Vorsätze, nach der Erledigung der vordringlichen einfachen Verrichtungen, vielleicht noch Eichenbalken zwischen den Panzerspeichen, aber deren Aufgabe ist entfallen, ein Baumweg der hinter einer Stahlbrücke an Bahngleisen und Autobahnen vorbeiführt und sich vermengen wird in der Ferne mit den auf eins herauskommenden Schienen und Straßensträngen, in einem Sturm aus Feuern ist nach dem Auslöschen der Wände und Pfahlgründungen nur noch das immer hellere Dach sichtbar, bis es in eine leere Unvorhandenheit ausbrennt, das Gekratze und Gekritzele bringt keine der spärlichsparsamen Erinnerungen hoch, ohnehin geht es unablässig um eine einzige Frau die dich nicht losläßt mit ihren Karten und simplen Schnurzaubereien dich auf Sendung hält und in einer unabänderlichen Distanz, nicht fortschreitend und nicht fortschreibbar, jeder Ersatz ist Ersatz und beliebig und zwecklos, die Anmeldung zur Wiederaufnahme ist nicht freigestellt und wird später freigegeben oder überhaupt nicht für den Lebensrest, vielleicht ist selbst sie alleingeblieben nicht in deiner Warteerwartung aber in einer Idealposition für Fernwirkungen und Außensteuerung und rituelle Verkettung, in der sie Briefe ungelesen zurückschickt oder als wären sie ungelesen und bei den zurückexpedierten Postkarten blieb es offen, ob sie sie zuvor überflogen hatte oder sich Kopien gezogen hatte, sie ging nicht mehr an das Telefon oder die Telefonate liefen aus in kreiselnden

Streitereien, es blieb unklärbar, ob du dir deine Lähmungen selbst zuschreiben solltest und warum du ausweichen mußtest auf Nebentätigkeiten, ein endloses Erforschen und Erfassen der Fernsehprogramme und ein tagelanges Falten von Briefumschlägen und Scherenschlangen.

Eine Art Partner

Ich habe es natürlich wieder einmal nicht endgültig und abschließend klären können, warum dieser Mensch mich ansprach und eine Kette von sich im Übrigen auch noch widersprechenden ärgerlichen Behauptungen aufstellte, natürlich gab es wie immer einen naheliegenden oberflächlichen Grund, einen unmittelbar nachvollziehbaren Nutzen, aber er diente ja nur als Vorwand und als Verpackung für seine hintergründigen und womöglich sinistren Absichten, die eigentlichen und wirklichen, aber was wollte er damit, was konnte ich ihm letztlich bieten, wozu sollte ich dienen, als Hilfe oder als Sprungbrett von hier nach da und dort oder als Zielscheibe für den finalen Blattschuß, er griff mich ja nicht einmal unmittelbar an, mit Worten nicht und tätlich erst recht nicht, ein harmloses gelbes Wiesenvögelchen zwischen gerade gemähtem Heu, keine Pferdebremse nach der der Unterarm gelbgrün anschwillt, alle Infamien, die ich ihm nicht ganz ohne Grund unterstellte, waren noch unbewiesen und vielleicht sogar noch ungeschehen, bezogen sich auf eine erst noch bevorstehende aber doch schon dumpf drohende Zukunft.
Unser erster Zusammenprall ereignete sich an einem bekannten Aussichtspunkt oberhalb des Stadtparks, wo eine Bretterpagode an einen verflossenen Polizeipräsidenten und Obdachlosenaufseher erinnert, die Berber hatten sie lange nachts in Beschlag, bis sich die Stadtoberen aufrafften, den Flaschen-Dosen-Müll und seine Verursacher entfernten und jeden Zugang mit Vorhängeschlössern und Stacheldraht verunmöglichten. Eigentlich war nicht dieser unzugängliche Ausguck mein Ziel, sondern der Kurpavillon, einer Verabredung halber, aber ich hatte mir an einem Kiosk zwei Flaschen Pils und einen Wacholderflachmann hineingezogen und wollte meinen Blasendruck loswerden, ohne an den Kellnern und der Wirtin vorbei durch ein Lokal zu wieseln und anschließend angepöbelt zu werden als Ungast und Klobenutzungserschleicher und hatte auch keine Lust, an einem Alleebaum für juchzende Endsechziger den Schamverletzer zu spielen, über den man sich noch zwei Tage ereifern kann und erst recht nicht wollte ich, daß sie mich sah, wie ich da mein Bein am Baum hebe, um dann indigniert abzurauschen. Also gut geplant ein Schlenker die steile Barocktreppe und den Marienfelsen hinauf und unterhalb des Aussichtstempels einige Meter einen mit Ästen und Kleinmüll fast

verschütteten Steilweg hinab, untenherum so gut wie unsichtbar und dezent. Ich wollte mich gerade erleichtern, als dieser Mensch in mein Leben trat. Nachträglich muß ich sagen, er hätte mir im Nachhinein besser beim Pinkeln in den Hintern getreten, daß ich mich eingenäßt hätte und quer durch die Brennesseln abgeschossen wäre. Aber das tat er ja nicht. Er kam bloß aus dem Nebelnichts hervor, war plötzlich da, von jetzt auf sofort, und begrüßte mich mit einem jovialen: „Hey, ich habe es gleich gewußt, daß du es bist, der hier sich in die Büsche schlägt. Du solltest dir diesen Weg nicht antun. Noch ein paar Meter und du hängst im Brombeergemüse.“ „Danke für die Empfehlung“, antwortete ich kühl, zog den halb schon offenen Hosenstall wieder zu und wollte wortlos gehen, weil ich wenig Sinn darin sah, mit irgendeinem Arsch mich zu streiten, warum er mich besser nicht duzen sollte. Ich hätte den Hauptweg auch mit einem eleganten Aufschwung erreichen können, zog es aber dann vor, mich ganz unspektakulär und unsportlich an einem Haselnußzweig hochzuziehen. Die hilfreich ausgestreckte Hand übersah ich geflissentlich, wandte mich brüsk ab, bloß kein Kleinkleingeschwätz, keine Konversationsübungen. Ich war schon einige Meter von dannen, als der Bursche mir nachrief: „Aber wir kennen uns doch, hast du mich denn nicht wiedererkannt?“ Stehenbleiben, nicht stehenbleiben, stehenbleiben, nichts wie weg. Wer fragt, hat schon verloren, wer zuhört auch, vielleicht ein etwas spezieller Versicherungsvertreter oder ein Sektenapostel oder sonst ein Geldabstauber. Er muß wohl noch etwas verlautbart haben, aber anscheinend konnte oder wollte er es nicht aus vollem Hals hinausbrüllen, jedenfalls hörte ich nur einige diffuse Laute. Immerhin, damals hatte ich noch nicht meine kräftige Feindschaft, ich hätte ihn noch nicht zerquetschen mögen wie das rötliche Spinnentierchen, zwischen zwei Fingern, und es bleiben nur minimale Reste, die der nächste Windstoß oder der Regen mitnehmen werden. Dieses erste Mal war ja das einzige Mal, wo er kaum zu Wort kam, wo ihm die Gelegenheit entging, mir noch eine Schwindelgeschichte mehr zu erzählen, was ihm mit Sicherheit nicht besonders schwergefallen wäre. Damals glaubte ich dummerweise, es bliebe bei der einmaligen Begegnung mit einem armen Irren, der dich beim Wasserablassen stört, nur weil er jeden, der ihm über den Weg läuft, bestens zu kennen meint. „See you later alligator“, dachte ich noch leichtsinnig bei mir. Nicht einmal Gesicht, Statur und Aufzug des ominösen Herrn hatte ich mir gemerkt.

Wozu auch, seit diesem Tag lief er mir mit penetranter Regelmäßigkeit täglich über den Weg, wobei sein Äußeres etlichen leichteren Variationen unterworfen war, aber immer innerhalb einer engen Skala von Augen- und Kleidungsfarben, von Körperhaltung und Körpergrößen, von Demutsgesten und Witzsprüchen. Fast immer duzte er mich, fast immer behauptete er, wir würden uns schon lange kennen, fast immer hatte er einen angeblich freundschaftlichen Rat, sprich eine befehlsmäßige Bitte auf Lager. Was er vorbrachte, waren abenteuerlich-verworrene Geschichten von urplötzlich abgebrochenen und nie wieder aufgenommenen Jugendfreundschaften, Schulgemeinsamkeiten und Studienbekanntschaften. Stockwerksnachbarn und Nebenhausbewohner, Kegelbrüder und Schützenkumpel, Parteifreunde und Parteigenossen, immer wir zwei inmitten eines Panoptikums von Namen, von denen ich allenfalls eine Handvoll zu kennen glaubte, das alles an Örtlichkeiten, an denen ich nie im Leben gewesen war, zumindest nicht in diesem, zumindest nicht in ausgenüchtertem Zustand.

Ich erörterte mit mir selbst (irgendwie wagte ich es nicht, mit anderen darüber zu sprechen, nicht einmal mit den ein zwei Leuten, die eine Sache beschweigen und ungesagt lassen können) die verschiedensten Hypothesen, verwarf sie aber alle bald. Ein normaler Wahnsinniger hätte irgendwann zwischendurch Schaum vor dem Mund gehabt oder Dinge heruntergebetet, die einfach nicht sein konnten, aber das war gerade das Fatale an seinen siebenhundert Stories, daß sie alle in etwa möglich waren und meist durchaus plausibel klangen, oft geradezu altfränkisch altbacken und spießermäßig, wie er überhaupt eine beamtenhafte Präzision demonstrierte, mit Zügen, die um dreizehnuhrvierzehn abfuhren und um fünfzehnuhrfünfundzwanzig ankamen, mit der Nennung mehrerer Vornamen einschließlich des Rufnamens, mit einer querbeet superexakten Aufdröselung aller Verwandtschaftsverhältnisse, und es konnte ja durchaus sein, daß es all diese Figuren, von denen er sprach, tatsächlich gab, nur wie konnte er gleichzeitig mit ihnen allen zu tun haben immer unter der Fiktion eines einzigen Namens mit einem einzigen Leben und was hatte das mit mir zu tun, noch dazu, wo er etwas andeutete, was er „unsere gewesene Beziehung" nannte, als ob ich je in Schwulitäten geraten wäre, wobei er diese angebliche Verkoppelung trotz meiner Nachfragerei nie näher erläutern und einordnen wollte, sondern hinter einem Schwall Worten verschwinden ließ.

Er kommt inzwischen nicht mehr, seit längerem nicht mehr. Die Sache ist vorbei, anscheinend. Überstanden eben, wie man alles hinter sich bringt, wenn man die Nerven behält und sich nicht aus den Augen verliert. Ausgestanden, ganz phantastisch.

Einer, noch zu kommen

Ich kann Ihnen nicht mehr in dieser Angelegenheit verraten, als daß es sich um eine Ankündigung handelt, von etwas, das noch gar nicht eingetreten ist. Es ist wie mit der einzelnen schwarzen Wolke, die im tiefblauen oder im in Babyrosa getauchten Himmel ganz umsonst dem Wirbelsturm vorausreist, wie mit dem vergeblichen Gebell der Hofhunde und dem vergeblichen Gewimmer der angeketteten Kälber kurz vor dem Erdbeben. Wenn der Beweis sich antreten ließe, ist es zu spät und interessiert sich niemand mehr für Ableitungen und Vorzeichenvergleiche. Und vorher können die Engel mit Engelszungen reden oder in die silbernen Harfen greifen, und es bleibt doch immer dabei, daß die Gläubigen wenige sind und nur ihnen ist es ohne Zweifel und Zaudern, nur sie bemerken das blutig eiternde Wundmal an den Mauern.

Ich hatte einige Stunden an einem juristischen Text geschrieben, ein letzter und mehr als zweifelhafter Versuch nach Fristversäumung mittels allerlei windigen Ausreden wieder in den vorigen Stand versetzt zu werden, als ich für einen Moment das Gefühl hatte, komplett ausgeleert und gedankenleer zu sein, und ich beschloß, mir etwas Erholung zu gönnen und zunächst einmal das bisher Geschriebene auf Rechtschreibe- und Zeichenfehler durchzusehen. Aber entweder hatte ich mir zwischendurch meinen Text abgeschossen und war in eine Unsinnsdatei geraten, oder ich hatte, ganz in Gedanken, als ich zu tippen begann, meine Finger auf die falschen Anfangs- und Ausgangsstellungstasten gesetzt und, ohne meinen Irrtum zu bemerken, einfach in aller Eile und mit reichlichem Schwung losgearbeitet. Ich suchte nach verwendbaren und nicht verpfuschten Passagen, konnte aber nichts finden, nicht einmal ein halbes Sätzchen oder wenigstens ein einzelnes Paragraphenzeichen oder eine aussagefähige Zahl. Also beschloß ich, das, was meine bisherige Arbeit war oder vielmehr hätte sein sollen, konsequent zu löschen und noch einmal von vorne zu beginnen, mich Schrittchen für Schrittchen überwachend. An diesem Tag war nicht allzuviel Staat mit mir zu machen. Ich mußte immer wieder bemerken, daß ich nicht den gedachten richtigen Buchstaben angeschlagen hatte, sondern irgendeinen überflüssigen zufälligen Einzelhupfer, als würde es mir sogar schon Mühe bereiten zu schreiben, als sei eine dunkel verpfropfte Ader

geplatzt, ohne gleich die Brennstoffmaschine abzuschalten, aber unter Flachlegung der Zentraleinheit.
Ich hätte mir vielleicht ein Ultimatum setzen sollen oder aber eine Ausruhzeit, jenes starre Daliegen der vergifteten Tiere, das sie doch noch rettet oder jenes Verschlafen der Schneestürme, das mit einem erinnerungslosen Aufwachen endet inmitten von Märzenbechern und Forsythien. Aber so ließ ich mich locker noch ein Stückchen abgrundwärts treiben, bescherte mir einige Vorgeschmackbeulen und Scheitererlebnisse, ohne das nötige Quantum Kraft sammeln zu können, das selbst jemand brauchen kann, der gar nicht ahnt, was Spezielles auf ihn zukommt. Irgendwann, ich hatte in der doppelten Zeit ein Zehntel von dem geschafft, was ich an guten Tagen herunterzauberte, ließ ich es, wie es war, und machte mich zwei Meter neben dem Schreibtisch ab in den Schlaf. Wie zum Trost für die Leiden der halben Welt und wie zur Beruhigung von Nerven, die als Bruchspaghetti durchgegangen wären, träumte ich, wie ich Blut pißte, mit dummem ausgerüsseltem Gesicht in die Schüssel starrte und an dieses rote Wunder nicht glauben wollte, und all das garniert mit Verschüttungserlebnissen, Erstickung in Kinderhöhlen, Kinderlandverschickungen ohne Postzulassung und mit fraglicher Wiederkehr. Wo ich doch nicht einmal zwei Häuser besaß, träumte ich von einem dritten, große feuchte Hallen, eine Idylle in einem fast weglosen Bergland, aber es endete wie zu erwarten mit einem plötzlichen Genickbruch.
Daß er es war, der über alles bestimmte, zumindest insoweit sein alter Gegenkompagnon ihm freie Hand ließ, daß er der Herr war, zumindest für die kleine verlauste Welt, die ich kannte, begriff ich auf einen Schlag, als ich ihn das erste Mal sah. Ich hatte mich verspätet in dem Klassenzimmer, die hohen Fenster, die Fensterbank, die über Kopfhöhe kaum zu sehen war, die defekten Hebel, mit denen von unten versucht wurde, Luft hinein zu bekommen, die nicht mehr nachvollziehbaren Schülerspäße und Verwünschungen längst verrenteter Lehrpersonen auf den brüchigen Tischen, der durchdringende Geruch von Glanzwachs und Formalin. Ich hatte noch einmal gelesen, was ich kurz zuvor an die Tafel geschrieben hatte und schon nicht mehr begriff, eine Ableitung der Drehmomentformel, ein gewagter Ansatz zu der Behauptung, daß es keine Sprünge, keine Widersprüche und kein völliges Scheitern gibt. Die anderen hatten das Gebäude längst verlassen und irgendjemand, ein Hinausgehender oder ein Hineinkommender, jedenfalls irgendjemand, hatte das Portal abgeschlossen. Ich besaß keinen Schlüssel oder ich hatte ihn an diesem Tag

vergessen mitzunehmen, so daß mir nichts übrigblieb, als darauf zu hoffen, daß ich nicht als einziger und allerletzter zurückgeblieben sei und noch jemand käme, der besser gerüstet sei als ich. Ich hatte mich mit dem Rücken gegen den Kelleraufgang gelehnt und die Augen geschlossen. Ich bemerkte ihn erst, als er die große Tür zu öffnen begann. Ich ging sofort auf ihn zu, nickte, nahm seine Hand und bewegte sie in meiner einmal herauf und einmal herunter, hatte aber nicht das Gefühl, er verschwende für diese Begrüßungsgeste das mindeste Quentchen Kraft. Er beachtete mich nicht oder nur minimal und unmerklich. Kälte schien in ihm zu sein und um ihn herum, aber vielleicht war es auch eine besondere Feurigkeit und ich begegnete ihm nicht offen und unschuldig genug. Er trug einen dünnen staubhellen Mantel, einen dunkelbraunen Schal, einen schwarzen breitkrempigen Hut, irgendwo zwischen einem jüngeren Bohemien und einem älteren hoffnungslosen Provinzler, eine abgegriffene schweinehäutige Aktentasche, nichts außer der Reihe. Jetzt erst, mit zwei oder drei Minuten Verspätung und mit einer tonlos leiernden Stimme sagte er: „Guten Tag. Sie wollen hier heraus." Ich nickte, langsam und mit aller Vorsicht, und so, daß ich jederzeit mich darauf zurückziehen konnte, es sei nur ein Mißverständnis gewesen, ich habe nicht im Mindesten den Gedanken erwogen, dieses gastfreundliche Haus zu verlassen, zumindest nicht zu diesem Zeitpunkt. Jetzt sah ich seine Augen, schwärzer als schwarz, leer und lauernd, die dunkelbuschigen Brauen, das pockig schwiemelige Gesicht. Ich verstand die Falle, daß niemals jemand glauben würde, einer der so sehr aussieht wie der, dem wir alle zu begegnen fürchten, eines fernen und womöglich nie eintreffenden Tages, sei es auch. Niemand würde ihn entdecken können, niemand und niemals, seit er sich verkleidete als nur er selbst.

GWALT

Rußland-Erzählungen, so etwas wie Geschichten

Ein Verschwundener

Manches, das wird niemand bestreiten, scheitert schon an der Größe oder Kleinheit eines Körpers, an Größenunterschieden, an Besonderheiten, wie einer seine Augen hebt oder senkt. Nicht hier gilt das, zunächst jedenfalls nicht. Nikolai heiratete Tamara, obwohl er fast einen halben Meter größer ist als dieses durchsichtige Mädchen. Sie lernen sich kennen im Jahr 1927 auf einem Ball des NKWD, zu dem Lucia, eine Mitarbeiterin dieser Behörde, ihre Schwester Tamara eingeladen hatte. Nikolai Antonowitsch war im Besitz einer schriftlichen Einladung, während Tamara einfach so mitgenommen wurde von Lucia. Lucia wußte eben, daß ihren grauen Augen und ihrer blonden Grandezza kein Türsteher widerstehen würde, und wenn er hundertmal Anweisung bekommen hatte, nur Gäste mit offiziellem Revers zuzulassen, und zur Not würde sie durchblicken lassen, daß drinnen ein General oder ein Mitglied des Obersten Sowjets auf sie warte. Tamara und Nikolai schauen sich an, aus sicherer Entfernung, aber mit auffälligen Blicken, die zögern, weiterwandern, wieder zurückkehren, erschrocken kehrtmachen und doch in kürzester Zeit wieder dem Magnetismus erliegen. Tamara glaubt, Nikolai gehöre zu der Spitzelbande, obwohl er es doch nur nicht hatte umgehen können, mitzukommen mit einigen anderen Militärs. Er ist umringt von Freunden, gefährlich durch eine heillose Naivität, und von „Freunden“, die alles andere als naiv sind und die nichts finden würden, ihm einige Jahre Magadan zu bescheren. Nikolai glaubt, Tamara habe wie ihre Schwester, von deren Arbeit in der zentralen Geschäftsstelle er weiß, sich mit Leib und Seele der Kundschafterei verschrieben. Auch Lucia sieht er nicht richtig. Sie ist nicht die fanatische Jungkommunistin, die Vater und Mutter ans Messer liefert und von irgendeinem Onkel als Schandfleck der Familie erstochen und verbrannt wird und so aufsteigt zu einer der Martyriumsheiligen des Roten Oktober. Sie ist – durchaus gegen ihren Willen und gegen ihre ursprünglichen Absichten – wegen ihrer geradezu kalligraphischen Handschrift an die geheime Front berufen worden, hat sich nur kurz und halbherzig gegen diesen Ruf gewehrt und dann beschlossen, ohne allzuviel Begeisterung das Beste aus dem Unvermeidlichen zu machen und sich durchzumogeln durch die mörderischen Zeiten. Auch wenn dies gelegentlich bedeuten mag, zur Überprüfung der revolutionären Gesinnung den einen oder anderen Volksfeind in einem Kellerraum oder in einer Hofecke eigenhändig zu

erschießen – und zwar so, daß kein Sich-Bedenken und Zittern sichtbar wird oder auch nur unterstellt werden kann. Für sich selbst hat sie die Gewißheit, daß sie nur insoweit zum Apparat gehört, als es hilfreich oder unumgänglich ist.
Nikolai, der nichts mit den Kundschafterinnen und nichts mit Tamara zu tun haben will, tanzt dennoch mit ihr. Und sie tanzt mit ihm, als hätte sie damals schon gewußt, daß er tatsächlich ein Militärarzt ist und nicht nur unter der Legende eines Militärarztes vorgestellt wurde. Eigentlich ist der eine Tanz genug, um sich gefunden zu haben, sich in die Arme zu fallen und miteinander zu sein. Es ist an diesem Abend, als sie noch spät mit einer verhängten Kutsche oder ist es doch ein Taxi durch die leeren Straßen fahren, daß er annimmt, sie sei noch Jungfrau und daß er ihr seinen ersten Heiratsantrag macht. Sie weigert sich zweimal, ihn zu heiraten, und das nur aus dem einen Grund, daß sie fürchtet, er werde sie bald wieder verlassen oder sie betrügen und schlagen und sie, die alles aber auch alles für ihn getan hätte, werde krepieren wie das letzte Stück Vieh, mit einem in Stücke geschlagenen Herz oder mit einem, das herausgerissen und auf die Straße geworfen wird.
Als er sie einige Tage später das dritte Mal fragt, weiß er, daß sie schon Mutter geworden war, mit kaum zwanzig Jahren. Ihr Sohn ist nach einem Jahr gestorben, wie Kinder damals starben, halb an dem Hunger und halb an einigen der unausweichlichen Krankheiten.
Sie bekommt einen Sohn, Georgij, und eine Tochter, Ivanka, in den sieben Jahren zwischen 1927 und Kirows Tod. Nikolai hat eine, wie es scheint, gefestigte Stellung in der Marine als Spezialist für die allfälligen Haut- und Geschlechtskrankheiten. Tamara schließt ihr Studium als Ärztin ab; sie hat sich sogar ein gewisses Renommee erworben unter den Herzspezialisten mit ihrem scharfen Blick für kleinste Details auf den Röntgenaufnahmen, mit ihrer Fähigkeit, dort, wo nur Schattenschimmer und graue oder weiße Flecke zu erkennen waren, das Richtige hineinzuvermuten. Sie lieben sich, gehen auf in dieser taumeligen Verzücktheit und verrückten Schaumschlägerei und in den zahllosen Alltagssuchen und Alltagssehnsüchten, ein Gerät zum Ausstechen der Pelmeni, eine Kuchenform aus grün glasiertem Steingut oder der vermessene Traum, eine Datscha draußen vor der Stadt zu haben, *„warum dann nicht gleich in Sotschi.“*
Als Kirow stirbt oder sterben mußte oder gestorben wurde, scheint dieses Ereignis nichts zu tun zu haben mit der Unerfreulichkeit, daß Nikolai

versetzt wird nach Wladiwostok - wie es hieß, für ein oder zwei Jahre. Er schreibt Briefe von dort, Briefe, die seine Tochter später einmal lesen wird, Briefe auf einem gelblichen steifen Papier, in dem die Holzsplitter ihr regelloses zielloses Muster hinterlassen hatten. Als er noch keine drei Monate dort ist, bricht die Verbindung ab. Gerüchteweise heißt es, Nikolai sei verhaftet worden als Mitverschwörer der Kirow-Mörder. Vier Monate nach seiner Abreise kommt ein amtliches Schreiben, mit staatlichen Stempeln und in der für diese Zwecke vorgesehenen Form und teilt den bedauerlichen Tod des Genossen und Sowjetbürgers Nikolai Antonowitsch Sewerjachin mit, der in Wladiwostok an Typhus verstorben und bereits dort beerdigt worden ist, gefallen an vorderster Arbeitsfront im Kampf für den Sozialismus und das Vaterland der Werktätigen. Tamara ist wie starr und tot. Es dauert Tage, bis sie weinen kann und schreien kann vor Haß, Wut und Verzweiflung. Tage, in denen sie auf einem Friedhof herumirrt oder für Stunden zwischen den Gräbern schläft, wo ja doch nicht sein Grab ist und nie sein wird. Sie spricht mit niemandem, sie starrt nur auf den Boden und reißt sich Haarbüschel heraus.

1936 ist Tamara im achten Monat schwanger von dem Buchhalter Jurij Konstantinowitsch Krylow – schwanger mit jener Halbschwester Ida, die immer ein besonderes abgetrenntes Leben neben dem richtigen Bruder und der richtigen Schwester führen wird, wie eine Fluse auf einem Pelzkragen und wie ein Haar zwischen den Lippen, die es erst spüren, als der Kuß schon zu Ende geht. In diesem Jahr 1936, es ist Mitte November, kommt die Witwe Anna Leonowna zu Tamara und sagt, unten warte ein Mann an der Haustür, der sie sprechen wolle. Anna Leonowna bewohnt eine kleine Kammer unmittelbar neben den zwei Zimmern, in denen die beiden Kinder und Tamara und jetzt auch der Buchhalter Krylow leben, und sie lauert meist vor der Haustür oder an einem der Flurfenster auf Neuigkeiten, auf das große Glück oder auf eine lohnende Katastrophe, aus der sich das eine oder andere Andenken beiseiteschaffen läßt. Tamara läuft, von einer seltsamen Unruhe und Unglückserwartung vorwärtsgetrieben, die breite Marmortreppe hinunter, die in zwanzig Jahren proletarischen Gemeinschaftswohnens so schartig und speckig geworden ist wie die Ledertapeten an den Wänden, weicht zwei Nachbarinnen aus, die es sich auf ihren Stühlen vor der schon lange zugenagelten Haupteingangspforte mit den Löwenbeschlägen und dem abgebrochenen bronzenen Türklopfer bequem gemacht haben, hastet zum Dienstboteneingang, durch den jetzt alle ins Haus müssen und von dem aus eine höllenschwarze eiserne

Spindeltreppe nach oben führt. Erst glaubt sie, der Mann sei schon wieder gegangen, aber als sie die Haustür öffnet, sieht sie ihn draußen warten – ein Riese, zwei Meter groß, bärtig, in einem weiten abgenutzten Soldatenmantel, den Kopf abgewandt und halb unter einer Pelzmütze versteckt. Obwohl sie ihn anschauen will, kann sie die Augen nicht heben, schaut sie wie eine tote Puppe auf den Boden und gegen seine Stiefel. „Ich bin ein Kamerad ihres Mannes Nikolai. Wie waren im gleichen Lager. Ich soll Sie von ihm grüßen. Er lebt und wird kommen, sobald er kann.“ „Aber ich bin Witwe. Mein Mann ist seit zwei Jahren tot. Ich habe doch einen Brief bekommen, einen offiziellen Brief, daß er an Typhus gestorben ist. Warten Sie einen Augenblick, ich werde Ihnen den Brief zeigen.“ Sie läuft zurück, sucht das Dokument, gerichtet an Tamara Semjonowna Sewerjachina, die ab sofort die verwitwete Frau Sewerjachin ist und unterzeichnet vom Sekretär der Stadtkommandantur und vom Standortkommandanten des Marinestützpunktes, sie findet, was sie sucht, unter ihren wenigen Papieren. Aber als sie zurückkommt an die Haustür, ist der Mann fort und bleibt fort und es wird in den Jahren, die folgen werden, durch hundertfache und tausendfache Erzählung dieses Ereignisses nicht gewisser für sie, ob es Nikolai war oder ein wirklicher Kamerad Nikolais mit einer wahrhaftigen Botschaft für sie. Sie wird niemals wissen, ob Nikolai noch lebt, ob er von den Galeeren fliehen konnte und durchkam, und ob er, der Überlebende, sie niemals mehr sehen wollte – sie, die nicht an das Unmögliche geglaubt hat.

Serafima und die Gwalt

Meine Großmutter, müssen Sie wissen, war eben meine Großmutter. Was sonst sollte sie sein, werden Sie sagen, eben. Aber da steckt schon alles drin in diesem Satz – alles, was noch kam und kommt und was sich so zutrug in den Jahren um die Mitte des Jahrhunderts. Wenn sie meine Großmutter war, und ich habe keinen Anlaß, daran und an ihr zu zweifeln, dann war sie meine Großmutter. Obwohl, bewiesen ist nichts und beweisen läßt es sich auch nicht, daß sie das war, was ich denke. Sie war ja die Mutter meines Vaters und wenn der nicht mein Vater war, dann hatte sie, was die Blutsabkunft anging, nichts mit mir zu schaffen und selbst wenn sie die Mutter meiner Mutter gewesen wäre, dann hätte es immer noch sein können, daß ich bei der Geburt vertauscht wurde oder von meiner Mutter, die vielleicht kein eigenes Kind hatte und doch eines haben wollte, gleich nach meiner Geburt adoptiert wurde oder ich wurde meiner wahren Mutter entrissen und als Ersatzkind an diese unendlich fremde Frau gekoppelt. Wie ich schon sagte, das wird sich nicht beweisen lassen, und es ist wohl auch nur eine unnütze Spielerei in meinem unsinnigen Kopf. „Du hast nur Unsinn im Kopf“, sagte Großmutter zu mir und streichelte mir über die Haare, begroßmutterte mich, als könne sie so all den wirren Unfug in meinem Gehirn berühren und ordnen. „Und du hast Sauerkohl im Kopf“, antwortete ich ihr frech, wenn sie das gesagt hatte und dann lachte sie und gab mir einen kleinen Schubser mit den Fingerknöcheln.

Also lassen wir mal für den Moment meine ewige Zweifelsucht und meine Gedankenspielchen, was denn eigentlich wäre, wenn die Erde sich als magnetische Scheibe erwiese, an der die Menschen hingen von unten her, die Füße umgekehrt auf dem Boden, die Köpfe strikt abwärts gestreckt und allesamt ängstlich bemüht, nicht von den eisigen Sturmwinden fortgeweht zu werden, nicht allen Boden unter den Füßen zu verlieren, nicht abzustürzen in die leere Luftlosigkeit – also abgesehen davon war Großmutter Serafima der Mittelpunkt meines Lebens. Sie war klein, wurde in späteren Jahren dicker und dicker, hatte dunkle Haare und einen dunklen Teint. Und Ausdrücke hatte sie, die kannte keiner sonst. Sie klangen irgendwie deutsch, aber sie war ja keine Deutsche und keiner in unserer Familie war ein Deutscher oder auch nur in Deutschland gewesen.

Das meiste, was ich als Kind lernte (und damals lernte ich fast nichts, weil ich immer nur widersprach, alles allein und von mir aus machen wollte und überhaupt lieber Schmetterlinge jagte und Raupen züchtete, als in ein Buch zu schauen), das meiste von dem, was man nun einmal lernen und sich einbleuen muß, lernte ich von Oma Serafima. Zum Beispiel wie das ist mit leisen und lauten Fürzen. *„Salomo, der Weise, spricht/ laute Fürze stinken nicht./ Riechst du aber die ganz sachten leisen/ willst du schnell sofort verreisen.“* Weisheiten wie diese habe ich von ihr. Ich schlief damals zwei Wochen bei ihr, weil meine Mutter einen ihrer Anfälle hatte – ich meine einen Liebesanfall mit einem im Prinzip verheirateten Direktor der Staatsbank und nicht einen Trauer- und Heulanfall, die gab es nämlich bei ihr auch und weitaus häufiger als die akuten Liebesattacken. Ich liege also mit Oma Sima unter dem großen weißen Zwei-Leute-Plumeau, das sie so lange mit dem Nachfolger meines Großvaters geteilt hatte, mit Onkel Semjon, aber der war damals schon ebenso tot wie sein unbekannt verschollener Vorgänger, der meinen Vater und dessen Bruder Aljoscha in die Welt gesetzt und sich dann bald davongemacht hatte, und über dem Plumeau ist noch die gesteppte Tagesdecke mit dem silberfarbenen Bezug, die ließ sie das ganze Jahr die ganze Nacht darüber, damit es auch immer richtig warm war darunter. Und diese Wärme ist so wohlig, das ich einfach furzen muß, obwohl ich es auch wieder nicht wollte, weil es sich doch nicht gehört. Aber ehe ich lange hin und her überlegen kann, tue ich es einfach. Ich furze extra leise, daß es keiner merken soll. Hat es was geholfen? Nein, natürlich nicht. Das Lüftchen zieht durch alle Ritzen, und ich meine im dämmrigen Licht der altersschwachen Lampe einen bläulichen Rauchstreifen zu beobachten, der sich kräuselt und erst nach und nach sich auflöst. Kaum hat Großmutter den Braten gerochen, da wirft sie auch schon das Plumeau beiseite und wedelt mit der Tagesdecke. „Gasangriff, Gasangriff“, kichert sie. „Nadja will mich narkotisieren.“

Erst als die Luft wieder ziemlich rein ist, stellt Großmutter ihre Luftumverteilungsaktionen ein und beginnt eine kleine Rede darüber, was am besten ist für den Furzer oder die Furzerin und für den, der die Abluft einschnüffeln muß: „Vielleicht mußt du gar nicht furzen, sondern willst es nur einfach, um deinen Ärger loszuwerden über jemand oder du tust es, weil es dir zu gut geht, und es könnte dir auch gutgehen, wenn du es bleiben ließest und darauf verzichtetest. Also entweder kannst du es bleiben lassen, dann laß es bleiben und rede um Gottes Willen nicht darüber, daß du es vorhin noch gewollt hast. Oder es geht nicht anders, die Knallerei muß einfach heraus, dann nimm alle deine Kraft zusammen und gebe so laut wie es eben geht einen Ton. Am besten wie ein Donnerschlag. Nur wenn es

knallt, verbrennen die Knallgase und der Gestank verpufft ohne Nachgeschmack.“ So erklärte sie es mir, so erklärte sie mir die Welt, wie sie sie sah.
Ich lernte nicht nur ein paar Einsichten in den Gang der Dinge von ihr, sondern auch besondere Worte. Einmal gab es einen Riesenstreit in der Nachbarwohnung, daß fast die Gläser in Omas Kirschbaumbuffet klirrten. „Diese Kommunalwohnungen bringen mich um, immer dieser Gestank vom Essen vom letzten Jahr und vom Klo, das seit Ostern verstopft ist und kurz vor Weihnachten kommt ein Monteur, der seine Zange vergessen hat und Stein und Bein schwört, bis nächste Ostern sei alles in Ordnung“, flüsterte Oma Sima mir zu, als müsse sie verhindern, daß die Schreihälse und Streithanseln nebenan uns hören konnten. Aber dann erhob sie ihre Stimme zu einem feierlichen, Mark und Bein durchdringenden Ruf gegen die Wand, daß ich zu zittern begann und mit mir die Wand: „Was ist los bei Euch? *Kakoi Gwalt*!“ Und die Nachbarin Wanda Iwanowna, eine halbe Polin, die immer behauptete, eine ganze Litauerin zu sein, brüllte zurück: „Sei ruhig da, du herzlose Schlange, du hast kein Herz und keinen Verstand und ich werde hier in meiner Wohnung so laut reden wie ich will und wenn dir darüber der letzte Krümel Gehirn aus dem Gehirnkasten fliegt.“ Ja, man konnte nicht gerade sagen, daß Wanda Iwanowna eine gute Freundin meiner Großmutter war und daß die beiden in Frieden lebten miteinander. „Frieden“, sagte Großmutter Serafima immer, „den hat es noch nie gegeben und wird es nie geben, solange die Welt steht und der Teufel kann seinen Fuß auf sie setzen und kann sich breitmachen in ihr. Immer nagelt irgendeiner das Kreuz schon zusammen, das er dir zugedacht hat und du sollst es bis oben tragen, bis auf den Berg Ararat, und dort sollst du angenagelt werden und verrotten und von den silbernen Raben zerfleischt werden in einer einzigen Vollmondnacht. Aber der Böse bekommt auch keinen Frieden und wenn er dich glücklich bis auf den Gipfel geschleift hat und du bist schon fast gestorben am Kreuz, da fängt es an Tag und Nacht zu regnen und schon am nächsten Morgen hat das Wasser fast den Berg unter sich begraben und du siehst, wie dein Schinder, der eben noch unter dem Kreuz stand und sich eben noch grinsend die Hände rieb, weggeschwemmt wird von den Wassermassen und elendiglich ersaufen muß und dann erreicht dich das Wasser, kühlt deine Wunden, reißt das Kreuz aus der Erde hervor und schwemmt dich mit ihm an ein grünes sonniges Ufer, wo die goldenen Tauben dich befreien von deinen Fesseln und die bronzenen

Salamander heilen dir die Nagelwunden in einem einzigen Tag oder in zweien. Allenfalls dann wird es Frieden geben oder nicht einmal dann."

Gwalt haßte Großmutter Serafima wie die Pest und *Gwalt* war alles, was sie haßte: Lärm, Krach, kreischende Menschen, ratternde Maschinen, flitzige Autos. „Das ist der Ruf des Blutes", sagte Wanda Iwanowna im Flur zu Margolina Sergejewna, die immer behauptete, ihr Vater sei einer Führer der Menschewiki gewesen und ein berühmter glühender Kommunistenfresser und dabei wußte jeder im Haus und im ganzen Rayon, daß er ein stadtbekannter Rumtreiber und Taschendieb war, „das ist der Ruf des Blutes, daß diese Frau sich ständig aufregt über lautes Reden, über ein wenig Gesang und Lustigkeit. Da, wo die eigentlich herkommt, da gab es nur Füchse und Schlangen, da hat man allenfalls die Ochsen schreien gehört oder die Wucherer haben Geschrei gemacht, daß sie noch mehr Zins herauspressen wollen aus den Christenmenschen." Diese Wanda Iwanowna konnte an manchen Tagen sich überschlagen vor Höflichkeit, vor allem, wenn sie mit dem Geld nicht mehr auskam oder Zucker benötigte oder Mehl und deswegen zu Großmutter kam, aber schon zwei Minuten später brach die alte Feindsucht durch und sie zischte zwischen den Zähnen hervor: „Ihr werdet schon sehen, was ihr davon habt, ihr alle. Ihr werdet mich noch kennenlernen. Ihr seid es doch, die den Herrn ans Kreuz geschlagen haben und die es immer mit Trotzki und Zionowjew gehalten haben. Es gibt genug gute Menschen, die noch einer einfachen Frau Glauben schenken. Auch bei der Miliz und anderswo in unserem Staat." Dann sagte Oma Sima meist kein Wort oder allenfalls ein „Na denn mal zu". Und wenn die Tür zu war, blickte sie mich scharf an und sagte: „Merk dir das alles. Alles, was du hörst. Und denke daran, was ich dir gesagt habe: Kein Frieden, kein Frieden."

Drei Kinder hatte Oma Sima: Oleg, der klein und dunkel war und auf seinen Vater, den Buchhalter, kam; Aljoscha, der groß und dunkel war und ebenso seinem Vater, dem Marinearzt Nikolaj, ähnelte wie auf seine besondere Art auch mein Vater, Pawel, mit seinen blauen Augen und seiner stattlichen Gestalt, die schon bei den Photos aus der Schule dafür gesorgt hatte, daß er stets am Fuß der Treppe plaziert wurde und dennoch schwebte sein Scheitel über dem seiner Kameraden, die ein oder zwei Stufen höher standen. Von Oma Sima erfuhr ich all das über meinen Großvater, was mir meine Mutter immer ängstlich verschwiegen hatte. Zum Beispiel seine vielen Liebschaften, die ihm Großmutter am Ende nicht einmal mehr übelgenommen hatte, weil es irgendwann zu viele waren und sie ihn nicht mehr lieben konnte, auch wenn er sie manchmal hochhob wie zu Anfang und in die Höhe warf und wieder auffing. Einmal kommt sie in einen Laden auf der Twerskaja, um Heringe zu kaufen und sie sieht durch einen bösen Zufall an der Hand, die die Fische einwickelt, einen Ring, den sie seit einem halben Jahr vermißt, ein Erbstück ihrer Urgroßmutter: eine sich verzehrende Schlange, die einmal zwei Rubine trug und den einen hatte Oma Sima sich selbst aus Versehen weggeschlagen, als sie beim Kühehüten mit der Peitsche auf eine Kuh eingedroschen hatte, und es war eine Strafe von oben gewesen, weil sie eigentlich nur aus Langeweile und Mutwillen mit der Peitsche herumgefuchtelt hatte, und den zweiten Rubin hatte sie im Krieg in äußerstem Elend gegen Brot und Fleisch getauscht. Und jetzt hat diese fischäugige, fischgerüchige Schlampe genau diesen Ring an der Hand und betrachtet ihn selbstgefällig und selbstverliebt. „Von wem haben sie diesen schönen Ring?“, sagt Oma Sima und sie versucht ihrer Stimme einen schlangenfreundlichen gleichgültigen Ton zu geben. „Von mir selbst“, sagt ihr die Ladenfrau giftig, „was geht Sie das überhaupt an, Bürgerin? Ich stehe hier den ganzen Tag und kann mir deshalb auch etwas Gutes gönnen. Von meinem eigenen Geld, wohlgemerkt. Ich muß nicht wie manche sonst die Beine breitmachen, damit Geld ins Haus kommt. So, jetzt die nächste bitte.“ Und Großmutter Serafima konnte nichts mehr sagen, konnte nichts mehr tun, als nur noch weggehen und in einer dunklen Ecke sich ausheulen. Sie war zu stolz, um Opa Nikolaj etwas zu sagen und sich abspeisen zu lassen mit einem lässigen „Was weiß denn ich? Vielleicht hast du ihn verloren und die Dame hatte Glück und hat ihn aufgesammelt. Wer will das wissen, wer will da etwas beweisen.“

Niemand erzählte Märchen wie Oma Sima, das konnte nur sie so. Niemand konnte wie sie aus drei Fetzen Stoff ein neues Kleid oder eine Tischdecke fertigen oder ein Karnevalskostüm aus alten Gardinen. Die Schürze aus dicker Wolle zu meiner Schuluniform stammte aus ihren Beständen und ihren Händen und auch die Variante zu festlichen Gelegenheiten, die weiße Batistschürze aus einem zerschlissenen seidenen Unterrock, verdankte ich ihr. Die ist so schön, daß viele Kinder eben so eine haben wollen und mich fragen, wo es sie zu kaufen gibt. Aus einem quadratischen Stück Seide entsteht eine Figur, aus einzelnen Überresten ein Sommerkleid. Vielleicht war es das, was manch einer an ihr nicht mochte, daß sie sich helfen konnte, egal was ihr unterkam, und daß sie allein fertig wurde. „Das ist mir eine Katze“, sagte Wanda Iwanowna, „die hat hundert Leben, läßt das Mausen nicht und fällt immer wieder auf die Vorderfüße.“

Heiß war es Oma Sima eigentlich immer und selbst im Frühjahr oder im Herbst trug sie keine Unterhose unter dem Rock. Das war äußerst praktisch für sie, wenn wir im Park spazierengingen mit Aljoschas kleinem Sohn. Sie setzte sich dann, wenn es sein mußte, auf eine der Parkbänke und pißte so unauffällig durch die Stäbe, daß nicht einmal einer der Parkwächter oder ein Milizionär es bemerkt hätte, und wenn er in zwei Schritten Entfernung an uns vorbeigegangen wäre. Ich muß schon sagen, aufgeklärt hat mich eigentlich nur meine Großmutter, keiner sonst. Wie liebte ich die Geschichte von Opa Nikolaj, wie er eine verheiratete reiche Dame besteigt und deren Mann kommt nach Hause, aber Opa hört nicht auf, sie zu bespringen, so ist er in Rage und in Fahrt. Da will der Mann ihn hochreißen, herunter und weg von seiner Gattin, aber er reißt ihm nur die lange Unterhose weg, jedenfalls den größten Teil von ihr. Nur die Bündchen unten an den Unterschenkeln bleiben und erst als alles aus ihm heraus und abgetan ist, läßt Opa Nikolaj die Frau los, steht auf, nimmt den Fetzen Stoff von seiner Unterhose vom Boden, wirft ihn dem Mann vor die Füße und geht ohne ein Wort weg. Aber die Bündchen läßt er, wo sie sind, an seinen Beinen – vielleicht, weil er noch so sehr damit beschäftigt ist, daß man ihn so stören und beleidigen konnte, aber vielleicht auch, weil er sie nicht verstecken will, weil er will, daß sie gesehen werden und er gefragt wird. Und als er nach Hause kommt und sich umzieht für das Krankenhaus, da sieht seine Frau die Sache, und er erzählt ihr, wie es dazu gekommen ist und lacht dabei und flucht auf den Schweinehund von Ehemann. Und Serafima sagt nichts. Serafima, die alle *Gwalt* haßt und von der Wanda Iwanowna eines Tages im Flur sagt, in meine Richtung: „Serafima! Hat sich was mit Serafima! Eure Serafima ist am Ende doch nur eine SARAHFIMA, und das weiß sie selbst am allerbesten, weiß Gott weiß sie das.“

Das Messer, das noch schnitt

Sergej Andrejewitsch Chalkin, der ein guter Mensch war und der, solange er lebte, kein böses Wort gesagt hat zu keinem Menschen, geschweige, daß er sich herumgeprügelt hätte mit den Proletariern in der Vorstadt vor, hinter oder in der Bierbude, wo es das Bier aus Blechbechern gab, daß keiner zu Schaden kommen konnte bei den üblichen Saufraufereien, und der ganze Fortschritt war, daß in den späten Achtzigern ein Pächter kam, statt des kommunalen Gangsters ein Privatkassierer, und mit ihm verschwanden die Blechnäpfe, die immer wieder heimlich geklaut worden waren, selbst wenn die Kellnerinnen hundertmal nachgezählt hatten und hatten am Ausgang gelauert auf hochgebeulte Taschen und einseitige Vollbusenbrust, sah dann so aus wie bei einem Revolvermann, der sein Eisen nahe am Herzen trägt, aber die Säufer sind gerissen, selbst im stärksten Suff, die bringen das raus, was sie rausbringen wollen. Jetzt mit dem neuen Umgestalter gab es zwar immer noch kein Glas, aber dafür große Plastikbecher für den halben Liter, und nach den ersten Wochen, wo die Burschen aus Gewohnheit und wegen der Neuigkeit auch die mitgenommen hatten, blieben die wackeligen wabbeligen Gefäße auf dem Tisch stehen oder flogen von der Tür aus ins Gebüsch, und die Kellnerinnen, jetzt keine breiten Maschinen mehr wie in den früheren Zeiten, sondern biestige Lachblondchen mit schiefen Goldzähnen und vier Schichten Creme, Rot und Glitzersternchen im Gesicht, sammelten die Dinger wieder ein und je nachdem, was der Gast für ein Gast war, bekam er einen schon benutzten ungespülten, einen benutzten gespülten oder sogar einen noch völlig jungfräulichen Plastebecher vorgesetzt. Diese dritte Variante galt allerdings fast nur für den Pächter und seine Gäste und für einige finstere Herren von der Sorte der hinten Schwarzgefärbten, die alles frei hatten und wenn sie nach einwärts wollten zu einer schnellen Privataudienz, dann ging Vera mit, der alles egal war und die deswegen am besten bezahlt wurde für die siebzig Stunden, weil der Chef wußte, daß sie für alles zu haben war, für jedwede Mission zu benutzen.

Sergej Andrejewitsch Chalkin also schlug sich nicht, und es war erstaunlich, daß er nicht geschlagen wurde oder doch jedenfalls fast nie. Ganz so, als hätten selbst die dreckigsten Säufer im allerdreckigsten Zustand der vollen Vollgesoffenheit gespürt, daß er ein guter Mensch war, einer von den ganz

wenigen, die wie die Engel sind oder wie ein goldgelocktes Jesuchen, das nur vorbeischwebt und sich gar nicht erst einmengt in all die Wut vor seiner Nase. Er sprach wenig und eigentlich nie über andere, vor allem nicht das viele Zeug, das hinter dem Rücken dahergeredet wird, und vor allen Dingen lächelte er Menschen an, die er noch nie im Leben gesehen hatte und nie wieder sehen wird, und, so schien es mir jedenfalls immer, das tat den Leuten gut und keiner kam auf die Idee nachzuzählen, wieviele Sätze er zu ihm gesprochen hatte oder sich zu beschweren mit der Bemerkung: „Nicht ein Wort hat er uns gegeben, nicht eines hat er uns gegönnt."
Dieser Sergej Andrejewitsch Chalkin war im Krieg gewesen, im letzten großen Krieg, und er kam an einem Flüßchen einen Steilhang hinab, durch ein Birkenwäldchen, über einen feinsandigen Abschnitt, fast so weiß wie eben gefallener Schnee, und dann über rutschigen Schlammboden, der in diesem sonnenfernen Schattenloch noch nicht den Frühjahrsregen zurückgegeben hatte an die Wolken, obwohl es schon seit Tagen eine brütende brüllende Hitze war. Sergej Andrejewitsch Chalkin verreckte fast vor Durst, und er hatte nur noch den einen Gedanken, an dem Flüßchen Wasser zu holen, zu trinken und nochmals zu trinken. Er wußte, daß hier irgendwo die Frontlinie verlief und daß einzelne Trupps der nach Wochen des Rückzugs für einige Wochen in diesem Frontabschnitt eingegrabenen Deutschen nicht allzu weit waren, aber das kümmerte ihn im Moment eine feuchte Hutschnur. Unten am Uferchen legte er sein Sturmgewehr neben sich, kniete sich hin, füllte den Helm, trank ihn in kurzen Schlucken leer, verschluckte sich, hustete das Wasser aus der Luftröhre, füllte den Helm erneut. Als er kurz aufsah, blickte er in die Mündung eines Karabiners. Ein deutscher Soldat, kaum älter als er selbst, aber schon mit irgendwelchen Litzen und wohl ein Offizier. Also wußte Sergej Andrejewitsch Chalkin, daß es zu Ende war mit ihm und mit seinem Leben und daß er nicht mehr würde beten können vor dem Jenseits, sondern erst dort nach seiner Ankunft in einer anderen besseren Welt und vielleicht würde er tot sein, ehe er es bemerkt hatte und ehe er sich wundern kann, daß es so schnell geht, wo es doch so schwierig und langwierig ist für unsereinen, auf diese Welt zu kommen. Er wollte etwas sagen, aber das wenige, das ihm auf die Schnelle einfiel, sagte er dann doch nicht. Bloß, der Deutsche hatte immer noch nicht geschossen, er hatte nichts getan, und jetzt fragte er etwas, in gebrochenem Russisch, und Sergej Andrejewitsch Chalkin muß noch einmal nachfragen, ehe er es richtig im Ohr hat und es im Kopf richtig verstaut ist: „Hast du Kinder?", fragt der Deutsche. Und ehe der fast schon

tote Sergej Andrejewitsch Chalkin lange nachdenkt, was besser ist solch einem Feind gegenüber, ob der vielleicht Kinder haßt oder als Dreifachfaschist was dagegen hat, daß die Russen, wo sie doch schon zu viele sind, sich noch weiter vermehren, ehe Sergej Andrejewitsch Chalkin das Vernünftigste und Ausgeklügelte sagt, macht er einfach den Mund auf und sagt: „Ja." Und das JA sagt er auf deutsch, damit es auch ganz bestimmt verstanden wird, und sofort kommt eine Frage nach: „Wieviel?" Ja, was soll Sergej Andrejewitsch Chalkin da sagen, wo er doch in Wirklichkeit keine Kinder hat, damals noch nicht und später auch nicht, und weil er gerade eben gedacht hat DREIFACHFASCHIST sagt er jetzt schnell „DREI", aber das muß er auf russisch sagen, weil er das deutsche Wort gerade eben noch wußte, aber jetzt hat er es schon nicht mehr parat. Der Deutsche versteht aber genug Russisch, er zeigt auf sich und sagt: „Wie ich, ich auch." Dann senkt er die Karabinermündung etwas, nickt noch einmal und zieht sich zurück, zu Anfang geht er rückwärts und behält den im Blick, den er so einfach hätte erschießen können, aber als er ein Stückchen weg ist, dreht er sich um, winkt noch einmal kurz und macht sich weg, und eine kurze Zeit hätte Sergej Andrejewitsch Chalkin ihn vielleicht sogar erschießen können, wenn er gewollt hätte. Aber er will ja nicht, er füllt sich noch einmal den Helm und noch einmal, dann beeilt er sich, zu den Kameraden zurückzukommen. „Vorkommnisse, Genosse Chalkin?" „Keine. Alles wie immer. Kein deutscher Schwanz weit und breit."
Sergej Andrejewitsch Chalkin, der so vieles Gute sagen konnte, konnte auch schweigen, und er schwieg Jahre und Jahre, bis Stalin unter der Erde war und Berija war hinterher und Chruschtschow hatte das Packeis am äußersten Ende wattig angetaut und allen weiszumachen versucht, daß er zwanzig Jahre lang als Botschaftsrat auf den Neuen Hebriden die roten Nelken gepflanzt und begossen hatte und sonst gar nichts oder war er nicht überhaupt erst drei Jahre alt beim Zwanzigsten Parteitag und von all dem Blut unberührt, daß vor seiner Zeit vergossen werden mußte.
Der erste Mensch, dem Sergej Andrejewitsch Chalkin etwas von dem Flüßchen und dem ausgebliebenen Tod erzählte, war meine Mutter. Ich weiß nicht, ob sie eine Affäre mit Sergej Andrejewitsch Chalkin hatte (wenn, dann muß es eine ihrer kürzesten gewesen sein, ein oder zwei Nächte und dann nullkommanull) oder ob es einfach so war, daß sie sich über jemanden freute, der wie sie ein gutes Herz hatte, aber bei ihm wußten und sagten das viele Menschen und bei ihr wußte und sagte es immer nur ein einziger

Mensch – sie selbst und selbst sich selbst sagte sie es nur in aller Heimlichkeit und lautlos.
Wie auch immer, Sergej Andrejewitsch Chalkin erzählte ihr diese Geschichte und als er sie erzählt hatte, gab er ihr ein Messer, ein Küchenmesser aus Eisen mit einem Eisengriff und sie wunderte sich, da doch dieser Gegenstand nichts, aber auch gar nichts mit seinem Bericht zu tun hatte. Aber sie nahm es dankbar an, wie sie überhaupt immer alles so zu nehmen versuchte, wie es eben kam. „Es ist ein gutes Messer“, sagte Sergej Andrejewitsch Chalkin, „ihr werdet immer an mich denken, wenn ihr damit Kapusta schneidet oder euer Brot. Es ist ganz leicht scharf zu halten und wenn es im Wasser ein paar rostige Stellen bekommen hat, dann reibt ihr sie mit Salz und Wasser wieder ab oder mit etwas Werg.“ Was soll ich sagen, das stimmte wirklich. Dieses Messer gibt es immer noch und ich habe es niemals in der Hand gehabt, ohne an Sergej Andrejewitsch Chalkin zu denken. Erst recht nicht, wenn ich beim Gemüseputzen herumgeträumt hatte und mich an der scharfen Klinge geschnitten hatte und die roten Flecken durchtränkten das weiße Tischtuch.
Überhaupt ist das so eine Sache mit dieser Geschichte. Sergej Andrejewitsch Chalkin hatte ja damals an einem bestimmten Punkt gelogen, denn er hatte keine Kinder gehabt und erst recht nicht drei. Sicher, man kann sagen, eine belanglose Notlüge und Not kennt kein erstes zweites drittes viertes fünftes sechstes siebtes achtes neuntes zehntes Gebot. Aber vielleicht, und das war die Meinung der einen Fraktion auf unserem kommunalen Hausflur, die Meinung der Mißtrauer und Schlechtredner, war die Geschichte von Anfang an erlogen und ihr Held hatte sich nur wichtig machen wollen, oder er hatte auf den Deutschen geschossen, ihn aus Unfähigkeit und Angstgezitter nicht getroffen und sich dann nachher so aus der Affäre herausgeschwindelt. Oder er hatte den Faschisten abgeknallt, wie es sich gehörte, nach allen Regeln der Kunst, dann aber wegen seinem viel zu weichen Kinderherz Gewissensbisse gekriegt und sich selbst getröstet mit einem Schmarren, den er am Ende dann selbst glaubte, so was passiert ja alle Tage.
Aber es gab auch einige wenige, die eine ganz andere Idee hatten, was damals geschehen war, und die nicht davon abzubringen waren, daß Sergej Andrejewitsch Chalkin ein guter Mensch war und der beste, der je in den letzten hundert Jahren in die Twerskaja eingebogen war und dieses von allen Heiligen verfluchte Mehrfamilien-Rattenloch betreten hatte. Und diese wenigen, zu denen auch ich gehörte, waren sich sicher, daß die

Geschichte wahr war, nur umgekehrt. Na ja, so, daß Sergej Andrejewitsch Chalkin den waffenlosen Deutschen am Wasser antraf und ihn hätte erschießen können, aber nicht erschoß und daß er nicht wollte, daß einer sagen könnte: „Sieh dir diesen Guten an, wie er guttut mit seiner Gütigkeit, daß er fast schon als Gott selber durchgehen kann." Aber so ist das mit den Geschichten, sie sind nie so einfach und so scharf wie ein Messer und kaum glaubst du sie in der Hand zu haben, da hast du dich schon geschnitten, bist gekniffen und das eine Ende ist verschwunden und das andere ist schneller weg, als du hinsiehst.

Schurik – 1958 bis 1995

Schurik kannte ich gut oder ich glaubte jedenfalls, ihn gut zu kennen und ich hatte mir unsterbliche Verdienste um das Vaterland dadurch erworben, daß ich mich bei all denen entschuldigt hatte, im eigenen Namen und im Namen anderer, die durch meine Schuld gestorben waren, man kann ja nicht dafür, wenn andere einem ins Messer laufen, aber entschuldigen kann nicht schaden und ist gratis und vielleicht doch nicht umsonst. Schuriks Vater soff wie ein Bauer oder Handwerker säuft. Seine Mutter soff nicht, obwohl auch sie immer mal auf dem Bauch landete. Sie war erdig, gartenhaft, eine Frau, die die Kinder widerwillig herausließ und sie am liebsten wieder hineingeholt hätte in ihren breiten Leib.
Auf einem Foto vom Strand steht er da mit dem geliebten Mädchen, das er geküßt hatte, aber er hatte sie eben nur geküßt, er hätte schon allzugern mehr gehabt, aber sie wollte es verschieben auf später hin. Lenka, die er nicht liebte und die sich nie sicher war, ob sie ihn liebte, entjungferte ihn und schaffte es, gleich im ersten Versuch, den Ansatz hinzubekommen. Obwohl er Lenka nicht liebte und sich keine Illusionen machte über seine Gefühle, heiratete er sie aus Ehre und mit einem Strauß weißer Rosen im Arm.
Schurik mit seinen langen, leicht fettigen Haaren rockte sich durch die Zeiten, rettete Katzen und Frösche, die wie versteinert auf der Straße hockten, und er wollte dem Kind ein guter Vater sein, aber als er sieht, es hat keine Ähnlichkeit mit ihm, da legt er erneut los mit dem Saufen, das er doch vorher jedenfalls bei seinem Vater bekämpft hatte, damals hatte er seine Mutter verdammt für sich und auf seiner Seite. Bei einer Sauftour bekommt er einen Schlag mit einer Flasche auf den Kopf, daß die Schädeldecke aufgeht und epileptische Anfälle setzen ein. Schuriks Vater stirbt, er selbst lebt danach noch ein Jahr mit Lenka, die eine Abtreibung damals gewollt hatte, aber ihre Mutter war dagegen gewesen und sie hatte ihrer Mutter gehorcht jedenfalls damit. Schurik weiß, daß seine eigene Mutter Lenka immer nur DIE HURE genannt hat, weil sie ihm dieses Kind untergeschoben hat und dann haben die beiden noch ein richtiges gemeinsames Kind, aber das ändert nichts an dem, was Schuriks Mutter denkt und sagt, auch wenn sie später beide Kinder durchfüttern wird, wenn deren Mutter wieder einmal bei null ist oder seit einer Woche unterwegs. Dann kommt sie zurück nach drei Tagen und hat den ganzen Bauch voller

Unterschriften mit irgendwelchen Filzstiften in mehreren Farben und keiner weiß, wer da besiegelt hat, daß er in ihr war, oder wer nur dabeistand, als alle grölten, und er durfte jedenfalls auch noch sich verewigen, war aber nicht an der Reihe mit dem Darübergehen oder hat das vielleicht nicht machen gewollt, weil er Angst hat, daß er es nicht bringt oder daß er sich Schanker und Filzläuse abstaubt von ihr, und er sieht zu, daß er pinkeln geht auf dem Hof und daß er sich vom Acker macht, ehe sie ihn vorschieben können in die Lenka hinein.

Schurik liebt seine Mutter, er ist ihr ein guter Sohn und sie weiß es und sagt es ihm auch. Er stirbt bei einem Anfall, *warum muß er sterben, warum sterben die Guten*, sagt seine Mutter *und der Dreck ist noch immer da, wenn die Rosen auf seinem Sarg vertrocknet sind, der Dreck ist wie unsterblich und wenn dieses Mädchen, das ihn so liebte damals und daß er so liebte damals, ehe er der Hure unterkam, ihn gelassen hätte damals, dann hätte ihn die Hure nicht gehabt und der Tod noch weniger.*

Die beiden Dima

Ja, es ist einfach so, daß an den meisten Tagen wenig passiert, du bist auf den Beinen, hast auch drei Dutzend Dinge angefaßt und angefangen und am Abend weißt du schon nicht mehr so recht, um was es ging und was die Sache gewesen sein mag, aber dafür ist ein dumpfer Schmerz im Kopf, ein Ziehen in der Nierengegend, ein saures Aufstoßen und ein Geruch wie nach Leber und Kaffee, daß selbst die Frau dich nicht küssen will, die sonst nie genug davon kriegen kann. Ja und die Nieren, Natalja Maksimowa durfte man von dieser Ecke nicht kommen, da durfte man einfach nicht die Haut berühren, in diesem unklar abgegrenzten Bereich irgendwo zwischen Schultern und Steißbein, und sie sagte, sie wisse selbst nicht, warum sie da so irrwitzig empfindlich sei, sie könne es nicht sagen, es käme von früher her, vielleicht aus einem früheren Leben. Jedenfalls war sie kaum zu bändigen, wenn doch einer über diese wacklige Grenze rutschte, statt ihr die Brust zu streicheln oder ihr zwischen die Beine zu fassen. Jedenfalls mußte es wohl damit zu tun haben, daß einer von hinten kommt, den man nicht richtig sieht und der könnte etwas tun, das unvorhergesehen und tödlich ist und einem nur einmal und einmal zuviel passiert. Jeder fragt sich, ob die, die wir jetzt und seit Jahren lieben, diese Fremden, die wir nicht vom Mutterleib und seit unseren Kindertränen kennen, uns nicht schon oft genug begegnet sind vorher, ob sie uns nicht von früher bekannt waren, vielleicht als eine mediokre Sorte Engel und Wohltäter damals, vielleicht als unsere triumphierenden Feinde und laut auflachenden Schlächter, und wir werden es nicht wissen, niemals wissen.
Dima war sozusagen der Nachfolger bei Schurik, bei Schuriks Lenka, als Schuriks beste Zeit vorbei war und er schon voll die Kurve gekriegt hatte, die Kurve auf der breiten Paradestraße ab in das Ende, als er sich also schon fast kaputtgesoffen hatte. Wenn du so säufst wie Schurik, dann bist du eifersüchtig wie Hund und je mehr du es nicht mehr hinbekommst, umso mehr bist du eifersüchtig und dann hilft nur noch eins: nachzuschütten, bis oben in der Birne die Lampe ausgeht und mit ihr ist auch die Eifersucht plötzlich weg für ein paar Stunden. Du kannst singen und Krach schlagen, du kannst zwischendrin einpennen und wieder hochschrecken, wenn sie zu laut über dich lachen und dich immer wieder rufen, mit deinem Namen

oder einfach mit Kosenamen wie „Saufsack“ und „Pissestinker“. Während du so abdriftest, ziemlich selig-süß, kannst du dir ganz friedvoll und neidlos vorstellen, wie diese Frau, die doch dir zu gehören hat, es mit anderen treibt, und du kannst sie jetzt weiß Gott nicht brauchen, du brauchst nur den Sprit und das, daß es nie mehr aufhören soll so zu sein. Bloß, wenn dann dieser dämliche Traum ausgeträumt ist, wenn der kalte Morgen parat steht und du dich wie Matthäus am Letzten fühlst, dann kommt die Eifersucht wieder hoch, kocht spritzend auf, und du willst es deiner Kuh sofort beweisen, daß es noch geht, aber erstens wedelt sie dich wischiwaschi weg, ehe du ein Tönchen sagen kannst, und zweitens kämst du sowieso nicht hoch und hinein. Also kannst du es gleich bleiben lassen und läßt es auch bleiben und suchst schon mal, ob noch Vorrat für den Abend da ist, Glas mit Inhalt.

Wie gesagt, Schurik war da schon von der Rolle, war nur noch ein gewesener Mann. Genauso behandelte Lenka ihn, warf ihn aus der Wohnung, ohne daß er wirklich gemuckt hätte, schon weil er im selben Block einfach nur zwei Etagen tiefer eine Bleibe fand, in der Einzimmerwohnung, in der seine Mutter und sein Vater lebten. Von da unten kommt er eines Tages hoch in Lenkas Einzimmerwohnung, die eigentlich seine ist, da hat er noch einen Schlüssel. Er findet seine Frau im Bett mit einem gewissen Dima, dem großen Dima, Dima der Ältere, und die beiden kleinen Söhne Schuriks sind auch da, der kleine Dima, der fünf ist und ganz anders aussieht als sein angeblicher Vater, und Oleg, der ist drei und ähnelt seinem Vater wie ein Zwilling, wie ein künstlich um dreißig Jahre verjüngter Schurik sieht er aus. Die Kinder sehen, wie sich ihre Mutter aufführt, Beine breit und juchhu, wie sie nackt durch die Wohnung rennt und der Neue hinter ihr, wie sie ihn beim Vorbau nimmt und ihn wieder ins Bett zieht.

Natürlich ist Lenka besoffen und ihr neuer Mann ist es auch, eigentlich ist er noch ein Junge, gerade siebzehn, gut zwanzig Jahre jünger als diese Frau, von der er dies und das will. Hineinkommen und drinnen sein will er natürlich, aber außerdem geht es ihm darum, endlich auf ewig abzureisen aus Nowgorod, endlich auf Dauer nach Moskau zu gelangen, ins große pulsierende Hauptstadt-Herz. Am besten voll auf die legale Tour, ohne nachgebastelte Papiere, ohne diese Angst Tag und Nacht, daß dich einer an die Miliz verpfeift und die sammeln dich ein, lösen einmal einfach ohne Rückfahrt für dich und lassen dich erst wieder auf Sachalin aussteigen aus dem Zug, zu einem kleinen Kuraufenthalt von zwei drei Jährchen oder mehr. „Was willst du hier, Schurik?“, brüllt Lenka. „Du gehörst hier nicht

mehr hin. Du kannst wieder abziehen und deine Mama vögeln. Falls sie ihn dir hochbekommt.“ Der große Dima will sich schier kranklachen. Er schiebt den Mann, der mal ein Mann war und mal Lenkas Mann und der in dieser Wohnung gelebt hat all die Zeit, raus in den Hausflur und sagt ihm, er soll gefälligst abhauen, Lenka habe jetzt einen anderen und besseren, nicht so einen, der es nicht bringt und nur in der eigenen Kotze und Pisse liegt drei Tage lang. Wie geplant macht Schurik sich weg, zwei Etagen tiefer, sagt fast nichts, ist einfach nur weg und schüttet sich gleich wieder zu, damit das Bild aus seinem Kopf verschwindet. Seine Mutter nimmt ihn in Empfang, bei ihr kann er sich durchhängen lassen, mit ihr und mit dem Stiefvater kann er in Ruhe seine Ration eingießen und noch eine.
Der kleine Dima ist übrigens richtig häßlich - dunkle Haut, dunkle Haare, abstehende Ohren, miserable Haltung. Aber das Bürschchen hat ein goldenes Herz: Er ist gut zu den Menschen und gut zu den Tieren, zu den Tieren noch mehr, weil er sie liebt und ihn das Leben der Tiere an sein eigenes Leben erinnert. Als Dima fünf ist und Oleg drei, kommt Natalja Maksimowa eines Abends um zehn vorbei. Sie ist zurückgekehrt von einer langen Reise und was bleibt ihr da übrig, als diese Frau zu besuchen, die vor hundert Jahren Nataljas Cousin geheiratet hatte, daß man es fast schon vergessen hat, und an Schurik denkt fünf Jahre später keiner mehr außer jemand wie Natalja, die ihn schon gekannt hat, als er noch voller Leben und Hoffnung war und vielleicht hätte sie es sogar mit ihm versucht damals, wenn er es versucht hätte mit ihr, in diesem Leben vor dem Leben. Natalja hat etwas für die Kinder mitgebracht, Süßigkeiten und einen Windvogel, der mit lila Papier bespannt ist und einen Schweif aus Silberflitter hat. Aber die Kinder sind nicht da, nur Lenka, die im Bett liegt und mit sich und ihrer Flasche beschäftigt ist - und wenn die leer ist, ist sie jedenfalls noch für eine Sache gut, für eine einzige. „Die Kinder sind spazieren“, sagt Lenka. Natalja sagt nichts oder sagt doch etwas, aber das eine hilft so wenig wie das andere und es hilft auch nichts, daß die Miliz die beiden Kinder aufgreift wieder und wieder - den kleinen Dima, der in ein paar Jahren noch kleiner und noch schmaler sein wird als sein jüngerer Bruder oder Halbbruder, lassen wir das mal offen, und den blonden Oleg, der alles mitmacht und nachmacht, was Dima ausprobiert.
Ehe Dima in die Schule kommt, fangen sie schon an mit Klebstoff, dann schnüffeln sie Benzindämpfe und schließlich ist Alk an der Reihe, in rauhen Mengen. Hier wird etwas geklaut und da etwas verscherbelt oder es wird einem mit einer Glasscherbe eins über das Gesicht gezogen, aber nie nur so,

immer nur, wenn sie beide angegriffen werden oder einer von ihnen und es geht nicht anders, um durchzukommen. Zu der Zeit hat Schurik es schon hinter sich, muß weg von der Erde und raus aus dem Rennen. Seine Lenka bekommt sogar Witwenrente, außerdem das Geld für die zwei Kinder, die schon da sind und die zwei Söhne, die ihr Dima der Ältere macht. Manchmal säuft sie noch volles Rohr, aber wenn er sie erwischt, verdrischt er sie aus lauter Liebe, daß sie endlich aufhören soll mit dem Saufen und sich um seine Kinder kümmert, und dann läßt sie es tatsächlich für Monate, weil sie Angst hat vor ihrem Mann und seinen breiten Händen. Ja, sie heiraten sogar, obwohl das die Witwenrente kostet, aber sie kommen zurecht und es könnte schlechter sein. Dann kriegen sie es irgendwie hin, eine Dreizimmerwohnung zu ergattern, drei Zimmer für sechs Menschen, und die alte Einzimmerbudike, die vom toten Schurik, behalten sie auch noch. Erst wohnen der kleine Dima, der jetzt siebzehn ist wie sein Vater damals, als er mit Lenka anfing, und Oleg dort, aber sie vermüllen den Wohnkochschlafraum komplett und einmal brennt er fast ab. Da beschließen die Alten, daß die Schurik-Wohnung jetzt vermietet wird und die beiden Großen sollen mit bei ihnen in der schönen großen Wohnung leben und sogar das Geld kriegen, das für die Vermietung der kleinen hereinkommt. Eine Zeit läßt sich das ganz gut an, solange es neu ist, doch dann ziehen Oleg und sein Bruder wieder von dannen, schlafen hier und da und dort und tauchen nur dann auf, wenn sie sich duschen wollen oder Hunger haben oder komplett am Fliegenfänger hängen. Immerhin, gerade in der Zeit haben die Mutter und der Ersatzvater eine Idee, um Oleg zu retten, ehe er auf der Straße ganz kaputt geht mit Schnüffeln und Klauereien. Sie kriegen es hin, daß er in die Armee darf, sogar auf eine Schule, aus der die Generäle sich ihre Offiziere holen, und sie kriegen ihn tatsächlich soweit, daß er Dima Dima sein läßt und es mit dem versprochenen neuen Leben probiert. Auf der Armeeschule machen sie Oleg erst einmal klitzeklein, so klein mit Hut, und schleifen ihn sich zurecht. Aber obwohl er manchmal fast draufgeht, ist er glücklich über den Drill und das Robben im Schlamm. Für ihn sind das kleine leichte Spaßereien, verglichen mit dem, was er auf der Straße und in seinen Träumen gesehen hat. Die waren früher jede Nacht auf dem Spielplan und jetzt haben sie urplötzlich aufgehört, sogar der Traum mit der Mutter und der schwarzen Schlange und dem blutroten Pfahl. Soll man sagen, daß die beiden Alten es gewußt haben, sie hauen Oleg wahrscheinlich heraus und bringen ihn ans sichere Ufer und umso sicherer wird der kleine Dima untergehen und verrecken wie ein Hund, weil er jetzt niemanden mehr hat und verraten wurde? Und wenn die Mutter und der Stiefvater es wissen, was sagt das schon, einem Todgeweihten nicht den zum Opfer zu bringen, der vielleicht davonkommen könnte? Wer will das schon wissen, wer.

Zu Silvester, zu seinem letzten Silvester, taucht der kleine Dima, der jetzt einundzwanzig ist, mit einem Kumpan bei seiner Großmutter auf, bei Schuriks Mutter, die immer noch reichlich gerne einen trinkt und auch mehr als einen. Sie bekommen hundert Rubel von ihr, um einzukaufen für das plötzliche Fest. Als sie zurückkommen vom Markt, haben sie zwei Flaschen Wodka mit. Die bechern sie mit der Großmutter, und sie schiebt ihnen Fleisch, Brot und Gurken hin, weil sie so elend ausgehungert sind. Die paar Rubel, die sie an den vergangenen Tagen an der Tankstelle mit Wagenwaschen und Schrauberei verdient haben, die haben sie verflüssigt, ehe sie ans Essen denken konnten, und in den Mülltonnen am neuen finnischen Supermarkt haben sie nichts gefunden, weil andere schneller am Ball waren. Während der ganzen Feier steht oben auf dem Büffet eine dritte Flasche Wodka, eine ganz edle, teurer als die zwei gerade erworbenen zusammen, ein Jubiläumswodka mit goldfarbenem Etikett, den Sergej Maksimowitsch, der Bruder von Natalja Maksimowa, am Silvestervormittag der Tante geschenkt hat. Dieser fürstliche Wodka ist an diesem Tag das ganze Glück von Großmütterchen Ninotschka, das allerbeste Geschenk, das sie sich denken kann, ein Zeichen, daß der Junge an sie gedacht hat, wenn schon die Hure Lenka und ihr Beschläfer Dima ihr nichts zum neuen Jahr geschenkt haben. Ein Zeichen, daß der Junge seiner Tante nicht mit dummen Vorwürfen kommt und stattdessen lieber etwas Praktisches mitbringt und ihr damit eine Freude macht. Jedenfalls, jetzt wird von den dreien gefeiert und getrunken und ins Fernsehen geschaut, zugeprostet und gesungen. Irgendwann sagt Dima, daß er nicht mehr lange leben wird, und in all dem Taumel und Tran merkt sich die Großmutter das und berichtet es am nächsten Tag Dimas Mutter, die erschrocken zusammenfährt.

Gegen eins in der Nacht, im Dunkel des allerfrühsten Neujahrsmorgens, macht sich der Kumpan auf den Weg, weil die Runde bei der zweiten Flasche ganz unten angekommen ist, im leeren Nichts. Gegen zwei geht auch Dima von der Fahne. Als er eine Viertelstunde fort ist, wird Großmütterchen, schon auf dem Weg in den Schlaf, von einem plötzlichen Durstanfall gepeinigt. Erst da bemerkt sie, daß ihr Zarenwodka nicht mehr an seinem Platz steht. Sie sucht die gesamte Wohnung ab, schon ganz ohne

Hoffnung. Ihre Hoffnungslosigkeit wird nicht enttäuscht: Das alkoholische Juwel ist und bleibt verschwunden.
Am zwölften Januar kehrt Oleg in seine Schule zurück, ohne daß er diesmal seinen Bruder gesehen hätte. Am dreizehnten, zum altgläubigen Neujahr, ruft der kleine Dima seine Großmutter an, um sich zu entschuldigen für den albernen Flaschendiebstahl und um sich mit ihr zu vereinbaren für den fünfzehnten Januar. Da will er kommen und über alles reden, aber da hat er sich geschnitten. Sie läßt es nicht zu, sie läßt ihn erst einmal zappeln. Klipp und klar sagt sie ihm, wie enttäuscht sie von ihm ist und daß sie keine Lust hat, seine Visage in nächster Zeit zu betrachten. Erst Ende des Monats, wenn er das Geld abholen kann, das für das vermietete Zimmer einkommt, will sie ihn wieder sehen - und auch nur dann, wenn er den Schaden wieder gut macht. An ebendiesem dreizehnten Januar erhält Dima der Ältere ein Telegramm aus Nowgorod, daß sein Lieblingscousin sich erhängt hat, nach einem Streit mit den Eltern, der nach Meinung seines Vaters ganz harmlos und wie immer war. Am sechzehnten Januar soll die Beerdigung sein. Daher brechen am fünfzehnten Januar Dima der Ältere und sein Bruder mit dem Auto auf, um rechtzeitig zur Beerdigung in Nowgorod zu sein. Dieser Bruder wohnt seit einiger Zeit bei Dima und Lenka, weil auch er Nowgorod satt hat und nach Moskau will. Er macht es sich leicht und nimmt als Ausgangsbasis den brüderlichen Vorposten, da muß er nicht wie der sich erst den Boden unter den Füßen erobern und ervögeln. Na ja, manchmal denkt der Herr Bruder schon an einen kleinen Versuch mit der Schwägerin, so ganz außer der Reihe und ohne große Folgen, aber erstens traut er sich nicht recht und zweitens hat Dima die beiden scharf im Blick und feiert extra krank, um daheim den Überblick zu behalten, solange sein Bruder noch kein eigenes Quartier hat.
Am fünfzehnten Januar, der ältere Dima und sein Bruder sind schon einige Stunden fort und unterwegs, bekommt die Großmutter einen Anruf, daß ihr Enkel gerade eben in einem Krankenhaus gestorben ist. Der kleine Dima ist in sehr schlechtem Zustand eingeliefert worden, zugeschüttet und mit Herzflattern. Immerhin hat er noch dem Personal die Telefonnummer seiner Großmutter diktiert. Ninotschka überlegt, ob sie Lenka anrufen soll, aber dann fährt sie lieber mit der U-Bahn zu ihr. Lenka sitzt erst wie versteinert da, dann heult sie los und gibt sich an allem die Schuld. „Wie wahr, wie wahr, nur leider zu spät“, denkt Ninotschka, aber sie sagt keine Wahrheiten und nichts Verkehrtes und schaut, daß sie bald heraus ist aus

der großen Wohnung und zurück in ihrem heiß und innig geliebten Zimmer.
Als die Ex-Schwiegermutter sich aus dem Stube gemacht hat, trocknet Lenka ihre Tränen an einem Küchentuch ab, drückt den Rücken durch und versucht, ihren Mann über dessen Mobiltelefon zu erreichen. Die Leitung ist tot und bleibt es auch beim siebenundachtzigsten Versuch. Sie tröstet sich damit, daß die beiden vielleicht schon angekommen sind und bei einem lauten Totengelage nichts mitbekommen. Obwohl es ja ausgeschlossen ist, daß sie so schnell in Nowgorod sind. Als Lenka gerade überlegt, ob sie noch einmal versuchen soll, zu Dima durchzukommen, erhält sie einen Anruf der Miliz. Dima hat beim Überholen den defekten Lastwagen einer Molkerei auf der Gegenfahrbahn übersehen. Erst im allerletzten Moment hat er zu bremsen versucht, viel zu spät. Beide waren sofort tot, Frontalaufprall, Totalschaden.
Lenka fährt zu dem Doppelbegräbnis nach Nowgorod. Sie sagt in den zwei Tagen, die sie dort ist, keine zwanzig Worte, auch nicht zu ihrer Schwiegermutter - der Mutter, die an einem Tag zwei Söhne verloren hat und einige Tage zuvor den Sohn ihrer Schwester, den sie so sehr mochte. Lenka trinkt nichts in Nowgorod. Sie betrinkt sich erst, als sie wieder zuhause und mit sich allein ist. Die Beerdigung Dimas des Jüngeren, ihres ersten Sohnes, ist da schon vorbei und sie hört von den Verwandten, daß Großmutter Ninotschka in einem Kleid mit sehr viel Dekolleté auftrat und ihr Tuch aufbehalten hat all die Zeit, auch bei der Nachfeier nach der Kirche im engsten Kreis der Familie, und getrunken hat sie wie kaum jemals vorher und wie kaum ein anderer. Dann hat sie zu singen begonnen, irgendwelche Schlager, und keiner hat sie hindern können, die Ruhe der Toten und alle Gespräche über diese vier Toten und den Zusammenhang aller Dinge zu stören.

Straf

Was ist eine Strafe eigentlich, im engeren Sinne? Jemand macht etwas, von dem er selbst weiß, daß es falsch und verboten ist oder zumindest wissen das andere und weisen ihn vielleicht sogar darauf hin, aber letzteres ist nicht erforderlich, da auch Unkenntnis bestraft werden kann, und am Ende läuft es doch immer darauf hinaus, daß einer eins übergebraten bekommt, ob verdient oder unverdient.

Bei dieser Ärztin brach Schweiß aus, ohne daß es heiß gewesen sein mußte oder heiß hergegangen sein mußte. Mit ihrer Trennung, als sie ihren Mann auf dessen Freundin anspricht und er das nicht leugnet und nicht verteidigt, sondern gleich geht, beginnt der Leberkrebs oder daß sie davon weiß. Sie hat ein Haus gebaut und dafür viel Geld aufgewandt, bis an den Rand ihrer Möglichkeiten. Sie benötigt jetzt noch mehr Geld, für eine alternative Behandlung, für eine Vertreterin, die die Praxis weiterführt für die Zeit ihrer Krankheit und die zu dem Mann gesagt haben soll: „Das wird nichts mehr mit ihrer Frau."

Der Mann kommt zu ihr zurück, als er vom dem Krebs erfährt. Er erhält ihre Lebensversicherung und das Haus. Nach einer gewissen Frist, die Beerdigung und die Formalitäten sind geregelt, nimmt er, ohne daß er allzulange vorher mit ihrem Sohn spricht, der nicht sein Sohn ist, seine frühere Freundin mit ins Haus. Sie ist Muslimin, gehört zu einem kleinen kaukasischen Volk. Ihr Vater hat viele Frauen.

Ein Journalist, eine Sängerin und deren Tochter besuchen Moskau. Bei der Erteilung der Visa für diese Reise werden sie nicht über die neuesten russischen Registrationsbestimmungen aufgeklärt. In ihrem Paß erhalten sie lediglich durch ein eingeheftetes kleines Formular in russischer Sprache den Hinweis, sich bei zwei dort genannten Adressen, die eine in St. Petersburg, die andere in Moskau, innerhalb von drei Tagen zu melden. Als sie sich innerhalb dieser Frist am Mittwoch, den 13. 8., ihrem letzten Tag in St. Petersburg, anmelden wollen, stellen sie fest, daß das im Formular genannte Reisebüro „Globus" unter der Adresse „Reki Moiki 83" seit langem nicht mehr zu finden ist. Der schläfrige Hauswächter kann ihnen nicht sagen, ob es noch existiert und wo man nachfragen könnte. Schließlich gelangen sie aber auf einigen Umwegen doch zu dem neuen „Globus"-Büro und erfahren dort, daß sie jeder dreißig Dollar bezahlen sollen. Sie beschließen daher, sich in Moskau, wo sie die Mutter der

Sängerin besuchen wollen, als deren Gäste anzumelden und das Geld auf diesem Wege zu sparen. Allerdings scheitert diese Sparattacke nach zweistündigem Warten auf dem Flur einer Art Bezirksverwaltung. Die Beamtin erläutert freundlich, aber deutlich, daß die Billigvariante nur zu haben ist, wenn man Monate vorher einen mehrseitigen Antrag bei der Miliz einreicht, die alle damit verbundenen fremdenpolizeilichen Belange eingehender Überprüfung unterzieht. Am gleichen Tag erfahren sie von einem, der es wissen muß, daß sie nach den Bestimmungen nun eine *Straf* wegen Überschreitung der Drei-Tage-Frist und außerdem mehrere Nächte Hotelübernachtung zu bezahlen haben. Um diese unvermutete Zumutung auf maximal eine Nacht zu reduzieren, beschließen sie, sich erst am vorletzten Tag der Reise und des Visums, am 29. 8., anzumelden.
Die für Moskau in dem eingefügten Formular genannte Adresse, Hotel „Sebastopol" Metrostation Kaschirskaja, ist unzutreffend. Nach längerem Suchen finden sie das Hotel in der Nähe einer ganz anderen, weit entfernten Metrostation, der Kachowskaja. Man verlangt an der Rezeption von ihnen, zunächst bei der Miliz eine Strafe zu bezahlen. Die Milizstation ist nur wenige Meter entfernt. Von dort werden sie mit einem Blankoformular zur Sparkasse geschickt und aufgefordert, 3 x 1030 Rubel Strafe zu zahlen. Als sie zurückkehren, informiert sie derselbe Milizbeamte, für die Tochter müsse nichts gezahlt werden, da sie noch nicht 16 Jahre alt sei - sie könnten sich diesen Betrag von der Bank zurückholen. Sie versuchen dies, aber ohne Erfolg - das Geld sei schon abgeschickt. Im Hotel nimmt man ihnen trotz ihrer Proteste dreimal 660 Rubel für drei Einzelzimmer ab, weil angeblich sonst nichts frei sei. Als die Sängerin protestiert, daß sie gar nicht im Hotel wohnen wolle und es stehe doch so vieles leer, antwortet die Dame am Schalter ganz ruhig: „Seien Sie still! Das ist unsere Küche."
In St. Petersburg haben sie zwei Stunden, in Moskau sechs Stunden für diese Prozeduren aufgewandt. Bei der Miliz kommen sie in einem Betonbunker an einem Glaskasten vorbei, nehmen Platz auf Holzbänken, eine offene Arrestzelle im Rücken. Die beiden Milizionäre sind stiernackige Gladiatoren, die eine knappe Stunde benötigen, um drei gegenzuzeichnende Formulare handschriftlich auszufüllen. Als Grund des zeitweiligen Festhaltens wird die Entgegennahme einer Strafe eingetragen. Sie werden als Festgenommene benannt, obwohl man ihnen die Handschellen nicht einmal gezeigt hat und nur der Journalist ganz kurz und aus allgemeiner Neugier, als gerade keiner hinschaut, die Arrestzelle betreten hat.

Jedenfalls, wenn sie aufmucken, genügt ein kleiner Schubser und sie sind eingehaust. In den Formularen werden sie so genau beschrieben, wie der Schinderhannes in seinem Steckbrief für die Hunsrücker Bauern. Von ihr heißt es „blau geblümtes Kleid, schwarze abgetragene Halbschuhe", von ihm „Armeejacke im amerikanischen Stil", von der Tochter „kurzes weißes Kleid, schwarze Blume am Oberarm eintätowiert". „Auf Wiedersehen", sagt der Beamte hinter dem Glas auf Deutsch, als sie endlich gehen können. Es war ein guter Tag für die Belegschaft.
Der Journalist hat das Gefühl, hier zum ersten Mal nicht mehr mit einem seiner flotten Tricks durchgekommen zu sein. Die Sängerin ist wütend auf den Journalisten, weil der nicht auf sie gehört und nicht in Petersburg ohne großes Aufheben die neunzig Dollar bezahlt hat. So trägt dieses unbedeutende und letztlich lustige Erlebnis seinen Teil dazu bei, die beiden auseinanderzubringen.
Als die drei am nächsten Tag, dem 30. 8., mittags auf dem Moskauer Flughafen Scheremetjewo 2 als erste von allen Mitfliegern an den Flugschalter treten, erklären die Mitarbeiter von Aeroflot, sie besäßen keinen gültigen Flugschein, den habe entweder Pulkovo Airlines in Frankfurt oder vorher das Reisebüro abgerissen. Sie verlangen den Vorgesetzten, der sich schließlich (zum Schein?) bereit erklärt, in Deutschland anzurufen. Als er aus seinem Zimmer zurückkommt an den Schalter, sagt er, er habe mit dem Reisebüro gesprochen, man wolle von dort ein Telegramm schicken, dann könnten sie fliegen. Angeblich trifft dieses Telegramm bis kurz vor 16 Uhr nicht ein, so daß sie - um 16.20 Uhr ist Abflug, ihr Visum endet an diesem Tag um vierundzwanzig Uhr - sich gezwungen sehen, neue Aeroflot-Flugscheine zu lösen, für zusammen 38.544 Rubel. Dankbar wird die American-Express-Kreditkarte entgegengenommen.) In letzter Minute gelangen sie in die Maschine - zwar am Ende, aber ohne Schwierigkeiten bei der Zollkontrolle. Der Journalist trägt in einer Plastiktüte ein kleines Bild, gemalt von der Nichte der Sängerin, eine perfekte Kopie impressionistischer Landschaftsmalerei, das manche Frage hätte aufwerfen können. So aber bahnt er mit den Ellbogen (so, wie es Erster-Klasse-Passagiere gewohnt sind) den Weg durch die Pauschalfliegerhorden zum First-Class-Eingang, wo man sie schon erwartet und schleunigst durchwinkt. Die Sängerin verliert mitten in den Proben für die „Freischütz"-Premiere für eine Woche die Stimme und ihre Ärztin bescheinigt ihr, daß der Verlust der Singstimme durch Nichtschließen der Stimmbandritze ausschließlich seelisch (und nicht etwa durch Viren oder

Bakterien) bedingt ist. Die vierzehnjährige Tochter, die sich ohnehin in psychotherapeutischer Behandlung befindet, erleidet durch diese Vorkommnisse einen Schock mit Panikattacken. Es gelingt nicht, über den bloßen Ersatz von Aufwendungen hinaus eine angemessene Entschädigung für seelische Beeinträchtigungen zu erreichen, obwohl sie mit einem Prozeß und einem Informieren der Öffentlichkeit drohen. Lediglich die russische Chefin des Koblenzer Reisebüros, die dem Journalisten sympathisch ist und mit jeder zuverlässig geleisteten Zahlung sympathischer wird, erstattet ihm bar in kleinen Raten die Mehrkosten. Der Bruder der Sängerin aber, ein im großen Jahrhundertende-Krach fast auf null gerutschter Geschäftsmann, der sie in Moskau zum Flughafen gebracht hat und hinter der Absperrung ihre Kalamitäten mitbekam, hat sofort mit einem Kumpel von Aeroflot telefoniert, ihn auch auf seiner Datscha erreicht und mit ihm vereinbart, daß man daraus gegen Erfolgsbeteiligung eine ganz große Prozeßkiste machen wird, bei der Pulkovo Airlines, die Petersburger Konkurrenten, bluten werden, bis nur noch Wasser kommt. Dafür braucht er natürlich die angeblich entwerteten Originalflugscheine, er erhält sie und verspricht, sie in Kürze per Einschreiben zurückzusenden. Sie bleiben verschwunden, sei es, daß er sie tatsächlich in seinem Rechnungschaos definitiv verbaselt hat, sei es, daß er sie vertickert hat gegen Bares an einen, der sie abfliegt oder sonstwie nutzbringend verwendet. Die Sängerin weigert sich, etwas zu unternehmen – „er ist mein Bruder, du kennst ihn doch auch, er ist so, wenn er sie nicht zurückschickt, dann kann er nicht oder er will nicht und es kommt auf dasselbe hinaus“. „Ja“, antwortet er, „ich kenne den Burschen. Er ist dein Bruder. Ein Graus für Gott den Herrn und eine Strafe für seine Mitmenschen.“

Mischa Jakobson

Die deutsch gewordene Enkelin hört von ihrer russischen Großmutter Ivanka „Du frißt dich hier durch“, springt empört auf vom Tisch, schüttet dabei den Tee mit der eingerührten Marmelade um. Das macht einen ziemlich hartnäckigen Fleck, der ist noch da, aber das Mädel ist weg. Die Großmutter glotzt betrübt, nimmt betrübt die Decke vom Tisch, ein Wasserglas fällt zu Boden und zerbricht, nun kann sie auch das noch wieder in Ordnung bringen hinter diesem ungebärdigen Kind. Sie trägt die Scherben gleich in den Müllschlucker auf dem Flur, zwängt die Decke in einen zu kleinen Eimer, schüttet Wasser dazu und einen Spritzer deutsches Flüssigwaschmittel. Zumindest steht auf dem Etikett, es handle sich um eine Made aus Germany, soll man das glauben, erst neulich hat sie mit teurem deutschen Nivea ihre Haut behandelt und überall rosa Pusteln bekommen, da wußte sie jedenfalls gleich ganz sicher, daß man sie hereingelegt und moldawische Chemieabfälle auf ihrer immer noch so großartig glatten Haut abgeladen hat. Jetzt jedenfalls, so kann sie seufzend für sich feststellen, kann sie wieder einmal wie immer den Dreck wegräumen.

Als die inzwischen halb russisch gebliebene, halb deutsch gewordene Mutter des empörten Mädchens so alt war wie ihre Tochter heute ist, damals Ende der Siebziger in Moskau, fühlte sie sich vernachlässigt – und hatte sie nicht allen Grund? Sechs Tage ist sie im Internat, sechs Tage, dann ein Tag bei der Mutter, die oft auch noch den halben Tag unterwegs ist und alle paar Wochen sieht sie ihren Vater. Aber dafür hat sie Englisch ab der zweiten Klasse und darf mit den Großen rauchen, hinter einem verfallenen rotabgeblätterten Zaun, der aber nicht die wahre Grenze ist, nach ganz draußen, sondern nur eine halbherzige Abtrennung zum Park. Der Ausbruch in den Park, in den sie eigentlich auch nicht durften, das war das Größte, was ihnen gelang, auch wenn sie von wochenlangen Wandertouren träumten oder von einer Nacht, in der sie herauskommen aus der Anstalt, einen Polizisten niederschlagen mit einem Holzscheit, einen Schnapsladen aufbrechen, sich sinnlos zuschütten und vollkommen verdröhnt nach Hause kommen, vor dem Lehrerzimmer sich noch einmal richtig erleichtern und auf der linken Backe die dann fälligen Arreste abbrummen.

Im Park verwursten sie ihre hinten im Wäscheschrank gehorteten Brotvorräte. Es gab immer so viel Brot, das konnte kein Schwein essen und da sie es nicht einsahen, es einfach liegenzulassen in dem rostigen Drahtkorb, nahmen sie immer einen Schwung mit, einfach so aus Sport. Sie fütterten damit die Schweine oder hoben es auf für die Treffen im Park. Dort wurde ein Feuerchen veranstaltet, aus eilig zusammengesuchtem Holz, alten Schulheften und mal auch aus einer Bibel, die einer dem Direktor gestohlen hatte, auf daß die auch den Weg alles Irdischen ginge. Über dem Feuer rösten sie an langen Eisendrähten Brotstücke, träumen von Grillfleisch, Bier und Wodka, die es doch allenfalls alle paar Monate mal in homöopathischen Dosen gibt.
Das also ist die verhinderte Stieftochter des Mischa J., des damals jungen Juden Michail Jacobson alias Jakobson alias Jakobsohn alias später Maikel Jacobson: Eine leicht verwahrloste, aber rattenschlaue Göre, Jungfrau noch, aber schon neugierig darauf, wie es in den Hosen aussieht. Sie raucht, spuckt nicht in den Schnaps, macht einem der ältesten Lehrer schöne Augen und leere Versprechungen, bis sie ihn soweit hat, daß er sie antatscht und dann kann sie eine große Szene machen als verfolgte Unschuld, er wird prompt mit rotem Kopf an allen vorbei vom Hausmeister ins Lehrerzimmer geholt, muß an eine andere Schule und hängt sich dort nach zwei Wochen auf, im Gang zum Keller, weil er sich für schuldlos und vernichtet hält, aber sie hört das erst Monate später, glaubt es lieber nicht, sortiert es ein als ein dummes Lügengerücht und spricht lieber zu niemand davon.
Hat Ivanka nun Mischa tatsächlich geheiratet oder ist das nur eine Scheinheirat mit einem Theater-Standesbeamten und selbstgestrickten Dokumenten? Es wird nicht ganz klar, jedenfalls sieht er sie als seine Frau und gibt sie aus als seine Frau, aber die letzte Nagelprobe, ob die Urkunden ganz echt oder jedenfalls perfekt ausgekocht sind, bleibt allen Beteiligten erspart. Doch erst noch muß Mischa sich als vollverrückt aufbauen, damit die ihn herauslassen aus Rußland. Das glauben sie ihm sofort, quartieren ihn ein in der Psychiatrischen Klinik Nr. 18 am Gartenring, Station Hoffnungstälchen. „Sie schläft mit mir, sie ist meine Frau“, sagt er zu dem Psychiater. „Ich weiß es doch, Ostern war gestern“, antwortet der, „aber sprechen wir jetzt von etwas Reellem.“
Als Mischa Ivanka hundertmal beschworen hat, nach Israel mitzukommen mitsamt ihrer Tochter, verspricht sie es ihm endlich. Er bereitet alles vor, packt seine Siebensachen (wirklich nur ein paar Brocken, vielleicht nicht sieben, aber höchstens siebzehn Einzelstücke, nicht einmal eine

Zahnbürste, weil er auf sein Süßholzstöckchen schwört), macht aus den Kopeken, die in allen Ecken seines schmutzigen Zimmers liegen, ein paar Rubelscheine und aus denen Hartwürste, die er in den Mantel einnäht, aber die Grenzer finden sie natürlich und konfiszieren sie für die eigene Brut. Er ist fertig und glaubt, der arme Ochse, daß sie genauso fertig ist mit ihren Reisevorbereitungen, er hat sich mit ihr am Flughafen verabredet. Sie kommt auch, sogar mit Tochter, aber ohne Gepäck, sie hat nur herumgesessen und geheult und von ihrer Tochter eine Hilfe bei der Entscheidung erbettelt, aber die hat mit den Schultern gezuckt und gesagt „ich gehe mit, schlimmer kann es auch nicht werden, aber ich sage dir nichts, sonst bin ich es nachher wieder gewesen, wenn alles schiefgegangen ist."

Also sitzt Ivanka sozusagen nackt da, den Mund voll mit Steinen, die Knochen wie versteinert, sieht Mischa durch das Tor gehen, aufwärts in die lichte Zukunft und bleibt zurück, ohne Risiko und ohne den Rest Hoffnung. Im Gelobten Land heiratet Mischa eine polnische Jüdin, die schon ein Kind hat und macht ihr noch eines dazu, aber er sagt ihr alle paar Wochen ganz klar: „Ivanka hat gesagt, daß sie nachkommen wird. Du weißt, daß ich sie noch liebe und daß du dann gehen mußt." Alina nickt dann, heult nicht einmal und zetert nicht, sagt allenfalls: „Ich weiß es, dann wird es eben so sein."

Ivanka will kommen, sie träumt von Mischa und Israel, die Orangenhaine, Orgien in Orangenhainen, die Sonne auf ihren Schenkeln am lauwarmen Meer, die große Stille der nächtlichen Wüsten. Aber sie macht es dann doch nicht, warum soll sie die Heimat verlassen, warum soll sie ihre Stelle als Ärztin aufgeben, in einer der besten Kliniken ihres Landes, es ist doch ihr Land, es ist die Heimat.

Zwanzig Jahre später, 1987, kommt er zum ersten Mal nach Moskau zurück. Er meldet sich nicht bei Ivanka, aber sie erfährt, wo er ist und ruft ihn an. Jetzt erst verrät er ihr zum ersten Mal, daß er verheiratet ist und daß seine Frau auch Ärztin ist, vielleicht aus Versehen, vielleicht auch, um sie aus Selbstschutz noch einmal mehr abzuschrecken. „Ich bin glücklich, ich liebe meine Alina, wir haben in Freude und Leid soviel gemeinsam erlebt, es geht mir gut." Sie haben Israel nach einigen Jahren verlassen, leben in Kalifornien, sind Amerikaner geworden, nicht nur im Paß. Er ist Professor der Medizin an einer bekannten Universität, sie ist Ärztin in einer Privatklinik und deren Mitbesitzerin. Er ist allein gekommen, „Alina weiß, daß sie sich auf mich verlassen kann." Er lehnt es ab, Ivanka noch einmal zu

sehen, „es wäre nicht gut, die alten Narben könnten wieder schmerzen, warum sollten wir uns wehtun." „Aber Mischa, unsere Träume ..." „Ach ja, hatten wir einmal Träume?" „Was ist geblieben von uns, was bloß?"
Mischa war Dissident, er haßte die Kommunisten, wie sie nur ein Jude hassen kann, wegen all dem Elend und den Leichen, die jede Nacht durch die Köpfe ihren Aufzug halten, und ganz besonders wegen dem Traum von der messianischen Zeit, den sie in uns auffrischten und abtöteten. Seine Familie, seine Mutter war Dozentin und fühlte sich zu alt für noch einen Aufbruch, brach alle Verbindungen zu ihm ab, wie es der Staat nicht einmal befahl, aber doch wohl erwarten konnte.
Ivanka hatte ihn kennengelernt an der Gynäkologischen Klinik des Generalstabes, in die die Goldbehangenen ihre Frauen und Töchter brachten, wenn die Wehen sich ankündigten. Sie hatte drei Jahre in seiner Wohnung gelebt.
Bei seinem zweiten Moskaubesuch 1998 waren schon Irokesen in der Stadt, mit rot-lila Haarkamm, die ihn, als er gerade den Supermarkt verließ, um eine der Bierbüchsen baten, die er gerade gekauft hatte und in einer Plastiktüte herumschlenkerte. Er gab sie ihnen alle, sie waren schließlich zu viert, aber die Jungens ließen ihm wortlos drei und zogen friedlich mit der einen ab. Er gerät in eine Art Karneval – ältere Herren sitzen an der Wand, mit Ketten behängt, einige davon aus violetten Perlen und versteinerten Holzstückchen. Anscheinend haben sie den Saal gemietet und danach die Terrasse okkupiert, um Leuten wie ihm Streß machen zu können.
Als Jahre später Ivankas Tochter ihn in Kalifornien anruft, legt er nicht auf, aber er spricht über seine Studenten und die Waldbrände der vergangenen Wochen.

Das Schwein

Daß Pawel Kusmitsch das Schwein haßte, das stand jedenfalls fest. Eines der wenigen Dinge, die keinen Zweifel zulassen, so ungefähr wie bei einer Umarmung, die du von deinem Fenster unzweifelhaft beobachtest, ein Bauer umarmt seine Bäuerin, du kennst sie beide vom Sehen und mit Vatersnamen, aber du willst sie nicht kennen und wenn du ihnen nicht ausweichen konntest, weil sie im Dorf unvermittelt hinter einer Hecke auftauchen, nickst du ihnen huldvoll zu, aber ganz tonlos und als seien sie solche Fremde, wie man sie einmal und nie wieder sieht und im selben Augenblick sind sie vergessen und fort aus dem Kopf. Aber an der Vorhandenheit der Bäuerin und des Bauern zu zweifeln gibt es keinen Anlaß und auch die Umarmung war eine schlichte vollkommene Gewißheit. Es scherte Pawel Kusmitsch dabei wenig, daß er nicht wissen konnte, ob sie in voller Herzlichkeit geschehe, aus alter und fühllos gewordener Gewohnheit oder in einem einseitigen, ja vielleicht sogar beidseitigen Abscheu, mit Gedanken an einen besseren Mann oder eine bessere Frau. Umarmung war Umarmung, Mann war Mann und Frau war Frau.

Schwierig wurde es nur, wenn man über Sachen redete oder von Sachen las und es um Mehrdeutiges ging, das in der Gesprächs- oder Gedankenluft schwirrend schwebte oder zwischen den Sätzen abtauchte in unerreichbare Verdunklungen. *„Ich will Kreuz"* hatte in seiner Ausbildungszeit im Lehrbuch der deutschen Sprache gestanden, ein Spielergespräch. Er sollte als Aspirant für den Nachrichtendienst die Anfangsgründe der deutschen Sprache ausspionieren und hatte es vorgelesen als *„Ich will das Kreuz"*. Damit hatte er nicht allein bei seinen Deutschlehrern das Vorurteil gefestigt, es mit einem unordentlich-unzuverlässigen Träumer zu tun zu haben, sondern er hatte sich eine zehnminütige Darlegung anhören müssen, *„Ich will das Kreuz"* sei die inbrünstige Idiotie eines religiös-reaktionären Fanatikers und somit eine Angelegenheit der staatlichen Organe, während *„Ich will Kreuz"* dem nachvollziehbaren, wenn auch noch unaufgeklärten und unzureichenden Wunsch der Volksmassen zuzuordnen sei, beim Kartenspiel für einen Moment die Ausbeutungsfron zu vergessen. Im Übrigen zeige sich hier die optimistische und schöpferische Kritik der Unterdrückten an den herrschenden Volksfeinden, wie ja auch in den Kartenspielen des westlichen Europas der König zwar stärker sei als alle aus seinem Gefolge, er aber stets vom As niedergeschlagen werde, das ein abstraktes Prinzip verkörpere. Ja auch die Übermacht der Buben, wenn auf Grand gespielt werde, zeige, daß in einer bestimmten historisch-politischen Konstellation der Mann aus dem Volke, von unten her aufsteigend, die Macht für sich erobern könne. Ferner gäbe es die Spielweise, bei der die Zehn dem König übergeordnet ist, also die hohe Zahl, dieses Sinnbild der Massen, den absoluten dynastischen Anspruch aus dem Felde schlägt. Das abstrakte Prinzip des Asses sei aber nichts anderes als die konkrete und konzentrierte kollektive Kraft des Volkes. „Und", brüllte der Lehrer Anton Germanowitsch Schmidt an dieser Stelle, „wer ist das, die konkrete konzentrierte kollektive Kraft des Volkes? Nun", gab er sich selbst die Antwort, „niemand anders als unsere bolschewistische Partei. Das ist das As und das As siegt immer, auch über jedes Kreuz."

Vielleicht hatte es hier angefangen, das Scheitern des Pawel Kusmitsch auf dem alsbald endgültig verhinderten Weg zum amtlichen Kundschafter und Schnüffler. Ein Weg, der bekanntlich manchmal auf dem Umweg über eine Dresdner Vorstadt in den Kreml und auf den Präsidentensessel führen kann (selbst wenn der spätere Neozar – „ein netter, ruhiger Herr, der immer grüßte", so eine damalige deutsche Nachbarin Jahre später zu einem Reporter - damals sein Schlüsselbund verliert und mit einem deutschen Zettel an einem deutschen Straßenbaum nur noch hoffen kann, daß eine aufmerksame Seele ihm die Schlüssel zurückgibt, ohne daß irgendwer sonst es mitbekommt, was erstaunlicherweise auch geschieht, also eigentlich ist er auch so ein trödeliger Träumer wie Pawel Kusmitsch, aber er setzt die Handkantenschläge gegen die Konkurrenten exakt ein und kommt bis nach ganz oben, eiskalt wie ein Eiszapfen im Eisberg.

Weil er nun einmal abgebürstet wurde und sich zufriedengeben mußte mit kleinen Büroarbeitchen, in dieser Behörde und in jener, war Pawel Kusmitsch auf die Idee verfallen, sich weit draußen eine billige Datscha zu suchen in einem gottverlassenen Dorf, wo selbst der Dorfladen abgemeldet worden war, kaum daß die ersten Anfänge der Umgestaltung es zuließen, genau das zu machen, was einer für richtig hielt und nicht mehr das, was weit oben beschlossen worden war, und es war einfach keiner aufzutreiben, der gegen Gratislob und Naturalentlohnung Tag für Tag sieben angetaute Heringe und drei Laib Zahnausreißbrot verkaufen wollte. Also in diesem Dorf, so gut zweihundert Kilometer östlich von Moskau, von der Überlandstraße noch etliche Kilometer über eine Staubstraße durch die Prärie, kaufte sich Pawel Kusmitsch eine Bauernkate, aber eine richtig alte. So alt, daß alle Flöhe und Wanzen in ihr ausgestorben waren vor mehreren

Jahrhunderten und bei jedem Regen Bächlein durchs Dach auf den gestampften Lehmboden tropften. Pawel und seine Alte wachten im ersten Sommer manchmal nachts auf von solchen Erfrischungen und glaubten fast, ihre Eisenbetten unter dem Sternenzelt aufgestellt zu haben. Aber dieses Häuschen aus dem späten achtzehnten Jahrhundert (Jahre später wurde es sogar im Fernsehen als ein Dokument des russischen Bauernlebens *vor dreihundert Jahren* gezeigt) war ein erster Stützpunkt, ein Einfallstor in die agrarischen Ernährungsquellen. Die Frau begann sofort mit Säaktionen und Einpflanzungen und Pawel Kusmitsch strich um die Häuser, machte sich bekannt als neuer Nachbar, verteilte als Startmaterial Kleinstgeschenke und holte dann aus seinem Rucksack verschiedene Tauschgegenstände, die in zähen Verhandlungen gegen Schinken und Vegetarisches den Besitzer wechselten.
Pawel Kusmitsch, der ein großer, ein geradezu gigantischer Planer war, hatte fest damit gerechnet und sich mit entsprechenden Versprechungen in seinem Moskauer Bekanntenkreis gebrüstet, daß schon vor dem ersten Winter ein neues, größeres, besseres Haupthaus neben den alten Schuppen gesetzt werden würde, aber dann war er froh, immerhin einen niedrigen Erdkeller gegraben und mit Steinmauern ringsum für die nächste Ewigkeit ausgesteift zu haben. Abgedeckt wurde das Ganze durch über Balken gespannte Folien, die den Winter schon deswegen nicht überstanden, weil irgendein Strolch Verwendung für sie hatte und das bißchen Kleinholz darunter gleich mitnahm. Aber obwohl sich zeitweise eine Art Kellerteich gebildet hatte, überlebten die Außenmauern einigermaßen unbeschadet und als Pawel Kusmitsch im Frühjahr ins Dorf zurückgekehrt war und die Frostrisse ausgebessert hatte, beschloß er, bis zum nächsten Winter nicht einen einzigen Tag in Moskau zu verbringen, sondern um jeden Preis ein vollständiges Holzhaus zu errichten. Da er nicht nur ein Planer und Bürokrat war, sondern auch zwei nicht allzulinke Hände hatte und eine Gabe für das Improvisatorische, gelang es ihm, nach eigenen, mit einem Kinderlineal und dem Schulwinkelmaß seiner Tochter auf Packpapier gezeichneten Plänen ein Haus zu errichten. Da lieferte ein Pferdefuhrwerk Holz aus den nahen Wäldern, das zwei Jahre später vom angeblichen oder tatsächlichen Besitzer als ihm gestohlen reklamiert wurde, aber da war es schon verbaut und Pawel Kusmitsch schnaubte nur verächtlich angesichts wüster Drohungen, demnächst müsse er sich keine Zündhölzer für sein Pfeifchen suchen, da werde er genug Feuer unter dem Hintern haben. Anderes Holz, das Pawel Kusmitsch ohne Rechnungslegung und ohne

Herkunftsnachweis bar in die Hand bezahlt hatte, wurde von einem riesigen tschechischen Lastwagen abgeladen, der Fahrer fluchte über die versumpfte Schlammstrecke und die Mückenplage.
In diesem Sommer konnten schon die Gurken, die Kartoffeln und der gesalzene Weißkohl in dem Erdkeller eingelagert werden, ja gelegentlich hatte Pawel Kusmitsch sogar die Zeit gefunden, um mit Frau und Tochter in den Wäldern Stein- und Birkenpilze zu suchen. Dort, wo das aufgegebene Pionierlager vor sich hin verrottete, waren die besten Fundplätze. Und doch war es erst wenige Jahre her, daß hier Kinderfüße alles plattgetrampelt hatten und nicht mal ein Schimmelpilz eine Chance gehabt hätte, sich hier breitzumachen.
Pawel Kusmitsch, dessen Parole immer gewesen war „Wenn schon denn schon" hatte an einem Sonntag für die beiden Frauleute je einen großen Rucksack mitgenommen, für sich selbst aber gleich drei, einer für den Rücken, zwei für die Vorderpfoten. Diese fünf Rucksäcke hatten sie hoch voll heimgebracht. Die Arme schmerzten ihm vom Schleppen, aber er hatte bis in die Nacht am Küchentisch die Pilze gesäubert, zurechtgeschnitten und teils zum Einlegen, teils zum Trocknen vorbereitet.
Aber es gab auch einen Tag, an dem ihm alles zuviel wurde, er schon früh verschwand, mit nur einem einzigen Rucksack, den er schließlich kaum zur Hälfte gefüllt zurückgebracht hatte. Er hätte nicht einmal mehr sagen können, wo er sich niedergelassen hatte, auf welchen Waldlichtungen, und was er gedacht und geträumt hatte. Vielleicht hatte er sich da überlegt, die ausgebaute Pumpe einer Waschmaschine in seiner Banja zu installieren, vielleicht waren es aber auch ganz andere Projekte, die Schließung aller Gefängnisse und die Dienstverpflichtung ihrer Insassen für neue Eismeerkanäle oder die Begrünung baschkirischer Steppen. Vielleicht hatte er da auch den wunderbaren Gedanken, was man mit dem Schwein machen konnte.
Das Schwein nämlich, das muß man wissen, war kein häusliches, sondern ein besonders wildes Wildschwein. Es war der absolute Feind. Kaum waren die Saatkartoffeln herangewachsen zu stattlichen, gut verzweigten Pflanzen, hatte das Schwein es gewagt, in einer einzigen Nacht fürchterlich aufzuräumen auf jenem Acker, den Pawel Kusmitsch gleich hinter seinem Garten für eine geringe Pacht vom Rechtsnachfolger der längst abgewickelten Kolchose bekommen hatte. Das Schwein hätte das besser bleiben lassen sollen. Es war kein Spaß, einen wie Pawel Kusmitsch zum Todfeind zu haben.

Er sagte niemandem etwas, natürlich nicht, nicht einmal der eigenen Sippe. Tagsüber hatte er den Anschluß vorbereitet und sich alles bereitgelegt - fünfzig Meter Kabel auf einer Rolle, zehn Meter blanken Kupferdraht. Im Abenddunst hatte er die Sache installiert und scharf geschaltet, voller Gottvertrauen darauf, daß nicht noch ein dummes Kind oder einer der Dauersäufer durch das Dunkel stolpern und durchgerüttelt werden würde.

Ehe es hell wurde, war Pawel Kusmitsch auf den Beinen und auf dem Kartoffelfeld. Eine riesige Wildsau lag da, hatte es hinter sich, hatte die verdiente Quittung bekommen. Schwarz und stachlig, Schaum vor dem Maul. Er schaltete die Leitung aus, um sich nicht auch noch eine Ladung Strom zu fangen, holte Weib und Kind, also die einzigen Helfer, denen er jetzt trauen konnte. Zu dritt schafften sie es mit äußerster Anstrengung, durchgeschwitzt und zitternd, das Riesenvieh ins Haus zu zerren, ehe noch es hell wurde und die Nachbarn etwas sehen und verraten konnten. Dann ging Pawel Kusmitsch noch einmal los, beseitigte so gut es ging die blutigen Spuren und die Schleifspuren vom Feld bis zum Haus und freute sich über den hilfreichen Regen.

Es war ein Tag der Arbeit, des Zerlegens und Verwertens. Die Fenster waren verhängt, die Tochter auf der Veranda postiert, um alle eventuellen Besucher draußen zu halten und zügig abzufertigen, „meine Eltern sind krank, kommen Sie doch bitte morgen wieder“, „aber ich höre doch Ihren Vater laut sprechen“, „das wird im Schlaf sein, morgen wird es ihm schon besser gehen, kommen Sie dann“. Fleisch kochen, Fleisch braten, Fleisch einkochen in Gläsern, große Stücke gesalzen einwickeln und in den Erdkeller hinabbringen, wo es das ganze Jahr gleichmäßig kühl ist und kein Nachbar ein Fitzelchen zu sehen bekommt. Ein Wilderer zu sein ist schwierig. Ein Elektromörder zu sein, ein Täter der Nacht, erst recht.

Karina Tarnikowa

Unglaublich, daß einer der älteste Vater in einer Großstadt ist, in einer Mittelmetropole und fünfzig Kilometer rings herum nichts Größeres, mit fünfundsiebzig der älteste Vater, noch dazu eines gesunden Kindes, das heißt wie der Weltbeherrscher und seine Frau ist vierzig Jahre jünger, sonst ginge es ja auch nicht so ganz natürlich wie es ging. Er ernährte sich von den Wildkräutern, Gundermann und Guter Heinrich und Brennesseln, roh oder allenfalls gedünstet und viele Säfte für die eigenen Säfte eines Körpers, der jünger und elastischer schien, hatte eine eiserne Disziplin. Er war bereits Witwer, als er Karina in Sankt Petersburg in einem Konzert kennenlernte. Sein schon erwachsener Sohn, der sich als Jazzmusiker versuchte und immer noch nicht zuhause ausgezogen war, kaum jünger als seine Schwiegermutter, mißbilligte offensichtlich das Handeln seines Vaters, zog aber immer nur eine Schnute oder stand stumm herum, spuckte seinen mutlosen Unmut nicht aus.

Karina folgte ihrem Peter, den sie immer JURIJ nannte, schon Wochen später nach Deutschland, lebte bei ihm, heiratete ihn schnell. Sie spürte die Hingabe dieses Mannes, der sein Leben lang nicht ohne Erfolg Musik gemacht hatte, aber immer nur Leichteres, Spielerisches, und jetzt hinter ihr war, daß sie Tag für Tag stundenlang übte, schwierigste Sachen von Liszt und Chopin. Er sorgte für sie, nicht allein mit Dach und Tisch, sondern auch mit dem Schutz vor allen Nachstellungen durch die Pressevögel und durch die Ämter. Manchmal gab es kleine Hauskonzerte, in denen vorgefühlt und vorgeübt wurde für die großen Veranstaltungen in den Stadthallen und Philharmonien. Sie lernte die Sprache, sie fand sich hinein in ein Einfamilienhaus am Rande des Stadtzentrums, in dem immer noch die alten Teppiche und die katholischen Heiligenfiguren der ersten Frau vorherrschten, in diese Welt aus Askese und Gemütlichkeit. Sie hatte ihre Musik, denke ich, das war ihr wichtig und sie hatte nach einigen Jahren auch das zweite Ziel erreicht, ein Kind zu haben, das bleiben würde danach. Ein Zehnjähriger wird sagen: „Mein Großvater, ja, den habe ich nicht gekannt und mein Vater hat ihn auch nicht gekannt, der ist im Krieg gefallen, kurz vor der Geburt meines Vaters, nein nicht auf dem Balkan oder in Afghanistan, das war vor fünfundachtzig Jahren oder so.“

Jurij-Peter war bei jedem ihrer Konzerte, bei den großen und bei den kleinen in Weihnachtsveranstaltungen der Rußlanddeutschen oder des

Stadtteiltheaters, er stand ganz nahe bei ihr, sie stellte ihn allen vor „Mein Mann“, allen, die ihn noch nicht kannten oder die sich womöglich fragen könnten, wer er sei. Sie war ruhig, wirkte ausgeglichen, eher mütterlich als aufgeregt und aufregend. Sie lächelte und es schien nicht so, daß sie etwas entbehrte oder sich beklagen wollte über Fehlendes.

Die Fürstin, absterbend

Ivanka Nikolajewna Krylowa, die den Namen ihres Stiefvaters angenommen hatte, heiratete ein einziges Mal, aber mehrfach scheiterte sie an sich selbst und am Leben, am Gang der Dinge. Sie heiratete den zeitweiligen Offizier Maksim Naumowitsch Kulikow und war sechs Jahre mit ihm zusammen, bis ihre Tochter Natalja zur Schule kam und ihr Sohn Sergej in die dritte Klasse. Die Ehe begann gut, dann schlugen sich beide so durch das Leben wie die meisten Menschen, dann schlugen sich beide wie manche. Ivanka Nikolajewna, die stets überzeugt blieb, daß die Linie ihres Vaters sich über eine kurze Strecke zurückverfolgen ließ auf tatarische Fürsten und Fürstinnen und auch die zwischen Tiefblau und Stahlblau changierenden Augen ihres Vaters, von denen ihre Mutter ihr berichtet hatte, und die eher zu wäragrischen Streunern am Kaiserhof des Zweiten Roms paßten, beirrten sie darin nicht und das schien ihr Grund genug, mit aller Kraft, mit Nägelkratzen und Fausthieben sich zur Wehr zu setzen, wenn ihr Maksim nach einem Saufgelage zulangte, was seltener vorkam als die zweite Variante, daß er stocknüchtern zuhause bei den schlafenden Kindern im Dunkel saß und wartete, bis sie irgendwann im Morgengrauen in wehenden und halb verrutschten Tanzkleidern zurückkam.

ABSTURZ UND ANKUNFT

Zwischentodesfallgeschichten

Londunum

Londunum ist oder war, wie soll man sagen, damit es ganz exakt bleibt, eine der verschwundenen Städte, die sich im Kreis um den weiten Krater gruppierten, den in irgendeiner fernen Vorzeit der Einschlag eines kapitalen Meteors hinterlassen hatte. Aus mehr oder weniger guten Gründen blieb der Talgrund unbesiedelt, und nur auf dem obersten Kraterrand waren Häuser errichtet worden. Es war am Ende des vorvorigen Jahrhunderts, daß einer der berühmtesten Ausgräber in die Stadt kam, einer, der jenseits des Ozeans sich seine Sporen verdient hatte, zu Geld und Ansehen gekommen war, ein schnauzbärtiger und kahlköpfiger Mann weniger Worte und entschiedener Kraft. Sei es nun, daß die Einwohner von Londunum ihn als unwillkommenen Fremden ansahen, sei es, daß sie sich an seinem hochfahrenden und überkritischen Auftreten störten – „hier ist ja die Zeit stehengeblieben oder sie hat noch gar nicht angefangen“ – oder das all das zusammenkam, um die Einheimischen gegen ihn aufzustacheln, jedenfalls stieß der fremde Archäologe auf soviel Widerwillen und Widerstand, daß er erwog, unverrichteter Dinge gleich wieder abzureisen, den Sumpf den Kröten und die Kröten dem Sumpf zu überlassen. Aber dann beschloß er doch, den Bürgern von Londunum ein letztes und wie er meinte hochherziges Angebot zu unterbreiten. Er verfaßte ein Rundschreiben mit vielen Ausrufezeichen und relativ nebulösen Bitten, übergab es persönlich der örtlichen Zeitung wie auch den wichtigsten Honoratioren und ließ es aushängen an den Haltestellen der Pferdebahn. Eingeladen wurde für den kommenden Freitag ins erste Haus am Platz zu einer Unterrichtung über Zukunftsüberlegungen.

An dem fraglichen Abend war der große Salon des „Königsgrunder Hofes“ bis auf den letzten Platz besetzt. Selbst im Vorraum und auf dem Gang zu den Sanitärkabinetten drängten sich die Interessenten. Der große Forscher berichtete zunächst, daß er, Archibald o’ Gnac, aus einem verarmten Zweig eines der ältesten schottischen Adelsgeschlechter stamme, früh schon die Eltern verlor und nur dank der Hilfe eines leider damals schon dem Alkohol verfallenen und vorzeitig gestorbenen Onkels studieren konnte, um anschließend zwischen Harvard und Hamburg, zwischen Hammerfest und

Haiderabad an verschiedenen Universitäten seine Studien zu treiben und Lehraufträge zu übernehmen, bis er sich ganz der Feldforschung zuwandte. Er nannte zur Illustration eine Reihe von Orten sowie von hethitischen und skythischen Königen, deren Namen niemand im Saal je gehört hatte. Dann kam er zu seinem besonderen akuten Anliegen, allerdings nicht ohne zuvor *en passant* erläutert zu haben, daß er aufgrund seines Anteils an gefundenen Goldschätzen und seinen Tantiemen aus erfolgreichen Büchern wie *Das Grab war voll* oder *Ich suchte und ich fand* ausgesprochen solvent sei. Sein heutiger Wunsch sei schlicht und ergreifend der, das alte, unter den Jetztzeit-Häusern verborgene Londunum auszugraben und die Menschen der Gegenwart auszusiedeln aus ihren naturgemäß in Kürze in Ruinen zu verwandelnden und abzuräumenden Behausungen in den so romantischen naturgesunden Talgrund. Kaum hatte er das geäußert, erhob sich ein Sturm der Entrüstung: „Unglaublich, diese Frechheit! Wir sollen weg, damit nach altem Dreck gebuddelt werden kann! Man reißt uns den Teppich unter den Füßen weg, klaut den Teppich und verkloppt ihn dann! Da unten ist die Hölle! Zieh da selber hin, du Steinzeitgnom! Niemals! Niemals!"
Zumindest äußerlich war Archibald o' Gnac ruhig geblieben. Mit einem feinen ironischen Lächeln sagte er in die nach zehn Minuten des Geschreis und der Proteste plötzlich eingetretene Stille hinein: „Meine Damen und Herren, ich meine es nur gut mit Ihnen. Sie können eine neue Heimat gewinnen auf neuem Grund. Wenngleich Sie dann die alte verloren haben, so haben Sie doch Ersatz erhalten und halfen der Wissenschaft. Welch ein unsterblicher Verdienst um die Menschheit! Sie haben natürlich eine Alternative. Nämlich die, daß Ihnen alles genommen wird und Sie nichts dafür erhalten. Wählen Sie, Sie sind freie und vernünftige Menschen." Nun schien dem langjährigen Bürgermeister von Londunum, der vorher still an der Seite gestanden und seine Taschenuhr aufgezogen hatte, die Zeit gekommen, den linken Arm zu heben, sich so zu Worte zu melden und das Schweigen der Menge einzufordern: „Herr oo Knack, ich danke Ihnen für Ihre bemerkenswert verständnisvollen und entgegenkommenden Gedanken. Leider sind wir hier in dieser ländlich-rustikalen Grafschaft noch nicht so weit, ihre weit in die Zukunft vorstoßenden Planungen zu verwirklichen. Sollten Sie allerdings in Orten, die näher an den Metropolen und am Puls der modernen Zeit liegen, in den nächsten Jahren wider Erwarten keinen Erfolg haben, so würden wir uns freuen, Sie in der Zukunft erneut in unseren Mauern begrüßen zu dürfen, um dann mit verdoppeltem

Elan diese wichtige Frage neu aufzugreifen.“ Ohne in die Richtung dieses Sprachrohrs vereinigten Bürgersinns zu blicken, aber doch als eine Art Echo auf die Äußerungen des Bürgermeisters, antwortete Archibald o' Gnac, Sproß uralter schottischer Unbeirrbarkeit, daraufhin: „Ich danke Ihnen allen für Ihr Kommen. Die Angelegenheit ist für mich und für Sie erledigt. Bald schon werden Sie sich an meine Worte erinnern und kurz darüber nachdenken können. Ich wünsche Ihnen noch einen schönen Abend.“

Zurückgekehrt in sein Quartier, ließ der Ausgräber anspannen, sein Gepäck herabtragen, verabschiedete sich nach Zahlung der Rechnung wortlos von dem Gastwirt, drückte dem Oberkellner eine Silbermünze in die Hand mit den Worten „Vertrink es gleich, mein Freund, nur dann hast du was davon“ und wurde nicht mehr gesehen. Noch in dieser Nacht stürzten die Häuser von Londunum mit allen ihren Bewohnern in den Krater, wo heute noch sich angeblich in der feuchten Tiefe Trümmer finden lassen.

Die alte Frau

Vielleicht wenn der Pope die Wohnung geweiht hätte, vielleicht wäre dann alles gut geworden, vielleicht. Aber es blieb nur beim Reden darüber. Der Mann, alles andere als alt- oder rechtgläubig, hätte es zugelassen, ein Stück alte Heimat in einem fremden Land, überlebt habende und überlebte Folklore, allerdings hätte er staunend und in seinen Träumen verfilzt danebengestanden, die Gebete, das Sprengen des Weihwassers, der leicht nach Knoblauch und Billigparfüm duftende Priester. Also: Er trieb die Sache nicht gerade voran. Vielleicht war es das, was die Frau zögern ließ, mit dem Kirchensegen die Türschwelle allen Dämonen zu versperren. Er war eben so dabei und nicht dabei wie das Mal, als er sie begleitet hatte in die orthodoxe Kirche am Fluß, sie hatte ein weißes Kleid angezogen und war nach dem Gottesdienst zu einem jungen Priester gegangen, um zu beichten, und, wie sie sagte, ihr Herz weniger schwer zu machen. Was sie gebeichtet hatte – einen Seitensprung in Gedanken, das Leben mit diesem noch verheirateten Mann, das Eindringen in eine heilige Familie oder was auch immer – verschwieg sie ihm. Er beließ es dabei, hakte nicht nach. Dabei hatte er etwas von seiner Mutter, die sein Vater immer „die Geheimrätin" genannt hatte, dieses Schweigen über Beobachtungen, Ungesagtes und nebenbei Gehörtes, dieses an Gleichgültigkeit streifende Auf-Sich-Beruhen-Lassen der Geschehnisse im eigenen Umfeld.

Es war eher die Idee des Mannes gewesen, in dieses uralte Mehrfamilienhaus zu ziehen, nicht weit vom Rhein entfernt, in einer gewesenen Residenz zu Füßen einer erst sehr spät zu grotesker Übergröße erweiterten Festung. Natalja hätte lieber ein Einzelhaus gemietet, das ein Maurermeister ihnen anbot. Dem gefiel sie offenkundig, ein kräftiges und lebendiges Weib, und er war geradezu empört und enttäuscht, als der Mann die Anmietung schließlich absagte wegen einiger vorgeschobener Kleinigkeiten. Was der Mann nicht anführte und sich selbst kaum eingestand, war der wirkliche Stein im Weg: Daß wenige Wochen zuvor in dem Haus die Schwiegermutter des Maurermeisters gestorben war, in einem verschiebbaren Feldbett, das noch im Wohnzimmer stand. Sie hätten alle Möbel kostenlos übernehmen können, und nach Entrümpelung hätten sie mit Sicherheit einiges davon für sich selbst behalten. Die alte tote Frau

wäre über ihren Tod hinaus ihnen erhalten geblieben, und der Tod wäre stets unter ihnen gewesen, nah, eine Handbreit nur entfernt.
Mit einer anderen Toten konnte er besser leben, denn sie war ja da und vorhanden, sie war nicht verschwunden in dem schwarzen Absturz im Süden Italiens, wo in einer Felsenkluft die wäßrige unterirdische Grenze sichtbar wird, das tote Reich der Unwiderruflichen. Diese andere Tote war die Großmutter der Vermieterin, eine Konditorswitwe aus einer Bäckerdynastie mit italienischem Einschlag, die sich bis ins achtzehnte Jahrhundert in ebendiesem Haus zurückverfolgen ließ. Im Erdgeschoß waren stets Backstube und Laden gewesen und schon zur Jugendzeit der Großmutter ein Konditorei-Café. Aber als um sechzig herum die einstige Hauptstraße der kleinen Residenz vom Schloß zur Rheinbrücke umgewidmet wurde zur Bundesstraße und nur noch handtuchbreite Restbürgersteige übrigblieben vor den Häusern, auf denen wegen des Lärms und Gestanks dieser erstrangigen Verkehrsader kaum jemand sich im Gänsemarsch bewegen mochte, wurde der Betrieb liquidiert. Die Großmutter sorgte zwar dafür, daß ihre Lieblingsenkelin in der Nachbarstadt eine Konditorenlehre absolvieren konnte, aber an eine Wiederbelebung der Konditorei war erst zu denken, wenn eines Tages die Bundesstraße verlegt sein würde und man geruhsam flanieren konnte wie in den feudalen Zeiten.

Als der Mann und die Frau einzogen in ihre neue Wohnung in dem alten Haus, erhielten sie einen Mietvertrag auf drei Jahre. Die Vermieterin hoffte insgeheim, daß dann die inzwischen begonnene Straßenverlegung abgeschlossen sein werde. Sie war gerade erst mit den Kindern und dem Gatten, einem kalt-geschäftigen Masseur, in einen ihr gründlich verhaßten Neubau auf der Rheinhöhe gezogen und hoffte nun, daß dann die Zeit für sie gekommen sein werde, ganz nach dem Auftrag ihrer Großmutter in das Stammhaus zurückzukehren und dort ihre Traumkonditorei zu eröffnen – ob mit, ob ohne männliche Assistenz. Sie hatte den dunklen Teint ihrer südlichen Vorfahren, schwarze starke Haare, in einem Zopf geflochten, eine in einem anfeuernde und geschäftstüchtige Ausstrahlung. Sie gefiel dem Mann, ohne daß er es gewagt hätte, ihr Avancen zu machen. Der Frau imponierte, daß die Vermieterin entschieden und unzweideutig als die Besitzerin auftrat, die alles ausverhandelte und ihnen ihren Gatten nur einmal kurz präsentierte – ein wenig so, als sei er der Hilfshausmeister. Kurz nach der Unterzeichnung des Mietvertrages erzählte sie dem Mann und der Frau von der Geschichte ihres Hauses und ihrer Familie. Sie zeigte ihnen im mittleren oberen Raum die Stelle, an der seit ihrer Kindheit ihr Schreibtisch gestanden hatte, an dem sie zuerst ihre Schularbeiten und zuletzt den Alltagskram und die Abrechnungen des Massagebetriebs erledigt hatte. Hier hatte sie oft den unverkennbaren Geruch ihrer toten Großmutter gespürt, ein schweres Sandelholz-und-Rosen-Parfüm, wenn die alte Frau in den Raum trat und fast unhörbar ihre schwarzblauen Witwenkleider rascheln ließ, wenn sie sich hinter sie stellte, als wolle sie in den Papieren lesen und ihr Mädchen schützen gegen den alles zerfressenden Raum, der hinter den Fassaden hervorscheint und durch jede Ritze eindringt.

Es dauerte nur Tage, bis der Mann und die Frau die Gegenwart der Alten bemerkten. Sie sprachen darüber, daß sie sich verraten und verlassen fühlen müsse von der Enkelin, als hätte die hinter sich alles abgeräumt und niedergebrannt, um unbelastet von den untergegangenen Vergangenheiten oben über dem Fluß ein neues und besseres Leben anzufangen. Sie saßen im zweiten Stockwerk in der Küche, in dem Zimmer also, aus dem die Konditoreibesitzerin in spe vor einigen Jahren beim Hochwasser den Proviant sich hatte hereinreichen lassen vom Boot. Sie war durch das kleine Fenster hinausgeklettert für einen Arztbesuch per Wassertaxi. „Das Wasser ist noch in den Wänden“, sagte der Mann. „Die Schimmelpilze werden uns das Gehirn vergiften und Löcher hineinfressen, in denen dann die Spukgeschichten Platz finden.“ Die Frau lachte. Sie war abergläubisch, auf ihre russische Art. Sie hatte dem Mann strikt verboten, im Haus zu pfeifen und so ein Unglück heraufzubeschwören. Aber sie hatte auch in der vorigen, schon halb gemeinsamen Wohnung das Heimchen in der Küche hervorgelockt und zertreten, weil ihr das Gezirpe mißfiel. Ihm war das als ein übles Vorzeichen erschienen, aber er hatte wieder einmal nichts gesagt und nichts unternommen.

Die Möbel waren eingeräumt, mit einigen Schwierigkeiten. Wegen der schmalen und steilen Treppe mußte ein großer Bücherschrank zersägt werden in zwei Teile und mußte das Klavier zerlegt und wieder zusammengebaut werden. Die vielen kleinen Erinnerungsbilder ihrer und seiner Familie hatten zusammen mit Diplomen und Ehrbezeugungen einen Platz gefunden im Flur und an der Innentreppe zu den oberen Räumen. Der Mann hatte Matratzen gekauft für das Bett, das sie eingebracht hatte, und daneben hatten sie ihren weißen Schrank aus DDR-Spanplatten plaziert, seiner Füße und der Hälfte seines linken oberen Aufbaus wegen der Schräge beraubt. Es war ein angenehmes Schlafzimmer mit Morgenlicht vom Fluß her und Abendrot von der Hofseite her, wo auf ziemlich ruinösen Anbauten die Tauben gurrten und Flecken hinterließen. Einmal flog eine Taube hinein, flatterte und kleckerte auf das Bett, aber als er das vordere Fenster mit dem Springrollo abdunkelte, fand sie schnell wieder hinaus. Dieses Zimmer lag am Ende des oberen Flurs neben dem Raum, in dem bis vor kurzem der Schreibtisch der Enkelin gestanden hatte.

Ein Abend gab den Ausschlag. Sie hatten ihre Spiele gespielt, lagen im Dunkeln im Bett, Schulter an Schulter. Die Tochter der Frau, deren Zimmer am anderen Ende des Flurs war, hatte sich Stunden zuvor verabschiedet, um die Nacht bei ihrem Freund, einem sehr von der Mutter gekrallten rothaarigen Jungmusiker mit Vielfachallergien, zu verbringen. Jetzt aber hörten beide dieses Geräusch auf der hölzernen Innentreppe: Eine schwere wuchtige Person kommt langsam hoch, laut und deutlich hörten sie es. „Manuela ist doch gekommen, um hier zu schlafen", sagte der Mann. Er wußte, daß es nicht stimmen konnte und die Frau wußte es auch.

Als Manuela am nächsten Tag aus der Schule heimkam, zeigte sie den beiden einen Vogel: „Bei euch piept es. Ich war letzte Nacht bei Roland, ich hatte es euch ja gesagt. Wahrscheinlich habt ihr beide geträumt." Aber, wenn etwas nie geschieht, dann ist es das: Zwei Menschen träumen denselben Traum. Der Mann und die Frau waren wach gewesen, sie hatten nichts getrunken gehabt, sie empfanden beide die helle kühle Klarheit nach Umarmungen, die noch voller Liebe sind und noch nicht überflutet von jenem Wahnsinn, der nur Erschöpfung, Dunkel und Schlaf zurückläßt.

Nun, werden Sie sagen, dann ist die Tochter eben doch kurz zurückgekehrt, um sich ihre vergessenen Antibaby-Pillen oder was auch immer zu holen. Aber Manuela war schlank, spindeldürr und sie hatte den lautlosen Gang einer Katze. Außer ihnen wohnte in diesem Haus nur noch ein einziger Mieter, ein meist aushäusig übernachtender Junggeselle. Zu seiner Wohnung im ersten Stock führte eine Steintreppe. Es gab bei der allergrößten Fantasie nichts, das dieses Geräusch hätte nachahmen können: eine übergewichtige Person geht mühsam eine knarrende Holztreppe hoch, mit dem Schritt einer Frau, einer alten Frau.

Natalja hatte ihre Bücher und ihre russischen Erzählungen von Generation zu Generation. Und daher hatte sie ihren Abwehrzauber: Sie kaufte kleine rote scharfe Paprika, einige Dutzend und hängte sie an Schnüren quer über den unteren Aufgang zur Treppe und den oberen Abgang. Sie wollte es so

und zaghafte Einwände des Mannes - vielleicht auch nur mit Mienenspiel angedeutet und im Kopf ausgesponnen – wischte sie vom Tisch.
Sie hörten nie wieder das mindeste Geräusch der alten Frau, sie spürten nie wieder ihren Geruch und ihre Gegenwart. Aber innerhalb einer kurzen Zeit waren sie getrennt, weil Natalja ihn umformen und auf die Probe stellen wollte, ihn aus dem Schlafzimmer auf Zeit verbannen wollte, aber so tat, als sei alles aus. Nach einigen vergeblichen Versuchen, mit ihr zu sprechen und sie umzustimmen, geriet er an eine andere Frau. Als Natalja ihm Monate später unter Tränen gestand, wie es mit ihr wirklich gewesen war, war es zu spät oder er dachte jedenfalls, es sei zu spät für eine zweiten Versuch und das Verlassen der anderen Frau, die noch ein Jahr bei ihm blieb. Er hatte geglaubt, es sei dieses Mal für immer und ewig, wie er es sich auch bei Natalja eingebildet hatte.
Hätte die alte Frau sie geschützt und ihre Liebe, schon weil sie Statthalter brauchte, bis ihre Enkelin zurückkehren konnte in ihr Reich und ihre Bestimmung? Hat diese Tote, glücklich oder traurig über die vollzogene Rache oder gleichgültig, im unteren Geschoß solange gewartet, bis Natalja ausziehen mußte und mit ihr die Paprikaschnüre verschwanden und deren böser Zauber? Ist sie dann zurückgekehrt in ihr Zimmer, um auf die Enkelin und den Neuanfang zu warten? Vielleicht ist es einfach das Beste, immer den Geistern freie Bahn zu lassen, ihnen ruhig zuzusehen, auch denen, an die man nicht glauben mag.

Die Reinigung

Als die Revolution ausbrach, hätte ich sterben können – jetzt, in diesem Augenblick, später auf der Flucht, jederzeit. Wie es immer das Wichtigste ist, früh wegzukommen und die Zeit zu haben, die rechte Zeit.

Wir waren mehrmals umgestiegen, aus einer Ringbahn in einen Omnibus (wie seltsam, dachte ich, es hatte Pferdeomnibusse gegeben, zu festen Zeiten, innerhalb fest gesetzter Randbegrenzungen, eine Art Tiermotor einer halb tierischen Maschine) und von dort in eine Straßenbahn und noch in eine andere, schwarz gestrichene, die vorn ein dunkelblauer Kunststoffstern zierte, bis wir schließlich den Tagungsort, eine Stadthalle, erreichten. Wir wußten, daß wir zu spät kamen, daß die Tagesordnungen schon verabschiedet und ausgedruckt waren und es kaum eine Aussicht geben konnte, eine Diskussion darüber zu verlangen, in ihr zu Wort zu kommen und auf Änderungen in unserem Sinn zu drängen. Immerhin wurde unsere Anmeldung höflich entgegengenommen und wurden wir mit den erforderlichen Unterlagen ausgestattet.
Wir betraten den Saal, lächelten hilflos in die feindlichen Blicke und das Getuschel hinein, die uns an unseren uns zugewiesenen Platz begleiteten. Wir rochen den Schweiß, den auch die wenigen müden Ventilatoren nicht vertreiben konnten, den der anderen, unseren eigenen. Wir hörten das Gemurmel und die Zwischenrufe, deren Lautstärke und Erbittertheit von Minute zu Minute zunahmen. Wir sahen, wie wenige die Oppositionellen und wie kläglich ihre Widerstandsversuche waren. Seit Monaten war mit dem Ausbrechen einer Revolution gerechnet worden. Die Mikroben waren in der Luft, die Epidemie stand vor dem Ausbruch.
Wir waren vielleicht zehn Minuten im Raum, als ein Petitum auf Schluß der Debatte gestellt und nach erfolgtem formalem Widerspruch mit erdrückender Mehrheit angenommen wurde. Daraufhin ließ das Präsidium sogleich über einen weiteren, ganz kurzen und definitiven Antrag abstimmen. Er lautete: „Wir beschließen, sofort zu handeln – JETZT. Wir stellen die vollständige unbedingte Einheit her. Niemand ist gegen uns, niemand außerhalb unserer Reihen.“ Obwohl das Abstimmungsergebnis vorhersehbar war, hoben wir die Hände und stimmten mit NEIN.
Das Präsidium ließ auszählen. Ich beschwor unsere Leute, sich aus dem Staube zu machen, ehe das Ergebnis bekanntgegeben wurde, aber ich

erntete nur Unverständnis und abschätzige Bemerkungen über Feigheit und Panikmache. Kaum war aber das Ergebnis bekanntgegeben worden (wie niederschmetternd: die meisten Oppositionellen hatten nicht mit uns votiert, sondern zustimmend gekuscht oder sich doch jedenfalls enthalten oder sie waren kurz vor dem Moment der Wahrheit auf einige Minuten zu den weißen Spülkästen geflüchtet), brach ein Tumult aus. Die Parteihymne wurde geschmettert, viele brüllten REVOLUTION! Und LOSMARSCHIEREN!. Seitlich der Sitze stellte man sich in Viererreihen auf. Bewaffnete Ordner hatten unterdessen die Grüppchen der Oppositionsanhänger und der Widersprechenden umringt und geleiteten sie nach draußen.

Sie marschierten mit uns einige hundert Meter über den inneren Mauerring, bis zu einer Seitenstraße, die hinausführte zum äußeren Gartenring. Unsere Beaufsichtiger befahlen knapp LINKSUM! und so verließen wir die Kreisbahn zugunsten einer klaren Geraden, die irgendwo ihr Ende finden würde. Ein höherer Funktionär, der seitlich ging, als wolle er die Bewacher bewachen, zog eine silberne Schnapsflasche aus der Anzugtasche und ließ sie unter seinen Leuten kreisen. Ein kleiner Hinweis darauf, daß man vorausschauend dem Exekutionskommando Hirn und Nerven stärken wollte, ein reizender Wink mit dem Wäschepfahl! Der Amtsträger schien mir ausgestopft zu sein, mit rostigem Draht konstruiert und mit Gips in Form gebracht. Eine wahre Atmosphäre der Freundschaft und des Friedens herrschte. Ich kam ganz nebenbei auf den Gedanken, wie wir unsere einstigen Parteipartner eliminieren konnten und so doch noch davonkämen. In diesem Augenblick hatten wir die Abzweigung der Kornstraße erreicht, die zwischen den beiden Ringen verläuft, in etwa auf halber Strecke. Seltsam war, daß wir bis hierher für einen Weg, der bei schnellem Schritt eine halbe Stunde dauert, kaum fünf Minuten gebraucht hatten. Noch seltsamer war, daß alle – die Gefangenen ebenso wie die Bewacher – Atemnot zu verspüren schienen. Japsend, mit hochrotem Kopf, die Augen hervorquellend stapften wir weiter. Ich fragte den Oberaufseher, was der Quatsch solle – mit dem Recht eines alten Bekannten, der ihn seit unserer gemeinsamen Schulzeit kennt, in der er als Dauerdenunziant der Liebling der Lehrer gewesen war und alle zwei Tage deshalb von mir eins auf die Backe bekommen hatte. Er zuckte mit den Schultern und grummelte etwas wie WEISSICHAUCHNICHT. Erst ganz am Ende werde ich bemerken, daß Mauerring und Gartenring sich zusammenziehen, sich näherkommen und den Zwischenraum auf Null bringen, uns alle – ganze und halbe Feinde, ganze und halbe Freunde - so aufreibend, daß wir verschwunden sind, ehe der letzte Augenblick noch hätte reichen können zu einem Schrei.

Peter Riese

Was ich als erstes bemerkte, war, daß die Haustür einen schmalen Spalt geöffnet war. Ich war mir sicher, daß ich sie beim Fortgehen abgeschlossen hatte. Zumindest im ersten Augenblick hatte ich dieses Gefühl einer unbedingten Gewißheit. Einige Minuten später zweifelte ich, ob ich nicht doch es wieder einmal gewollt und es wieder vergessen hatte. Heute, im ruhigen Rückblick auf die damaligen Geschehnisse, glaube ich zu wissen, daß ich die Tür aus Unachtsamkeit und Vertrauensseligkeit offen ließ, zumal ich nur vorhatte, eine halbe Stunde fortzubleiben. Wie es so geht, waren es doch zwei Stunden geworden. Ich hatte einen Nachbarn besucht, der aber in die Stadt gefahren war, und dann mit seiner Frau vorliebgenommen, die ihn mehr als ersetzte, mich mit Gewürzkuchen und Glühwein traktierte, bis es uns beiden heiß ums Herz wurde. Als ich das Haus des Nachbarn verließ, schauten die Leute von nebenan vom Gartentor aus hinüber – so wie Dörfler schauen, die sich so manches vorstellen können, aber nicht mit von der Partie waren, obwohl sie es gern gewesen wären. Ich grüßte, grinste, ging meiner Wege.
Jedenfalls, die Tür war offen, was mir die Suche in meinen Taschen nach dem Hausschlüssel ersparte, aber auch die Nackenhaare aufsteilte – in Erwartung eines der unvermeidlichen Zusammenstöße, ohne die keiner von uns davonkommt. Ich war also nicht ganz unvorbereitet, als ich vom Hausflur aus sah, daß jemand auf dem Korbsessel in der Halle saß: Ein großer und grober Mann, rotgesichtig und fast kahlköpfig, in einem dieser überweiten grauen T-Stücke aus allerreinster Baumwolle und hundertprozentiger Häßlichkeit, geschmückt mit Wappen und Wappensprüchen irgendeiner abseitigen kalifornischen Universität. „Jetzt muß er aber auch wirklich bald kommen, das habe ich mir gerade gedacht" – mit diesen Worten in fehlerfreiem Deutsch, das aber seinen amerikanischen Akzent nicht überdecken konnte, begrüßte mich der uneingeladene Besucher. Er stand auf, reichte mir die Hand wie ein geisteskranker Köter, der seinem Herrn einen Knochen als zweites Frühstück anbietet und stellte sich vor: „Guten Tag, ich heiße Peter Riese." Ich tat, als hätte ich seine Vorderpfote nicht bemerkt, drehte mich abrupt um und öffnete das Fenster zur Straße. Von draußen drang feuchte Dezemberluft in den Raum und die Stimme des Nachrichtensprechers, die quer über die Straße zu hören war, weil der alte Espenkamp wieder einmal

den Lautstärkeregler seines Fernsehers bis zum Anschlag hochgefahren hatte. Jetzt erst raunzte ich meine Begrüßung: „Hören Sie mal, wer sind Sie? Wie sind Sie hier hineingekommen?“ Peter Riese schien weder überrascht noch vergrätzt durch meinen ungnädigen Empfang. Er lächelte mich an: „Durch die Tür natürlich. Wie denn und warum auch anders. Sie stand offen und ich habe sie Ihnen offengelassen, damit Sie so bequem eintreten können wie ich.“ „Und wie kommen Sie dazu, hier einfach so hereinzuschneien?“ „Sie irren sich, wenn Sie glauben, es sei einfach gewesen. Ich hatte einen langen Weg hierher zurück, voller Hindernisse. Sie dürfen nicht vergessen, das ist meine Heimat, mein Vaterhaus. In einem gewissen Sinn wohne ich hier.“ „Ach Gott“, dachte ich bei mir, „noch so ein armer Irrer. Gleich wird er mir erzählen, daß seine Sackläuse Funkantennen haben und daß seine Mutter ihn ohne väterliche Nachhilfe in ihrem Bauch eingehaust hat.“ Aber man ist ja höflich, man ist ja ein Mensch und kein Unmensch. Also flötete ich: „Wir alle kommen ja irgendwo her und gehen irgendwo hin, weil hier unseres Bleibens nicht ist.“ Herr Riese lächelte überlegen und zeigte mir seine Zähne, die man zwar durchaus für die Reklame einer Donau-Zahnklinik hätte verwenden können, nur nicht für die leuchtende Vorderseite des Prospekts, sondern für die Sanierungsfallbilder im unmittelbaren Vorfeld des Aufdrängens der rechtsverbindlichen Vertragsunterschrift.

Aber ehe dieser Gemütsriese vielleicht noch mich in einem schwachen Moment dazu bewegen konnte, ihm Kandis zum Darjeeling zu reichen oder ihm ein Null-Prozent-Bardarlehen anzubieten, beschloß ich, ihn auf die Schnelle loszuwerden. „Ja, lieber Freund, schwer haben wir alle es. Aber das müssen wir ein anderes Mal besprechen, da ich mich in aller Eile umziehen muß und ein dringender Termin auf mich wartet. Kommen Sie doch bei Gelegenheit vorbei, nur dieses Jahr nicht mehr, da ich überhaupt keine Zeit habe und von Treffen zu Treffen jage.“ Peter Riese schüttelte den Kopf: „Ich möchte lieber nicht noch einmal kommen, da ich nun doch schon da bin. Aber Sie sind mir jederzeit als mein Gast willkommen, wenn Sie einmal in der Gegend sind. Und Sie sollen wissen, wie dankbar ich Ihnen bin, daß Sie in der Zeit meiner Abwesenheit sich so getreulich um mein Haus gekümmert haben. Das bleibt unvergessen.“

Ich habe damals einige Minuten überlegt, wie ich Peter Riese loswerden könne. Zuerst erwog ich, die Polizei zu rufen, aber wenn dieser Schuß nach hinten losgehen sollte, dann säße ich vielleicht draußen vor der Tür und der Okkupant dürfte sich einrichten wegen seiner älteren und rechtswirksameren Privilegien. Ich mußte diese Angelegenheit selbst in die Hand nehmen. Also bat ich ganz freundlich Peter Riese, sich doch einmal den Weinkeller mit dem uralten Brunnen anzuschauen. Er meinte zwar, er könne sich daran noch gut erinnern, das sei sein Lieblingsaufenthaltsort in der Kindheit gewesen, folgte mir dann aber doch. Ich öffnete die sorgsam wieder aufgearbeitete Kellertür, ließ meinem Gast den Vortritt und ergriff ohne zu zögern das Beil, das auf dem Holzstapel neben der Kellertür lag. Nicht mit der Schneide, sondern mit dem soliden Eisenviereck schlug ich ein einziges Mal zu, auf den blanken Hinterkopf des ahnungslosen Peter Riese. Er sackte zusammen, bekam noch einen Nachschlag und war endgültig von dannen.

Die Hälfte des Problems war gelöst. Die andere Hälfte bewältigte ich mit links. Ich ließ den Toten ausbluten in einer Holzwanne, die einst dem Dorfschlachter gedient hatte und nun, gefüllt mit Trockenblumenschmuck, dekorativ in der Halle herumstand. Alles Flüssige verschwand Schüssel für Schüssel im Ausguß. Der Körper wurde portioniert in Rucksackfüllungen für mehrere Waldgänge, die an einem tiefen, moorig-schwarzen See endeten. Die Holzwanne verschwand kleingesägt im Kaminfeuer, ihre Beschläge erhielt ein Alteisensammler. Nichts würde mehr zu finden sein.
Was mich immer noch wundert: Als ich einige Monate später vorsichtig die Nachbarn ausfragte, ob sie damals einen großen glatzköpfigen Fremden in grauer Montur gesehen hätten, meinten alle sofort, solch eine Figur sei ihnen ihr Lebtag nicht über den Weg gelaufen.

Die Heimkehr

Es war, als hätte der Schlüssel meines Autos ein leises Widerstreben gezeigt, als ich den silbernen Peugeot 205 öffnete, den ich seit einigen Wochen fuhr, aber vielleicht ist es auch nur eine Einbildung, denn der Motor startet widerstandslos. „Wenn die Widerstände funktionieren, geht alles glatt“, denke ich. Es ist spät geworden, ich will heim.

An der Ausfahrt der Parkgarage winkt eine fremde Frau. Ich taxiere sie, wehende schwarze Locken, Brille, irgendetwas zwischen dreißig und fünfzig. Ich bremse, fahre mein Fenster herunter. Ohne irgendeines der von mir erwarteten Angebote, ohne irgendeine Frage, nur mit einem Lächeln öffnet sie die Beifahrertür und steigt ein. Sie streichelt meine Hand und kneift mich ein wenig in den Arm: „Wie schön, daß du da bist. Jetzt zieht es mich nach Hause. Aber erst will ich noch einen kleinen Schluck trinken.“

Nun gibt es viele verschiedene Menschen, solche und solche und die vom dritten und vierten Ufer, und ich habe weiß Gott im Laufe der Zeit einige schräge Vögel kennengelernt und einige von ihnen ... Aber lassen wir das, das ist schon ein paar Tage her, aber hier und jetzt stecke ich noch mittendrin und habe mich noch nicht herausgezogen und abgeseilt in den großen Schlaf. Außerdem bin ich auch ein ziemlich verkanteter Paradiesvogel und habe keinen besonderen Grund, diese Dame nicht zu nehmen, wie sie ist. Ich hake nicht nach und frage nicht nach, ich zögere und zicke nicht, sondern schlucke in einem mit Gräten und Wasserpest den Köderfisch komplett herunter.

Ich fahre ein paar hundert Meter, zeige auf eine Kneipe am Straßenrand und frage: „Hier?“ Sie nickt: „Ja, das ist zwar nicht der ganz heftige Bringer, aber einen Schin-Schin werden sie haben.“ Wir parken am Straßenrand, ich packe die kupferverkleidete Kneipentür, aber sie ist einbetoniert. Erst jetzt sehe ich den aufgeklebten Wisch „Heute aus familjären Gründen (Trauerfall) geschlossen“. Na, dann trauert mal schön. Aber immerhin ist in zwanzig Metern noch eine Wirtschaft. ZUM RIESENZWERG verkündet die Leuchtschrift. Gleich hinter dem Eingang stolpern wir über einen aufgeblasenen Zwei-Meter-Plastikzwerg. Die Einrichtung stammt eher vom Straßenrand als vom Flohmarkt. Das Ambiente weckt Erinnerungen an das Etagenklo meiner Kindergartenjahre, auch der feine durchdringende Geruch scheint von da herüberzuwehen quer durch die Jahrzehnte. Ich bekomme ein Bierglas, das einen Sprung hat und einen außen festgebackenen hellbraunen Soßenrest. Das Bier darin ist lauwarm. Meine Begleiterin hat es nicht besser: Cinzano ist ausgegangen, ihr Ersatz-Kaffee ist durchsichtig und transparent und frei von jeder Verbrühungsgefahr. „Reingefallen“, kommentiert sie. „Na ja“, ergänze ich, „vielleicht nicht reingefallen, aber immerhin armtief ins Klo gegriffen.“

Wir reden dies und das und ich quäle mich damit ab, daß ich immer noch nicht weiß, wie sie heißt und woher sie mich kennt und warum sie will, daß ich mit ihr zu ihr fahre. Aber ich traue mich nicht, sie auszufragen. Seltsamerweise weiß sie meinen Namen. Unter all den Banalitäten, die wir durchpalavern, fällt mir eigentlich nur eine ihrer Bemerkungen auf: „Stefan, du kannst von Glück reden, daß du mich hast. Ich bin deine gute Fee. Was hast du bloß ohne mich gemacht, als du mich noch nicht kanntest?“ In einer Hinsicht habe ich tatsächlich Glück: Sie verrät mir ihren Namen, als sie von einem Gespräch mit ihrer angeblich besten Freundin Trudi berichtet, in dem die angeblich sagt: „Also, Lizzy, du bist einfach zu gut für diese Welt. Ich bin ja schon lieb, aber du bist ultralieb.“ Aha, Lizzy, die erste Elisabeth meines doch schon ziemlich langen Lebens.

Alles Gerede hat einmal ein Ende. „Alsdann, satteln wir die Hühner und reiten wir nach Lärremie“, sage ich, zahle den Schamott und helfe ihr in ihren Webpelz. Sie flüstert mir ins Ohr: „Danke! Jetzt muß ich aber wirklich nach Hause. Der Kaffee hat mich auch nicht wachgerüttelt. Zuhause werde ich erst einmal einen Scotch trinken, um wieder in Gang zu kommen.“ Ich weiß zwar immer noch nicht, wo sie wohnt, traue mich aber immer noch nicht nachzubohren. Am besten folge ich erst einmal der Hauptstraße durch unser Großdorf und warte, daß sie mir den Weg zu ihr erläutert.

Kurz hinter der großen Kreuzung, wo es links nach Bloßnichthin und rechts nach Bleibbloßweg geht, schubst sie mich an und sagt: „Süßer, nicht träumen! Wir wollen doch nach Hause und du fährst an unserer Abbiegung vorbei.“ Sie will zu mir, zu uns, zu sich bei mir! Ach du liebe ..., wie kann das bloß sein? Ich kenne sie doch kein bißchen und das auch erst seit heute Abend!

Aber was will ich machen, ich bremse scharf, biege rechts in eine Einfahrt, um zu wenden. Hinter mir randaliert ein Gnom, der mir fast reingebrettert wäre. Was kann ich dafür, wenn der Idiot nicht aufpaßt. Außerdem komme ich mir selbst vor wie der letzte Clown, wie ein Hampelmann an der Strippe, der nicht weiß, wann wo an ihm gezogen wird. Andererseits gäbe es da schon etwas, an dem sie von mir aus ziehen könnte.

Vielleicht hat sie sogar einen Haustürschlüssel. Ich könnte behaupten, daß ich den meinen nicht finde. Mal sehen, was sie dann macht. „Lizzy, ich glaube, ich hab' meinen Haustürschlüssel in der Wohnung liegengelassen."
„So ein Mist, meiner liegt auch in der Wohnung. Dann bleibt uns nur noch der Schlüsseldienst. Das wird dann mindestens so teuer wie letzten Mai."
Die Frau ist taff, die Frau ist mir echt über, und die Sache mit dem Mai stimmt auch. Ich hatte damals die Tür hinter mir ins Schloß geworfen und merkte erst draußen vor der Tür, daß der Schlüssel nicht mitgekommen war.
Ehe ich mich noch mal von den Aufsperrbanditen ausplündern lasse, ziehe ich daher lieber das Bund aus den Tiefen meiner Hosentasche, wundere mich „Ach, ich habe ihn ja doch" und schließe auf. In der Wohnung bewegt sie sich mit aller Selbstverständlichkeit. Voller Grandezza holt sie zwei Gläser aus dem Schrank und die Scotch-Flasche aus dem Barfach, kippt ein und prostet mir zu.
Was soll ich sagen, alles ging glatt, oder sollte ich sagen *zu glatt*? Im Bett war sie frisch und einfallsreich, wir genossen es und ich fiel irgendwann in der Nacht in ihren Armen in einen tiefen Schlaf. Als ich aus meinem Traum emporschreckte, war es draußen schon hell. Ich konnte mich nur noch daran erinnern, daß ich aus einem schwarzen Kasten die Stimme meines toten Vaters gehört hatte: „Es ist ein Geschenk, mein Junge. Das nimmt man an und bedankt sich und fragt nicht, warum man es bekommt und ob man es auch verdient hat. Sie ist nicht so tot wie ich und das sollte dir doch reichen."
Sie hat mir einiges über unsere gemeinsame Vergangenheit erzählt. Manches aus diesen Geschichten habe ich sogar in mein Repertoire aufgenommen. Andererseits vermeide ich es, von mir aus mit ihr über die Vergangenheit zu sprechen. Sie hat einmal behauptet, mich schon ewig zu kennen, im Grunde seit der Grundschule. Also rede ich allenfalls über meine Kindergartenzeit, über die ich jeden Stuß und jede Schwindellegende verbreiten kann, ohne daß sie dazwischengeht. Allenfalls runzelt sie dann einmal die Stirn und murmelt, mehr zu sich als zu mir: „So, so. So soll das gewesen sein."
Ob es immer gut geht? Wer weiß das schon? Bis jetzt ist nichts Gravierendes in die Quere gekommen. Wenn ich manchmal fast in Versuchung gerate, beiße ich mir in die Zunge und schlucke meine dummen Fragen herunter. Ich denke dann an den Schwanenritter, der durch zuviel Neugier genervt fortging wie Rauch in dem Wind. Was man hat, hat man.

Auch am Gold sieht keiner die Blut- und Fingerspuren der Vorbesitzer. Man muß es nicht einmal einschmelzen, um sich in aller Ruhe zu sagen: „Das ist mir. Das bin ich.“

Ein Bote wird ernannt

„Es geht dir nicht gut. Gestern wolltest du dich sogar umbringen“, sagte die Stimme im Telefon, die Stimme eines Mannes. „Ach“, antwortete ich, komplett überfahren, „woher wissen Sie das? Und warum duzen Sie mich? Wir kennen uns doch gar nicht.“ „Wir kennen uns“, kam zurück, „bloß noch nicht genug. Es liegt auf der Hand, daß es dir nicht gut geht. Finanziell nicht und vom Gefühl wollen wir ganz schweigen. Falls da überhaupt noch etwas zu holen sein wird. Scheint alles abgebrannt.“ Ich hätte ihm rundum rechtgeben müssen, aber das tat ich naturgemäß ums Verrecken nicht. Ich protestierte, allerdings ziemlich blechern und kasperig: „So ist es nun auch wieder nicht. Ich war gestern vielleicht ein bißchen aus dem Tritt. Aber das gibt sich.“ Dabei kam mir, zum ersten Mal seit Wochen wieder, die Vision großer weißer Frauenbrüste vor Augen, noch dazu sieben oder neun, auf jeden Fall eine ungerade unpaarige Anzahl.

Den trotz der unperfekten Zahlenverhältnisse wohligen, aber momentan unpassenden und störenden Tagtraum schob ich beiseite. Ich wandte mich wieder dem Telefongespräch zu, das so plötzlich in diesen Vormittag geplatzt war. In einen Vormittag, an dem ich damit fertigwerden mußte, daß mein dritter Selbstmordversuch gescheitert war.

Die beiden ersten Male war es reichlich dramatisch zugegangen: Gefunden jeweils von der damals noch vorhandenen mitwohnenden Gattin, mit Blaulicht ins Krankenhaus, Magen ausgepumpt, zwei Tage Schonung, dann heraus und weiter. Gestern hatte ich es – einsam, ohne einen Groschen im Beutel, total vergnatzt und biestig - mit Strom versucht, mit einer sorgfältig freigeputzten Zuleitung zur Stehlampe. In dem funkensprühenden Knall verlor ich das Bewußtsein, schlug mit der Stirn auf die Tischkante und landete der Länge nach auf den weiß Gott ungepolsterten Steinfliesen. Ich fing den Sturz anscheinend instinktiv mit den Händen ab, aber so, daß ich mir fast die Handwurzelknochen gebrochen und eine kräftige Verstauchung davongetragen hatte.

Als der Anruf kam, verfluchte ich gerade in einem theatralischen inneren Monolog mein Künstlerpech. Immerhin hatte ich mich nicht einmal eingenäßt. Immerhin hatte ich nicht so nebenbei meine verkommene Bude in Brand gesteckt, mich gegrillt und Asche zu Asche verwandelt. „Leckt mich von hinten“, dachte ich, blieb liegen, obwohl es schon später Vormittag war, und hoffte, bald wieder einzuschlafen und allenfalls von einem Anruf einer honigsüßen jenseitigen Stimme geweckt zu werden, die mir die Rettung aus allen Übeln garantierte. Neben mir stand eine stramme Batterie von sieben Flaschen mit Marias Krone, drei seit Wochen leer, zwei im Laufe jenes Tages getrunken, der mein letzter werden sollte und doch nicht wurde, zwei noch jungfräulich als Trankopfer für die Götter und Spende zu meiner nun doch zu verschiebenden Beerdigungsfeier.

„Wollen Sie mir nicht endlich sagen, wer Sie sind?“ Mit solchen dummfrechen Fragen Knall auf Fall und Spitz auf Knopf versuchte ich damals noch, den da am Telefon aus der Reserve zu locken. Später wußte ich es besser und schenkte mir derartige unnötige Zungenverrenkungen. Ich mußte erst lernen, daß man besser zehnmal nichts als einmal zu viel sagen sollte. Die Antwort damals war übrigens: „Ich bin ich. Du kennst mich und brauchst keine weiteren Erklärungen, die dich ohnehin überfordern würden. Lassen wir also die Vorstellspielchen. Ich kenne dich, du kennst mich, das reicht fürs erste. Sprechen wir über Wichtigeres.“ „Über was?“ „Über unsere Angelegenheiten, das Geschäft sozusagen, wenn du es so ausdrücken willst.“ „Das Geschäft, was für ein Geschäft?“ „Dein Geschäft. Ich habe dich eingestellt.“ „Eingestellt? Bei dir, bei Ihnen, bei . . . Ich habe mich überhaupt nicht beworben.“ „Es hätte auch nichts geholfen. Ich habe schon lange keine Stellen mehr, auf die man sich bewerben kann. Ich suche mir selbst aus, wen ich brauche.“ „Aha, Eigenbewerbung ausgeschlossen. Und um was für Stellen handelt es sich, Euer Hochwohlvergoren?“ „Sieh da, ein Scherzchen. Ich habe nur eine einzige Stelle. Und die ist für dich. Es geht um Botendienste.“ „Was?! Ich glaube, ich werde nicht mehr. Briefträger oder Brötchenausträger. Ich danke sehr. Für subalterne Handreichungen stehe ich nicht zur Verfügung.“ „Auch ein Botschafter erledigt Botendienste. Oder willst du das bestreiten? Oder andere Arten von Gesandten. Sehr ehrenvolle Berufungen, nicht wahr?“ „Na ja, aber ich nehme an, Sie sind weder der Papst noch ein Staatspräsident.“ „Weder noch. Ich überlasse solche Sperenzchenämter denen, die Spaß daran haben. Deine Aufgabe liegt auf einem anderen Gebiet. Sagen wir, Du wirst mehr bewirken, als du heute für möglich hältst.“ „Ja, aber ...“ Das Tuten in der Leitung sagte mir, daß die Audienz für heute beendet war und es zwar tausend dumme Fragen geben mochte, aber null Antworten. „Tuut tuuut tuuuut, wie tut das gut“, murmelte ich vor mich hin.

Ich blieb erst einmal liegen, versuchte mühevoll, aber ergebnislos, mich oder doch einen kleinen nicht unwichtigen Teil von mir hochzubringen, schlief wieder kurz weg, schreckte schweißgebadet hoch, ohne daß ich mich an so etwas wie einen Traum erinnern konnte. Dann raffte ich mich doch auf und erhob mich zu voller Größe, öffnete das Fenster zum Hof, spuckte hinaus und begann zum ersten Mal seit Wochen wieder damit, mein Zimmer von den übelsten Schmutzansammlungen und Müllecken zu befreien. Welch ein gigantischer Fortschritt – als ich mich zu einem symbolischen Frühstück niederließ, mit Wasser aus der Leitung und einem letzten Rest eines ultratrockenen Knäckebrotes als Menüunterpunkten, war selbst der Raum um meine Füße frei von leeren Plastiktüten, Pizza-Packungen und Konservendosen. Es ging aufwärts, das spürte ich deutlich. Mindestens hatte ich momentan keine Lust auf den Versuch Numero Vier.

Eigentlich rechnete ich für den Nachmittag oder den Abend mit einem erneuten Anruf des Großen Unbekannten, auf daß wir weitere Einzelheiten des Arbeitsauftrags und des Arbeitsvertrages verhandeln konnten. Aber diese Sendung war heute nicht im Programmschema vorgesehen. Anscheinend hielt es hier jemand für wichtig, bei mir die Sekundärtugend der Geduld zu trainieren. Dulde, gedulde dich fein, über ein Stündelein ist dein Kämmerlein wieder voll Sonne. Na ja.
Erst nach zwei Tagen kam der nächste Anruf. Seltsamerweise war ich in der Zwischenzeit nicht etwa von Depressionen und lähmenden Angstanfällen heimgesucht worden, sondern hatte frohgemut meine Rekonstruktions-arbeiten fortgesetzt, mich regelmäßig gewaschen und sogar, seit einer Ewigkeit zum ersten Mal wieder, einen Haar- und Halsabschneider aufgesucht, der mir unter dezentem Hinweis auf seinen Vizeweltmeisterstatus und die ausschließliche Verwendung von Naturprodukten für einen Trockenschnitt neunundzwanzig Euro abnahm, plus fünfzehn Euro für ein Haarpflegemittel aus einer esoterisch-kosmetischen Produktlinie seiner ebenso geschäftstüchtigen Ehefrau.
Dieser Anruf erreichte mich, als ich gerade genußvoll Brötchen schmierte, die ich in einer etwas entfernteren Parallelstraße mitsamt einer Zeitung aus einem Hauseingang mitgenommen hatte – bei einem meiner mir inzwischen zur Gewohnheit gewordenen morgendlichen Rundgänge durch das Viertel, um ein wenig abzuchecken, was gebacken ist und was sich einsammeln läßt. Der andere verzichtete erneut auf lästige Gruß- und Befindensformeln und kam gleich mitten in die Sachen: „Hast du schon Vorbereitungen getroffen, damit du deine neue Aufgabe gut ausführen kannst?“ „Ja, aber klar doch“, antwortete ich, nur mäßig verwirrt. „Und welche, wenn man fragen darf?“ „Eh ja, wie soll ich sagen ...“ Ja, was sollte

und konnte ich vorbringen: Das Haareschneiden, das Klauen und Schmieren von Brötchen, der lange aufgeschobene und endlich vollbrachte Gang zum Sozialamt ... „Also, ich habe mich ganz entschieden vorbereitet und verschiedenste innere und äußere Vorbereitungen getroffen. Für ein solides Auftreten, für repräsentative Geschäfts- und Privaträume, eben für das ganze Drumherum.“ „Aha, und, wie sieht es aus, bist du bereit?“ „Ja, aber klar doch.“ Mehr schien für dieses Mal nicht gefragt zu sein, denn wieder wurde aufgelegt. Daß übrigens im Leuchtfeld meines Telefons keine Nummer des Anrufers zu lesen war, sondern nur *„Unbekannter Anrufer“* erwähnte ich zwar noch nicht, aber es scheint mir, daß sich dies von selbst versteht.

Hatte ich angenommen, nun werde es im Zwei-Tages-Rhythmus Anrufe geben? Wahrscheinlich, aber damit hatte ich mich geschnitten. Das einzig Sichere an der Angelegenheit war ihre Unberechenbarkeit. Schon eine halbe Stunde später hatte ich den Herrn wieder an der Strippe. „Was ich noch sagen wollte: Es braucht alles seine Zeit. Es gibt eine Zeit für schnelles Handeln und eine Zeit für langes Warten, es gibt zügige Befehle und verdammt verzögerte. Klar?“ „Na sicher, das war echter Klartext. Und was ist jetzt gerade auf dem Schirm?“ „Jetzt kannst du zügig warten. Wenn es soweit ist, geht es los.“

Auch die halbe Stunde war nicht das Etablieren eines Rhythmus in unseren Kontakten, denn danach verging fast eine Woche, in der ich viel Zeit hatte, über mich, über mein Leben und die in Aussicht gestellten Boten- oder Botschafterdienste nachzudenken. Inzwischen hatte ich begonnen, einen strikten Tagesplan aufzustellen und ihn meist erfolgreich abzuarbeiten. Weckruf um sechs, und zwar durch einen alten aufziehbaren Rasselwecker, der keine Kosten für neue Batterien oder das Aufladen eines Akkus verursachen konnte. Morgensport fünfzehn Minuten, vor allem Kniebeugen und Liegestütze und eine Art privater Kampfsport, bei dem ich mit Handkantenschlägen mich selbst als Gegner nahm, was unter anderem für gelb-blaue, aber sehr kräftige Oberschenkel sorgte. Danach schnelles kaltes Duschen in voller Kostenkontrolle und der schon erwähnte Rundgang durch die Gemeinde als eine Art Dorfschützer und Selbstversorger. Ich erntete frisches Obst von den Bäumen an der Straße oder in leicht zugänglichen Schrebergärten, nahm in meinem Rucksack Kinderspielzeug mit, das die lieben Kleinen abends an der Vorgartenmauer zurückgelassen hatten (man kann fast alles verscherbeln, und wegwerfen kann man es zur Not immer noch), registrierte bei meinem Durchqueren des großen

Parkplatzes am Ehrenmal, welches der Autos den roten Pinn oben hatte und unverschlossen war und vielleicht zusätzlich den einen oder anderen nützlichen Gegenstand auf den Rücksitzen oder der Ablage bot. Einige Wochen später befragte mich einer der Dorfpolizisten sogar, als ich schon auf dem Heimweg war, ob ich nicht auf dem Parkplatz die eine oder andere verdächtige Gestalt gesehen hätte, es seien mehrfach aus den Autos Gegenstände von Wert entwendet worden. Ich half ihm weiter, indem ich einen mir mehrfach unangenehm aufgefallenen Landstreicher beschrieb, der sich dort herumgetrieben habe, was der Beamte mit sichtlicher Befriedigung in sein Notizbuch eintrug, auf daß die Gerechtigkeit ihren blinden Gang nehmen könne. Ich half auch einer jungen Mutter, deren kleiner Sohn sich selbständig gemacht hatte und prompt auf dem Bürgersteig über die eigenen X-Beine gestolpert war. Ich verband dem Kleinen provisorisch das Knie mit einem Tempo-Taschentuch und einem Bindfaden und brachte ihn zur Mama zurück, die sich leider nur mit einem gehauchten „Dankeschön“ und einem Kaffee erkenntlich zeigte.

Wüßte man all das so genau, wüßte man es im vorhinein, ehe man überhaupt anfängt, sich den Allerwertesten aufzureißen, dann hätte man noch die Wahl, ob man überhaupt mitspielt oder das Spielchen ablehnt und gar nicht erst herauskommt aus dem Mutterleib mit fröhlichem Gekrabbel und Gebrabbel, sondern sich freiwillig entsorgen läßt auf dem Totgeburtenfriedhof, oder bei erster bester Gelegenheit sich die ungesicherten Steckdosen im Kinderzimmer vornimmt. Aber weil man abgeschnitten ist von allem Wichtigen, weil man mit überflüssigen letzten Neuigkeiten aus aller Welt zugeschüttet wird, statt die Basisinformationen in eigener Sache zu erhalten, wächst man in fröhlicher Ahnungslosigkeit auf, wird breit und beleibt und die Himmlischen lachen sich unterdes schier weg, daß da einer nichts gerafft hat und noch nicht weiß, daß er schon auf dem Schlitten ist und nichts ihn aufhalten kann.
Gerade habe ich telefonisch den Auftrag bekommen, der Mutter mitzuteilen, daß sie und ihr Kleiner bald umgebracht werden. Was soll ich jetzt tun? Ist das nur die verhüllte Ankündigung, daß ich als Mörder der beiden vorgesehen bin? Alles hängt davon ab, wer der Anrufer ist, wieviel Macht er hat und ob er mich umbringt, wenn ich mich widerspenstig zeige. Wenn ich mir wirklich die Hände schmutzig machen soll: Kann der Große Unbekannte verhindern, daß ich erwischt und angeklagt werde oder doch mich zumindest schnell aus dem Bau herausholen? Was ist als Lohn für

mich drin? Was soll ich tun, was? Ich sitze, sinniere und saufe, um endlich eine klare und eindeutige Entscheidung zu finden. Schließlich beschließe ich, erst einmal zu verreisen, zur ältesten aller Freundinnen.

Ich hatte, allein in einem für sechs Personen zugelassenen Abteil, in alten Kalendern geblättert, Namen dort gefunden, an die ich mich meist mit aller Gewalt nicht mehr erinnern konnte und in den wenigen Fällen, wo Gesichter auftauchten, verschwommene Doppelbilder, waren es bei einem einzelnen Namen drei oder vier mögliche Inhaber, hinter denen sich wahrscheinlich noch weitere Personen versteckten. Für einen Moment dachte ich an mit diesen Menschen verbunden gewesene Schwierigkeiten, ehe mir die Augen zufielen. Ich spürte noch den Schweiß, der meine Nackenhaare verklebte und der auf der beweglichen Kopfstütze einen dünnen Fleck hinterlassen würde. Meine Finger hatte ich gegen die Armlehne gepreßt, das Bremsgeräusch des Zuges, der auf offener Strecke vor einem Signal hielt, erreichte mich noch, aber auch schon abgeschwächt und fern. Wahrscheinlich erwachte ich, als die Fahrt fortgesetzt wurde, obwohl es auch möglich ist, daß dieses von mir gerade eben noch vage bemerkte Anfahren sehr viel später geschah, nach mehreren außerplanmäßigen Zwischenstops an Stellen, wo die Gleise notdürftig wiederhergestellt waren. Ich hörte die Stimme eines Mannes, der vielleicht mit sich selbst sprach, vielleicht aber auch mit einem oder mehreren anderen, in einer harten Tonlage, die auch zu einer Frau gepaßt hätte, die Schluß macht. Es schien mir ratsam, mich schlafend zu stellen, um etwas zu erfahren, das mir verwehrt bleiben würde, wenn ich als Zuhörer betrachtet werden konnte, wenn ich womöglich ins Gespräch eingreifen oder in dieses hineingezogen werden könnte.
Der erste Satz, den ich mitbekam, schien nicht der Anfang eines Monologes oder Gespräches zu sein, zumindest ist es so, als hätte es kurz zuvor einen schwer beschreibbaren leisen Lärm gegeben, Wortfetzen oder ein Schmatzen der Lippen. Der Mann sagte in einer ruhigen unbeteiligten Stimmlage: „Jedenfalls einen Mord begeht jeder von uns, auch wenn nicht jeder es zugeben wird. Ich will gar nicht behaupten, daß ich besonders mutig bin. Ich habe es lange verschwiegen. Ja, ich habe es geleugnet, als ich klipp und klar danach gefragt wurde und es abgetan mit mageren Witzchen. Ich war auch nicht mutig, als ich mordete. Vielleicht ist es sogar mehr als ein Mord gewesen, darüber können wir später noch reden. Aber der eine Mord ist unbestreitbar und zu ihm stehe ich mit meiner ganzen Person.“ Ich

spürte die Angst aufsteigen, die alle heimlichen Zeugen befällt, wenn sie zu ahnen beginnen, daß es dann keine Zeugen mehr geben wird, sobald es sie nicht mehr gibt. Aber da war weder Empörung noch Befremden über dieses Geständnis in mir, eher schon ein seltsames Mitleid mit diesem bekennenden Mörder, das ich zwar abwehrte und als unangemessen abtat, jedoch nicht zum Verschwinden bringen konnte. Es überfiel mich eine massive müde Gleichgültigkeit - ein Verzicht darauf, die Staatsorgane zu alarmieren oder den Täter festzuhalten, ein Verzicht auch darauf, den eigenen Hals zu schützen gegen den Würgegriff eines Mannes, der vielleicht schon mehrfach wehrlose Opfer überwältigt hatte. Ohne daß ich noch weitere Gedanken fassen konnte, ohne daß ich noch weiteren Erklärungen lauschen konnte, schlief ich erneut ein. Als ich erwachte, war ich allein. Auf dem Platz gegenüber lag eine alte Zeitung, von der ich beim besten Willen nicht sagen konnte, ob ich sie mitgebracht und bereits gelesen hatte oder ob sie das einzige Beweismittel war für jenes Mordbekenntnis.

Ein Händler ist dran

Grütter war hier noch nie gewesen. Er kam vom Rhein her, hatte in dem miesen Dunst noch gerade so die geköpften Weiden und irgendwelche schon halb auf die Straße wuchernden Büsche mitbekommen. Erst war er in die falsche Richtung gefahren, irritiert von einem großen Werbeschild für das Hotel *„Zur Post“*, das schon am Ortseingang die Fremden zu diesem Etablissement geleiten sollte und auf dem es hieß, *„mitten im Ort“* sei dieses gastliche Haus zu finden. Er hatte die Mitte bei der Kirche zu finden gemeint, aber was hieß schon Mitte in einer verwürfelten Ansammlung aus Neubauvorhaben und Lagerschuppen, hier ein Reisebüro, da eine Tier- und Tierfutterhandlung, mit bunten Gipsdackeln vor dem Eingang, die fröhlich ihr Bein heben und die friedlich von den abendlichen Spaziergängern und den Hunden der abendlichen Spaziergänger angepinkelt werden. Er fragte zwei Schülerinnen nach dem Weg, aber die erklärten, sie seien nicht von hier und wüßten es nicht. Ein anderes Mädel auf einem Moped schien regelrecht zu flüchten, als er ihr seine Frage nachrief, stellte sich einfach taub, als sei er ihr in die Speichen und an die Wäsche gesprungen. Er kreuzte eine Landstraße, leere Fahrbahn, leere Bürgersteige, eine abgeschaltete Ampel, ein Trampelpfad durch eine Wiese. Immerhin sah er gegenüber ein Männlein aus einer vorne schon verrammelten Imbißbude kommen, sich zu einer Art Turnübung recken und dann die Kochkiste abschließen. Er winkte, machte sich hinüber: „Ich will zur *Post.*“ „Zur Post, jetzt?“ „Ich meine das Hotel *Post.*“ „Ach so, schon zu weit. Sie müssen zurück, da hinten hin. Erst eine Tierhandlung, dann ein Reisebüro, dann sind Sie da. Maximal zehn Minuten.“ Es waren fünfzehn oder zwanzig Minuten, die Grütter brauchte, weil er sich noch zweimal verfilzte.

Er parkte im Hof. Als erstes rutschte er aus auf dem festgetretenen Schlammboden, fluchte, daß er nicht die Stiefel mit der stolligen Sohle angezogen hatte, sondern stattdessen seine Edeltreter mit ihrem glatten Leder darunter, das Wasser zog. Seine Frau würde, wenn sie die Schmutzränder sah, sich ihre kritischen Anmerkungen nicht verkneifen, „du lernst es nie, vorher an so etwas zu denken und gleich das Richtige anzuziehen.“ Und du, dachte er, du wirst es nie lernen, den Mund zu halten, einfach nur den Mund zu halten und auch mal ein einziges Ding, das falsch läuft, laufen zu lassen wie es läuft, nur einmal in einem Leben.

Schliddernd und bibbernd watschelte er zum Hintereingang. Die beiden schweren Taschen zogen ihm die Arme bis auf den Boden. Der Schnürsenkel, den er zu kurz gekauft und nach Abriß mühsam verknotet hatte, ging auf und nasser Dreck rutschte in die Latschen. Der Schal, den er lose über den Mantel geworfen hatte, fiel herunter. Er konnte ihn gerade noch auffangen, ehe er in eine Pfütze geriet. Aber dazu mußte er eine Tasche absetzen, quer in den Matsch. „Es reicht", dachte er, „für heute bin ich satt."
Die hintere Tür war abgeschlossen, also noch eine halbe Hausumrandung durch den Biergarten zwischen Grillbrunnen und Heimelhütte zu dem Seiteneingang, Glastür mit graubraunem Antikvorhang, danach ein Kabuff voller Ansichtskarten und ältlicher Prospekte, in dem allerdings der Pfortenthron leer war, noch eine Glastür, hinter der er sich mühsam durch ein weiteres filzig-flatteriges Stoffgehänge quälen mußte, in einen Wartesaal, in dessen vorderem Teil ein Schild *„Schankraum"* hing (zerkratzte Sperrmülltische, nackt, wie das Fließband sie schuf), während weiter hinten über einem Durchgang ein weißes Kästchen das *„Restaurant"* verhieß, ein durch einen ziegelgemauerten Bogen erreichbares Gelaß mit exakt denselben Tischen, nur aufgewertet durch gelblich-altweiße Decken mit dem einen oder anderen Fleck oder Loch. Die Gewölbeziegel entpuppten sich als Tapete.
„Ich heiße Grütter, ich habe reserviert", sagte er zu einer Frau, die gerade einige Bier quer durch den Raum trug, sagte es ungeduldig wie immer, *im unpassendsten Moment, ich kann mich nicht biegen.* „Moment, der Herr, ich komme gleich." Sie lud ihre Fracht ab, kassierte umständlich an einem Nebentisch. Dann erst kam sie zu Grütter zurück, der wie bestellt und nicht abgeholt stehengeblieben war, wo er stand, verwurzelt, am Fleck. „Ja, Sie wollten . . ." „Grütter. Ich hatte gesagt, daß ich reserviert habe." *Ich bin reserviert, mein Vögelchen, für was Besseres als dich, für was Besseres als für den Tod. Ich bin abonniert auf Reserviertheit. Generalreservist bin ich.*
Sie wechselte hinüber zur Theke, wo ein aufgeschlagenes Sudelbuch lag, blätterte darin herum. „Ach ja, wir haben ja September. Ich war im falschen Monat. Da haben wir Sie auch stehen. Zimmer 221, hier hinten durch, dann links. Dann die Treppe, im zweiten Stock rechts, links in den Flur und sie sind da. Gute Nacht und gute Zeit." Grütter nahm den Schlüssel, kein *Dankesehr Bittesehr*, muß nun wirklich nicht sein.
Sein Weg führte vorbei an offenen Klotüren, Rinnengeruch und Klosteindüfte, an einem Plan der Gemeinde, einer in Rosa- und

Himmelblautönen verzierten Milchkanne, einer Ritterrüstung, auf der nicht erst seit gestern ein Werbespucki der Schweißfirma Casper & Co. klebte, einer Truhe, die alt war oder auf alt gemacht war und einem defekten oder böswillig abgeschlossenen Flipperapparat, der sich auch mit Geld und Fußtritten nicht ins Leben zurückrufen ließ.

Neben der Treppe der Hinterausgang, praktisch für schnelle Fälle. Der Schlüssel steckte von innen. Grütter, der aus alter Gewohnheit immer die Augen aufhielt nach *Fluchtwegen Fluchtwägen,* öffnete gleich einmal die Tür nach draußen, auf den Schrottparkplatz hin. Oben ging es in eine Art Flur. In allen Türen waren Milchglasscheiben, abgerundeter Ausschnitt aus dem Holz, in Messingblech gefaßt. Innen gardinenartig geraffte Vorhänge zwecks Durchblickverhinderung. Sein Raum, Nr. 221, hatte auch solch eine Tür, besser gesagt zwei, denn auch das dazugehörige Bad hatte einen Zugang zum Flur, während ein offener Durchgang Bad und Kammer verband. Die Badtür war von innen mit einer Sperrholzplatte verkleidet, *sie möchten nicht, daß einer durcheinanderkommt, wenn er über den Flur geht und da sieht er schemenhaft einen nackten Körper oder zwei, hier ist man gut katholisch immer noch.* Einfachglasfenster, flitterdünne Gardinen, lindwurmgrüne Dekorationsschals, ein nachgedunkeltes Springrollo, das flott herunterkam, aber erst nach zehn Minuten Bastelei sich wieder zurückrollte. Ein Fernseher der älteren Generation, nur mit Tasten bedienbar und nur mit drei oder vier Standardprogrammen gesegnet. Ein Bauernschrank, dessen Tür aus den Scharnieren war, mit nur noch zwei Kleiderbügeln und einem großzügigen Vorrat gebrauchter Plastiktüten. Ein Bett, das schon beim ersten Hinhocken kriminell schaukelte und dessen frotteebezogene Matratze bei der Liegeprobe im Mittelteil fast den Boden streifte. Dazu undefinierbare tachistische Tapeten, ein Cocktailsessel mit der Fensterbank als Schreibtisch, ein weißer Nachttisch, der wohl als Restbestand aus einem Schleiflackprogramm an Land gezogen oder gegen einen Fünfer der Caritas vom Wagen geholt worden war. „Hier bin ich zuhaus“, sagte Grütter laut vor sich hin. *Ich kann mir die Hand geben und mir gratulieren. Superman kriegt Supersuite, Niete zieht Niete, ab in die Driete.* Und warum war er hier? Nur deshalb, weil er in seiner Post eine Karte gefunden hatte von ebendiesem „Hotel zur Post“, und weil dieser Umstand ihn zu der verwegenen Hoffnung gebracht hatte, hier auf eine Spur zu kommen, die vielleicht sogar zu seiner verschwundenen Tochter führen würde. Maren war weg, seit er das Geld aus einem großen Deal beiseitegeschoben hatte, um seine Schulden zu drücken und drei freundliche Herren ihm ein Ultimatum gesetzt hatten, die Stoff-Lieferung aber am liebsten vorgestern mit Zinsen zu bezahlen. Als er das nicht konnte, hatten sie sein Kind entführt und ihn wenig später mit einem eingeworfenen Zettel gewarnt, die Polizei einzuschalten, denn sonst sei die Kleine dran.

Grütter hatte das hoteleigene Schwimmbad genutzt, das von einem ähnlichen Stand der Dinge und der Kunst war wie das restliche Hotel. Als er nach zehn Minuten lustlosen Im-Kreis-Schwimmens für heute Schluß machte und duschte, kam ein mittelalter Mann herein, der nicht grüßte und wieder verschwand, gerade in dem Moment, wo Grütter den Duschbereich verließ. Wie spät war es? Keine Uhr am Arm oder in der Hosentasche, wo sie eigentlich jetzt ihren Platz gehabt hätte. Grütter suchte fieberhaft, war sich plötzlich sicher, daß der unhöfliche Eindringling seine Uhr gestohlen hatte. Er packt sich ein Handtuch, schlingt es um die Hüfte und rennt barfuß, halbnackt und atemlos in den Flur. Auf der Treppe holt er den Mann ein, beschuldigt ihn sofort, die Uhr gestohlen zu haben, während er selbst noch beim Duschen war. Der andere leugnet, rät ihm, erst einmal zu gucken, ob er die Uhr nicht doch am Arm habe. Grütter schaut extra noch einmal hin, die Uhr ist nicht da. Er brüllt: „Ich bin doch nicht senil. Ich weiß doch noch, was ich tue.“ Aber der andere läßt sich nicht beeindrucken, sagt noch einmal, er sei es nicht gewesen und zieht trotz fürchterlichster Drohungen und Verwünschungen, die Grütter ihm nachschleudert, unbehelligt ab. Grütter macht sich fort in sein Zimmer, wo er die Uhr auf dem Nachttisch findet.

Grütter hatte gerade zwei Unterhosen und zwei Paar Socken im Waschbecken gewaschen, auf die Heizung gehängt und die hochgedreht, da klingelt das Telefon, ein Mann meldet sich, der aber nicht seinen Namen nennt. Grütter hat das unbestimmte Gefühl, daß es gerade der ist, den er im Schwimmbad zu Unrecht verdächtigt hat. „Wie heißen Sie.“ „Das tut nichts zur Sache. Ich meine es gut mit ihnen. Sie sind in Lebensgefahr.“ „Was Sie nicht sagen. Und was schlagen Sie vor?“ „Ich rufe Sie später an.“ Aufgelegt. Na ja, denkt Grütter, entweder ein Verrückter, der sich wichtigmacht und dann ist alles in Butter, oder aber einer, der wirklich etwas weiß, und dann will er entweder mich einschüchtern oder mich warnen, aber die Soße dampft im einen wie im anderen Fall.

Der Herr ohne Namen rief tatsächlich eine Viertelstunde später wieder an. „Ich bin es.“ „Was heißt ES? Ich bin es auch.“ „Sie können rauskommen aus der Klemme und ihre Tochter finden. Ich bringe Sie zusammen mit einem, der ihnen weiterhilft. Einer, der viel Macht hat und der dieselben Feinde hat wie Sie und ich.“ „Aha, noch ein großer Unbekannter.“ „Unsinn, ich gebe Ihnen seine Adresse und Sie gehen hin und reden mit ihm.“ „Was kostet der Spaß, das Leben oder die Freiheit?“ „Quatsch, alles gratis.“ „Und warum gehen wir nicht zusammen hin.“ „Sie gehen hin, das habe ich doch schon gesagt.“ „Haben Sie gesagt. Außerdem, wie heißt denn der Wohltäter der Menschheit.“ „Das sagt er ihnen selber. Ich habe jetzt keine Zeit, ich sage Ihnen jetzt, wie Sie hinkommen. Der Rest ist Ihr Bier. Und tschüss!“ Es folgte eine Wegbeschreibung, die Grütter sich auf einem Stück Zeitung notierte, das beinahe weg durch den Wind gewesen wäre, als es ihm am nächsten Morgen beim Frühstück aus der Hosentasche fiel, aber er bemerkte es noch im letzten Moment und sammelte die unersetzliche Information wieder auf.

Der Mann, der ihm versprochen hatte, ihn mit dem heißesten Tip ans Ziel zu bringen, hatte am Telefon anscheinend abgelesen von einem Spickzettel: Nach einem Parkplatz am Rande eines Wohnviertels sollte er rechts einen kleinen Weg bis ans Ende gehen, an einem Zaun entlang immer bergab und geradeaus, um dann am ersten Bauernhaus links an der hinteren Tür an der untersten und völlig unbezeichneten Klingel zu schellen.
Grütter machte sich gegen Mittag auf den Weg. Aus Vorsicht ließ er sein Auto gleich am Hotel stehen und ging die ganze Strecke zu Fuß. Einen halben Kilometer vor dem Parkplatz kam er an einer Bushaltestelle vorbei, an der ein knappes Dutzend Jugendliche warteten. „Hallo, wie geht's?“, rufen sie ihm zu. Er ist völlig überrascht und verdattert, schaut an sich herunter und wieder hoch, ob da irgendwas nicht auf der Reihe ist, ein offener Hosenstall, ein Hemd, das zur Hälfte aus der Hose hängt. Aber da ist nichts Auffälliges. Als er schon ein paar Meter wortlos an den kleinen Biestern vorbei ist, ruft einer sehr schrill und laut: „Ach, der ist ja vielleicht doch ein Mann. Ich dachte, das ist eine Frau.“ Ein anderer hat noch eine neue Variante: „Ich glaube, er ist schwul. Ja ganz klar, der ist schwul.“ Das reicht, das läßt die Soße überkochen. Grütter dreht sich um, sie rennen schon los, er nimmt die Verfolgung auf, packt einen, der besonders fett und besonders langsam ist, stößt ihn mitsamt seinem Fahrrad um. Einen anderen bekommt er an den Haaren zu fassen, reißt ihn zu Boden und

treibt ihn mit Faustschlägen Richtung Fluß. Sie prügeln sich an einem Abhang in einem ungleichen Kampf, Grütter hat mehr Praxis, mehr Muskeln und mehr Gehirnschmalz. Grütter bekommt den Jungen voll zu fassen, stößt ihn den Hang hinab, wo er bis ans Ufer kugelt und stöhnend liegenbleibt. Sieben oder acht Jugendliche umringen jetzt Grütter und stürmen auf ihn los. Er bekommt einen Tritt in die Seite und einen Schlag auf den Kopf, geht kurzzeitig zu Boden, aber Angst, Haß und Wut treiben ihn wieder auf die Füße, er sieht eine Lücke im Einkreisungsring, stürmt darauf los und ins Freie. In kürzester Zeit hat er zehn Meter Vorsprung vor der Meute, die ihm aber auf den Fersen bleibt. Grütter sucht sein Heil in den Massen, rennt in ein Einkaufszentrum und schafft es tatsächlich, ungesehen in den Umkleideräumen für das Personal zu verschwinden. In der sicheren Erwartung, daß diese Kinderchen es einfach nicht hinkriegen, lange auf der Lauer zu liegen, schläft Grütter auf dem Personal-Herrenklo eine halbe Stunde – im Sitzen, den Kopf an die Wand gepreßt und die Arme herabhängend, nicht gerade gemütlich, aber als er hervorkommt, fühlt er sich wie Phönix frisch aus dem Ei. Keiner von den kleinen Quälgeistern ist zu sehen. Zur Sicherheit läßt er sich von einem Taxi in die nächste Nähe des Parkplatzes bringen, schaut die gesamte Fahrt über, ob er die Halbstarken sieht und schnell mal sich einen Kopf kleiner machen und Richtung Fußmatten abtauchen muß, aber es gibt keinen akuten Bedarf dafür. Der Taxifahrer ist kein Profi, scheint eher einer zu sein, der schwarz fährt und nicht unbedingt Lust haben wird, der Polizei mitzuteilen, wen er da wohin gefahren hat. Falls etwas schiefgeht und es sich nicht vermeiden läßt, ein wenig eigenständige Gesetzesauslegung zu betreiben.
Kurz vor seinem Ziel, vielleicht zwanzig Meter vor der Einmündung, hatte ihn ein alter Mann angesprochen, der mit seinem Enkel spazierenging oder jedenfalls mit einem Jungen, der sein Enkel sein konnte. Der Alte war stehengeblieben, bis Grütter herangekommen war. Dann sagte er etwas, in dem singenden Dialekt der Gegend, das wie eine Warnung klang, und ging dann weiter. Grütter zuckte mit den Schultern und bog in diese Straße ein.

Ein Täter

Er hat immer nur geredet. Er hat immer nur davon geredet. „Wer davon redet, der tut es garantiert nicht. Man muß immer nur auf die aufpassen, die nach vorn freundlich tun und hintenherum kommen sie auf einmal mit dem Klappmesser heraus.“ Schauen sie sich doch all die hinterhältigen Dackel und Bullenbeißer an, die fröhlich mit den Schwänzchen wackeln und erst knurren, wenn das Blut schon spritzt. Der Dottore redete überhaupt viel, etwa solchen tiefsinnigen Unsinn in der Art von „Es ist für uns alle nicht einfach, aber andererseits sind wir alle gleich und jeder hat einen weichen Klumpen am Bein.“

Als der Dottore an diesem Abend den kleinen Josef besuchte, kam er nicht allein. Es war im eigentlichen Sinn kein Besuch, eher eine Heimsuchung, ein Raubzug der Gerechten gegen den Dieb, wenn auch ein verhinderter Raubzug. Der kleine Josef öffnete ihnen, wie es schien mit reinem Gewissen und ohne Arg, also gerade jenem Merkmal entsprechend, das geeignet ist, den Totschlag in den Mord zu verwandeln, zumindest im Holzauge der Juristen. Der Bursche mußte doch wissen, was sie von ihm wollten oder mußte es doch ahnen. Warum hatte er sich nicht verflüchtigt, hatte sich nicht fortgemacht vom Acker? Jedenfalls, jetzt war er höchstpersönlich da – wie einer, der sich stellt, weil er die Flucht als aussichtslos ansieht und sich durch ein schnelles billiges Geständnis Gnade erhofft. Ja, er lächelte sogar, ein schüchternes Lächeln, gerade so, als wisse er nicht, wo er seine Hände lassen und was er als nächstes sagen solle. Aber dieser harmlose Eindruck trog. Ehe sie noch ihre Botschaft mit all ihren Drohungen aussprechen konnten, grinste er frech und sagte: „Sie ist nicht hier. Ich habe sie sicher untergestellt.“

Er war also am Zug, er war am Drücker. Sie hinkten hinterher. Der Dottore versuchte trotzdem, das Blatt noch zu wenden und dem kleinen Josef die Karten aus den Pfoten zu hauen. Er sagte leise und unbeteiligt: „Wenn du die Maschine nicht herausgibst, machen wir dich kalt.“ „Schau an, unser Dottore weiß mal wieder alles besser als alle. Nur leider kenne ich euch lange und gut genug: Bellen könnt ihr ganz herrlich, bloß mit dem Beißen hapert es bei euch.“ Sein Grinsen blieb, als hätte man es ihm in die Visage geschnitzt.

Der Dottore gab das vereinbarte Zeichen. Sie packten ihn an den Schultern und an den Armen, schüttelten ihn und brüllten, es reiche ihnen jetzt und sie wollten unbedingt ihren Besitz zurück. Josef blieb kalt wie ein Fisch, der von Hand zu Hand geht und jeden ekelt es ein bißchen mehr und jedesmal wird es ein wenig unmöglicher, ihn noch zu halten. Als käme da die Touristin mit der übergroßen Sonnenbrille und dem übergroßen Gesäuge am Fischerboot in Barletta vorbei und sie schlenzt aus Mitleid einen wild zappelnden Fisch über Bord und ins Wasser zurück, der Fischer beschimpft sie als deutsche Nutte, aber das bringt den Ausreißer nicht in sein Boot und seinen Verkaufskorb zurück.

Der Dottore ließ den Gefangenen los, gab aber gleichzeitig den anderen ein Zeichen, ihn umso fester nach unten zu drücken. Er trat ein Stück zurück, rieb sich das Kinn und überlegte noch einmal, zum x-ten Male, was geschehen könnte, wenn sie es hier zu Ende gehen ließen. Sie waren ja im Grunde Schiffsjungen, die von einer Stunde auf die andere von zuhause ausgerissen und an Bord geraten waren, ohne das mindeste von den großen Fahrten zu verstehen. Wie leicht hatte es doch ihr Opfer! Der mußte sich nicht entscheiden, was er tun sollte. Der konnte sich sogar noch breitbeinig hinstellen und Gegendruck aufbauen, konnte nach Kräften verhindern und blockieren. Er zog ein Springmesser heraus und hielt es dem kleinen Josef an den Hals: „Jetzt kannst du das Grinsen abstellen. Entweder du sagst uns, wo wir uns die Maschine zurückholen können oder du sagst bald gar nichts mehr. Also los – freie Auswahl zwischen Kapitulieren und Krepieren!“ Der Gefangene spuckte aus: „Ich sage euch gar nichts. Haut ab und laßt mich in Ruhe!“

Als sie gingen, hatte Josef es hinter sich und sie hatten es vor sich. Der Dottore wußte, daß es falsch und fatal war, was er getan hatte, aber das half jetzt nicht mehr. Er hatte es getan. Das Opfer war tot und weg. Jetzt war er der Täter, er allein. Bald würde er das Opfer sein, er allein. Er hatte nichts, was er weggeben konnte. Er hatte keine Maschine gestohlen und irgendwo versteckt. Er hatte das Messer in der Hand gehabt und jetzt hatte er nichts mehr in der Hand.

Ein ehemaliger Jäger

Kolja Bärendt, der vor einigen Jahren es bis auf die Titelzeiten mehrerer Regionalzeitungen schaffte, hatte es als Jäger zu einem gewissen Renommee gebracht, denn er war es gewesen, der im südlichen Ruhrgebiet zum ersten Mal seit zweihundert Jahren einen Steinadler erlegt hatte. Unerfreulich daran war für ihn, daß dieses Tier seit einer gefühlten Ewigkeit unter strengem Naturschutz stand. Die schriftliche Erklärung, dieser Adler habe leider wirklich so ausgesehen wie ein Bussard, half ihm nicht sonderlich. Für die einen war Kolja Bärendt damit abgestempelt als dreister Lügner, für die anderen als Blindschleiche und Sonntagsballerer. Es gab den allfälligen Prozeß, im Amtsgericht und vor einem Ehrengericht der Jägerschaft. Die Waidmänner ließen es bei einer knappen Rüge bewenden, in deren etwas umfangreicherem Begründungstext anklang, im Grunde solle doch der Staat die Jagd völlig freigeben, wie einst in der glücklichen Vorzeit, als es auch noch keinen Bestandschutz gab für lästige Spaziergänger und Walddurchrenner, erst recht nicht für jene Freizeitterroristen, die Worte wie ABSCHAUM auf Hochsitze pinseln.
Vor dem Amtsgericht verlor Kolja seinen Prozeß. Der Jagdschein wurde ihm aberkannt, die Waffe entzogen. Doch schon in der Revision vor dem Landgericht gelang es ihm, das Blatt zu wenden und gegen eine Zahlung an irgendeinen Grünkreuz- oder Blaukreuzverein sein volles Recht auf Tierdezimierung zurückzuerhalten. Merkwürdig war aber, daß er zwar den Jagdschein erneut einrahmte und wieder unter das Zwölfendergehörn in der Diele hängte, aber die Jagd nicht mehr aufnahm. Warum er das tat, brachte weder seine besorgte Ehefrau aus ihm heraus noch die alten Jagdkumpane. Er antwortete stets ausweichend in der Art von „Ein Adler reicht“ oder „Ihr glaubt es ja nicht, aber es war so: Vor meinen Augen hat der Vogel sich verwandelt. Als ich schoß, war er zweihundert Prozent noch ein Bussard. Und als er vom Himmel fiel, war er noch halb und halb. Erst dann ist er ein Adler geworden, bloß um mich fertigzumachen.“
Damit hätte man leben können. Aber wenige Tage später, es war Hochsommer, verließ Kolja Bärendt Haus und Hof, bekleidet nur mit einem Unterhemd und Bermudashorts, die ein Spaziergänger später am Rand des großen Waldes fand, wie achtlos fortgeworfen. Zuhause entdeckte seine Gattin ein kurzes Schreiben: „Ich bin ein Adler am Boden. Sucht nicht nach

mir, ich bleibe in den Wäldern. Ich weiß jetzt, wie ich mich verwandeln muß."
Kolja Bärendt wurde niemals gefunden, seine Überreste auch nicht. Mehrere Jäger und Waldbesucher behaupteten aber im Laufe der Jahre, von fern einen Wilden gesehen zu haben, der – manchmal sogar auf allen vieren – vor ihnen geflüchtet sei. Er habe weniger wie ein Mensch gewirkt, sondern mehr wie ein großer Vogel, der auffliegen will, aber erst einmal Wind unter den Flügeln braucht.

Der dunkle Mann

„Es ist soviel Dunkles in mir“, sagte der Mann. Zu sich selbst, zu niemandem sonst. „Soviel Schwarzes und Unerhelltes, soviel Nacht.“ Und er sah wie an allen Abenden, an denen er nicht unverzüglich einschlafen konnte, einen völlig lichtlosen Abgrund, der sich weitet und verengt im Rhythmus des Atmens und des Aufschreiens. Er blickte hinab, es war kein Ende faßlich. Er wußte, welch eine Tiefe dort auf ihn wartete.
Es war schwer für diese Frau. Schwer war schon für sie, genau zu sagen, wann sie den dunklen Mann das erste Mal gesehen und gesprochen hatte. Oder hatte sie ihn doch schon Tage zuvor im flüchtigen und fluchtartigen Vorbeigehen bemerkt, nur eben gerade so, ohne allzu sehr beglückt oder beunruhigt zu sein? Es war gut möglich, daß er morgens neben ihr die Treppe im U-Bahn-Schacht hinabgestiegen war und ein alter Mann mit zwei Zahnstümpfen und einem schiefmäuligen Grinsen hatte sie beide angesprochen und um ein wenig Geld für einen armen Hund gebeten und der Hund, das wollte dieser Mensch sein - einer, der getreten wird, sich wieder zurückwinselt und durch das gelbe Ausgespuckte kriecht, das die Treppenstufen fleckig hinablief. In dem Gestank hatte sie den Alten gefragt, wofür er das Geld verwenden wolle und er hatte - ganz nach ihrer Erwartung und ganz gelogen - geantwortet *„Für Kaffee und Brot“*, obwohl doch der Saufdruck ihn fast zerfetzte. Sie gab ihm eine Mark, die er schnell in seiner Jackentasche verschwinden ließ, aber von dem dunklen Mann erhielt er eine dunkelbraune Banknote, mit der Bemerkung *„Ich weiß, daß du es versaufen wirst, mein Sohn, und daß du all das nicht ändern kannst, aber so ist es eben. Du würdest es gern können, ich auch.“*

Die Tür

Der finale Absturz begann damit, daß ich in unsere Wohnung kam, die *elterliche*, Nähe *Speldorf Kirche*, wie der Aufruf zum Aussteigen in der Straßenbahn lautete, kurz vor *Speldorf Bahnhof*, wenn es in Richtung Stadt gehen sollte und nicht in Richtung Monning und Duisburg. Die Eltern waren schon in Vorbereitungen, nahmen billige Drucke von der Wand und den Wandteppich mit der Krippenszene, über dessen kitschige Scheußlichkeit ich all die Zeit geschwiegen hatte, schlugen Zeitungspapier darum herum und verstauten alles in Schrankkoffern. Es war nicht das erste Mal, daß wir uns gezwungen sahen, ein zeitweiliges Quartier aufzugeben und die Anschrift zu wechseln. Meine Mithilfe war wie immer begrenzt – ein symbolisches Zupacken, um sich dann bei nächster Gelegenheit zurückzuziehen in eine unbeobachtete Faulenzerecke. Ich entschied mich für das Bad, schloß die Tür ab und beschäftigte mich damit, mir gutzutun. Das überbrückte leidlich die Zeit, bis meine Mutter das Signal zum Aufbruch gab. Nichts würde besser werden, aber immerhin waren wir für dieses Mal davongekommen.

All das war eine Art Vorspiel für meine Reise nach Paris am nächsten Tag, nur zu zweit, meine Frau und ich. Wir hatten vor, in einem angeblich erstklassigen Hotel zu Abend zu essen, mußten aber zunächst an einem gigantomanischen verschachtelten Gebäude längere Zeit suchen, bis wir den Eingang fanden. Von einem jungen Mann, der sogar unsere Sprache beherrschte, ließen wir uns Goldschmuck zeigen – eine einheitlich gestaltete zehnteilige Zusammenstellung aus Ringen, Ketten und Broschen, die dreitausend kosten sollte. Ein Rabatt von zehn Prozent wurde eingeräumt. Selbstredend war mir dieses Geschenk zu teuer, aber ich vertröstete den Jüngling darauf, daß wir sicher später erneut vorbeikämen. Während ich mit dieser eleganten Lösung ohne Konfrontation beschäftigt war, war meine Frau anscheinend über eine Hintertreppe, die mir eher für das Personal gedacht schien, ins Hotel gelangt. Jedenfalls sah ich sie nirgends. *Desapericido!* Ich lief – die Eingangstür stand weit offen - diese Treppe hoch, rief statt ihres Namens in meiner Aufregung den der meiner jetzigen Frau vorangegangenen Ex-Frau. Ich hoffte, sie habe diesen Fauxpas nicht bemerkt, wiederholte mehrmals in voller Lautstärke ihren richtigen Vornamen. Es erfolgte keine Antwort. Ich geriet in einzelne Stockwerke hinein, begegnete aber niemandem und wagte es auch nicht, eine der Türen aufzureißen, hinter denen ein leises Stöhnen zu hören war und wo sie vielleicht längst schon von einem anderen Mann besprungen wurde.

Als ich zu dem Schmuckverkäufer zurückkam, erhielt ich keine wirkliche Hilfe. Er äußerte, er habe die Dame mit mir weggehen sehen und wisse nichts Weiteres. Immerhin ging er mit mir über die Dienstbotentreppe ins Hotel und befragte verschiedene Zimmermädchen, ob sie Beobachtungen berichten konnten. Erwartungsgemäß führte all dies zu nichts.

Zwei Tage später, ich hatte mich im Hotel einquartiert, hatte in allen Ecken und Winkeln nachgestöbert, hatte bei der Polizei eine Vermißtenanzeige aufgegeben, fiel mir auf der Hintertreppe eine dunkelgrüne Stahltür auf, keine zehn Schritte vom ebenerdigen Eingang entfernt. Eine innere Stimme bewog mich dazu, ein Stemmeisen einzusetzen. Fünf Zentimeter hinter dem Türblatt stieß ich auf eine Mauer aus Hohlblocksteinen, unverputzt und anscheinend erst kürzlich errichtet. Ich kratzte den Mörtel aus mehreren Fugen, bis sich der erste Stein herausbrechen ließ und blickte auf eine weitere Treppe, hinab in einen gerümpeligen Hinterhof. Hier war sie hindurchgegangen oder zum Paket verschnürt hindurchgetragen worden! Es würde keine Spuren geben, keine dienlichen Hinweise. Ich gab meine Suche auf und beschloß abzureisen.

Panteleimon, der Kurzbeinige

Panteleimon der Kurzbeinige, der erste König aus der sogenannten „Griechischen Dynastie“, die in Baktrien eine nicht allzu lange Zeit herrschte (die Historiker zweifeln, ob dieses Geschlecht tatsächlich griechischen Ursprungs war oder sich nur so genannt hatte, um den Fragen nach dem Woher und Warum leichter entgehen zu können) begann seine Regierungszeit unter unvorstellbaren Schwierigkeiten. Man muß dazu wissen, daß Panteleimons Königtum nur zustandekommen konnte, weil ein Heiliger ihm den Weg bereitete. Dieser Heilige, Eugenios Sirach mit Namen, war ein Eremit aus der östlichen Wüste, der nach langen Jahren der Wanderschaft als verlauster Bettelmönch, im Pferch der Schafe schlafend oder nahe der Wärme der Dunghaufen, schließlich sich die Spitze einer einsam stehenden Felssäule – einsam gelegen und doch nahe der Hauptstadt - als Ort des Bleibens ausgesucht hatte. Dort lebte er etliche Jahre, betend und nachsinnend über einen Weg, die Welt im Feuer zu läutern. Sein Wasser und anderes entließ er in die Tiefe über den Rand des Felsens, den Regen sammelte er in einer von ihm mit kleineren Steinen und etwas Lehm zu einer großen Vorratsschüssel ausgestalteten Vertiefung. Sein Essen legten fromme Frauen alle drei Tage in einen Weidenkorb, den er an einem Seil in die Höhe zog. Manchmal kamen sie zu dritt, manchmal allein, aber niemals, wenn sie zu dritt kamen, stieg er herab oder rief etwas von oben. Jahre später behaupteten einzelne der Frauen, wenn sie allein gekommen seien, sei er stets zu ihnen hinuntergekommen wie ein Adler, der landet, habe mit ihnen gescherzt und gesprochen und andere Dinge seien geschehen, auf die wir hier, da es keine Zeugen gab und es sich um leeres Gerede handeln könnte, nicht näher eingehen wollen.

Nach langen Jahren des Friedens auf der Säule und um die Säule herum geschah es, daß der Feind einfiel in das Land – fremde Reiter mit krummem Rücken und mittels Pottasche geschwärzten Gesichtern, die alles niederbrannten, was sich in den Weg stellte oder dem man nachsagen konnte, es sei im Weg gewesen. Als sie die Säule umstellten, stieg der Heilige hinab, ohne sich lange bitten zu lassen, hob das Buch der Bücher in die Höhe und sprach die Eroberer – denn er hatte auf seinen einstigen Wanderungen vieles sprechen gelernt – in ihrer schrill und quäkend klingenden Sprache an, mit den Worten des Donnerers und Rächers: „Ihr Teufel, was verwüstet ihr das Land, verbrennt unsere Weidegründe und schändet unsere Heiligtümer. Ich rufe den einen Gott zu Hilfe, daß er euch Einhalt gebiete und euch, wenn ihr fortfahrt, wie ihr begonnen habt, vertilge vom Antlitz der Erde.“ Die Hunnen wollten fast umfallen vor Lachen und hielten sich die Bäuche angesichts dieses tollkühnen alten Schwätzers. Dann aber hob ihr Oberster den Arm und antwortete: „Einsiedler, ich sehe, du bist ebenso alt wie verwegen. Laß uns eine kleine Wette machen. Wenn du uns morgen in der ersten Helligkeit im Faustkampf Mann gegen Mann und ohne alle Waffen besiegen kannst, ziehen wir einfach ab und besuchen eure Nachbarn. Aber jeder Kampf braucht Regeln. Erste Regel: Immer einer gegen einen. Du kämpfst gegen mich. Wenn ich gewinne, lasse ich mir mein silbernes Schwert reichen und zerteile dich für die Hunde. Zweite Regel: Wenn du gewinnst, wird der oberste meiner Offiziere mit dir kämpfen, und so geht es weiter, bis zum letzten Pferdeknecht herunter. Entweder hast du alle in allen Kämpfen besiegt, dann kannst du gehen, niemand soll dir ein Haar krümmen und wir ziehen ab, oder aber meine Leute haben dich so weichgeklopft, daß du von selbst betteln wirst, aus dir Hackfleisch zu machen und dich von deinen Schmerzen zu erlösen.“ Die hunnische Gefolgschaft sah sich an, dann, nach einem langen Moment der Stille und angestrengten Nachdenkens, ertönte ein brausendes Gelächter und Gejohle. Auch der heilige Eugenios Sirach, damals noch nicht von der Kirche in den Stand der Heiligkeit emporgehoben, hatte für einen Augenblick innegehalten, die Worte des Feindes erwogen und antwortete: „Es sei so. Ich bitte mir nur eins aus: Daß neben mir in zwanzig Fuß Entfernung immer zur gleichen Zeit jeweils einer unserer Männer mit einem der euren kämpfe und daß jeder dieser Kämpfer jeweils vier Kämpfe aussetzen darf, ehe er erneut mit frischer Kraft antreten muß.“ Der Oberste der Hunnen lächelte grimmig: „Gut, es sei, wir sind keine Unmenschen. Aber da uns bekannt ist, welche gewaltigen Helden ihr seid, werden immer drei von uns gegen einen von euch antreten. Gegeben und verkündet!“ Der spätere Heilige faltete die Hände, rollte mit den Augen, sagte aber nichts. Dann schlug er, das Buch der Bücher in den Händen, durch die Reihen der ehrerbietig zurückweichenden Hunnen den Weg zur Hauptstadt ein.

Dem zusammengelaufenen Volk in der Hauptstadt verkündete Eugenios Sirach, der Stylit, welche Bewährungsprobe bevorstand. Beifall brandete auf, wilde Schreie der Empörung und unbändigen Mutes. Niemand plädierte für eine ehrlose Flucht oder ein ebenso ehrloses Flehen um Gnade

und Verschonung. Alle Männer versicherten sich unter Tränen der Vorfreude auf Heldentaten, vor Tagesanbruch an der Säule des Styliten einzutreffen, um dort den guten Kampf um Sieg oder Sklaverei auszufechten.
Voller Glaubenszuversicht nahm Eugenios Sirach Abschied von der Stadt und kehrte in seine Eremitage zurück. Auf dem Weg dachte er über die Seltsamkeiten des Schicksals nach, über seine verworrenen Wege als Wandermönch, den Hunger, die Läuseplage, ja sogar seine Zeit davor als Sekretär des Bischofs von Trapezunt fiel ihm ein. Damals galt er als hoffnungsvoller junger Mann am Beginn einer großen Karriere. Doch auch damals schon gab es Feinde, die ihn attackierten, weil er sich nicht mit einem einzigen guten Namen zufrieden gab, sondern unbedingt noch den eines Juden hinzufügen mußte. „Irgendein jüdischer Rabbi, der sein zweifelhaftes Buch dem Kanon der Heiligen Bücher untergeschoben hat und der sich lästerlicherweise den Namen unseres Herrn einverleibt hat", verlautbarten die Neider des Eugenios über seinen Beinamensgeber Jesus Sirach. Eugenios Sirach lachte bitter bei dieser Erinnerung – nun ja, er war weiter- und davongekommen.
Keiner der Feinde, die um seine Säule lagerten, sagte ein Wort. Sie traten stumm zur Seite und er ging ungerührt und unberührt durch ihre Reihen. Auf seiner Säule umfing ihn das letzte Licht einer blutrot weggesackten Sonne.
In der Nacht überfiel ihn ein verworrener Angsttraum, angesichts dessen, was ihm am Morgen drohte, mehr als verständlich. Er taumelte empor, mußte sich übergeben, torkelte mit halb geschlossenen Augen und stürzte in die Tiefe.

Panteleimon der Kurzbeinige, trotz seiner Behinderung ein Raufbold von Gottes Gnaden, hatte in einer der Vorstadtkneipen sich berichten lassen vom Auftritt des Eugenios vor der Volksmenge und der allgemeinen Begeisterungswelle. Nach einer Nacht der Würfel und der lockeren Lieder, nach einer Nacht der Sauferei und Rauferei beschloß er gegen Morgen, auch seine Pflicht als Mensch und Landsmann zu erfüllen und sich dem Feind entgegenzustellen. „Drei sind keine dreihundert. Zweien beschere ich eine Begegnung Kopf an Kopf, während ich zu gleicher Zeit den Dritten ausschalte mit einem saftigen Tritt in den Unterleib. Und dann kann ich mich zwischen den Kämpfen sogar ein wenig ausschlafen. Was will der Mensch mehr." Mit solchen Gedanken im Kopf trottete er Richtung

Eremitenpalais. Nur eines wunderte ihn, warum er unterwegs so wenigen Menschen begegnete und auch diese wenigen gingen stadteinwärts. „Na", dachte er bei sich, „es werden so viele sein, daß sie schon die Schwächeren wieder heimschicken müssen."

Doch was mußte er sehen, als er aus der Schlucht hervorkam und die Säule vor ihm lag, umringt von den fremden Kriegern? Nicht ein einziger Einheimischer war weit und breit zu erblicken! Wo waren sie, hatte sie der Abgrund der Hölle verschlungen wie einst Korach und die Seinen? Er wollte auf dem Absatz kehrt machen, aber die Hunnenspäher hatten ihn schon entdeckt und geleiteten ihn vor ihren Speeren zur Säule. Dort stand der Oberste des Feindes und betrachtete kopfschüttelnd die Leiche des Eugenios Sirach, die mit gebrochenem Hals und zerschmettertem Schädel vor ihm lag. „Seltsam", sagte er zu seinen Ratgebern, „er schien mir ein mutiger Mann. Dumm wie alle diese Schafzüchter, aber ein harter Hund. Wie man sich irren kann! Anscheinend hatte er genausoviel Respekt vor uns wie seine Landsleute, diese Hosenscheißer, und hat den schnellen Selbstmord dem langsamen Tod durch unsere Fäuste vorgezogen. Aber da kommt ja immerhin einer von ihnen, so ein richtiger Giftzwerg. Bringt ihn her zu mir!" Und damit wurde Panteleimon der Kurzbeinige von den Spähern noch etwas herzlicher mit ihren Speeren gekitzelt und sein Gang vorwärts beschleunigt.

„Wer bist du, warum kommst du erst jetzt und warum hast du nicht noch ein paar Kumpane mitgebracht?" „Ich heiße Panteleimon der Kurzbeinige, gnädiger Friedensfürst. Und meine zahlreichen Freunde kommen kurz hinter mir. Sie tragen schwer an den Geschenken, die sie Euch mitbringen. Ich sollte ihnen entgegengehen und ihnen tragen helfen." „Du bleibst hier", antwortete der Oberste. „Ich ernenne Dich zum würdigen Nachfolger des Eugenios. Und da du ein solcher Recke bist, wirst du in seinem Modus, also ohne Pause, kämpfen, immer gegen drei unserer Leute. Großmütig erspare ich dir den Wettstreit mit mir. Also, keine Zeit verlieren. Hier sind die ersten drei." Damit zeigte er auf drei grimmig blickende Hünen, die sofort den provisorisch abgetrennten Kampfplatz betraten und ihre Fäuste präsentierten.

Was soll man sagen und denken, der hundemüde Panteleimon war schlagartig wach, schlug schlagartig drauf nach dem vorbedachten Rezept, zwei gegeneinander prallen zu lassen und dem dritten für längere Zeit die

Luft und den Kampfeswillen und womöglich sogar dauerhaft die Männlichkeit zu rauben. Das variierte er nur wenig, denn von Kampf zu Kampf steigerte er seine Geübtheit. Allenfalls trat er dem einen oder anderen die Beine weg oder benutzte seinen eigenen Schädel zu einem Rammstoß in die Weichteile des Gegners.
Am Ende des Tages hatte er so drei nach drei alle Offiziere und Soldaten der Hunnen zusammengestaucht und zusammengetreten, sofern sie nicht von vornherein unter Vorspiegelung eines dringenden Bedürfnisses hinter irgendwelchen Felsen verschwunden und abgeblieben waren. Der Oberste der Hunnen schüttelte ihm anerkennend die Hand, fragte ihn, ob er nicht als sein General und Stellvertreter in seinen Dienst treten wolle, was Panteleimon aber dankend verneinte. „Schade“, sagte sein verhinderter Dienstgeber, „na gut, dann gehen wir jetzt eben.“ Und so zogen, meist humpelnd und keuchend, mehrere hundert Hunnen von dannen.
Nach einer Weile stand Panteleimon der Kurzbeinige ganz allein unter der Säule, begrub Eugenios Sirach, betete kurz, schwor sich, auf Kosten der Hauptstädter hier die Eugenioskirche zu errichten, sich selbst aber zum König Baktriens aufzuschwingen. Und so geschah es, auch wenn es Zeit, Blut und manche üblen Tricks kostete.

Zwischentodesfall

Ein Mann stirbt, allein, wie sonst auch, wie auch sonst. Eine Frau ist fast bei ihm, die sofort flieht. Ein Toter, aber zuerst kein Täter, danach zwei Täterinnen, die es nicht sein wollen, und eine von beiden war es doch. Oder doch nicht.

Es war der Tag, an dem ein Schuß ins Herz einen Jäger tötete, jedenfalls für die Zeitungsleser, die jetzt davon erfuhren, was zwei Tage vorher geschehen war und einen Tag vorher der Aufklärung näher gebracht wurde durch einen Einsatz starker Polizeikräfte und des Sondereinsatzkommandos im Morgengrauen. Es war der zweite November.

Der Mann, nicht gerade für den Wald gekleidet, in einem stumpfen Grau die Jacke, Exquisit mit Kaschmir, Hirschhornknöpfe, hatte seinen Jeep am Ende der Forststraße gewendet, wie er es immer tat, wenn er ihn an dieser Stelle abstellte. Er hatte die gute Jacke gegen einen usseligen Militärparka vertauscht, sie gefaltet im Kofferraum weggeschlossen und war vor zum Hochsitz gegangen. Es hieß später, er sei zum Anfüttern dort gewesen. Das war das, was er seiner Herzdame gesagt hatte. Da es keine vernünftigen Zweifel an dieser Version gab, denn warum sollte eine offizielle Geliebte eines toten Mannes lügen oder warum hätte dieser tote Mann seine offizielle Geliebte belügen sollen in solchen kleinen Dingen, hatte auch die Staatsanwaltschaft keine Zweifel. Daß es eine Affäre hätte gegeben haben können parallel zu der Hauptaffäre, von allen sonst unbemerkt, die in keine Akte Eingang fand, darauf kamen die Staatsanwälte nicht. Oder man hatte ihnen gesteckt, sie sollten da lieber nicht noch eine Zutat hineinrühren, die Sache sei doch klar wie Kloßbrühe, klar wie Blutsuppe, klar bis auf den Grund. In allen Berichten hieß es daher, der Mann sei allein gewesen, allein mit einem Köter, der ihn nicht rechtzeitig gewarnt hatte, aber dafür an der Leiche die Totenwache hielt. Ganz allein war er erst ganz am Ende, als er keinen hätte brauchen können. Ehe er ganz tot war, war er nicht ganz allein, zwar noch nicht zusammen mit jemand, aber jedenfalls kurz davor und erst im letzten Moment fiel diese Tür ins Schloß und wurde es nichts mehr aus diesem Treffen in dieser Welt, wurde es nichts mit lustig. Der Mann, das sei gesagt, war ein Minister und kein kleiner und nicht einer für Nebendinge. Er war unoffiziell und inkognito hier, ganz ohne Leibwache und Ehrenformation. Und die, die ihn lange schon im Visier hatten, weil er ihre

Interessenvertretung behinderte, wußten, daß er allein war und fühlten sich eingeladen zu einem unvermuteten Besuch. Sie wußten auch schon, wem man die Schuld ans Bein binden würde. Einer muß immer dran glauben, mindestens einer. Oder eine.

Eine füllige Blondine aus Darmstadt, die den Mann fast schon erreicht hatte und spätestens eine halbe Stunde später hätte er sie für sich und unter sich gehabt. Diese Bekanntschaft aus dem Kanaren-Urlaub, Stehritt in dem ausgeräumten Strandlokal, Schatten bei Neumond, selbst die Gesichter schwarz unkenntlich. Sie hörte die Schüsse, ehe sie bei ihm war und ehe er sie bemerkt hatte, sie machte sich rechtzeitig weg, ehe sie einer sah, nicht einmal mehr er mit seinen großen offenen Augen sah sie noch zum Schluß. Sie hätte ihn nicht retten können und hätte ihn nicht gerettet, selbst wenn es sie nicht womöglich Kopf und Zopf gekostet hätte. Nicht wie der türkische Schüler, Nichtschwimmer, der zwei Kinder, eins schon bewußtlos, aus dem Wasser zieht. In den rechten Zeitungen ist er ein Türke, in den linken ein Schüler, weil dort auch die Verbrecher keine Türken sind.

„Du mußt den Wagen wenden, daß du schnell weg kannst, wenn du weg mußt", dachte der Mann. Er hatte eine Fuchssilhouette aussägen lassen in der Ansitzwand, wo es auf den Weg geht, Eisenbahnbohlen die Stufen und als Geländer geschälte Stangen, fertig ist die Laube. Die gute alte Liebeslaube, nach unten die Lichtung ein weites freies Abschußfeld, von unten und von rechts her nur durch Unterholzgestrüpp erreichbar über Schieferfelsen Sumpfflächen. Du kannst dasitzen mit offener Hose und kannst dir eine querlegen und kannst losfliegen und wirst immer noch rechtzeitig merken, daß da ein Fremder kommt. Oder ein allerliebstes unerwünschtes Familienmitglied, will heißen: Die Chefin.

Einmal im späten August, er hatte mitten im Geknutsche ein Geräusch gehört, Motorabschalten oder der Eichelhäher oder das Knacken von Zweigen. Er hatte Karin gepackt, ihr ihren Kram in die Hände gedrückt, seine Unterhose gleich mit und sie nackt losgejagt, wie sie war – total nackt. Rechts ins Gebüsch, Brombeerkratzer, Ameisen und Nachtfalter, eine Fußverstauchung beim Niederkauern. Es reichte noch zum Schlitzschließen und zum Versprühen aus seinem schwarzen Fläschchen gegen alles, was noch in der Luft hängen konnte. Es war die Chefin, nichts mit „blinder Alarm". Er hatte sich an dem Reißverschluß ein Stück Haut geklemmt, sein Hemd war noch halb offen. „Was war hier?", „Große Feier, ich habe mir einen hochgeholt." „Es stinkt nach dir, aber nicht nur nach dir." „Mein Puffparfüm, wie du immer sagst." Sie hatte nichts zu fassen gekriegt, nichts

Greifbares Angreifbares, quer nur in warme Scheiße gefaßt, daß sie es aufgab und mit ihm abzog nach einer halben Stunde. Er hatte den ganzen Rückweg zum Auto vor sich hingesungen, um Karin ein Signal zu geben, gleich ist alles wieder klar und bestens, gleich bist du erlöst mein Häschen. Gleich kannst du vorkommen aus deinem Versteck, es ist ganz einfach, auch wenn du keine Taschenlampe hast und kein Auto, das zweihundert Meter weiter parkt, auch wenn du ein paar Meter stolperst und dir mit einem Schauermärchen im nächsten Dorf ein Telefongespräch erbetteln mußt und der Taxifahrer wird mit dir in die Wohnung kommen müssen, daß er sein Geld kriegt und erst will er gar nicht wieder abhauen.
Für was zum Teufel gab es diese Blondine, warum wurde sie nicht mit erschossen, warum stellte sie sich nicht als Zeugin, die in genau diesem Augenblick zur Stelle gewesen war, als er abtreten und die schöne Welt verlassen mußte, warum machte sie sich sofort weg, nur um nicht in Streß zu kommen beim Verhör, nur daß ihr Mann nichts mitbekam. Sie bekam ein bißchen etwas zu sehen, sie hätte sich ihren Reim machen können oder andere hätten mit ihren Beobachtungen sich einen Reim machen können auf alles Ungereimte, wenn sie gewollt hätte. Aber sie wollte nicht ausgefragt werden und sie wollte, was sie gesehen hatte, auf die schnellste Tour aus dem Kopf haben.
Sie hatte das Auto an einem Wanderparkplatz gelassen, unverdächtig unaufgefallen. Sie war den schmalen Weg gekommen, fast verhakt an den Dornbüschen, ganz naiv sorglos, allenfalls ein Eckchen Vorsicht im Rückspiegel von wegen der Frau Gemahlin, von der sie wußte, im Gegensatz zu der Geliebten, die er nicht erwähnt hatte. Ganz naiv sorglos, das Schultertäschchen herumschleudernd und gleichzeitig die Reizgasdose umklammert in der Kostümtasche. Sie war einem Rentner begegnet, der es gleich wieder vergaß, als wäre er einfach niemand und sie noch weniger als gar nichts, eine Luft- und Nullfigur, ein ausgedachter Nebelmann, der an einer nicht vorhandenen Nebelfrau vorbeitreibt.
Zurück war sie luftschnappend gerannt, ausgepumpt, das Gesicht fratzig, Irrwischaugen Irrlichtaugen, nur weg nur das Auto verriegeln und durchstarten, kurzer lichter Moment, nicht die Reifen durchdrehen lassen keine handtiefen Spurkuhlen, sondern ganz hösch sacht abrollen wie ichweißnichtwieviele vorher, ein Spürchen unter vielen Spuren. Sie fuhr zweihundert Kilometer an einem Stück, ohne riskante Überholmanöver ohne das verdächtige Geschleiche der Terroristen, die nicht wie alle knapp über dem Strich fahren, im Pulk mitrollend, bis sie sich fast ans Bein näßte

und sie sich einen Kaffeestop genehmigte an einer Raststätte. Sie starrte den Kassenzettel auf dem Untertassenrand lange an, ist es noch gefährlich, weil es noch die Gegend ist, im weiteren Sinn der Großraum, ist es entlastend alles verwischend umfälschend ein Spitzenalibiatom. „Ich war in der Kreisstadt zu einer Spritztour und habe noch ne Flasche geholt für den Abend, Sie wissen doch, die einsamen Frauen, bei denen die Männer nie da sind, selbst wenn sie mal nicht weg sind, trösten sich alle selbst mit Schampus und Spiritus, wenn es sein soll und sein muß." Alles sprach dafür, den Beleg mitzunehmen und in ein Buch zu legen, du darfst nicht vergessen welches, zur Wiedervorlage bei akutem Bedarf. Nur kam niemand fragen, weil nur ein einziger Toter wußte, daß sie etwas hätte sagen können. Mehr als, daß er schon einmal an einem anderen Ort in ihr gewesen war und hier noch nicht wieder hinein und hinaus war, als der Schuß fiel.

Eva Ebner ging entlang an einem mageren Flüßchen, Ausfluß aus einer Talsperre in den Rhein, hier unten auf den Strom zu gebändigt in eine Betonwannenkonstruktion, gleichmäßig abgeschrägte Ufer, verrohrt unter einer Straße hindurch. Zwischen Stadion und Erlebnisbad mühsam begrünte renaturierte Ufer voller Hundehaufen und Maulwurfshügel, einzelne Büsche aus dem rohrigen Zeugs, das im späten Sommer mit einem süßen schlappen Lila blühte. Sie vermied die Stellen, an denen der lehmige Boden allzu aufgeweicht war, blieb stehen, schaute sich (einfach nur so, nicht alles hat seinen Zweck, ich habe noch Zeit genug, wenn ich heute nicht komme, komme ich morgen) die Bäume der Allee an, rissig-fleckige Platanen, Zahnstocher und kahle Katzenbäume. Als sie im Herbst Rinde verloren, unterrichteten die lokalen Sender darüber, das sei bei diesen Bäumen normal. Keiner weiß mehr, was natürlich ist, irgendwann werden sie im Fernsehen verkünden müssen, was der Schnee bedeutet oder die Kirschblüten.
Da geht sie in Deutschland im halben Winter herum, aber innen drin macht sie sich noch einmal auf – in Devon in England in einem Sommer vor zehn Jahren, von dem Haus aus, das an den Wald grenzte. Es war schon fast Abend, „ich bin in einer halben Stunde wieder da." Zwischen zwei Stellen war sie für drei Monate ausgebrochen, weggeflüchtelt in das *cottage* einer Freundin. Sie hat sich in Versuchung führen lassen durch einen kalktupfigen Pfad, eine Abkürzung für Wilddiebe und Streuner, der im letzten Stück steil wird - nicht herunterrutschen, nichts sich brechen, nicht

sich lächerlich machen, daß du nicht heulend auf allen Vieren zurückkriechst. Am Ausstieg muß sie sich hochziehen auf einen flach hinausgewachsenen und sich dann erst aufschwingenden Baumstamm, sie will hochkommen ohne sich auf dem Knie aufzustützen, aber dann verläßt sie der Mut und sie verrenkt sich noch die Schulter, daß sie eine Art Zerrung verspürt, die einige Minuten anhält.

Sie folgte dem Pfad, Brombeeren an verwilderten und flechtengrauen Obstbäumen hochgerankt, Heckenrosen und Schlehenbüsche, dann Tierspuren und ein schon breitgetretener Kothaufen. Sich unter den Ästen bücken und hindurchwinden, sehr viel mehr Wald als die Wälder der letzten Jahre, Granattrichter. Diese Angst, die sie manchmal hatte, daß ihr jemand auf den Fersen war, vielleicht nur um ihr einen Schreck einzujagen, vielleicht aber auch mehr und immer schon das Äußerste vorweggenommen, was soll dir da noch passieren. Welches ist der rechte Weg, etwa der, der an allen weit genug vorbeiführt und es niemandem recht machen muß, weil keiner da und im Wege ist? Hast du überhaupt eine Verantwortung dafür, wenn dir jemand nachschleicht, hast du eine Schuld, wenn du abgestochen wirst? Hättest du es nicht verhindern können durch einen Abbruch der Reise vor der Reise, durch rechtzeitige Rückkehr nach dem ersten Schritt, hättest du darauf verzichten sollen, den Vergewaltiger zu reizen durch deine pure Vorhandenheit? *Warten Sie einen Moment mit dem Mord, wir drehen die Zeit um einige Minuten zurück, bis ich die nächste zurückliegende Abzweigung erreicht habe, an der ich seitlich ausweichen kann und wir begegnen uns nie und Ihnen kann nichts passieren, weil Sie mir nichts tun können. Oder wir treffen uns nur auf Sichtweite. Sie sehen mich aus der Ferne auf einem schon ablegenden Schiff und denken sich, die könntest du dir vornehmen und winken mir vielleicht zu.*

Der Weg verbreiterte sich und nach wenigen Metern hatte sie den Rand eines großen Feldes erreicht, das noch anstieg und dessen Grenze sie von dieser Stelle aus nicht sehen konnte. Die Sonne ging unter, während sie einem mit in die Erde geschlagenen Latten bezeichneten Wanderweg folgte, ein Baumsymbol auf einer halbverrosteten Metallmarke auf den Lattenspitzen. Sie fror nicht, es war einer dieser Abende, an denen es nicht richtig kalt wird und an denen Frauen nicht allein bleiben. Aber sie war allein.

Die Hochfläche war in ein zittriges Rot geraten. Kein unzugängliches Hochtal, in das Tage nach dem Erdbeben noch keine Helfer gelangt waren,

um die aufgeschichteten Leichen zu begießen und wegzufackeln. Aber zu mir kommt keiner, keiner kommt diesen Weg hier hoch. Wenn ich hier liegen bleibe, bleibe ich Tage liegen, von den Ratten angefressen und von den schwarzen Vögeln zerhackt, aber warum sollte ich gerade hier abbauen und zusammensacken, muß wirklich nicht sein.
Sie ging schon einige Zeit zurück, als ihr bewußt wurde, daß sie umgekehrt war irgendwo mitten auf dem Feld. Übrige Ähren, auf die sie trat, Stoppeln, der Brandfleck eines Lagerfeuers, Feldsteine die die Bauern aufgeschichtet hatten. Alle paar Meter sah ein weißer oder grauer Wackermann ein Stückchen hervor, wahrscheinlich ruiniert es die Pflüge, irgendwann bricht die Pflugschar, der Bauer springt von seinem Traktor, brüllt vor Wut und schmeißt irgendeinen Stein quer über den Acker. Es war sicher besser, jetzt umzukehren, um nicht ganz ohne Licht durch den Wald zu müssen. Noch ließ sich der Pfad erkennen, und wenn sie im Wald war, würde vielleicht das Mondlicht das Kalkgebrösel unter ihren Füßen aufleuchten lassen, ein hellgraues Band zwischen schwarzen Stämmen, eine unverlierbare Richtungsschnur zwischen hier und dem Haus. Sie spürte, daß sie die Marschzahl erhöht hatte, daß sie ein wenig mit den Armen ruderte, wie sie es immer tat, wenn es ihr eng und eilig wurde. Sie hatte jetzt den Feldrand erreicht. Dreihundert oder vierhundert Meter nach links am Wald entlang, dann kam die Kreuzung, an der sie rechts abbiegen mußte.
Sie ging schon mehr als zehn Minuten, ohne daß sie an diesen Punkt gekommen war. Sie wandte sich um, starrte über das große Feld, um das wieder zusammenzubekommen - von da war sie gekommen und da mußte sie hin. Sie erwog umzukehren und ihr Glück in der Gegenrichtung zu versuchen. Aber sie ließ das dann doch und blieb auf der einmal eingeschlagenen Strecke und da war auch die Kreuzung und an der Kreuzung der Felsblock, ein gelblicher bemooster Sandstein, und auf dem Felsblock saß ein Mann. Und was für einer, zwei Köpfe größer als sie, große eisgraue Augen, ein fast kahler Ex-Blondschädel, breite Schultern. Ein bißchen Orang-Utan in einem großkarierten Rangerhemd, das er über der Hose trug. Hatte er gerade eben noch sich darunter gefaßt? Egal, und wenn er den Hosenstall aufhatte, auch egal. Sie ging noch einen Zahn schneller, versuchte extrem ruhig und unangefochten zu wirken, völlig unbeteiligt entspannt, den Rücken durchdrücken, größer wirken, den Kopf so hoch es geht, die Augen starr geradeaus, den Nacken steif muskelverspannt, die Zähne als ob du gleich zubeißen willst, so schnell wie es geht VORBEI. „Guten Abend", mehr nicht, nur guten Abend, alles offenlassen, was willst

du, was willst du, du impertinentes Arschloch. „Guten Abend”, sagt der Mann, aber ausgesprochen langsam zwischen den Zähnen hervor, als käme noch etwas hinterher. Sie wartet nicht, was vielleicht noch kommt, versucht schneller zu gehen, ohne daß es schnell aussehen soll. Nicht auffallen, keine Angst sichtbar werden lassen. Sie will erst weit genug weg sein, sich dann vorsichtig umblicken.

Sie glaubte schon einige Meter von dem Mann distanziert zu sein, da spürte sie seine Tatze auf der Schulter. Sie schüttelte sich und begann fast zu rennen. „Warten Sie doch, wir können doch zusammen gehen, Sie müssen keine Angst vor mir haben. Ich bringe Sie gut nach Hause.” Schneller atmen, Schweiß der ihr auf die Backen trat, was sollst du jetzt tun, gar nichts kannst du tun, allenfalls dich herauswursteln durch Mitmachtricks. Erst einmal die Ruhige, die Abgekochte spielen, sich locker umdrehen: „Ich hätte ja gar nicht gedacht, daß Sie in meiner Richtung unterwegs sind. Sie kamen doch von unten her.” „Ich habe nur einen Abendspaziergang gemacht und wollte ohnehin bald zurück. Ich wohne im Dorf.” „Ach, wollen Sie mich zum Tee einladen?” „Gerne, ich bin ein leidenschaftlicher Teekocher und Teetrinker.” „Das ist ein Wort, das läßt sich hören. Ich betrachte mich als eingeladen.” „Ich sollte mich jedenfalls vorstellen, mein Name ist John.” „Und weiter?” „Eh, John Arbuthnot.” „Schöner Name, ich heiße Elvira Polk.” „Ah Elvira ist super, ein richtig heißer Name, Elvira olé.” „Nix olé, ich bin Holländerin.” „Holländerin ist gut, ich konnte mal ein paar Worte Holländisch vom Skifahren her. Ihre Landsleute haben ordentlich einen durchgezogen jeden Abend.” „Und Sie, haben Sie gleichgezogen?” „Nicht ganz, die waren mir über, aber ich habe es versucht bis zum Umfallen.”

Wie weit waren sie gekommen mit diesem Gerede, immer noch nicht allzuweit. Sie hatten immerhin fast den Hohlweg erreicht, weißer Kalk unter den Füßen, diese Enge. Sie versuchte, sich langsam zurückfallen zu lassen und den Mann vor sich zu haben. Auch er schien auf Schleichtempo zu schalten. Jetzt kam es darauf an, jetzt kam der Test, ich will nicht unter den Schlitten kommen. „Darf ich Sie darum bitten, daß Sie vor mir gehen, es ist hier so rutschig?” „Soll ich Sie auffangen, wenn Sie fallen? Na gut, wenn Sie mich nicht von hinten anfallen, ich bin auf der Seite so kitzlig.” Du Schwein, jetzt fängst du an mit deinen Schmuddeleien. Aber ich tue, als ob ich es nicht gehört oder nicht kapiert hätte. Hauptsache, der Typ ist vorneweg, ich hätte große Lust dich unterzupflügen. „Wie ist eigentlich das Leben im Dorf? Es ist sicher schön, das ganze Jahr Erholung?”

Keine Antwort. Es wird gefährlich, wenn er nichts mehr sagt, er wird sich gleich umdrehen und angreifen. Sie bückte sich, ein grau-weißer Kieselstein, etwas größer als ihre Faust. *Jetzt habe ich einen Faustkeil, mein Freund, jetzt poliere ich dir die Visage und schreibe Keilschrift auf deinen Backen. Aber Reden ist wichtig, man sagt immer, man soll so viel wie eben möglich mit den Typen reden, sie kaputtreden, sie völlig abtörnen durch endloses Gerede.* Vielleicht hat er vorhin gar nicht gehört, was ich gefragt habe, also noch einmal die flockige Bemerkung über das Landleben. Statt keiner Antwort, statt einer richtigen Antwort, vernahm sie diesmal ein gegrummeltes „Kannzain".

Also weiter im Text, die nächste Breitseite. *Salve Caesar, moritura te salutat*: „Sin' Sie ei'ntlich schon lange hier im Dorf?" Ein Moment nichts, dann ein „Länger als Sie, Ma'm. Mal in dem Dorf hier und mal in dem Dorf da. Ziemlich lange also." „Fünf Jahre oder zehn?" „Zwanzig können es sein. Zähle sowas nicht." „Aber man muß doch immer wissen, was man wann gemacht hat. Schreiben Sie kein Tagebuch? Ich mach' das jeden Tag." „Schreiben ist mir zu blöd. Ich bin mehr für das Praktische und Handfeste." Er drehte sich zu ihr um, ohne jede Vorwarnung, aber ihre Hand mit dem Stein, den sie eben noch in Hüfthöhe getragen hatte, war trotzdem oben, ein Sofortreflex. Er starrte sie an: „Na, na, Madamchen, Sie wollen sich doch wohl nicht mit mir prügeln." „Halten Sie den Mund und gehen Sie." Er rührte sich nicht vom Fleck. „Gehen Sie, hauen Sie sofort ab, oder ich schlage Ihnen den Schädel ein." „Sie sind mir eine Rasante. Hören Sie mal, wenn ich jetzt abziehe, woher weiß ich dann, daß Sie mir nicht von hinten 'n Stein an die Rübe zwirbeln?" „Sie können ja rückwärts gehen und mich anglotzen. Dann haben Sie immer noch Zeit, den Kopf wegzuziehen, wenn ich den Stein schmeiße."

Er machte es tatsächlich so, daß er sich rückwärts in Marsch setzte, vorsichtig, jeden Fuß einzeln. Er stolperte, schlug fast hin, drehte sich dann um und begann wegzulaufen, alle paar Schritte blickte er sich um. Als er vielleicht zwanzig Meter weg war, brüllte er: „Du hast sie doch nicht alle, du blöde Sau. Was denkst du denn, wer du bist und wer ich bin? Ich treibe es doch nicht mit Wasserleichen." Ohne genau zu wissen, warum, was das noch sollte nach dem doch schon errungenen Triumph, rannte sie ihm nach, die Faust mit dem Stein hochgereckt. Gleichzeitig der Gedanke, daß das der blanke Wahnsinn ist, einen Kerl zu reizen, der mit den allermiesesten Mitteln es ihr heimzahlen könnte. Aber das half jetzt nichts. „Ich kriege dich, du Schwein, mach daß du wegkommst, sonst mache ich

dich so fertig, daß dir Hören und Sehen vergeht.” Er blieb breitbeinig stehen. „Ach”, kam es frech, „so willst du es mir besorgen. Dann komm doch.” Aber es war nur ein billiger Bluff. Sie war keine drei Schritte auf ihn zugelaufen, dieser Furienblick, das Kinn vor, die Zähne im offenen Mund sichtbar, die blaurote Zunge, da begann er wegzurennen, vom Waldrand zu den Häusern hin. Er warf sich in einen roten Vauxhall, der genau neben einem selbstgemalten Halteverbotsschild auf einem privaten Rasenstreifen stand. Die durchdrehenden Räder verschandelten das Grün beträchtlich. Ein Fehlstart, erst beim zweiten Versuch kein Abwürgen und weg war er. Irgendetwas wie „dreckiges Wolfsweib” hatte er ihr nachgerufen und ein Schimpfwort, das sie nicht verstanden und vielleicht noch nie gehört hatte, vielleicht aus dem Dialekt.
Drei oder vier Wochen vor dem Mord rief sie bei der Polizei an, natürlich schrieb sie sich nicht auf, wann sie mit wem sprach und nachher ließ sich angeblich niemand finden, der dieses Gespräch mit ihr geführt haben wollte. „Meine Schwester redet davon, ihren Mann umzubringen, was soll man denn bloß tun?” „Leev Fräuche, da würde der Klingelpütz nicht ausreichen, wenn wir alle einsammeln würden, die bloß davon reden.” Mari hatte immer wie ein Wasserfall geblubbert, auch die Kinder schauten sie ganz schräg an, wenn sie einen besonders massiven Quasselanfall hatte, rhetorisches Wasserlassen, aber wie sie Ulf beseitigen wollte, hatte sie nie gesagt.

Die Jagdgesellschaft wartet und wartet, aber der Einlader kommt immer noch nicht, kann nun wirklich nicht kommen, zurück vom Anfüttern, alle Köder gelegt und der Abschuß perfekt vorbereitet. Er, der zur Sauhatz geladen hatte, lag tot im Gras, erschossen aus dem Hinterhalt, blutend wie ein Schwein. „Irgendwie hat er noch Glück gehabt, daß er sofort tot war. Stell dir vor, die hätten ihn nicht richtig erwischt und dann wär er rumgekrochen oder hätte sich schieben lassen im Rollstuhl. Ehe mir das passiert, bringe ich mich um. Stell dir das doch mal vor. Die heben dich auf den Pott und wischen dir den Hintern ab. Dann will ich lieber gleich tot sein.”
Durch die Leber, durch das Herz führt schon nach wenigen Stunden der Weg in den Eschenweg, wo die sitzengelassene Ehefrau wohnt. Immer wieder hat sie versucht, ihren Mann zurückzugewinnen und zur Tatzeit wird ihr Auto im Jagdrevier gesehen. Und obwohl sie den Todesschuß abstreitet und abstreitet, mit der Bluttat irgendetwas zu tun zu haben, wird

sie dem Haftrichter vorgeführt. Aus ermittlungstechnischen Gründen gibt die Staatsanwaltschaft nichts Näheres bekannt. Das exklusive Haus (Sauna, Solarium, Hallenbad) wurde umstellt von starken Einheiten, darunter das SEK. „Nur weil die fürchten, daß die blöde Tussi zur Knarre greift, marschieren da hundert Mann auf, alles von unserem Geld. Ich hätte mir die alleine gekrallt, ganz ohne Waffe und ihr gleich eine verpaßt, ehe sie aufgemuckt hätte." Aber sie wird im Schlaf überrascht, neben ihr hält kein Dackel Wache. Und noch dazu ist es dieses Miststück Karin, die geliebte Geliebte, die alles ins Rollen bringt, die den Jagdaufseher losschickt, der findet den Toten und alarmiert die Polizei. Eifersucht oder auch wirtschaftliche Gründe, wenn es nicht die Geliebte gewesen sein kann und die kann es nicht sein, dann ist es eben die Ehefrau. Vielleicht mit einer Mittäterin, sie hat da so eine Schwester, die nicht ganz koscher ist und wo es eine Akte gibt mit häuslichen Gewalttaten - Mann schlägt Frau, Frau schlägt Mann zurück, Frau blaugefleckt, Mann im Krankenhaus.
Mari hatte eine große Tüte mitgebracht, packte sie in die Mülltonne, die in einem Verschlag an der Haustür stand, eine ziemlich schwere Tüte, aber warum sucht sie sich nicht eine andere bessere Tonne aus, das dumme Aas. Sie sagt Evi nichts davon, bloß, die hat nicht geschlafen, und gleich, als Mari wieder abgezogen ist, holt sie die Tüte ins Haus. Oben eine Frolic-Packung und anderer stinkender Müll, darunter ein Vorderlader, ein Jägermesser, eine der typischen dunkelgrünen Windjacken, Munition in mehreren Packungen, die schön schwer sind. Sie versteckt die Waffen, die Munition und die Jacke gut, das wird nie gefunden, obwohl die Grünen alles durchkämmen, was überhaupt irgendwie in Frage kommt.

Weißgestrichen weggeweißt worden sind die Hakenkreuze an der Wand des Haltepunkts. Aber auf dem Weiß stehen bald wieder Sprüche: *Nazis, wir ficken Eure Mütter!* Oder: *Nazis, Nazis, hört ihr uns? Eure Weiber vögeln wir kaputt !!!* Oder: *Jutta ist eine Türkennutte.* Oder: *Janni Schreiber auch.* Oder: *Du wirst mit den Kanacken krepieren, du alte Fotze du !!* Und Messer, Schwerter, Riesenschwänze winziger Männchen. In der dritten Klasse sind mehrere Jungen, die manchmal *Fick deine Mutter*!, *Nutte, Fotze* und *schwule Sau* sagen, Tag für Tag und manchmal mehrmals pro Tag. Ein Achtjähriger, der beste der Klasse, drängt Mädchen in die Ecke und spielt Vergewaltigung. Die Lehrer belassen es dabei. *Jungen raufen nun mal*, sagt seine Mutter. Sein Vater sagt nichts.

Als der Rechtsanwalt Frau Eva Ebner mitteilt, daß die Wiederaufnahme des Verfahrens abgelehnt ist, abgeschmiert angeschmiert nichts passiert, da ist sie ganz ruhig, macht ein dummes Scherzchen. Erst als sie den Hörer hingelegt hat auf die Gabel, ist der Weinkrampf parat. Das Geschüttel holt sie doch noch. Lebenslänglich bleibt also lebenslänglich, bei ihr und bei ihrer Schwester auch. Oder fünfzehn Jahre, wenn alles glatt läuft.
Der Knastpfarrer legt ihr die Hand auf die Schulter: „Fassen Sie sich, liebe Frau Ebner, Gott ist mit Ihnen in Ihrem Schmerz." Er bietet ihr einen Kaffee an, aber kaum daß er den eingeschüttet hat, muß er kurz weg. Sie bleibt einen Augenblick hocken, dann geht sie auch, schreit schreit zum ersten Mal (dieses erste Schreien ist wie das erste Weinen, lange aufgesammelt, bis es sich Bahn geschafft hat) schreit los gegen Jesus. „Du kannst mich an der Täsch lecken, hängst hier herum und glotzst und läßt mich hängen." Der Organist gibt ihr eine sehr schöne Tasse mit Wasser, die will sie an die Wand werfen, mit einem Weitwurf wie früher beim Handball, aber sie tut es nicht.

MIKROBILANZEN

Monolog eines Retters

Wissen Sie, ich überwinde Menschheitsprobleme. Ach ja, Sie wissen es schon. Aber wissen Sie auch, *wie*? Nein, natürlich nicht, können Sie auch nicht wissen. Also, ich überwinde Menschheitsprobleme, nicht hauptberuflich direkt, aber in meiner wichtigsten Nebentätigkeit. Kein Amt, kein Geld, keine Ehre, aber ich mache es trotzdem. Für mich? Ja, so für mich, in meinem kleinen Rahmen, aber natürlich nicht nur für mich, sondern auch für die anderen, für die kommenden Generationen. Nein, nein, das ist nichts Großes, was ich mache, aber ich fange immerhin an. Die anderen reden doch nur davon. Ich fange bei mir selbst an, vor der eigenen Haustür, und setze ein Zeichen und gebe ein Beispiel. Ich habe meine Methode, müssen Sie wissen: Ich lerne nur aus meinen Fehlern. Sehen Sie, ich besitze ein Auto, ein ganz gewöhnliches Auto, nicht allzu schwer und nicht übertrieben stark. Der Verbrauch - ganz durchschnittlich. Aber schnell. Das sei kein Fehler, meinen Sie? Naja, wenn Sie meinen. Also *mein Fehler* war, ich fuhr früher die allerkürzeste Strecke mit dem Auto und die allerlängste und die eine wie die andere so schnell es eben ging. Jetzt ist das vorbei oder sagen wir, fast vorbei. Ich fuhr zweihundert Meter zur Bäckerei, auch bei Sonnenschein, und nach Spanien in einem Rutsch, nur die nötigsten Pausen, gelben Saft rein, gelben Saft raus, weiter. Alles vorbei jetzt, ich bin ganz einfach eine Woche lang jeden Morgen und jeden Mittag zur Bäckerei gefahren und zurück, drei Minuten Fußweg, bis es der letzte Nachbar wußte. Der Erfolg: Ein halbes Jahr lang hat mich niemand in der Nachbarschaft mehr angeguckt, gegrüßt schon gar nicht. Zwei lange Kratzer in den Autolack und einen aufgeschlitzten Reifen gab es, die gerechte Strafe für mich. Ich habe tief in mir drin allen Nachbarn gedankt, daß sie mir geholfen haben, mit mir fertigzuwerden. Dann habe ich die Raserei bei mir abgestellt - ganz allein. Ich habe mir eine kleine Roßkur verpaßt: Einhundertfünfzig gefahren, wo siebzig erlaubt ist, am Radar-Starenkasten vorbei, geblitzt, den Kreisverkehr rund, wieder zurück und das Spiel noch einmal. Undsoweiter, bis das zehnte Foto geschossen war. Die Strafe vierstellig natürlich, und schon nach drei Wochen. Mit einem Streifenwagen wurde das Einschreiben zugestellt. Sozusagen geregelter Entzug: Der graue Lappen ist ein halbes Jahr weg. Wissen Sie, was ich den Beamten gesagt habe? „Sie kommen zum Richtigen", habe ich gesagt. „Das werde ich nie wieder machen, das wird nicht mehr passieren."

Eines bleibt noch, die böse Sache mit den langen Strecken. Sehen Sie, da muß ich die Behandlung verschieben, mangels Führerschein. Aber für den Herbst ist alles arrangiert. Cola in Dosen, Würstchen aus dem Glas, Tubensenf, Kaffeebohnen zum Kauen, stangenweise Zigaretten - alles längst gehortet und gepackt. Ich werde eine kleine Reise machen. Bis Beirut nonstop, natürlich über den Autoput, bei den Skipetataren lang und durchs wilde Kurdistan. Und kurz vor dem „Beirut-Hilton" werde ich aussteigen. Die letzten Meter werde ich zu Fuß gehen, zur Not auf allen vieren. Dann: Ich gebe einem Vermummten ein paar Dollar, daß er mein Auto in die Luft jagt, und trampe zum Flughafen. Keine ganz dumme Methode, was? Und wirksam. Wenn es alle so machen würden wie ich, wäre die Menschheit ein Stück weiter.

Bock auf Geschichten

Meine Tante ist eine ehrenwerte Frau. Warum sollte sie lügen, übertreiben, Geschichten erzählen? Sie haben recht - was sie mir berichtet hat, gibt es in siebenundzwanzig Versionen in der Schublade „Mythen von heute“ - Sie wissen schon, die fabelhaften Märchen vom geschenkten Porsche und von der Vogelspinne in der Yucca-Palme. Aber meine Tante sagt, sie hat alles selbst gesehen. Wer wird das bezweifeln? Manches gibt es vielleicht einfach mehrfach - als wirkliches Ereignis und als erfundene Flunkerei.
Meine Tante sagt, sie war selbst dabei, als eine junge Frau mit ihrem Kind an die Kasse ging, bei Albrecht. Das Kind, ein Junge, so drei oder vier Jahre alt, saß in einem Einkaufswagen und trampelte in die Luft. Nur, in der Schlange an der Kasse wurde es knapp mit der Bewegungsfreiheit. Eine ältere Frau kriegte die hübschen kleinen Füßchen ab, in die Kniekehlen und ins verlängerte Kreuz. Sie bat ganz demütig die Mutter, doch nach dem Kind zu schauen, es zu ermahnen oder es festzuhalten. Aber die Mutter (jung, in einer lila Fliegenpilzjacke und einer rostbraunen Jeanshose) blaffte nur zurück: „Der Junge hat halt Bock!“ Sie ahnen, was geschehen wird. Ein jüngerer Mann, eher unauffällig gekleidet, aber doch mit einem Ring im Ohr, nimmt ein Glas Apfelmus aus dem Regal, schraubt den Deckel ab und gießt die gelbgrüne Masse der bockigen Mutter über die Haare. „Ich hatte Bock dazu“, sagt er als Kommentar, als habe er diesen Auftritt einstudiert. Die Mutter packt ihr Kind, läßt die Waren ungekauft im Einkaufswagen zurück und verläßt fluchtartig das Gelände. Mehrere Kunden klatschen Beifall. Die ältere Dame bezahlt das Glas Apfelmus.
Meine Tante meinen Sie, hätte die Geschichte nur gehört und gäbe sie jetzt aus als wirklich von ihr erlebt? Oder sie glaube sogar, sie erlebt zu haben, und hat sie doch nur gehört? Es sei keine gute Geschichte, sagen Sie: Die Frau komme nicht gut weg in ihr. Sie wird von einem kleinen Männchen getreten, ist wehr- und hilflos (die alte Dame), ergreift die Partei des Mannes in spe (die Kindesmutter), wird von einem Mann besudelt und gedemütigt (noch einmal die Kindesmutter)? Meine Tante habe vielleicht eine stille Sympathie für männliche Gewalt und weibliches Leiden? Vielleicht haben Sie sogar recht. Aber die Geschichte hat sich doch für meine Tante so ereignet. So etwas passiert nun einmal fast jeden Tag, ob wir es wollen oder nicht.

Das Auge

Ein allerschlechtester Testtext

Dieses Dreieckszeichen hoch oben im höchsten Himmel, das gerade auf ihn hinuntersah, wie die Altorientalen Gott symbolisierten, von Ewigkeit zu Ewigkeit nur herabblickend und irgendwann wird dann ein schwefelgelber Blitz oder ein feuerroter auf den hinabgeschleudert, der das Gesetz brach, was war das für ein Auge, das auf ihm ruhte, wie er da aus der Stadt hinausging zwischen blühenden Gärten, in denen schon der Schnee der Blüten durch die heiße Juniluft trieb und bald würden die Blätter vergilben und in den Herbststürmen hochgeschleudert werden und wenig später würden Reif und Neuschnee die Erde bedecken, aber dieses Auge hoch oben wollte nicht weggehen, für jeden sonst war es unsichtbar, nur für ihn nicht, „was habe ich denn getan, was, das nicht andere vor mir auch taten?“ wollte er gerufen haben, aber nur ein unverständliches Stammeln entrang sich seiner Kehle, und es wurde ihm bewußt, daß er immer schneller lief, vielleicht schon seit Minuten und wie lange würde diese beschleunigte Flucht ihm noch möglich sein, bis er zusammenbrechen würde auf die wie flüssige Lava glühende Erde dieses Feldweges, der sich zwischen den Hügeln verlor, wo vielleicht sich der Pfad immer mehr verengte, bis er in den Dornensträuchern gefangen war, und er müßte dann, von den Dornen gefesselt, dieses unmenschlich klare und düstere Auge aushalten, ohne das Gesicht senken und ohne fortlaufen zu können, bis der zürnende Blick Gottes das Gesträuch entflammt hätte und ihn verbrennen ließ wie er einst einen Vogel verbrannt hatte in einem hölzernen Käfig.

Die Fabel von den Nebelkrähen und den bösartigen Staren

Es gab eine Zeit, da hießen in unserem Land alle Krähen KRÄHEN, abgesehen von einigen Exemplaren, die sich EDELKRÄHEN nannten. Aber da diese diese Ehrenbezeigung sich selbst verliehen hatten, ernteten sie damit bei den übrigen Vögeln nur ein homerisches Hohngelächter. Anzumerken ist, daß die meisten der Lachenden Homer nur aus dem Fernsehen und von der Familie Simpson kannten, aber das hinderte nicht beim Lachen. Als nun aber die Jahre schwieriger und magerer wurden und die Adler als frei von den Adlern gewählte Regenten der Vogelwelt von weither die armen Feld-, Wühl- und Wandermäuse einluden, sich von den reichen herbstlichen Körnerernten dieses ihres reichen Landes zu bedienen (den Vorwurf Übelmeinender, es gäbe da ihrerseits ein gewisses Eigeninteresse und egoistische Nutzenerwägungen, wiesen sie mehrfach empört zurück), wuchs die Zahl der Nahrungsbegehrer, aber das verfügbare Angebot an Magenfüllendem blieb gleich. Hier nun erhielten einige Krähen von höherer Stelle den Auftrag, diese allzu einfache und offenkundige Tatsache durch ebenso konzertant dirigiertes wie lautes Gekrächze zu vernebeln. Die Stare, nicht ganz dumm und nicht ganz zu Unrecht den zukünftigen Hunger fürchtend, nannten diese Krähen, unter denen sich auch etliche selbsternannte Edelkrähen fanden, fortan NEBELKRÄHEN. Nun muß man wissen, daß die von Natur farbenblinden Adler, die von sich selbst glaubten, ihr braungeflecktes Gefieder sei vollkommen schneeweiß und schneeweiß vollkommen, die tiefschwarzen Stare oft genug gequält hatten, indem sie sie als „braune Brut“ beschimpften. Die NEBELKRÄHEN genannten Krähen aber wollten keine NEBELKRÄHEN sein, allenfalls EDELKRÄHEN. Sie flatterten daher zum Adlerhorst und veranstalteten dort einen Höllenlärm, bis die Adler einer dreiköpfigen Delegation den Zutritt gewährten. Diese brachte vor, es gäbe da eine vogelvölkische Minderheit finsterer starischer Dunkelmänner, die alle Krähen gröblichst als NEBELKRÄHEN diskriminiere. Das sei doch ohnehin ein kontaminierter Begriff aus einer unseligen Vorzeit. Noch nie im Leben hätte eine Krähe Nebel um sich verbreitet – ganz im Gegenteil, sie seien der Wappenvogel der Klarheit, Wahrheit und unerbittlichen Aufklärung. Den leisen Einwand eines randständigen Oberadlers, die Stare hätten doch nur einzelne Krähen beziehungsweise die spezielle Gruppe der urschreiartig tumultösen Niederkrächzer so benannt, wischte die Delegation durch lautes Gebrüll und Flügelschlagen vom Tisch. Und erst als ihnen der oberste Oberadler ein Testat ausstellte, alle wahren Krähen seien nichts als der Wahrheit verpflichtet, es gäbe keine NEBELKRÄHEN und habe sie nie gegeben, die kritischen Stare aber seien hinfort als BRAUNE NEBELSTARE zu brandmarken, flogen sie befriedigt von dannen. Aber selbst nach diesem Triumph des Schönen und Guten verfolgten sie auf ihrem Heimflug zu den weißgefleckten Krähenbäumen die Rufe der Störche von den Kirchtürmen, das Getschilpe der Zaunkönige aus dem Dornengestrüpp und das Gegacker der Wasserhühner von den Sumpftümpeln her: „NEBELKRÄHEN, NEBELKRÄHEN . . .“

Von dem Vorgebirge, eine Elegie –

Über ein aufgegebenes Kloster und eine aufgelöste Wirtschaft

Wie will man über das Verschwundene, Gewesene, Verweste anders sprechen, als mit dem ironischen Lächeln eines tief Verwundeten, der sich über seine überdrehte Wehleidigkeit und Rückwärtsverdrehtheit belustigt, und doch bekommt er den zugeschnürten nassen Unterton nicht heraus aus seinen Wortspielen? Mit einer gewissen Gleichgültigkeit, vielleicht sogar mit der untergründigen Kinderfreude am Zerstören nehmen wir die Neuigkeiten von der Beseitigung all dessen, was wir nicht gesehen haben und nie sehen wollten, auf. Aber Abbruchnachrichten über jene Orte, an denen wir für einige Tage lebten oder zumindest für einige Stunden im Gras lagen, rühren an die in Moll gestimmten Saiten des Erinnerns und der aufgegebenen Abenteuer.

Zwei Orte waren immer MEIN Vorgebirge: Walberberg und der „Heimatblick". Das Walberberger Sankt-Albert-Kloster war achtzig Jahre lang ein geistiger Mittel- und Exzellenzpunkt des Vorgebirges. Für die Wanderer wie für die herumstreunenden Liebespaare lag in nicht allzuweiter Entfernung eine Landmarke, ein Sehnsuchtsort: der „Heimatblick". Einhundertfünfzig Meter über dem Meer, hundert Meter über den Getreide- und Gemüsefeldern – das garantiert ein gewaltiges Panorama zwischen dem Dom, den romanischen Kirchen Kölns und der Wesseling-Godorfer Großchemie, erst recht, wenn im Dunkel des Abends die Lichter aufflammen. Seit Jahrzehnten gab es dort mit der Adresse *Brombeerweg 1* inmitten von Brombeerfeldern eine Traditionsgaststätte - am Ende etwas in die Jahre gekommen, aber die Schönheit des Ortes und das aus den schwarzen Früchten gekelterte *Rebellenblut* versöhnte mit den kleinen Unzulänglichkeiten.

Als ich in der zweiten Hälfte der siebziger Jahre das erste Mal nach Walberberg kam, war ich ein junger Mann: fertiger Psychologe, unfertiger Mensch. Dort sollte ich lernen, ein Menschenführungsseminar für Meister durchzuführen – ausgerechnet von meinem Abteilungsleiter, der kaum Erfahrung auf diesem Gebiet hatte. Er trug sein Vortragsmanuskript, in

dem selbst die Anrede „Meine Dame, meine Herren" vorgeschrieben war, professoral vor. Daß ich schon bei meinem ersten Probelauf lediglich mit ein paar Notizen und Projektor-Folien antrat, verwunderte ihn sehr, aber dieser Jüngling in grünem Hemd und grüner Krawatte, der es sich so leicht machte, bekam es hin. „Predigen können Sie", war der Kommentar meines Chefs - auch eine Art Ritterschlag.
Mehr als von den Zeiten als Matador im Seminarring profitierte ich, wenn ich als Zuhörer meinen Gedanken nachhängen konnte. Wir tagten in der Bibliothek zwischen Bücherregalen und alten Gemälden. Vor allem war es ein Porträt, ein Mann in mittleren Jahren, bärtig und höhnisch-melancholisch, das es mir angetan hatte. Ehe ich ihn ansah, sah er mich an – prüfend, ein wenig noch zögernd mit der Entscheidung, woher er mich kenne. Aber ich kannte ihn doch auch, spürte die Verwandtschaft. Etwas Besonderes, etwas Außergewöhnliches, das sich nicht erklären läßt und keiner Erklärung bedarf.
Um uns herum noch Nachwehen jener klösterlichen Hochschulzeit, als am Ende jedem Professor zwei Studenten gegenüberstanden, Erschütterungen einer Umbruchperiode (daher auch die Einwerbung von Seminarveranstaltern durch den Pater Oeconomicus) mit Mönchen, die für den Rest des Tages ihr Habit ablegten, in einen BMW stiegen, in Pullover und Jeans nach Köln fuhren, zum Rundfunk und wohin auch immer. Das fröhliche Lachen der Nonnen aus dem Nonnenkloster, das im klostereigenen Hallenbad in unsere Umkleideräume schallte: Sie schlüpften wieder in ihre Tracht, als unsere Badezeit begann - keine geduckten Büßerinnen, sondern kichernde und glucksende Schulmädchen. Die Empörung einzelner Betriebsleiter, die zu einem Betriebsleiter-Seminar im Kloster weilten und pikiert bemerkten, daß die Teilnehmer unseres Meisterseminars an den gleichen Tischen das gleiche Essen erhielten – nichts mit *Vive la différence*. Gespräche bis in die Nacht, über Gott und die Welt, aber auch ein wenig vom aparten Leben. Als ich mit meinem Renault R 5, der zum Starten den Choke benötigte und dann entsprechend hochtourig lief, am Morgen einer Heimatblick-Nacht zurückkam nach Walberberg, standen meine Meister vor dem Kloster, feixten und bemerkten trocken, so wie der Motor sich anhöre, sei ich letzte Nacht nicht zuhause in Köln gewesen, sondern irgendwo hier um die Ecke.

Der Heimatblick war tatsächlich um die Ecke, herunter auf die Talstraße, ein paar Kilometer Richtung Bonn, dann den Berg hoch. Wenn kein

Liebchen wartet, gibt es keinen Morgen mehr – das wußte schon Goethe. Aber wenn sie wartete, dann war es ein strahlender Sommermorgen – wach werdend in ihrem Citroen DS inmitten der Brombeerfelder – ein Brombeerfrühstück und Gesichtswäsche aus der Sprudelflasche. Oder ein Regennachmittag, das Auto als idealer Zufluchtsort, geschützt vor eventuell vorbeischauenden Wandergruppen und vor den herabstürzenden Wassermassen. Oder abends unter dem Vollmond am Tisch auf der Wirtshausterrasse Schnitzel und *Rebellenblut*, wie an einer Abbruchkante, an der das ganze verquere Leben in einen Abgrund stürzt, Einzellampen irgendwo dort unten, die aufleuchteten und verlöschten so verloren und so unerreichbar wie unsere Lebenspläne.

Blechersiefen

Das war die große Zeit, seine größte Zeit, als er aufstieg und den Ort in die Hand bekam. Sie waren hier gelandet, kurz nach der Vertreibung und ihrer Flucht aus dem Osten. Da hatten sie gelebt, erst im Reich an der Grenze zum russischen Polen, dann zwanzig Jahre in Polen, zwanzig Jahre kein Deutschland, dann wieder, dann wieder nicht.

Jetzt waren sie in einem Dorf in den Hügeln, nahe am Rhein und den Städten und der Industrie, sozusagen unterm Türsturz zum Bergischen. Der Bürgermeister hatte sie einem Bauern aufgenötigt, der sie in einer Kammer hinter der Futterküche einquartierte – ihn, die Frau, den Jungen. Zwei Söhne und eine Tochter kamen dazu in den nächsten Jahren. Das war seine Mannschaft, aber erst einmal hatte er keinen Platz, auf dem er mit ihr antreten konnte, kein Spiel und keinen Gegner. Erst einmal war die Mannschaft nur eine Last. Ohne sie, ganz allein, wäre er leichter durchgekommen. Jetzt mußte erst einmal überbrückt werden, mußte angefangen werden, bis die Zeit für den Anfang sein würde.

Als er den Namen des Ortes das erste Mal las, hatte er noch darüber nachgedacht, woher er wohl käme – vom Blech, das dort verarbeitet worden war oder von der Bleiche, also eher Textil als Metall, dazu hätte dann ja auch die Seife gepaßt. Aber dann erfuhr er bald schon von den Einheimischen, daß ein Siefen eine schmale Schlucht ist, oft ziemlich feucht und dunkel und im Krieg manchmal für provisorische Bunker genutzt. Einmal hatte er eine Bemerkung eines Einheimischen aufgeschnappt, man solle die hergelaufenen Polacken besser gleich ins Blech stecken. Da entstand dieses Bild im Hinterkopf – Menschen eingepfercht in eine gigantische silberne Dose, wie die Heringe in der Matjesbüchse. Das blieb haften, auch als er kapiert hatte, daß mit dem Blech lediglich der Knast gemeint war.

Waldmühle – das war freier gewesen, viel freier. Kein Tal, sondern eine Ebene mit Kiefern- und Birkenwäldern. Der Mittelpunkt, einige hundert Meter von der Mühle entfernt, war der Bahnhof, SEIN Bahnhof, in dem er die Bahnhofswirtschaft betrieb. Der Besitzer, von dem er sie fünfunddreißig gemietet hatte, war neununddreißig fort, als die Truppen vorrückten. Er hörte nichts mehr von ihm, und fragte auch nicht nach ihm, als Anfang vierzig die Partei als neuer Besitzer der Gebäude ihm einen Mietvertrag zustellte. „Fort ist fort“, dachte er, „wer weiß es, wer will es wissen.“ Als

Parteimitglied glaubte er, ein Anrecht auf eine Miete nahe Null zu haben und verhandelte deshalb mit der höheren Ebene, die ihm aber was hustete und von Opfern schreiben ließ, die jeder zu erbringen habe in schwerer Zeit.
Die Wirtschaft florierte trotzdem, er holte sich die Gäste heran, spielte mit beim Skat, ohne zu oft zu gewinnen, erzählte Unverfängliches und das Richtige den richtigen Leuten, hatte den Ruf eines Skeptischen bei den Zweiflern und den des Unbeugsamen bei den Begeisterten, trank einen mit, aber nie einen zuviel, so daß er stets den Kopf oben und den Überblick behielt, wer was auf dem Deckel hatte und wo noch Außenstände einzutreiben waren. „Ich weiß ja, Horst, daß du ein Arier bist", sagte mal der Ortsgruppenleiter zu ihm, als er Angeschriebenes aus dem Vormonat kassieren kam, „aber du bist schwer hinter dem Geld her und ziehst deinen Kunden noch das Sterbehemd aus, wenn sie bei dir im Debit sind. Geschäftstüchtig bist du jedenfalls wie ein ... Na, ist auch egal, ich muß ja doch bezahlen." „Eben", hatte er geantwortet. Kein Wort sonst, kein DANKE, kein BIS DANN EINMAL.
Eines Abends, sie wohnten noch in derselben Kammer und schufteten noch beide für Naturalien bei ihrem Bauern, Jahre schon, sagte er zu seiner Frau: „Merk dir eins: Waldmühle hat uns gehört, ich meine die Wirtschaft. Wir haben sie im September neununddreißig von Bernsheim gekauft, ehe er fort ist. Ich habe es schriftlich." „Aber die Partei ..." „Die Partei ist ade. Und was sie an Akten in Waldmühle hatte, habe ich eigenhändig im Mühlenteich versenkt, ehe wir weg sind. Also, wem hat die Wirtschaft gehört?" „Uns, seit September neununddreißig." „Eben."
Mit den fünfundzwanzigtausend vom Lastenausgleich begann er einen Lebensmittelhandel. Die Einheimischen hielten ihn für verrückt, denn es gab doch schon vier Läden und das bei kaum tausend Dorfbewohnern. Aber er hatte ein Haus an der Durchgangsstraße gekauft, mit viel Platz drumherum, so daß auch die LKW-Fahrer anhalten und sich verpflegen konnten, und die Dorfwirtschaft, deren Fachwerkhaus mit einem DKW-Coupé Modell Meisterklasse davor die Ansichtskarte mit den Grüßen aus Blechersiefen zierte, war nur einen Steinwurf entfernt. Es fügte sich, daß der Wirt, dessen Name in Goldbuchstaben über dem Eingang stand, ein Namensvetter war. So konnte dem Unbedarften der Zugewanderte als ein weiterer Verwandter dieses Honoratiors erscheinen, was er vielleicht auch war, einige Jahrhunderte zurück, als etliche vom Rhein aus ostwärts aufgebrochen waren, etwas Besseres als Brandschatzung, Hunger und Pest suchend.

Erst hatte er nur seine Frau und seine Kinder in die anderen vier Geschäfte geschickt, Kleinmengen einkaufend und den einen oder anderen Preis erfragend, aber das brachte zu wenige Erkenntnisse. Also begann er, Frauen aus der Nachbarschaft, die ihm wegen der einen oder anderen Gefälligkeit gewogen waren, als Kundschafterinnen einzusetzen. Sie brachten die Preise der Konkurrenz und erhielten dann zu der Margarine, die sie dort gekauft hatten, eine aus seinen Beständen und den Auftrag, seinen knapp unterhalb angesetzten Preis in ihrem Bekanntenkreis und auf der Straße bekannt zu machen. Da seine Marktforscherinnen meist noch Kinder, Kindeskinder und erweiterte Verwandtschaft einspannten, verfügte er bald über ein engmaschiges Netz für Information und Propaganda. Abend um Abend saß er über seinen Preistabellen, ging hier knapp herunter und dort ebenso knapp herauf. Immer aber hatte er einen ganz bunten Lockvogel – eine Ware genau zum Selbstkostenpreis, die mit Sonderschild und Lametta im Schaufenster angepriesen wurde.
Innerhalb eines halben Jahres hatten drei Läden aufgegeben. Sein letzter Gegenpart war ein uralteingesessener Mittsechziger ohne Kinder, der sich nur deshalb halten konnte, weil er auf einem ererbten Resthof saß und all sein Geld schon vor dem Krieg in Latifundien gesteckt hatte, dem Rat eines ausgewanderten Onkels folgend: „Gold klauen die Gangster, Geld klaut der Staat, aber die Erde schleppt dir keiner weg.“ Horst fand keinen Weg, auch den noch abzuservieren, also nahm er ihn hin wie Fußpilz und Nachtfrost und ließ ihm einen schäbigen Rest des Marktes.
Aber Arbeit, Mühsal und Last war es trotzdem, sechs Tage die Woche, zehn bis zwölf Stunden am Tag. Selbst wenn er mit seinem Lieferwagen zu den jährlichen Treffen der Landsmannschaft fuhr, wo getanzt wurde und die alten Geschichten Jahr für Jahr neu erzählt wurden, wurde bis acht abends gearbeitet, dann gepackt, dann losgefahren. Tränen flossen dann, es wurde gebrüllt und schon mal flog ein Händchen durch die Luft und landete auf einer Kinderbacke.
Seine Frau starb, die Kinder gingen in die Lehre und zogen in andere Orte, aber er hielt die Stellung, bis er achtundachtzig war und ihn ein Schlaganfall aus dem Rennen kegelte. Das Haus wurde vermietet und in dem kleinen Zimmer, das er in dem Altersheim SCHÖNE AUSSICHT bezog, hatte er als einzige Erinnerungsstücke eine Luftaufnahme seines Anwesens in Blechersiefen und eine Kopie des Kaufvertrags für seine Bahnhofswirtschaft in Waldmühle.

VORAUSWÄLDER

Rumänische Geschichten

Vatra Dornei

Vatra Dornei, die Kirche und das Schlößchen, die Heuhaufen ruhen in sich und haben eine Holzstange mittendrin als sei das die Zwiebelturmspitze einer Miniaturanlage. Verfallene Häuser stehen neben neu gestrichenen. Zu den Hügeln hin blickt man auf einzelne Hütten und einzelne Heuschober und auf einzelne Bäume, die das Auge leiten, bis es die kompletten Wälder erreicht hat. Den Abbruchresten und Steintrümmern ist nicht abzuluchsen, ob sie von einer Kaserne oder einer Elektrozentrale stammen. Eine alte Bäuerin in einer schwarz-weiß gepunkteten Schürze verschwindet in der Haustür, ehe der Fremde nahe genug herankam, um ihr etwas zuzurufen. Junge dickliche Frauen mit bestickten Kopftüchern bleiben zwar stehen, tun dann aber doch so, als würden sie die Frage nicht verstehen oder als sei nicht gefragt worden, als sei nur ein Abschnitt Stummfilm ohne Erklärungstafeln eingeblendet gewesen. Ein alter Mann zeigt geradezu verkrampft und demonstrativ ein Buch mit emporgefalteten Händen auf dem Umschlag.

Neunzig Prozent der Deutschen hier mußten 1940 gehen. Eine deutsche Umsiedlungskommission erschien und verkauft wurde für fast nichts an den rumänischen Staat, der dafür Öl und Getreide an das Reich lieferte. Je höher der arische Anteil in einer Familie war, umso weiter nach Westen wurde sie angesiedelt. Die rassisch Zweifelhaften bekamen so die Chance, sich näher an der Hauptkampflinie, weit vorn im Ostland, bewähren zu können im Harmageddon.

Für die, die 1945 zurückkehrten, gab es keine Rückgaben. Viele Kinder waren fünf Jahre nicht zur Schule gegangen, weil ihre Eltern nicht gleich Arbeit fanden und zunächst auch keinerlei Ausweispapiere, lediglich eine Bescheinigung vom Reichsinnenministerium erhielten, in die Amtsmarken geklebt wurden.

Karl Mohr, Carol Mohr, ist ein kleiner fahriger Mann in einem zerknitterten Anzug. Er trägt eine Krawatte und ein Hemd mit weit abstehenden Kragenspitzen. „Ich bin zu erkennen als einer aus Osteuropa“, sagt er über sich. Er könnte umsiedeln, aber er will nicht, er hat eine Frau und zwei Kinder, eines ist behindert, und eine kleine Firma hier im Hinterhof. Er übersetzt Papiere, besorgt Beglaubigungen. Manchmal erhält er Sendungen mit getragener und abgelegter Wäsche aus dem Südwesten Deutschlands, die verschenkt wird. Die Geschenke sind nicht immer gewaschen.

Moldovitza und Züge

Schwester Tatjana ist eine straffe füllige Frau mit einem geröteten Gesicht. Wenn sie auf Deutsch oder Französisch Besucher führt, sagt sie gern, daß sie alle hier dem Himmel besonders nah seien. Sie haben einen Turm statt einer Jakobsleiter, sie können auf zwei Seiten aufsteigen bis ganz oben. Sie erinnert an 626, als Perser und Awaren die Heilige Stadt belagerten und der Kaiser fern war – nicht gefangen, nicht gehangen, aber fern – und die Gottesmutter rettete die Stadt voller Frauen, Alter und Kinder.
Eine junge Nonne verbeugt sich tief vor ihr und das im Gehen, grazil und wie selbsttätig, vor ihr, die einmal Lehrerin war. „Von wem sind die eingeritzten Namen“, frage ich und erhalte zur Antwort: „Von Vandalen.“ „Aber warum sind sie so sorgfältig gemalt und eingeritzt?“ Sie sagt eine kurze Kunstpause lang nichts, dann eine Art Abschlußwort und Amen, sehr unwillig und ungnädig: „Als die Deutschen hier waren, hatten sie viel Zeit. Zuviel Zeit.“
Die Königin von Saba, Pythagoras, Platon, Aristoteles und Aristipp sind es, die das Kommen des Christus vorhergesagt haben und deshalb eingereiht sind in die Bildfolgen. Pferde stehen im Hof, Holz wird abgeladen und ein vollgefressener Würdenträger, der Chef des Kreisgerichts, erscheint mit einer Delegation.
Wieviele Weiden es sind, Weiden einzeln und in kleinen Ansammlungen auf den tiefgrünen Weiden, tief gestaffelte kunstvolle graue Holzzäune, ein Eisenbahnbeamter, der zwischen seinem Spielzeugbahnhof und dem vorbeifahrenden Zug steht. Tannen und Kühe, Pferde die mit sich selbst Fangen spielen, an Bächen gegeneinander gestellte Stangen, in Tannenwäldern kleine grüne Holztürme mit Tunnelbewachern vorher und nachher, Soldaten mit ihrem Gewehr im Anschlag, auf dem Turm ein Scheinwerfer, weißgestrichene Barackenbahnhöfe. Durch tiefe Schluchten unterhalb der Bahn führen Ziehwege. Die Erdwälle sind mit Haufen goldgelber und blaßroter Blätter getarnt, Kilometersteine und Nebel zwischen den Bäumen, Holzstangen zum Trocknen und Ausschlagen der Teppiche, fast farblose Holzhäuser und eines mit einem Dach in Türkis, Zerspanung von Stammfetzen vor einer privatisierten Holzfabrik. In der Tür eines roten Holzschuppens steht eine Frau in einer weißen Jacke, hinter der Hausecke pinkelt einer, der als nächstes hineinschaut in das Haus, das einen Warte- und Aufwärmraum enthalten dürfte. Zwischen

schwarzen Felsblöcken galoppiert ein dunkelbraunes Pferd mit einer hellbraunen Mähne. Wieviel Schotter die Steinbrüche ergaben! Die Bergwand ist zermahlen, abgeschnitten, abgeschrägt und die Steine rattern in Güterwagen. Obwohl es Sonntag ist, ist Licht an in einem Steinbruchhaus, entweder durch persönliche Verrichtungen zweier oder weil da einer mit sich allein sein will, wenn er von Wiedergeburt liest und träumt. Der Regen prescht die steilen Hänge hinab, Kürbisse liegen gestapelt vor den Häusern, andere verfaulen auf den Feldern. Ein fast zusammengebrochener, halb aus dem Gleis gefallener, ausgebrannt-rostiger Personenwagen ersetzt den Horizont.

Sergiu schreibt seine Gedichte über brennende Liebe und schmerzende Liebe, über die Trennung von einer Blonden, die er vielleicht sein ganzes Leben nicht mehr wiedersehen wird und um die er doch ein ganzes Leben geweint haben wird. Womöglich ist sie die Siebenundzwanzigjährige mit dem zweiten Studium, Germanistik nach Jura, die sich an den hyperkinetischen Rasvan, Student des Managementwesens und Musiker, hält. Andrei ist etwa siebzehn, besucht die vorletzte der zwölf Klassen und will oder soll – seine Eltern sind Zahnarzt und Zahnärztin – Medizin oder Jura studieren. Heute hat er im Unterricht ein Gedicht auf Rumänisch geschrieben, das er mühsam ins Deutsche übersetzt. Es handelt von Nostalgie, Tod und Symbolismus. Für ihn wird ein Privatissimum gehalten, Lyrik für Beginner. Wie glücklich ein Anfang ist, noch voller Blindheit, Unfähigkeit und Hoffnung.

Die kleine zerfallende Kirche der Armenier in Iasi, von 1391, aufgenommen in die Liste des rumänischen Amtes für Denkmalschutz unter Nummer 4711, wenige brüchige Stühle, ein zerspringender Steinboden. Die Armenier waren der Feind, sie haben sich auch, als sie keine militärische Macht mehr waren, in ihrer Abgeschlossenheit wenige Freunde unter den Rumänen gemacht, ganz wie es uns erging. Schwester Tatjana spricht von der *armenischen koptischen Kirche.*

Liebesgedichte

Lügt man gern? Und wenn man gern lügen würde, würde man es zugeben? Lieber im Prinzip nicht und aus Prinzip nicht, aber jedenfalls wollte Sergiu sehr erfolgreich lügen und dazu einen Fachmann finden, der sich einspannen ließ in seine Werbekampagne. Mit Worten so sauber und rein wie die frische Wäsche der Heiligen Publizitas und doch geht es ganz nebenbei auch darum, einem Mädel an und unter die Wäsche zu kommen und sie auf den Rücken zu bringen und sie weiß es ganz genau, daß das auch noch für ihn herausspringen soll, also läßt sie ihn entweder abblitzen bis in alle Ewigkeit oder ihn anstandshalber unanständigerweise eine halbe Ewigkeit warten, bis er reif und weich genug ist, oder sie springt gleich mit hinein ins Vergnügen und wird sich dann erst später mit der Frage quälen, ob alles seine Richtigkeit hatte oder viel zu früh kam oder niemals früh genug sein konnte. Wie die Tochter des deutschen Kochs und der philippinischen Alleinerzieherin in Wiesbaden, die ihrem halbrussischen Freund ihre Jungfräulichkeit zum Geburtstag schenkte, er vierzehn, sie zwölf, und ihre Mutter kam sogar damit ins Fernsehen, daß sie sich in der Millionärsshow einen Selbstzahler angeln wollte, aber sie machte sich bloß zum Affen mit ihrer Anpreisung einer Schönheit, die schon Jahre zurücklag und deren Verschwinden alle außer ihr und den sieben Engeln, für die alle Menschen immer nur schön sind, mitbekommen hatten und damals kannte kaum einer von uns einen Bachelor und genau deshalb konnte man solch eine Show „Der Bachelor“ betiteln, weil alle Dummbeutel den für ein reiches und exotisches Tierchen hielten und der Kandidat saß in der Mitte der Bühne, ließ die Damen der Reihe nach sich präsentieren und senkte ungnädig seinen feisten Daumen abwärts, eine nach der anderen und aus für alle.

Sergiu jedenfalls war noch nicht so weit, daß er den Daumen in Stellung bringen konnte. Er hatte mir an diesem ersten Abend, den ich in Suceava war, zugehört, das meiste auch verstanden, obwohl es nicht seine Sprache war, ich meine von Anfang an, und es hatte ihn auf den Gedanken gebracht, ich könne ihm helfen, ein so perfektes Liebesgedicht zu schreiben, daß dessen Adressatin vielleicht noch etwas zappeln, aber im Grunde nicht mehr NEIN sagen konnte. Ich, der ich fast nie nein sagen konnte, eher noch bei Frauen als bei solchen Jünglingen, die einem einige Meter in Gedanken folgen, keine begeisterten Jünger, aber immerhin wundersame Anhänger und Zuhörer auf mehrere Minuten hin, setzte mich mit ihm hin und ließ mir die Schöne beschreiben, machte Notizen, kaute (eine meiner unbewußten Unarten) nachdenklich am Ende des Kugelschreibers, zeichnete eine meiner wirr verwirrten Selbstablenkungsschmieragen und schrieb dann eine erste kümmerliche Strophe, reine Reime, aber ein unsauberes schwüles Zeug, mit dem ich zwar noch nicht mit der Tür ins Haus fiel, aber doch schon deren Klinke fest umklammert hielt, um die ihre enge Pforte bewachende Basiliskin unter einem ein mal zwei Meter Eichenholzblatt zu zerquetschen. Sergiu, der meine raffiniert eingestreuten Anspielungen nicht ganz begreifen mochte, aber doch die grobe Windrichtung witterte, schaute etwas skeptisch, entschied sich aber dann anscheinend dafür, erst die nächste Lieferung, also Strophe zwei, abzuwarten. Mir fiel aber fürs erste nichts Brauchbares ein, so daß ich den Liebhaber der schönen Frauen und der schönen Literatur erst einmal in ein Gespräch verwickelte, warum er seinen Zwecktext nicht rumänisch abfasse. Das führte nicht allzu weit, denn seinem sichtlich genervten Gestotter war nur zu entnehmen, daß ihm die eigene gewohnte Sprache viel zu gewöhnlich erschien, daß ihm das allzu leicht vorkam und er davon ausging, das Mädchen werde rumänische Anbetungen im Sechserpack bekommen und sei allenfalls durch einen solch unglaublichen Kraft- und Balanceakt zu beeindrucken, wenn da einer in der Sprache Goethes und Schillers die Flöte spielt. Ich hörte in etwa zu, dachte an Kurt, wie er im Knast sich damit durchschlug, für all die Analphabeten und Basisdeutschverwender Liebesbriefe voller Blumenbilder und Grammatikneuerungen zu verfassen an die Flammen draußen, die allzuleicht von der Fahne und fremdgehen konnten. In den überhitzten Nächten fraß sie die Sehnsucht nach ihren Frauen auf oder jedenfalls nach irgendeiner Frau unter ihnen und für ihn war das Geschreibsel eine leichte Übung, da er auf Männer stand oder allenfalls noch auf seine Mutter, die er *meine Mère* nannte, meine Mähre, dachte an die Jungen in dem Hermannstädter Straßencafé an der deutschen Höheren Schule, die mitten zwischen zwei Sätzen aus dem Rumänischen ins Deutsche wechselten und sich über Nietzsche ausließen, wie er zwischen Gestern und Heute, zwischen Wahnsinn und Philologenpedanterie aufgerieben wird, wie sie auf einen Lehrer deuteten, der an der anderen Seite des Platzes vorbeiging, sie lachten dreckig und warfen dann die Frage auf, ob der Friedrich ihn überhaupt hochbekommen hätte und wie er sich sonst die Syphilis hatte besorgen können.

Sie ahnen es schon, ich hatte einfach nicht mehr die Stimmung und die Schwingungen für eine zweite und weitere Strophen dieses Liebesgedichtes, eine meiner vielen Unvollendeten, noch dazu eine, die vor Ort liegenblieb und nicht mehr für die Ausgabe der Werke letzter Hand zur Verfügung stehen konnte. Ich hatte keine Lust, etwas zu erklären und mir Klagen oder Kritisiererei anzuhören, nutzte die Gunst der Örtlichkeiten und den Vorwand, mal eben um die Ecke ins Häuschen zu gehen, zahlte in aller Stille vorn beim Wirt, auch Sergius Getränke, und verschwand ohne Abschiedsgrüße in mein Hotel. Ohnehin muß jeder seine Dinge selbst erledigen, du gehst ganz allein an die Front, beim Tod wie in der Liebe.

Im Schatten

Ich war über die Dambovitza-Brücke gekommen, ein paar Minuten vom Bukarester Stadtzentrum entfernt. Ich gehe zu einem Restaurant, eine düstere Villa hinter Mauern und Toren, das an die Rückseite einer mit Müll übersäten Freifläche grenzt. Man scheint mögliche Gäste abschrecken zu wollen, zumindest gibt es niemanden, der die Fremden begrüßt und sie hineinkomplimentiert. Spielende Straßenkinder, heiser lachende Frauen mit zerlumpten Kindern an einem Feuer in einer stillgelegten Baustelle. Ein vages häßliches Gefühl, beobachtet und auf dem Tablett zu sein. Hier sollten Ceausescus Funktionäre wohnen, bis zum größten Volkspalast des Planeten wäre es nur ein längerer Spaziergang gewesen, aber sie sind in alle Winde auseinander, entweder verbiestert oder schnell in neuen Unternehmungen wieder nach oben gekommen.
Aber es ist doch Sonntag, die Sonne ist halb sichtbar und jedenfalls noch nicht explosiv abgeschaltet, wer denkt da an den eigenen Tod, in all der Gedankenlosigkeit. Niemand will an die Hand genommen werden, um alle seine Organe entnommen zu sehen und weiterzuleben in anderen Menschen, noch ehe der Hirntod eintreten konnte. Einhunderttausend soll jeder Tote wert sein, wenn er komplett ausgeschlachtet wird für die Schönheitsindustrie. Wie belastet das Abschiednehmen ist, wenn nur noch zu verfügen ist über einen geschlossenen Holzkasten, in dem Reste sein können und auch vielleicht keine Reste! Das erste Mal an einer Leiche zu stehen, von der vielleicht noch etwas zu verwerten ist und wo jemand doch nicht völlig umsonst gestorben ist, ist schwer, aber wer es häufiger zu tun hat als Teil seines Lebens und seiner Arbeit hilft sich mit flapsigen Bemerkungen. Ich ging an dem Flußkanal, schoß Steinchen ins Wasser, wunderte mich über die Menschenleere so nahe an der Mitte der Hauptstadt, aber ich genoß es auch, unbehindert zu sein von Passanten, achtete auf wenig mehr als auf die Meter vor meinen Füßen.
Ein schäbiger Mensch, halb Straßenschläfer und halb Arbeitssäufer, zeigt mir ein Bündel mit Geldscheinen und fragt zischelnd: „Du Wechsel? Will you change?“ Ich schüttele wortlos den Kopf und gehe einfach weiter, höre aber im selben Moment hinter mir ein Auto. Ein Renault, dunkelblau, schon älter und länger nicht gewaschen, bremst quietschend. Zwei Gestalten steigen aus, der größere spricht mich sofort an: „Hello mister, we are police, we have to controll your money.“ Sie packen den Wechsler am

Arm, nuscheln etwas auf Rumänisch und lassen sich seine Papiere zeigen, fragen mich dann: „Has this man changed money with you?" Und wenn ich zwei Pfund Lei in großen Scheinen getauscht hätte – ich hielt es für besser, diese dämliche Frage wahrheitsgemäß zu verneinen. Nun aber wollen die beiden Herren, nachdem sie mir jeder einen bunten Dienstausweis gezeigt haben, wie es sie auf Bangkoks Nachtmarkt im Zwölferpack gibt, daß ich ihnen meine Börse präsentiere. All das bewegt sich noch in einem ruhigen geschäftsmäßigen Ton, auch wenn die unterschwellige Drohgebärde schon zu spüren ist.
Ich setzte auf den schönen Schein einer halben Kooperation und hielt es deshalb für besser, ihnen die zehn Mark zu zeigen, die es in meiner Brieftasche gab, und darauf zu vertrauen, daß sie den Fünfhunderterschein im Seitenfach nicht sehen konnten.
Ich behaupte dreist, all mein sonstiges Geld sei im Hotel gebunkert. Meine Annahme, daß sie für einen lumpigen Zehner keinen Raub riskieren werden, ist korrekt. Die beiden blicken sich kurz an, anscheinend unschlüssig, was jetzt passieren soll, aber doch schon angefressen von Resignation, daß bei diesem Dreckswestler nichts zu holen sein wird.
Der Weltgeist hatte ohnehin beschlossen, mich nicht hängen zu lassen. Ein Hundehalter mit einem böse blickenden Wolfsspitz kam näher und zwei drei weitere Bummler tauchten am Horizont auf. Ich fragte das Herrchen nach der „Biserica Stefan cel Mare", nach der Kirche Stefans des Großen, die der Führer einige hundert Meter hatte verschieben lassen, als er ein ganzes Altstadtviertel abreißen ließ. Das kleine uralte Monument eines großen großrumänischen Königs war für den neuen Großkhan ein unverletzliches Heiligtum, einer der Knotenpunkte in der ewigen Wallfahrt durch die Zeiten. An seinem neuen Standort wurde es umringt von einem ganzen Prozessionskreis von Wohnblockhochhäusern. Die beiden Ersatzpolizisten und ihr wenige Meter weiter dumm herumstehender Komplize schalteten sofort um, wollten nun auch helfen, daß der arme Tourist seinen Weg finden möge. Ich dankte ihnen gutmütig, wie ich nun einmal bin: „Thank you very much, I will find the church alone." Sie zogen endlich ab. Natürlich wußten sie, wo und wie die Kirche lag, nämlich auf einem Präsentierteller vor Dutzenden von Wohnungsfenstern.
Mann und Spitz begleiteten mich, ich verschenkte einen Zigarillo und an den Hund einen Keks, sah mir das Kirchlein von außen an, dachte an den großen Stefan, wie er immer wieder die Eindringlinge angriff, wie er Tataren, Osmanen, Ungarn und Polen zu Boden schlug und in halb Europa

nach Hilfe suchte und vertröstet und ausgelacht wurde als seltsamer Heiliger in den Zeiten der Nichtangriffsverträge und der friedvollen Tributzahlungen.
Zurück zum Hotel nahm ich dann doch sicherheitshalber ein Taxi. Als ich auf halber Strecke den dunkelblauen Renault sah und die drei wohlbekannten Figuren, die ihn umstanden, wünschte ich mir die herrlich freien Zeiten des großen Stefan zurück. Ich stellte mir vor, wie ich die Kutsche halten ließ, um sie fesseln zu lassen, sie eigenhändig einige Stunden lang zu martern und dann das Feuer zu ihren Füßen anzustecken. Damit die drei mich nicht sehen konnten, beugte ich mich kurz vor und verbarg mein Gesicht.

Der Spiegel, oben

Ich war in Kronstadt eingestiegen, die Menge drängte sich um mich herum und mit hinein. Als ich endlich drin war und den Koffer absetzen konnte, fuhr der Zug schon fast an. Es half mir wenig, daß ich da bereits merkte, was weggekommen war: Meine Kulturtasche, echtes Rindsleder am Stück, prall gefüllt mit allen Hilfsmitteln der Körperpflege. Ich hatte sie in einer blauen Umhängetasche transportiert und die hing wieder einmal nicht um meinen Hals und damit vor der Brust und unter voller Kontrolle, sondern seitlich über meiner Schulter. Der Reißverschluß war hinterrücks geöffnet worden und nun blickte ich in einen Schwung Gesichter draußen auf dem Bahnsteig, kalkweiße und sonnenverbrannte, und konnte mir aussuchen, wer wohl der Dieb gewesen sein mochte. Wahrscheinlich hatte er sich unverzüglich verpieselt, und selbst wenn er sich die Sache weiter in aller Ruhe ansah, die Beute unter der Jacke oder in einer „Charity"-Plastiktüte geborgen, wußte er, daß ich bald wegsein würde und er ungestört an die Besichtigung seines Fangs und die Verwertung gehen konnte. Während der Fahrt schwelgte ich in Wut und Rachephantasien - ein kleiner Gauner, dem der Radreifen den Hals durchtrennt.

Am Bahnhof von Suceava wurde ich erwartet von einem Deutschen, der in Begleitung eines Rumänen kam. Ich benutzte die beiden erst einmal als Rollkommando, um die nächste Polizeistation heimzusuchen, die am Ende des Bahnsteigs in einer aus roten Ziegeln gemauerten Baracke untergebracht war.

Weil mein Fall anscheinend als höchst bedeutsam betrachtet wurde – zwei Ausländer plus ein Einheimischer und dann ein Diebstahl, den es mindestens auf Bahnhöfen nicht geben sollte, noch dazu eines geradezu mehrdimensional-komplexen Gegenstandes – winkte der Wachhabende am Eingang uns durch zu seinem Chef. Der war ein breitschultrig-fülliger Mann Anfang oder Mitte vierzig. Trotz des milden Herbstwetters trug er einen blauroten filzigen Pullover unter seiner Uniformjacke. Ein breiter goldener Ring, eine breite goldige Uhr, ein rotes gegerbtes Gesicht mit einer dunkelbraunen Stirnlocke und leicht angegrauten Koteletten, Tränensäcke und aufgeworfene Lippen, dunkle mißtrauische Augen und ein schwarzer Schnurrbart. Seine dunkelblaue Hose hatte eine recht ungenaue Bügelfalte. Seine Hände hatte er vor sich auf der Schreibtischfläche gefaltet, als sei er mitten in einer Fastenmeditation. Auch in seinem Zimmer war der Fabrikgeruch nach Zellulose oder Chemie spürbar, der mir schon aufgefallen war, als ich vom heruntergelassenen Fenster des gerade in den Bahnhof einfahrenden Zuges aus meinen ersten Blick auf Suceava und das wartende Empfangskomitee warf.

Mühsam hatte er nach den Anweisungen unseres Übersetzers, der offenkundig das Lachen unterdrücken mußte, sein Formular ausgefüllt, Druckbuchstabe für Druckbuchstabe: „Ein Rasiergerät, zum Rasieren bestimmt, ein Stück Seife unbenutzt in einem Edelstahlbehälter, ein Scherenetui hoher Wert Marke Doppel ...“ und das alles voller reizender kleiner Fehler. Aber mir war es ja nur um ein amtliches Papier zu tun, um zuhause bei der Versicherung kassieren zu können und die würden es für die paar Mark Schadenssumme ohnehin nicht übersetzen lassen. Immerhin hatte ich nun den Spaß, diesen Vertreter der Staatsmacht, der seine Karriere noch zu Zeiten des großen Conducators begonnnen hatte, in voller Spontanaktion zu erleben.

Mit ein wenig Verspätung war mir klargeworden, daß die wasserstoffblonde Dame, die zwei Schritte vom Polizeichef entfernt saß, nicht, wie ich es zuerst angenommen hatte, seine Sekretärin war, sondern ihm außerdienstlich verbunden war. Ich schätzte sie auf um die dreißig. Sie trug rotgoldene Ohrringe, ein lose umgelegtes Tuch mit rot-gelb-braunen Blättern und Blüten, eine schwarze Strickjacke. Sie hatte ein feistes Gesicht mit einem regelrechten Halswulst, in den Mundwinkeln schmal auslaufende lilarote Lippen. Gewaltige Stempel steckten in einer schwarzen Hose und schwarzen Kunstlederstiefeln. Ich mußte mir in aller Stille eingestehen, daß genau diese Sorte Frauen mir immer am besten gefiel, die unförmigen und unheiligen. Ich war froh, daß keiner mitbekam, was ich in meinem Kopf gerade auf dem Schirm hatte. Aus einer karierten Tasche zog sie nun eine Packung Zigaretten, bot nur sich selbst eine an und entflammte die mit einem langgestreckten Gasfeuerzeug.

Auf dem Weg in die Stadt kauften wir das neu, was in meiner Kulturtasche gewesen war, zumindest das Wichtigste daraus – einen Naßrasierer mit Einmalklingen, die stumpf wie Hund waren, ein morgenuringelbes Shampoo, ein angebliches Nivea-Deo in einer perfekt gefälschten Verpackung, das schon nach dem ersten Benutzen kleine rote Pusteln hervorrief. Eine ähnliche Qualitätskategorie wie jenes Erste-Hilfe-Päckchen *made in China*, das mir die KLM zukommen ließ, als sie mich auf Amsterdams Flughafen stranden ließ und mein Gepäck war weiß der

Himmel wo, jedenfalls nicht in jenem Hotel im Umland, in das ein Kleinbus uns Leidensgenossen für die eine Nacht gebracht hatte.
Dorina lernte ich schon bei dem ersten Spaziergang durch Suceava kennen. Der Deutsche hatte eine etwas undurchsichtige Beziehung zu ihr, kannte sie jedenfalls nicht erst seit letzter Woche. Er stellte sie mir vor wie man einen abgelegten Smoking weiterreicht oder einen ausgelutschten Ackergaul mit allen seinen Referenzen anpreist.
Sie war Englisch- und Französischlehrerin, sprach kein Wort Deutsch, behauptete aber mehrfach, daß sie Deutschland sehr aufregend und faszinierend fände und irgendwann einmal ganz sicher diese schöne Sprache lernen werde. Na ja, das, was gesagt werden muß, kann man auch auf englisch an die Frau bringen und zur Not muß fast nichts gesagt werden. Wie diese gewesene Freundin von mir aus Siebenbürgen, sie hatte sich endlich von mir losgerissen und sich einen Arzt aus Frankreich gesucht, unverheiratet und unkomplizierter als ich, und er spricht kein Englisch und sie kein Französisch, aber sie verstehen sich auch so fast ohne alle Worte und ich muß sie bei unserem letzten Treffen, als sie nur noch von Freundschaft und gewesener Liebe spricht, unbedingt ins Bett bekommen, nur einfach so und um des Sieges willen, und ich sehe sie nie wieder, höre von ihr nichts mehr, absolut nichts, und es war ihr doch schon von einer Zigeunerin aus der Hand gelesen worden, daß sie kurz glücklich sein wird und sehr früh sterben wird und sie glaubt das, ganz so, wie ich immer alles Furchtbare geglaubt habe und damit nie daneben lag.
Wir aßen zu dritt ein Eis, nachdem der Rumäne sich davongemacht hatte, der diese Landsmännin nicht sonderlich zu schätzen schien, auch umgekehrt war die Abneigung zu spüren. Danach sahen wir im Kino einen alten amerikanischen Film mit rumänischen Untertiteln – wie man da so in Gedanken ist und muß sich regelrecht daran erinnern, daß dein Vater schon tot ist und deine Mutter auch und du mit keinem von beiden mehr darüber reden kannst, ob sie den gesehen haben nach dem Krieg, als sie noch jung waren oder doch fast noch jung. Danach fuhren wir mit dem Taxi bei Dorina vorbei, setzten sie vor ihrer Haustür ab, sie winkte uns zu, und der Deutsche dirigierte den Fahrer zu meinem Hotel. Ich bedankte mich, kaufte am Empfang drei Flaschen Bier und war froh, ihn los zu sein.
Dorina hatte mir im Taxi einen kleinen Zettel in die Jackentasche praktiziert, den sie anscheinend in der Eisdiele auf dem Klo verfaßt hatte: „Tomorrow at eleven, please visit me“ und dann ihr Name und ihre Adresse. Sie hatte ja recht, wenn man mich einlädt, dann bin ich da und wenn ich

mit dem Kopf unter dem Arm komme oder schon halb hinüber. Also warf ich mich am nächsten Morgen in Schale, ließ ein Taxi rufen und fuhr pünktlich um elf bei ihr vor.
Es war ein Haus, wie ich es aus Schwerin kannte, wie der Driesch, diese sozialistische Wohnmaschine, in der die Kinder hungrig und verdreckt durch die Gänge des mörderisch großen Kellers jagen und alle vier Jahre kurz vor der Wahlepoche kommen die Kandidaten und momentanen Minister mal vorbei, Schwebeteilchen im Wind, wie Frau Blondmops, die oberhalb der Brustwarzen außer ihrer relativ aufgeräumten Visage nur Leerstellen anzubieten hat, aber in den Betreuungseinrichtungen mit den Kindern Tischfußball spielt, jedes Mal zu Null verliert und dabei ein „Huch" hervorstößt. Wenn dann die Betreuerinnen einstimmig dafür plädieren, die zugeschütteten und verhaschten Mütter zu sterilisieren, empört sie sich, diktiert ihre Empörung in die Geräte der begleitenden Journalisten und sieht zu, daß sie wieder Land gewinnt und sie hofft inständig, daß sie vielleicht in vier Jahren schon eine Ebene weiter ist, schließlich ist sie jung und hat sich schon einen Namen gemacht als spurtreu, verfolgungsfähig und allzweckverwendbar.
Ich kam durch die offene Haustür in eine große dunkle Halle und von dort in ein gigantisches Treppenhaus mit spärlicher Beleuchtung. Weit und breit war niemand zu sehen. Ich stellte mich in die Mitte des Ovals und sah an den Etagen hoch, um die dreißig Stockwerke, alle Wohnungstüren gingen anscheinend in diesen riesigen Schacht, Tür an Tür, die ungezählten Zellen eines Knastklosters eine neben der anderen, alle zwar verschlossen, aber doch wie die vielen Anfänge der von längst vertrockneten Würmern geschaffenen Fraßgänge in einem morschen Tragbalken, die ein Stück weit führen oder sehr schnell abbrechen in einen inneren Hohlraum, alles scheint noch zu stimmen und intakt zu sein, aber in Wirklichkeit ist es nur Pappmaché und Sägemehl und das finale Knistern ist schon zu spüren.
Hoch oben über dem Oval ließ eine runde Glasfläche, von einem rostbraunen Eisengitter unterteilt, ein wenig Licht herein. Vielleicht lag es an dieser architektonischen Zutat, die in meinem Kopf zu einem Mittelding zwischen Kameralinse und Superauge wurde, daß ich leise „1984" vor mich hin sagte, mich in Positur brachte für einen guten Eindruck auf den Überwachungsmonitoren und meine ärgsten Vorsichtsfühler ausfuhr.
Sie war anscheinend noch nicht auf, als ich klingelte. Es dauerte einige Zeit, bis sie von innen „one minute please" rief, dann tatsächlich nach nur einer Minute im Morgenmantel erschien, um mich hereinzubitten. Ich durfte

mich in einem größeren Flur, der gleichzeitig als Wohnraum zu dienen schien, hinsetzen; sie verschwand, um nach nur zwei Minuten gewaschen und angezogen zurückzukehren, in weißer Hose und grauem Pullover.
Seit zwölf Jahren ist sie Lehrerin, seit acht Jahren geschieden. Sie liebt Anatole France und Thomas Hardy. Ihre Tochter ist in der fünften Klasse, man hört dieses Kind erst nur im Hintergrund mit Geschirr klappern, schließlich erscheint das Mädchen kurz und begrüßt mich. Wir essen, als wir wieder zu zweit sind, Zwiebelkuchen mit zehn statt mit fünf Eiern (ein deutsches Rezept) und mit Blaubeeren als Bodensatz, goldgelb und locker gebacken, trinken Filterkaffee aus Deutschland. Ihre Mutter war mit der Enkelin in Erfurt gewesen, in Weimar, Leipzig und Weiterstadt, Dorina hat sich genau berichten lassen, wie es dort war. „Wie gern wäre ich in Leipzig statt in diesem Dorf", sagt sie und rührt mit halb geschlossenen Augen in ihrem Kaffee. Eine ihrer Großmütter war Deutsche, sie hieß Mathilde Hoenig. Wenn die Schüler von sich aus herausfinden, was sie zu den Texten sich am Vorabend überlegt hat, dann ist sie glücklich, wirklich glücklich. An Eminescus Geburtstag Mitte Januar läßt sie sich eines seiner Gedichte von vier Schülern vortragen, erst auf Rumänisch, dann auf Englisch, Französisch und Deutsch. Sie fragt die Klasse, in welcher Sprache es am schönsten klang. Manchmal sagen die Schüler, daß es auf Deutsch am besten klingt, eine sehr musikalische Sprache. Sie berührt mich am Arm, fragt nach dem, was ich zuhause mache, was ich bin und wer ich bin.
Es wurde nichts. Über uns hing ein Spiegel an goldenen Ketten von der Decke herab und so sehr ich es genieße, alles zu sehen und von allen Seiten und so sehr ich an die Kleinigkeit aus der Lebensbeschreibung des Quintus Horatius Flaccus denken mußte, wo es um sein Schlafzimmer geht – ich hatte diese böse Angst, daß schon mein erster Schritt in dieser Wohnung, als ich meinen Fuß auf die „Welcome"-Eingangsmatte in Schäferhundform setzte, aufgezeichnet worden war durch eine verborgene Kamera, ja daß vielleicht sogar schon das Präludium im Treppenoval, ein kleines Männchen blickt dumm und aussichtslos nach oben, festgehalten und bewertend eingestuft worden war, daß ich längst ein Gefangener der Überwachungsorgane war und nur hoffen konnte, daß ein langsamer geordneter Rückzug von ihnen akzeptiert wurde oder doch zumindest nicht dazu verwandt werden konnte, mich zu vernichten.

WÜSTUNGEN

Prosa, Erzählungsteile

Zwei und der Richter

Zwei, die sich länger nicht gesehen hatten und doch längst davon gesprochen hatten, sich bald zu sehen, baten heimlich den Richter der Richter, den Obersten aller Sterndeuter, um Rat – die eine morgens, der andere abends. Barfüßig und barhäuptig, den weißen Bart zurechtrückend, antwortete er morgens wie abends: „Kann es nicht sein, daß ihr nicht so verschieden seid, wie ihr glaubt? Hat nicht auch der Drängende, der den Kaiser vom Pferd reißen will und leichthin behauptet, die Vierteilung nicht zu fürchten, seine Furcht? Die Furcht, daß er nicht durch die Mauerringe vordringen wird bis in die Innere Stadt, und die Furcht, daß der Kaiser vor ihm flieht bis ans Ende der Welt. Vor allem aber die Furcht, daß er, wenn der Kaiser ihm entgegentritt, kein Wort hervorbringen wird und keine Hand bewegen kann. Und der, der sein erstes Versprechen verschiebt und verdrängt oder zu sich sagt: „Damals habe ich mich nur versprochen“ – ist er etwa frei von Furcht? Fürchtet er nicht auch den Tag der Entscheidung und was an ihm geschehen könnte und danach? Fürchtet er nicht auch sich selbst? Wird nicht das erste sein, daß jeder für sich feststellt, ob er warten will, bis er selbst oder der andere tot ist, ob er es wagen will, mutlos zu sein? Wird nicht für jeden von euch das erste sein, auf die Hände zu schauen und zu sagen: Das sind meine Hände. In ihnen liegt, was ich tun werde.“ Das waren seine Worte, nach denen er, ohne einen Dank oder eine Frage abzuwarten, durch eine steinerne Tür ging, die nur ihm sich öffnete, fugenlos ausgespart aus der Mauer, ohne Glocke und ohne den mindesten Griff.

Der Norweger und der Zauberer

Eigentlich bin ich mir nicht sicher, ob er wirklich ein Norweger war. Vielleicht tat er auch nur so und vielleicht war es sogar gelogen, daß er früher Boxer gewesen war. Jedenfalls hatte er eine platte Nase, ein breites Kreuz und große grobe Fäuste. Und er hatte auf jeden Fall Angst, jede Menge Angst, unbezweifelbare handgreifliche Angst. Ich weiß ja nicht, ob ich es in diesem Leben nach Norwegen schaffe, ich habe es auch nicht nach Lissabon geschafft, das die schönste Stadt der Welt sein soll und sie sprechen dort die schönste aller Sprachen, eine Sprache, die nur Klang ist, und ich habe die Lieder gehört, mein Lissabon, mein Alfama mit dem Kastell, aber ich bin nicht aufgebrochen, kriegte nicht die Kurve.
Der Norweger schneite in den schon ziemlich bankrotten Buchladen, den ich damals betrieb, natürlich unter einem falschen und frei erfundenen Namen, weil ich mich im Süden ziemlich unbeliebt und ziemlich unmöglich gemacht hatte bei einigen großen Fischen, denen ich den einen oder anderen ihrer Unterscharführer aus dem Verkehr gezogen hatte. Sie kannten nicht meine todsichere Methode, das wäre ihnen zu hoch gewesen, selbst wenn ich ihnen eine Gebrauchsanweisung ausgedruckt hätte, aber den Effekt konnten sie ja in epischer Breite an ihren Leuten beobachten, und so machten sie sich ihren eigenen dämlichen Reim darauf, glaubten tatsächlich, ich hätte es mit Gift oder mit einigen Poloniumkügelchen erledigt und wollten mir an den Kragen.
Von alldem wußte der Norweger höchstwahrscheinlich nichts und ich hatte keinen Anlaß, ihm darüber einen Einführungsvortrag zu halten. Ohnehin sah ich gleich, daß etwas mit ihm nicht stimmte. Nicht bloß, daß er anscheinend mindestens die dreißig Meter von der nächsten Straßenecke bis zum Laden gerannt war, als er die Glastür mit Schwung aufriß, keuchend hineinstürzte und sofort hinter die Bücherwand und in die hinterste Ecke des Ladens stürmte, sich ein Buch schnappte und darin wild herumblätterte. Etwas Ähnliches praktizieren auch Zeitgenossen, die ihrer Frau oder ihrer Freundin gerade jetzt nicht über den Weg laufen wollen oder denen von ihren Schuldigern noch nicht vergeben wurde und die nicht schon wieder an unbezahlte Kleinkredite erinnert werden wollen.
Aber da war etwas anderes, ein gewisser Geruch - nicht, jedenfalls noch nicht der Vorausgestank des baldigen Todes, aber dafür ein kalter abgestandener Angstschweiß. Absolut nicht der banale Duft der Angst vor

Ärger und heißen Ohren, sondern die Angst vor der finalen Schlacht, die Angst der Schweine und Kühe, wenn sie vom Karren heruntermüssen in die Tötungsbucht.

Ich überlegte kurz, über welchen dummen Vorwand ich mit ihm ins Gespräch kommen könnte, entschied mich dann aber dafür, mit der Tür ins Haus zu fallen. Ein wenig so, wie ich es in meiner wilden Jugend mir mal erlaubt habe, als ich leicht angegrätzt war von einem Chefchen und hinter mir die Glastür seines Büros so ins Schloß warf, daß ich die Klinke in der Hand behielt und sie als Souvenir mitnehmen konnte. Also sagte ich ihm auf den Kopf zu: „Hör mal, Kamerad, hinter dir sind sie her und du hast die Hose bis oben voll. Es wird am besten sein, daß du mir sagst, ob es die Bullen sind oder die Jungens von der anderen Seite." Er zuckte, riß die Augen auf und stotterte: „Ddiiee anderen." Ich nickte nur kurz. Ich hatte eine innere Gewißheit, daß er mir die Wahrheit sagte und daß ich im Moment keine weiteren Einzelheiten brauchen würde.

Ich ließ ihn stehen, ging nach vorn und räumte ein paar Bücher ins Schaufenster. Ein Blick Richtung Straßenecke reichte, um alles zu sehen, was man jetzt benötigte: Da standen zwei Pfeifenköpfe in hellbraunen Sommermänteln mit geradezu griechisch-klassischen Gangstervisagen. Sie sahen nicht so aus, als ob sie scharf darauf seien, im geistigen Wettstreit, am Schachbrett oder im fröhlichen Faustkampf abzuklären, wer als Gewinner vom Schauplatz gehen durfte. Ein leises Messer, ein kurzer Schuß einer schallgedämpften Pistole – darauf würde es hinauslaufen, wenn nicht, ja wenn nicht ...

Weil sonst niemand im Laden war, bedeckte ich meinen Mund mit der Hand, rieb mir dabei die Nase und zischte dem Norweger zu: „Da sind zwei, die dich kaltmachen wollen, mein Freund." „Ich weiß es, ich habe sie schon gesehen. Ich habe vorgestern einen Brief gekriegt, daß sie kommen werden, wenn ich meine Spielschulden nicht zahle." „Ja, da sind sie, ich könnte dir helfen", sagte ich. Ich hatte mich umgedreht und kramte im vorderen Teil des großen Querregals, das der Norweger als Tarnkappe nutzte. „Was soll es kosten? Ich zahle alles, was ich habe." „DICH kostet es gar nichts, aber die beiden kostet es das Leben. Das wird ihnen nicht gefallen und ihren Häuptlingen auch nicht." „Wenn es sein muß, meinetwegen." „Du willst ihnen nicht das Leben retten?" „Nein, wieso denn?" „Na dann, ihr Blut komme über dich."

Ich drehte mich wieder zu den beiden Mantelmännern um und ging zur Kasse. Sie waren nähergekommen, schauten mir aus einer Entfernung von vielleicht fünf Metern frech ins Gesicht. Ich trank in aller Ruhe meine neben der Kasse deponierte Limonadenflasche aus (Limonade mit einem guten Schuß Wodka), packte sie am Hals, trat auf die Straße und schloß den Laden ab – ganz so, als wolle ich mir, die leere Flasche in der einen Hand und den Regenschirm in der anderen, in dem Kiosk auf der anderen Seite der Straße Nachschub holen.
Die beiden Molche glotzten mich an, noch ziemlich unentschieden und leicht verunsichert. Eigentlich hätte ich ganz gern einem von ihnen die Flasche an den Kopf geworfen, nur so zum Spaß, aber dann blieb ich doch bei meinem stringenten üblichen Programm. Ich steckte die Flasche in die Tasche meines Jacketts, nahm den Schirm in die Linke, hob die rechte Hand leicht an, spannte alle Nerven an und schickte ihnen ein ausreichendes Quantum Strom hinüber. Sie sackten in sich zusammen, krümmten sich auf dem Boden, nur ein kaum hörbares Stöhnen und sie waren abgetreten ins Jenseits. Anscheinend hatte es ringsum niemand mitbekommen. Es regnete in Strömen und nicht mal die ärmsten Hunde trieben sich draußen herum.
Ich fühlte eine gewisse Befriedigung, auch wenn nun ein neuer Umzug und eine zügige Liquidierung des ohnehin schon angeschossenen Ladens fällig war. Während ich, ohne vorher eine neue Limonade zu kaufen, wieder meine Ladentür aufschloß, dachte ich noch nach, was ich jetzt mit dem Norweger machen sollte. Vor den zwei Gestalten mußte er keine Angst mehr haben.
Was mir nicht gefallen hatte, war die Art und Weise, wie er keinen Augenblick erwogen hatte, um Gnade für seine Verfolger zu bitten, wie ihm deren Leben völlig gleichgültig war. Aber meine Überlegungen erledigten sich von selbst. Der Norweger hatte sich durch ein Hoffenster, das ich eigentlich von Anfang an hatte vergittern wollen, davongemacht. Anscheinend hatte er Angst vor allen, auch vor seinem Retter. Nun ja, vielleicht nicht zu Unrecht.

Die Legende von der Neinsagenden

Als die Neinsagende geboren wurde, sagte sie: „Nein, ich will nicht leben. Zuerst will ich gefragt werden, ob ich leben will und dann will ich mich entscheiden.“ „Aber wir lieben dich doch“, sagten ihre Eltern, „und wir wollen, daß du lebst.“ „Aber ich will es nicht, will es nicht“, schrie die Neinsagende, „und ihr hättet zuerst mich fragen müssen.“ „Wie konnten wir dich fragen“, antworteten ihre Eltern, „wo du doch da noch gar nicht gelebt hast?“ „Aber sofort danach, sofort danach hättet ihr mich fragen müssen, bei meinem ersten Atemzug“, zeterte die Neinsagende. „Nun gut“, erwiderten ihre Eltern, „wenn du es unbedingt willst, dann fragen wir dich eben jetzt. Also: Willst du leben oder willst du nicht leben?“ „Jetzt ist es längst zu spät“, die Neinsagende war eben eine Neinsagerin und blieb unerbittlich, „wenn es zu spät ist für die Frage, bringt es nichts mehr zu fragen. Jetzt lebe ich ja schon. Ihr habt es verpaßt und verbockt.“

Als die Neinsagende etwas größer geworden war, bemerkte sie das und lief voller Wut zu ihren Eltern: „Was soll das, warum werde ich größer? Habt ihr mich gefragt, ob ich größer werden will?“ „Wie sollten wir dich fragen?“, antworteten die Eltern. „Als du noch klein warst, warst du klein und da konnten wir dich nicht fragen.“ „Aber als ich größer wurde, da hättet ihr mich fragen müssen, ob ich das überhaupt will“, beharrte die Neinsagende. „Nun gut“, erwiderten die Eltern, „wir können dich ja jetzt fragen.“ „Wehe, ihr fragt mich jetzt“, schrie da die Neinsagende. „Das soll wohl ein Witz sein, daß ihr mich jetzt fragen wollt, wo ich schon größer bin. Jetzt ist es endgültig zu spät für alle Fragen.“

Als die Neinsagende groß geworden war und das eines Tages feststellte am Blut, das an ihr herunterlief, rannte sie zu ihren Eltern, beschuldigte sie, sie nicht gefragt zu haben, ob sie überhaupt groß und eine Frau sein wolle. Ehe aber die Eltern etwas darauf erwidern konnten, verbot sie ihnen strikt, sie jetzt noch, wo es nun aber wirklich einfürallemal zu spät sei, zu fragen.

Die Eltern starben bald, ohne die Neinsagende um ihr Einverständnis zu fragen. Sie wurde sehr traurig. Aber zugleich war sie ungeheuer stinkwütend, daß die Eltern ohne ihre Einwilligung fortgegangen waren. Nun war sie allein, ganz allein mit sich und ihren vielen Neins. Allerdings, auch Neinsagende bekommen ein, zwei oder sieben Chancen auf das Glück. Sie sind eben auch nur Menschen und so geht es ihnen wie allen Menschen.

Ein Mann trat in ihr Leben, der sie liebte und JA zu ihr sagte. Aber sie hatte sofort eine schnelle Antwort für ihn parat: „Hast du mich eigentlich gefragt, ob du mich lieben darfst?“ Der Mann erschrak und dachte: „Nein, ich habe sie wirklich nicht gefragt.“ Ganz unschuldig antwortete er der Neinsagenden: „Muß man das denn? Ich habe es nicht gewußt, daß du von mir wolltest, ich solle dich zuerst fragen und dann erst lieben, wenn du es mir erlaubt hast. Ich habe nicht lange überlegt, sondern einfach mein Herz gefragt, ob ich dich liebe. Und weil mein Herz mir sagte, daß ich dich liebe, kam als Echo aus meinem Mund: Ich liebe dich. Aber wenn es dir gefällt, dann frage ich eben jetzt, ob ich dich lieben darf.“ „Jetzt ist es zu spät, jetzt kannst du mich nicht mehr fragen, weil du mich schon liebst oder es jedenfalls behauptest. Wer mich nicht zuerst, bevor er mich liebt, fragt, ob er mich lieben darf, der beweist, daß er mich nicht wirklich lieben kann. Niemals und noch einmal niemals kann so einer mich lieben und kann ich so einen lieben. Jetzt reicht es mir, jetzt habe ich endgültig genug von dir.“ Damit wandte die Neinsagende sich ab und zeigte auf die Tür.

An all den Tagen danach klopfte der Mann an ihre Pforte, aber die Neinsagende öffnete ihm nicht. Am ersten Tag rief sie von oben, er solle sich zum Teufel scheren, am zweiten Tag goß sie kaltes Wasser auf ihn, am dritten Tag heißes. Am vierten Tag tat sie so, als sei sie nicht zu Hause und schon abgereist und so hielt sie es bis zum zwanzigsten Tag. Da hatte sie einen Bestatter im schwarzen Anzug vor der Haustür postiert, den sie bestochen hatte, dem Mann von ihrem unvermuteten Ableben, der bereits erfolgten Einäscherung des Leichnams und der Versenkung ihrer Urne weit draußen im Meer zu berichten.

Am einundzwanzigsten Tag kam der Mann nicht mehr und auch an den folgenden Tagen nicht. Am fünfundzwanzigsten Tag begann die Neinsagende zu weinen. Sie verfluchte sich und den Mann, der alles falsch gemacht und sie nicht gefragt hatte, weil er sie wohl nicht richtig geliebt hatte, nicht ganz und gar unendlich. Am dreiundachtzigsten Tag hörte sie auf zu weinen, fluchte aber weiter sich und dem Mann, bis ihr am hundertsten Tag auffiel, daß ihr die Flüche ausgegangen waren und sie sich nur noch wiederholte. Am einhunderteinundzwanzigsten Tag erfuhr sie, daß der Mann aus Gram gestorben war – an all der Liebe, die er für sie gehabt hatte, und daran, daß er diese Frau verlor, ehe er sie gewonnen hatte. Da begann die Neinsagende wieder zu weinen, und sie wollte gar nicht wieder aufhören zu weinen. Jetzt verfluchte sie nur noch sich selbst

und das ungerechte Schicksal. Jetzt trauerte sie um ihren verlorenen Liebsten.
Nun war sie so allein wie vorher oder noch mehr allein, ohne jede Aussicht etwas anderes zu sein als einsam. Jetzt wollte sie nur noch sterben, aber der Tod fragte nicht an bei ihr, sehr lange nicht. „Ich würde JA zu ihm sagen, das erste und einzige Mal in meinem Leben“, dachte sie bei sich. Aber als der Tod schließlich kam, sagte er nicht die Tageszeit und stellte keine Fragen und nahm die Neinsagende, während sie schlief, mit sich in den großen endlosen Schlaf.

Frau Krebs

Ich verdankte ihr eine meiner ersten Lesungen in K. – in der Stadt, in der ich viel zu lange gelebt habe. Ich hatte schon die vierzig überschritten, aber immerhin. Einer, drei Jahre älter als ich, hier geboren und von hier in die Schweiz und nach Frankreich geflohen, hatte zwanzig Jahre später seine erste und vielleicht einzige Lesung in dieser Stadt, die er nur besuchte der Gräber seiner Eltern wegen und um sich erneut zu bestätigen, wie entsetzlich dieses Ensemble mißgeborener Baulichkeiten war – immer noch schwer zu ertragen für den, der doch froh sein konnte, überlebt zu haben und entronnen zu sein.
Es war mein erstes literarisches Buch, aus dem ich las - grün eingebunden in den grünen Zeiten der Anfänge und Morgenaufbrüche, als ein gewisser und noch unbekannter Wolfgang Niedecken in der Wolkenburg zur Gitarre sang, bei einer Parteiveranstaltung einer Anti-Partei, die eine Bewegung sein wollte, und man konnte glauben, ein Dialekt-Dylan habe einen ganz eigenen Ton gefunden, voller Wut, Untergang und Hoffnung, aber die Dinge trieben dann doch in jenen engen Sumpf, in dem Alberich der Zweite als wahrer Gnom herumpachlte. Es war diese Zeit, in der schon die Verbretterung vor den Köpfen zugenommen hatte und mit ihr die Ausschaltung der Mißliebigen, aber immer noch Räume blieben, die nicht zugestellt waren von gespenstischen Gewaltgestalten, kopflos zwar, aber dafür schlaggestählt und bunt tätowiert. Mein damaliges erstes Büchlein beschrieb, wie die Schrecken nicht erst beginnen mußten, sondern sich spiralig fortsetzten durch die Wechselzeiten hindurch. Es gefiel Frau Krebs, sie lud mich in ihre Buchhandlung ein. Ihr Kompagnon, ein freundlicher grauer Herr Moll, äußerte keine Einwände. Die Lesung war friedlich und eher ergebnislos, aber als ich kurz vorher nach einem Parkplatz in der Nähe suchte, lernte ich eine Frau kennen, die mitten im Zentrum in einem Innenhof, in dem mein Auto nun einige Stunden stand, Pferde hielt. Deren Vorfahren hatten noch Bierwagen gezogen, jetzt dienten sie dazu, Hochzeitskutschen zu bestücken oder Gefährte mit johlenden Junggesellenabschieden. So geriet ich aus einer Geschichte in eine andere.

Frau Krebs war keine auffällige und aufregende Frau. Ich kann auch aus der Erinnerung heraus wenig finden, erst recht nichts Negatives. Vielleicht aber tötete gerade dieses Unmerkliche sie. Vielleicht überleben wir eher als offenkundig zerrissene und verstörende Fürsten der Schrägheit, die keine Vegetaristen und Gesäßerheber sind, sondern hinwiederum nach dem Abschminken für wenig mehr schwärmen als Sauerbraten, Klöße und Rotkohl. Wir geben uns nicht mit der einmaligen Soße zufrieden. Sie aber litt tatsächlich, sie fand keinen Ausweg in die Illusionsspiele, die uns auf den Beinen halten wie die kräftige Brühe des jüdischen Antibiotikums. Krebs zu heißen und an Krebs zu sterben ist in der Tat einer der übelsten Witze des Schicksals.

Der Gesellschaftsmagier

Man soll Geständnisse immer an den Anfang einer Episode postieren, das ist zumindest eine allgemeine Regel, die ich mitbekommen und stets für richtig gehalten habe, auch wenn ich mich nicht immer an sie gebunden gefühlt habe. Nicht vor jeder Nacht mit einer Frau, die ich einen Tag zuvor noch nicht kannte und noch nicht angesehen hatte, nicht einmal mit dem Hintern, habe ich mein Besteck und meine Karten ausgepackt und mit einer Heiratsurkunde in der Hand darauf verwiesen, ich sei schon verehelicht und somit vergeben. Nein, eher nicht oder nur im Ausnahmefall umnachteter Momente. Oft genug habe ich die Blende nach ganz unten bugsiert und mir unter der Hand eingeblasen, ich sei so ungebunden wie vorzeiten und es käme eh auf eins hinaus, Hauptsache hinein und hinaus. Und so geschah es dann, wie es geschah.

Hier aber, wo es zwar auch um eine Beziehung geht, aber um eine außererotische und quasi-platonische, soll die Wahrheit nach oben und auf Platz eins. Ja, es stimmt, ich habe niemals in meinem Leben auch nur einen einzigen Gesellschaftsmagier und sei es nur für ein oder zwei Sekunden getroffen. Dennoch – es gibt sie, im Prinzip so wie es über uns und außerhalb unserer miserabel verdrahteten Gehirnfreischaltungen den Herrn aller Dinge gibt, der an seinen angelschnurfeinen Fädchen uns aufmarschieren und wegzappeln läßt.

Oft genug habe ich vom Wirken eines Gesellschaftsmagiers nicht allein die Leute reden hören, eher vorsichtig und im Selbstgespräch bei geschlossenen Oberlichtern, oder ich bin über die Hinterlassenschaften gestolpert, Spuren wie Rehkacke auf einem Waldweg oder wie die Morgenkotze unter den Füßen, wenn die Büromenschen über die Große Freiheit zum Arbeitsplatz hasten. Einmal war ich, es war in Basel oder Wien, auf dem Weg zu einer der so seltenen Veranstaltungen eines Gesellschaftsmagiers. Es war ein Gefühl wie das einer Jungfrau vor der ersten Nacht. Nicht das plötzliche Überrumpeltwerden und schon ist der Zeigefinger vorfühlend zwischen den Beinen, der Schlüpfer herabgerutscht und der elfte Finger macht sich bereit – nein, es sind jene Stunden der Überraschungsgeilheit, der Vorfreuden und der Ängste vor Schmerzen, Blut und Festgeklemmtsein, die sich hinziehen, als hätten sie kein Ende.

Auch dieser Weg dauerte. Zuerst suchte ich nach Blumen in einem Laden, dessen Verkäuferin außer Hause war und gebeten hatte, das Geld auf der

Ladentheke zu hinterlassen. Ich begeisterte mich für eine wahrscheinlich aus den Tropen stammende Pflanze mit vielen großen blauen Blüten, suchte dann aber zunächst weiter, und als ich wieder nach dorthin zurückkehrte, wo sie eben noch zu finden gewesen war, war sie verschwunden, wohin auch immer, und ich beschloß, auf dieses Geschenk zu verzichten.

In einem jüdischen Gemeindehaus, Annex und Wurmfortsatz einer Kirche, wartete ich mit anderen, die zu dem Ereignis hingebracht werden sollten. Es wurde wie immer debattiert, laut und ergebnislos, die Anwesenden saßen teils stumpf und ungerührt herum oder rannten ebenso teilnahmslos durcheinander, setzten sich auf Treppenstufen, einzelne küßten sich von Mann zu Mann, was ich als ärgerlich empfand und mißbilligte, ohne mir aber weitere Feinde zu machen durch scheele Blicke oder jene bösgemeinten Kommentare, die den Gleichliebenden und den Alloffenheitsvertretern so ausgesprochen sauer aufstoßen. Ich goß aus einem Schlauch etwas von meinem Naturapfelsaft in einen großen Wasserbottich, in den alle steigen und aus dem alle trinken würden, aber als ich daran dachte, wie dieses Wasser um die Füße meiner Mitmenschen gluckern und sie allseits abspülen würde, auch im braunen Bereich, brach ich angeekelt ab und beschloß, meinen Apfelsaft lieber für mich allein zu behalten. „Generalsekretärin wollte ich nicht werden, jedenfalls dieses Jahr noch nicht."

Der Aufbruch begann, ein schlangenartiges Gefährt fuhr vor, auf dem wir hintereinander auf Motorrollersitzen Platz nahmen. Ich hatte den Platz unmittelbar hinter dem Steuernden. Auf meine, wie ich fand, sachlich und freundlich vorgebrachte Frage, ob es denn nun zu dem fraglichen Abend ginge, erhielt ich die herausgezischte Antwort, wir könnten ja tauschen und ich könne seine Aufgabe übernehmen. Natürlich lehnte ich unter Hinweis auf meine fehlende Ortskenntnis ab und die Fahrt begann. Es ist fast überflüssig, zu erwähnen, daß auch dieser Aufbruch nicht zum Ziel führte. Überhaupt scheint es mir so, daß die im klammen Frühtau bergwärts Aufbrechenden selbst schon wissen, sie können nicht hinkommen, es hat keinen Zweck oder aber nur den Zweck, sich bewiesen zu haben, was geht und was nicht.

Der Friedhof

Es war in einem der aufeinander folgenden schlechten Jahre, in denen die Leute, die ursprünglich auf den Umschwung nach dem siebten gehofft hatten, das Zählen aufgegeben hatten und sich nicht mehr ihrer einstigen Prognosen erinnern mochten. Die Miserabilität pappte wie Sekundenkleber an all ihren Verrichtungen, und selbst die lange in Gebrauch gewesene Abschwächung des Elends durch allerlei schöpferische Neubenennungen wurde schon seit langem nicht mehr versucht, als zwei furchtlose Räuber und Totschläger sich aufmachten, des nachts einen am Vortag Begrabenen von Beigaben zu befreien, die er in seiner neuen Daseinsform mit Leichtigkeit entbehren konnte. Es handelte sich um ein Gebiß, das aus ferner Vergangenheit neben stählernen Aufsteckzähnen noch mehrere Goldzähne bewahrte, sowie den aus purer Arroganz mitgegebenen Goldschmuck der Familie. Denn da antragsberechtigte Angehörige fehlten und im Land seit Jahren der uralte Brauch der Grabbeigaben wieder im Schwange war, hatte die Kommission für Kommunalbestattung entschieden, das ohnehin durch Realsteuern wie durch Unterschlagungen der Bestattungsbeauftragten arg dezimierte dingliche Erbe der Erde anzuvertrauen statt es den edlen Zwecken der Armenfürsorge zu weihen. Wie häufig zuvor hatte den zwei Ausgräbern die Sekretärin des Kommissionsvorsitzenden einen Hinweis zukommen lassen, erneut auf ein hübsches Andenken als Anerkennung für ihre kleine Mühe spekulierend. Dieses Mal war diese Erwartung ein Irrtum.

Einer der beiden grub, der andere stand Wache. Es war gegen halb zwölf, als der Spaten auf den hölzernen Sargdeckel stieß. Der Gräber stieg heraus und überließ es dem zweiten Schatzsucher, mit einem Stemmeisen den Sarg aufzubrechen. Gerade in diesem Augenblick legte dem, der nun den Raubzug absichern sollte, ein unbemerkt herangetretener Mann in einem weißen Mantel die Hand auf die Schulter – leicht, ohne besonderen Nachdruck und fast wie freundschaftlich. Ehe der Räuber eine Debatte über das private Eigentum und das Leben nach dem Tode eröffnen konnte, ehe er einen Schrei herausbrachte, hatte ihn der exakte Stich mit einem Klappmesser ins Herz getroffen und wurde er hinabgeworfen zu seinem Kompagnon, der mit offenem Mund emporstarrte. Und ehe der seine Lippen wieder aufeinander hatte und den Versuch beginnen konnte, aus dem Loch heraus und wegzukommen, flog ein Zementsack auf ihn und warf ihn um. Ein zweiter und dritter brachen ihm das Genick.

Eine Reihe von Arbeitern in weiß-grauer Fellkleidung reichte sich von einem gigantischen Rollwagen aus, der vor dem Friedhof stand, ein gutes Dutzend Zementsäcke zu, die ungeöffnet in der Grube verschwanden und einen kleinen Grabhügel bildeten. Dann wurde ein Feuerwehrschlauch durchgereicht und aus ihm eine größere Menge Wasser auf den Zement geleitet, was angesichts des gerade einsetzenden Starkregens eher überflüssig schien. Nach wenigen Minuten hob der Mann im weißen Mantel kurz die Hand, die Arbeiter rollten den Schlauch ein und kehrten auf den Rollwagen zurück, der sofort losfuhr und ebenso im Dunkel verschwand wie der zurückbleibende Mantelmann. Der Friedhof bot erneut ein Bild des Friedens und der Stille.

Das Institut

Kurz hinter dem Ortsausgang von Ellsfleet, dort, wo die Behmelburger Straße von der Landstraße abzweigt, stoßen Sie auf eine vier Meter hohe Mauer, die oben von einem trotz kleiner Rostspuren ausgesprochen soliden Stacheldraht gekrönt ist, von eben der Sorte, der die einen an siebzig Jahre In-Etwa-Frieden und ungestörten Waffenhandel erinnert und einige wenige andere eher an gezielten Mord und ungezielten ungezählten Totschlag. Hätten Sie die beneidenswerte Fähigkeit, durch Mauern zu sehen oder im Knick auf zum Himmel und von dort zurück hinter die Sichtsperre, so würde ihnen wenig mehr unter die Augen kommen als ein dünner Bewuchs von Gras und Moos und darin eine kaum angedeutete viereckige Begrenzungslinie auf dem Boden, hellgrau und nebelartig, wie sie fortgeräumte Fundamente hinterlassen mögen. Jedenfalls, jetzt sehen Sie dort kein Gebäude und keinerlei Steintrümmer noch sonstige Hinweise auf Nutzung und Leben. Aber es war doch ein Haus dort und vielleicht ist es immer noch dort, nur uns gelingt es nicht, es in unsere Augen und unseren Kopf zu bekommen.

Ich hatte ein Stellenangebot bekommen, von einem der mehrfach zusammengestauchten und zusammengefalteten und insofern reichlich zerknitterten Arbeitsamtsberater, „ich bin von der Agentur und deshalb Agent, Geheimagent, hahaha“, ohne ein Fitzelchen Papier, nur eine Telefonnummer, die ich mir nach seinem Diktat aufschreiben durfte. Der Berater, der mir in zwei Jahren zwangsweiser Arbeitsbefreiung keine einzige Stelle angeboten hatte, nuschelte nach dem ersten Drittel unseres Gespräches, das wie üblich aus Moralisieren und Maßregelung bestand, also all das gewohnte Geseier, er habe da womöglich etwas, das sei mehr unter der Hand und eine außergewöhnliche Chance für jeden flexiblen Menschen. Näheres könne er nicht sagen, der Arbeitgeber habe es ausdrücklich so gewünscht, damit die Bewerber unbefangen in ihr Erstgespräch gehen könnten. Ich konnte es mir nicht verbeißen, dem Bürokratikus noch eins einzuschenken: „Ach, ich dachte, die Agentur empfiehlt nur den Frauen, im Puff zu arbeiten. Gibt es das jetzt auch für Männer? Ich mach es aber nur mit Kondom!“ Er bekam rote Ohren und stammelte nur: „Nein, nein, was denken Sie von mir. Wir machen jetzt einen neuen Termin und Sie berichten mir dann, was Sie tun werden."

Zuerst hatte ich vor, ihm bei unserem nächsten Zwangstreffen etwas vom Pferd zu erzählen - ich habe angerufen und niemand sei an den Apparat gegangen. Aber dann hatte ich doch zuviel Angst vor den Entzugserscheinungen. Damit war mir nicht nur immer wieder gedroht worden, sondern ich hatte bereits erlebt, was auf dem Pferdefuß folgte, als ich letztes Jahr wegen einer kleinen unangemeldeten Urlaubsreise zeitweise auf dem Trockenen saß. Im wahrsten Sinne des Wortes, nicht einmal Oettinger im Sonderangebot hatte ich mir noch kredenzen gekonnt. Also rief ich tatsächlich an. Mein Gesprächspartner sagte „Guten Tag", verzichtete auf eine Namensnennung und nannte mir lediglich die Adresse und den Termin morgen um 13 Uhr. Außerdem ließ er sich lang und breit schildern, wie ich heiße, wo ich wohne, von wem ich von der Arbeitsmöglichkeit gehört hätte. Auf meine Frage, um was für eine Stelle es sich handele, hieß es lediglich: „Eine der besten. Sie werden begeistert sein. Wir sehen uns dann morgen. Auf Wiedersehen!"

Ich parkte mein Auto an der Landstraße, um nicht durch dessen desolates Äußeres Vorbehalte zu erzeugen. Ich hatte oft genug eingeparkt wie die Franzosen es praktizieren: Hier ein Kratzer hinten und hier einer vorn, da einen Mitparker ein wenig verschoben und die eigene Autoschnauze geringfügig eingedellt. Ich ging bis zur Behmelburger Straße und stand bald schon an einer Backsteinmauer aus schwarzen Schlackesteinen und vor einem dunkelroten Stahltor. Ich drückte eine Klingel in einer kreisrunden Messingvertiefung. Keinerlei Schildchen, keinerlei Firmenwerbung, null Vorinformation oder Vorwarnung.

Die Tür öffnete sich mit einem Mechanismus, der einen schmalen Durchschlupf ließ. Kaum war ich drinnen, fiel sie wieder ins Schloß. „Fett in der Falle", dachte ich, „aber was wollt ihr mit diesem tollen Hecht, der nur noch Gräten und Haut ist?" Ich überquerte einen kümmerlichen Zierrasen und betrat durch eine offene Rundbogentür eine spärlich beleuchtete Halle. Mamiseelenallein war ich - keine nette Blondine am Schalter, nicht einmal ein uniformierter Zerberus mit Rausschmeißerblick. Die gesamte Einrichtung bestand aus einer Theke aus schwarzem Marmor, grabsteinschwarz, auf der neben einem olivgrünen Telefon ein Abreißblock im

Großformat und mehrere Bleistifte lagen. Auf jedem der Blätter stand am Anfang der Zeilen vorgedruckt, was gewünscht wurde: Familienname, sämtliche Vornamen, Adresse, Geburtsdatum, Körpergröße, Körpergewicht, Krankheiten, Familienstand, Kinderzahl, Religion, Schulbildung, Abschlüsse mit allen Zensuren, bisherige Arbeitgeber, Traumberuf, politische und sexuelle Vorlieben. Darunter der Hinweis: „Danke – einwerfen in den Schlitz vor Ihnen!“ Erst jetzt bemerkte ich die sehr schmale Öffnung, in der anscheinend Metallzähne das Schriftstück packen und weiterbefördern würden.
Ohne große Begeisterung, aber mit dem Gottvertrauen des geborenen Dämlacks füllte ich den Schrieb aus und schob ihn in die Vorrichtung. Wie ich es erwartet hatte, reagierte sie über irgendeine Lichtschranke und ließ das Papier verschwinden – im Reißwolf, in der Ablage, wo auch immer. Jedenfalls war es weg und ich immer noch hier. Nun gut, der nächste Step im Steptanz schien der Anruf per Standleitung zu sein. Da weder eine Wählscheibe noch Tasten vorhanden waren, ging es offenkundig nur darum, den Hörer abzuheben und ans Ohr zu bringen. Das tat ich, aber kein Tonsignal war zu hören und es meldete sich am anderen Ende niemand.
Mein „Hallo, hallo, ist da jemand, ist da jemand, hier ist Ulf Castor, der neue Bewerber, Ulf Castor“ erklang wahrscheinlich eine Viertelstunde lang und wurde wahrscheinlich immer verzweifelter und weinerlicher, als sich plötzlich eine Tür öffnete, die ich bisher noch nicht bemerkt hatte, und ein Mann erschien – breites Kreuz, geradezu vollbusig vorstehende Brust, süßliche Umgangsformen. „Komm mit!“, war alles, was er sagte, aber das in einem ausgesprochen parfümierten Ton. Was blieb mir übrig, ich dackelte mit. Wir gingen durch einen langen, von Lampen ohne Lametta, sprich nackten Glühbirnen, erhellten Gang, kahle gelbgrün gestrichene Wände, graugrüner Betonboden. Dann öffnete mein Vorgänger eine Stahltür, ganz wie in meinem eigenen Keller, das Billigste vom Billigsten oder besser gesagt das Zweitbilligste, knapp über der Dachlattenkellertür. Dahinter lag ein fensterloses Büro, in dem außer einem Sperrmüllschreibtisch, einem Sperrmüllschreibtischstuhl und einer kurzhaarigen Bürofrau wenig sonst zu finden war. Die Dame musterte mich kurz, knurrte „Schon wieder einer, na ja“, schrieb einen Laufzettel und deutete zur nächsten Tür, ebenso aus grau abgespritztem Blech wie die vorige. Der Mannfraumann blieb zurück, also marschierte ich allein los. Wieder ging es durch einen Gang, der dem vorigen glich wie ein faules Ei dem anderen. Erneut eine Tür, die sich vor mir automatisch öffnete. Ich trat in einen grell erleuchteten Raum, der nach

allem Bisherigen geradezu luxuriös wirkte. Zwar hatte auch er keine Fenster, aber immerhin ein Milchglasoberlicht. Vor einem wuchtigem Schreibtisch mit einer schwarzen, dreißig Bügelbretter großen Marmorplatte („Aha, eine Anspielung auf die Theke an der Pforte“, dachte ich) stand ein belederter Chefsessel, noch nachschwingend von dem gerade aufgestandenen Besitzer. An der Wand hingen merkwürdige Steckplaner, Diagramme in vergoldeten Rahmen, das Photo eines weißbekittelten uralten Hornbrillenträgers, das Zertifikat einer Universität der Universellen Erleuchtung. Vor all dem hatte sich ein Bulle von einem Mann plaziert - noch unter fünfzig, zwei Meter groß, braungebrannt, Haarkranzträger, in einem allfarbigen Safarihemd und geschmückt mit der anscheinend vom Greis an der Wand geerbten aschgrauen Hornbrille. „Den hätte ich vielleicht doch lieber als Leibsklaven am Nasenring oder am Stacheldrahthalsband. Als Chef eher nicht“, ungefähr so war mein Gedankengang. Aber nun war ich eben einmal hier und mußte zusehen, wie ich mit anderthalb blauen Augen wieder herauskam.
Der Oberbulle war die Freundlichkeit selbst: „Wie schön, Sie hier unter uns zu wissen! Ich nehme an, daß alles bislang zu Ihrer allervollsten Zufriedenheit verlaufen ist. Komfort und Glücklichkeit unserer Mitarbeiter liegen uns sehr am Herzen. Wir geben alle unser Bestes, daß eins ins andere greift und die Prozesse im Fluß sind. Ich lese Ihnen als kleinen Introitus die Konditionen Ihrer neuen Lebensstellung vor: Arbeitszeit zwei Stunden täglich an fünf Tagen, danach garantierte Ruhezeit mit vielen Entspannungsmöglichkeiten, kostenlose flüssige und feste Verpflegung, Urlaub an einhundertfünf Tagen im Jahr, doppeltes Gehalt, Frühpensionierung nach zwanzig Jahren Tätigkeit und darüber hinaus weitere Vergünstigungen. Ich weiß, daß Sie das nicht für möglich gehalten haben und deshalb sofort unterschreiben werden, ehe noch ein anderer dieses formidable Angebot an sich reißen kann. Bitte hier!“ Und ich unterschrieb.

Ich bin eben einer, der lächelnd sein eigenes Todesurteil unterschreibt. Da kann man nichts machen, so bin ich eben. Kaum hatte ich unterzeichnet, riß mein neuer Chef das Blatt an sich, warf es in eine Schreibtischschublade, murmelte „Ihre Kopie kommt später“ und bedeutete mir, ihm in einen Nebenraum zu folgen. Dort fände, erfuhr ich nun, die betriebsärztliche Untersuchung aller Bewerber statt. „Merkwürdig“, grübelte ich, „erst der Vertrag, dann die Eignungsanalyse. Aber das wird im Kleingedruckten geregelt sein.“ Andererseits zweifelte ich nicht an meiner überragenden körperlichen Befähigung für alles und jedes. Schließlich hatte ich mich in den letzten beiden Jahren ein wenig geschont und gut gepflegt.

Ein Weißkittel erschien, alt, abgemagert, mit einem Spitzmausgesicht. Höflich bat er mich darum, mich ganz frei zu machen und es mir zum Ganzkörperröntgen auf einer Art Massageliege bequem zu machen, über der ein großer Apparat schwebte. Kaum lag ich, senkte sich der Apparat auf mich, umschloß meine Stirn, meine Schultern und die Arme, fixierte meine Hände, die Beine, die Füße. Ich lag da wie der aufgespießte Schmetterling, atmete einen mir von irgendwoher bekannten Geruch ein und war weg.
Als ich wieder wach wurde, war ich weiterhin festgemauert in der Erden. Es kam mir sogar so vor, daß ich noch massiver festgezurrt war als zu Anfang. Mein Schädel war anscheinend kahlrasiert und schien komplett verkabelt zu sein. Eine Frau, die ich mangels Möglichkeit der Kopfbewegung nur schemenhaft sehen konnte und die offenkundig sich die hier unnötige Designerkleidung gespart hatte und unbeschwert von jeglicher Kleidung ihrer Arbeit nachging, bearbeitete meine mittlere Zone, bis ich vor Schmerz und Lust verging.

Das war vor dreißig Jahren. Zwanzig Jahre lang wurde ich zwei Stunden täglich am Kopf elektronisch und unten herum handgreiflich angezapft, wurde anschließend für eine Stunde in eine Maschine transferiert, die meine Beine und Arme energisch bewegte und mir Sport im Liegen bescherte. Davor und danach hatte ich sehr viel Zeit zum Entspannen und Nachdenken. Der zugesicherte Urlaubsanspruch bezog sich auf die zweiundfünfzig Wochenenden im Jahr, an denen es weder Untersuchungen, noch Anfassungen und Durchrüttelungen gab. Das doppelte Gehalt entstand durch eine Verdoppelung des Nullgehalts nach der ersten Woche, wie ich gelegentlich aus einer Plauderei zwischen dem Chef und der für mich zuständigen Nudistin erfuhr. Und die Hauptvergünstigung zusätzlich zu dem Hinauswurf nach zwanzig Jahren Abnutzung und Abschreibung als Untersuchungsobjekt bestand darin, daß ich kostenlos mit Drogen vollgepumpt wurde, als man mich nur mit einer Unterhose bekleidet eines Nachts im Stadtpark aussetzte. Das bescherte mir einen weiteren Erholungsaufenthalt von zehn Jahren im städtischen Irrenhaus. Immer noch sehe ich den dortigen Stationsarzt vor mir, wie er meine Berichte über meine Zeit im Institut quittiert mit einem mitleidigen

Lächeln und Bemerkungen in der Art von: „Ja, ja, man sollte nicht jede Stelle annehmen.“

Engelmann Zwei

Ich wußte im Grunde, daß ich Engelmann nicht loswerden würde, über den Tod hinaus. Obwohl ich ein Mörder bin (*oder war? Aber man bleibt, was man einmal ist*), kam ich damals mit Totschlag relativ billig weg, neun Jahre, sechs abgesessen. Ich war gerade erst drei Tage draußen, da begegnete mir bei einem Stadtbummel (*zum Wiedereingewöhnen, zum Wiedererkennen altbekannt-unbekannter Örtlichkeiten*) der tote Engelmann.
Ich kann nicht sagen, daß ich über eine dumpfe Ahnung im Urin hinaus eine so üble Sache befürchtet gehabt hätte. Man denkt doch als normaler Mensch immer *Ab mit Schaden, weg ist weg*. Man denkt sich *Das gibt es nicht, das darf es nicht geben*. Aber Flötenpiepen, das gibt es doch.
Es wird immer behauptet, jeder von uns sei einzigartig und unwiederbringlich, wie wir da von Gottes Backblech herunterspringen. Jedenfalls traf das immer für Engelmann zu. Die Farbwechselei in seiner Visage je nach Ladungszustand, das eierköpfige Aufragen seiner Hirnverpackung, die Soßenreste im Zauselbart – alles singulär. Selbst wenn man diesen Stinkfisch mit Dynamit eingefangen hätte, wäre die Identitätsbestimmung ein Kinderspiel geblieben.
Wie gesagt, ich hatte nicht unbedingt erwartet, dem Objekt meiner einstigen Abwurfbemühungen so schnell und noch vor der Endabrechnung beim Weltgericht zu begegnen. Noch weniger hatte ich angenommen, daß der Wiedergänger des toten Engelmann sich als ebender und nur der vorstellen würde. „Hä? Was soll ich für ein sein? Ich kenne kein Enkelmann. Mein Name ist Borgreich, Hellmuth Borgreich, zwei L bei Hell und ein teeha beim Mut. Ist doch ein schöner Name und vor allem ein richtiger."
Ich überlegte kurz, wie ich diesen Hund in die Pfanne kriegen könne. Knochenbrechen, Daumenschrauben, die Füße in die Säureschüssel, das wäre alles ausgesprochen hilfreich, aber leider Gottes nicht amtlich gebilligt und nicht ganz einfach umzusetzen. Also blieb mir bloß übrig, zuzuwarten und ein bißchen vorbeugend zu drohen: „Freundchen, wir kennen dich" (im Bau hatte ich mir dieses hochmajestätische WIR angewöhnt), „du kommst uns nicht weg. Du kriegst erst Ruhe, wenn du die Karten auspackst und sagst, wie du hierhergekommen bist. Und was du von mir willst." „Ich will meine Ruhe." „Ja, ja, die Totenruhe." Mit diesen Worten (*ich kann dich ja*

auch nochmal kalt machen, wenn du unbedingt darauf bestehst) ließ ich ihn stehen.
Engelmann, der sich einstmals als mein Freund aufgestrampelt hatte, war immer schon ein Schweinehund. Und der tote ist sich treugeblieben, richtig zuverlässig. Ich muß mich nicht einmal bemühen und ihn verfolgen. Er verfolgt mich höchstpersönlich. Und zwar gerade, indem er sich nicht blicken läßt.
Ich renne seit Tagen wie der Dilldopp durch die Stadt, rechne jeden Moment damit, Engelmann über den Weg zu laufen. Aber keine Schnitte davon. Ich blicke mich um, ich sehe in allen Ecken nach. Null, komplett null. Keine ruhige Minute, schlimmer, als wenn er aufkreuzen würde und ich könnte ihn beschimpfen oder ihm eins zwischen die Zähne geben. Er ist da, mein unsichtbarer Kompagnon. Aber noch habe ich die Hoffnung, daß er in einer absehbaren Zukunft auftauchen wird und ich endlich ein Ende machen kann.

Gedanken eines Vaters

- „Die Amerikaner sind einmarschiert“, sagte ich. Mein kleiner Sohn, der am Boden spielte, blickte hoch. Dann fragte er „Ist das ein Amerikaner?“ und zertrat eine Schabe.

- Das ist vorbei. Mein Sohn ist groß geworden in der Zeit, seit die Amerikaner hier sind.

- Mein Sohn hat seine Bombe gezündet, als eine amerikanische Patrouille vorbeiging. Mit ihm sind drei Besatzungssoldaten gestorben.

- Ich habe einen Sohn verloren. Vier Väter haben einen Sohn verloren und trauern. Trauern sie wie ich, trauern sie mit mir?

- Sind die vier Söhne zusammengekommen in der Explosion? Sind sie jetzt an einem einzigen Ort?

- Sind es drei oder einer? Oder viermal einer? Oder einfach nur vier? Sind wir vier Väter? Oder drei Väter und ein Vater?

- Nur ein Amerikaner aus der Patrouille hat überlebt, weil er an einem Marktstand stehenblieb und die anderen vorausgehen ließ. Ahnte er, was geschehen würde?

- Hätte mein Sohn nicht auch sich ein Stück entfernen und andere vorausgehen lassen können auf ihrem tödlichen Weg?

- Ich habe eine Vergangenheit eines Sohnes, den ich hatte. Jetzt habe ich keinen Sohn mehr.

- Ich zertrete Schaben, auch wenn es keinen Zweck hat.

Kurzfassung eines Dreiakters

1. Aufzug - Liebesleben

Ich war ein Jahr lang die Geliebte eines in einer Beziehung lebenden Mannes.

Ich habe ihn alle sechs bis acht Wochen für eine Nacht gesehen.

Trotzdem war es intensiv, bis er seit April keine Zeit mehr hatte, obwohl er täglich den Kontakt mit mir hält.

Im Sommer sexuelles Ausleben, 4 Männer in der Woche. Sex ohne Gefühle, nur um wieder Selbstwert zu bekommen.

Im September Ende des Ganzen. Ich habe N. kennengelernt.

Sexuell paßt es wenig, im Herzen ist es meist stimmig. Eine schwierige Konstellation.

2. Aufzug – Meine große Tochter

Sie ist nach der Scheidung im Januar sehr schwierig geworden.

Sie hat zu ritzen begonnen.

Gegen Ende des Sommers häuften sich Selbstmorddrohungen.

Sie hatte in Griechenland ihr erstes Mal, unverhütet – ein riesiger Streß.

Sie entkam gerade noch einer Massenvergewaltigung durch Türken im Park, um drei Uhr morgens.

Sie war drei Tage verschwunden. Die Polizei hat nach ihr gefahndet.

Zum Glück ist nichts passiert.

Ende August bringe ich sie ins Krisenzentrum, ab November lebt sie in einer betreuten Wohngemeinschaft.

3. Aufzug – Wenn man alles verliert und von unten her wieder beginnen muß

Ich mache mich im März selbständig.

Ich arbeite sechs Monate lang wie verrückt, bin einem Ausbrennen nahe.

Fünfzehnter Oktober – Ich erreiche die gesteckten Ziele nicht, werde von heute auf morgen zum Gehen bewegt.

Existenzängste donnern über mich nieder.

Ich werde krank wie nie zuvor, ertrage das alles nicht mehr.

Seit gestern bin ich gesund, setze mir neue Ziele, nehme meine Arbeit wieder auf.

Das ist die Kurzfassung.

Illyrien

Illyrien, das Schloß. Die Kryptobyzantiner hatten dort eine Festung errichtet, unerreichbar über zwei sich begegnenden Schluchten und angesichts ihrer Brunnen und ihrer gewaltigen Kornlager nur in einer jahrelangen Belagerung auszuhungern. In Sichtweite lag eine Gegenburg der Türken.
In einer Winternacht kehrte der Alte vom Berge, das Gesicht aufgehellt mit einer weißlichen Creme, die Haare mit Henna rötlich eingefärbt, gehüllt in einen zerfetzten Bettlermantel zur türkischen Festung zurück, die vor Jahren zu seinem Bund gehört hatte. Niemand beachtete ihn, wie eine Ameise oder eine Schmeißfliege konnte er unbehelligt eindringen und sich nahe des Kücheneingangs niederlassen. Er wartete.

Zwölf waren es gewesen, die den Bey töten sollten. Elf waren umgekommen auf dem Weg zu diesem Ziel – fern der Burg den Bergräubern in die Hände gefallen, den erbärmlichsten und grausamsten aller Wegelagerer, in der Burg von den Wachen entdeckt und umgehend von ihnen gekreuzigt oder aber, nur eine Handbreit vom Erfolg entfernt, in letzter Minute noch aufgehalten. Der elfte, der Lieblingsschüler des Meisters und selbst ein Meister der Tarnung und Geduld, hatte das Vertrauen des Burgherrn erobert und erhielt das Privilegium, täglich des Abends mit dem Bey Schach zu spielen. Eines Abends, er war kurz davor, die Partie zu gewinnen, zog er urplötzlich seinen Dolch und stürzte sich auf den Bey. Er hätte ihn mit tödlicher Sicherheit getötet, wenn nicht in ebendiesem Augenblick dessen kleiner Sohn, der sich seit Stunden in eine Decke gehüllt unter dem Tisch versteckt hatte, hervorgekrochen wäre. Der Bey nutzte die Sekunde, die der Elfte zögerte, um aufzuspringen und hinauszuflüchten. Der gescheiterte Töter erstach sich, wie es die Vernunft und die Regeln geboten.

Der Mann, der zum Verkauf stand

2098 lag der Preis für mich ausgesprochen hoch, nach einer Periode des Abschwungs und der akkumulierten Krisen. Da war es schon ein gutes Jahrzehnt her, daß ich in einer denkwürdigen Begegnung auf einem fast völlig überwucherten Waldweg – nicht beleuchtet und insofern unüberwacht und deshalb aus Gründen des Tier- und Menschenschutzes von vornherein für Unautorisierte wie mich und ihn verboten – einen uralten Mann getroffen hatte, der – natürlich ebenfalls verbotenerweise - Beeren und Pflanzen sammelte. Gerade dieses Verbot wurde aus Gründen des Pflanzenschutzes und aus Sorge um die öffentliche Gesundheit besonders rigoros durchgesetzt, zumal es offenkundig bestens geeignet war, jedes erneute Aufflammen der Selbstversorgungsseuche zu verhindern.
Dieser Mann, wenn er ein Mann war (denn da er die vorgeschriebene Eingeschlechtkleidung und die vorgeschriebene geschlechtsneutrale Gesichtsmaske trug, war ich mir keineswegs sicher) bewegte sich in seinem Anscheinsalter wie in seinem von mir vermuteten erfaßten Alter auf jeden Fall außerhalb des Kopulationskorridors. Insofern bestand kein Anlaß zu einer der sonst unumgänglich gewordenen erotisch-eruptiven Schnellbegegnungen („umfangen – einstöpseln – ausstöpseln"), die seit der Freiheitsverfassung von 2051 empfohlen wurden und seit deren Reform im Jahre 2055 vorgeschrieben waren.
Wir beide blieben stehen, begrüßten uns mit Handschlag (wie, um auch damit eines der 92 Gebote zu übertreten). Von unserem (selbstverständlich vollkommen unerlaubten) Gespräch ist mir nur in der Erinnerung geblieben, daß der Alte behauptete, das SSS, das Selbstverkäufer-und-Selbstbesitzer-System, habe nicht, wie wir es in der Schule gelernt hatten, immer existiert. Es klang wie ein Märchen, was er da berichtete von einer Zeit, in der es ein sogenanntes Gleichheitsideal gegeben haben sollte und die fixe Idee, diesem näherzukommen durch einen Ausgleich der Besitzunterschiede. Ich geriet innerlich ins Rutschen, denn wo blieb da die Freiheit, ungehemmt sich und andere zu besitzen, sich und andere zu verkaufen? Als ich das stotternd vorbrachte, sagte der Alte in seiner kindlichen Einfalt, man habe das eben vorzeiten nicht als bereichernde Eigenfreiheit gesehen, sondern als einen Zwang, sich einem fremden Willen vollkommen zu unterwerfen und in der anderen Richtung als eine Begünstigung zu kriminellem Verhalten gegenüber Schwächeren. Seltsam,

das erschien mir in diesem Moment im Wald gar nicht so unmöglich und unangenehm. Ich hätte gern noch mehr gehört und gefragt, aber der alte Mann knurrte etwas wie „Das reicht für den Anfang, Junge, zuviel ist zuviel“. Er verschwand zwischen den Holunderbüschen und dem Brombeergestrüpp hinter einer Biegung des Trampelpfads.
Wie gesagt, 2098 kam ich aus einer K.O.-Zeit heraus, stieg langsam in meinem bescheidenen Rahmen wieder aufwärts. Als zwei Jahre davor das Datenmünzensystem kollabiert war, rutschten wir Selbstverkäufer, von einigen wenigen Premium-Anbietern abgesehen, hinunter auf das unterste Minimum - Durst auf Klarwasser und Hunger auf alte trockene Brötchen, ein wenig abgemildert durch die gelegentliche staatliche Ausgabe von Substitutionstabletten. Immerhin waren seither die Zahlungen angestiegen und die Zahl der nach Selbstverkäufern gierenden Kunden gewachsen. Gelegentlich hatte man sogar die Chance, statt der üblichen Tagesverträge einen Wochenkontrakt zu erhalten. Natürlich war es immer ein Abenteuer, ob es besser war, einen Tag Kasse zu machen als eine Woche. Falls man nämlich vom Herrn oder der Dame, die für ein Wöchelchen Besitz an uns erwarben, schon am ersten Nachmittag beinahe totgeschlagen wurde, konnte man sich die erträumte Woche Wohlleben in die Haare schmieren und zusehen, wie man die sieben sauren Tage überlebte. Man kennt ja die Menschen nicht, die einen da freudig erwarten. Man ist ihnen halt für eine feste Spanne auf Gedeih und Geschrei ausgeliefert.
Der Selbstverkäufer ist immer auf Tournee. Im Grunde erlebt er deshalb definitiv mehr als sein Gegenüber. Der wird ja einfach nur nach und nach von verschiedenen Zeitgenossen heimgesucht, die er sich noch dazu selbst im Netz oder auf dem Sofortmarkt ausgesucht hat. Wir Selbstverkäufer dagegen kriegen den kompletten Regenbogen geboten. Da gibt es die gelangweilte Witwe oder die gelangweilte Ehefrau, die schon an der Haustür ihre Absichten aus dem Morgenmantel herausschauen läßt. In aller Regel will sie aus Mangel an Phantasie wenig mehr als ein gemütliches gemütvolles Karessieren. Aber eine andere Witwe oder treue Gattin kann durchaus schon an der Tür von dir das erste Gerutsche auf den Knien erwarten und eine Beugung gegen die Flurtür, bei der die Peitsche fröhlich auf deinen Rücken und das Holz klatschen darf. Unter den Frauen dieser Variante gibt es solche und solche – solche, die es bei einigen Striemen auf der Haut bewenden lassen, und solche, die am liebsten erst Ruhe geben, wenn das Fleisch in Fetzen hängt. Aber auch die männlichen Besitzer sind nicht weniger aktiv und schlagkräftig als ihre weiblichen Standesgenossen.

Es waren diese Selbstbesitzer, die in mir den Wunsch keimen ließen, meine Verkaufsseite mit meinen Identitätsnachweisen und Angebotsmerkmalen (Größe, Gewicht, Muskelumfänge, generative und sexuelle Leistungsfähigkeit, Einfügungsbereitschaft usw. usw.) auf ewig aufzukündigen und mich sozial umzudefinieren. Leider war dies nicht vorgesehen, eher war es noch möglich, sich in ein zwei andere Geschlechter umwandeln zu lassen. Vorsichtig hatte ich in den allgemeinen Datenarchiven und auf der Seite „Rechtsfragen komplett" nachgeforscht, ob es womöglich Ausnahmegenehmigungen gab für Selbstverkäufer, die von sich glaubten, besser zum Selbstbesitzer geeignet zu sein. In der Gegenrichtung war der Wechsel unproblematisch – wer als fast schon ehemaliger Selbstbesitzer halt gerne mit sich handelte und sich gerne von Mitmenschen behandeln ließ in diversen Varianten, dem stand diese Lebensperspektive sperrangelweit offen. Andererseits dagegen hieß es über die Selbstbesitzer, sie seien vor unvordenklicher Zeit von kosmischen Dynamiken und aus eigenem Anstrengungspotential in ihrer sozialen Rolle definiert worden, sie könnten und dürften sich dieser Pflicht nicht entziehen. Der physische und metaphysische Ort der Selbstbesitzer habe eben vom ersten Tag als Gegenstück und Fundament die Existenz der Selbstverkäufer verlangt. Kein Anlaß zu Hoffnungen und Privatutopien!

Das Land am Rande

Er hätte nicht sagen können, ob es ein Land für sich war oder nur eine Ausblühung und Ausstülpung eines Landes, angewachsen aus Wasser und Kalken in den öden Jahrtausenden von der Vorzeit bis jetzt. Er war über eine niedrige Mauer geklettert, die im rechten Winkel abzweigte von einer sehr viel höheren und schier endlos scheinenden Mauer und war an dieser schon Tage entlanggegangen, ohne auf ein weiteres Hindernis zu stoßen, zu seiner Linken diese unbezwingbar scheinende Mauer und zu seiner Rechten den in ein nebliges Halbdunkel getauchten Abbruch in eine nicht absehbare Tiefe. Das feste Land dazwischen hatte eine Breite von vielleicht zehn oder zwanzig Metern. Es war flach, zwischen einzelnen Flecken schwarzer Aschenerde lagen Kieselsteine und Felsbruch. Pflanzen gab es sowenig wie Tiere, und er begegnete eine Woche lang keinem Menschen.

Am achten oder neunten Tag (er hatte das exakte Zählen und Datieren aufgegeben), sah er plötzlich in der Ferne eine kleine Gestalt, die ihm entgegenkam. Sie wurde langsam größer: ein Mensch, ein Mann in seiner Größe, der, als er ihn erreicht hatte, den Hut lüftete, „Guten Tag" sagte und weiterging, ohne eine Antwort abzuwarten, kleiner und kleiner wurde in der Entfernung, bis er am Horizont verschwand. Unser Mann hatte keinen Ton außer der Erwiderung „Ihnen auch" hervorgebracht. Als der andere schon weit an ihm vorbei war, hatte er etwas rufen und Fragen stellen gewollt, aber aus seiner Kehle kam nur ein gutturaler Laut hervor, wie ein verzweifeltes Stöhnen. Auch war es ihm so vorgekommen, als sei der Begegnende ihm bereits bekannt gewesen, ja als habe er ihm geähnelt, wie man es von einem Zwillingsbruder erwarten konnte. Diesen Gedanken jedoch tat er ab, ehe der ihn allzusehr erreichen und beunruhigen konnte, und er ging Jahr um Jahr weiter, ohne noch ein einziges Mal jemandem zu begegnen, ohne jedes Wissen, was jenseits der Mauer war, ohne daß das abgeplattete und fast leere Land sich veränderte, ohne daß die Mauer zurückwich und sich abflachte. Woher er gekommen war, hatte er längst vergessen, seine Erinnerung reichte nur bis zu jenem Augenblick zurück, als er die Quermauer überstiegen hatte. Es schien ihm, als hätte er bereits die Erde umrundet und beträte ein zweites Mal den unterdessen unverändert gebliebenen Boden des schmalen Landes, als könne er dies unendlich oft wiederholen, ohne daß ein Ereignis eintrat für ihn.

Heimaten

Ich bin ein Sonderfall. Aber selbst die Sonderfälle stoßen auf andere Sonderfälle, sobald sie sich aus dem privaten Geviert heraus und von hier nach da bewegen. Im Übrigen lassen die vielen Unvergleichlichen sich miteinander vergleichen – in Vergleichen, die wie alle Vergleiche hinken und humpeln, so aber immerhin vom Fleck kommen. Und eine Heimat, mindestens eine Heimat, hat jeder von uns, ob er sie nun haben und bemerken will oder nicht.

Meine erste Heimat (ich zögere bei der Zahlvergabe, aber da hier eher Kreise umkreist als Rangordnungsplätze vergeben werden und da jede Zählung ihre spezifische Willkürlichkeit und Unsinnigkeit hat, beginne ich von dieser Seite her) ist eine eher gewöhnliche und allgemeine: die Heimatumgebung um meinen Geburtsort herum. Ich wurde geboren am Rande des Ruhrgebietes, in Speldorf. Von dort aus (damals gab es noch die Nebenlinie der Eisenbahn nach Düsseldorf, mit Holzklasse-Personenwagen, dritte oder sogar vierte Klasse, und die erste war nur auf den Fernstrecken zu besichtigen, in rotem Plüsch gehalten, und unsereiner sah sie eigentlich nur, wenn er falsch einstieg und durch die Gänge lief) war es nicht mehr weit bis zu den Kohlfeldern von Kappes Hamm, wo nach der Überzeugung meines Vaters das Rheinland begann. So, wie in Duisburg die Niederrhein-Landschaft das Kommando übernimmt, fing für mich immer kurz hinter Saarn, damit also hinter den Ruhrwiesendörfern, eine Fremde an, hügelig und karnevalesk, die alles Mögliche sein mochte, aber jedenfalls nicht zu uns gehörte, zu Mülheim, zu Duisburg und Essen, Oberhausen und Bochum.

Einladung zur Umkehr

Jedem, der in den Wäldern läuft, ist diese Konstellation bekannt: Von einem plötzlichen Regenguß oder von dichtem Gesträuch daran gehindert, sich ganz auf den Verlauf des Weges zu konzentrieren, hat man unversehens die Orientierung verloren oder doch jedenfalls den Glauben daran, auf dem eingeschlagenen Weg ans Ziel zu kommen.
Ich war an diesem Abend in diesen Zug geraten, der angeblich bis Hamburg fahren sollte und hatte mich, weil ohnehin der ganze Waggon in einem trüben funzeligen Dämmerlicht lag, nahe am Eingang niedergelassen. Erst etwas später merkte ich, daß ich mein eigenes Jackett auf einen vollgespuckten Mantel gehängt hatte und mir etliche Flecken und Geruchsspuren eingehandelt hatte. Deshalb stieg ich am nächsten Haltepunkt aus, um in einen anderen Wagen zu wechseln, was mir mit Mühe gelang. Ich ließ mich gegenüber einer jungen Frau nieder, mit der ich schnell ins Gespräch kam, als hätte ich schon vorher gewußt, daß wir in Hamburg sofort übereinander herfallen würden. Allerdings fürchtete ich, daß mir der Auswurfgeruch des verfluchten Mantels anhaften könnte, wagte aber nicht, dieses Thema anzuschneiden und die eigentlich erforderlichen Erklärungen und Entschuldigungen vom Stapel zu lassen.

Erweiterte Jugend

Was du behalten mußt aus dieser Zeit: die Mülleimer, grauzinkig verbeult und mit schwarzen Buchstaben, Kürzel längst verzogener Mieter, die Luft, die von den Mülleimern her kam, der unverwechselbare gemischte Geruch, fein und leicht im Winter und in der Übergangszeit, aber sich aufdrängend an den heißen Tagen, summende Fliegen und von dort aus die Erinnerungsgefühle an Urlaubsorte und die Gefühle damals, eingetränkt und verschweißt in einer Atmosphäre, die Autokennzeichen abgelesen bei Autofahrten oder vom Zug aus, wenn er langsamer fuhr und an den Schranken hielt ganz vorn ein Wagen einer unbekannten Marke, die Zahlen nachts auf dem Wecker und der Leuchtstoff über den Ziffern, bleigrüngrau und die Angst vor der Giftigkeit des Phosphors, vor dem gewarnt wurde und das vielleicht doch hervordringen konnte unter dem Glas, das Nachtflüstern, das aus dem Dunkel hervorkam und es nicht verließ und nicht einzufangen war, mein Spiegelbild auf dem Kissen und überall auf der Sommerdecke, die Lichtschalter, die ich berührt habe in siebenundzwanzig Jahren, die Telefonhörer, die ich berührt habe in fast derselben Zeit, oder Räume, die ich verließ einmalig oder mehrmalig, ein Kuß, den ich himmelwärts emporhauchte, dann aber wieder Gelenkknacken und Schnauben, vielverformte Worte, die ich langsam und überschnell nachsprach und unter Augenkneifen noch einmal nachsprach, ein Sich-Anspannen zum Kopfrütteln oder das Anfassen von Sachen und das Anfassen von sich selbst in aller sehrsehrsehr glücklichen Zerrissenheit oder als ich einmal, ein einziges Mal auf der Straße gehüpft bin und mir die Lippen geleckt habe.

Etwas Genaues sagen

Es war ein Marienkäfer, ein Vierundzwanzig-Punkt-Käfer, in diesem Haus, in dem es eine warme und eine kalte Seite gab, je nach der Sonneneinstrahlung, obwohl die Klimaanlage gerade dies ausgleichen sollte, was aber nie gelang. Er hatte den Käfer zwischen zwei Akten entdeckt, die er aus einem anderen Büro hierhergetragen hatte und kurze Zeit auf sein Autodach gelegt hatte, ohne sie aber dort zu vergessen und loszufahren. Gerade dies war ihm aber in der Anfangszeit passiert, erst kurz in der Funktion, als er in der Zentrale war und von einem Juristen kam. Damals fuhr er einen ungefügen Lieferwagen, den er nach einem Unfall von seiner Werkstatt geliehen bekommen hatte, er legte beim Einsteigen eine hellbraune Personalakte mit einigen unangenehmen Details auf das Autodach, schloß auf, stieg ein und machte sich weg. Er hatte Glück, daß ein Werkschützer das Teil fand, die Personaler anrief und es auf der untersten Ebene blieb, bereinigt werden konnte, ohne daß er in Schwierigkeiten kam.

Er war vergeblich durch einen Vorort gejagt, um eine Wohnung wiederzufinden, in der er am Vortag gewesen war, „man fährt die Flüsse abwärts und kommt nicht wieder hoch“. Keiner kann sich sicher sein, ob er nicht doch irgendwo ankommt und vielleicht sogar Erfolg hat mit sich selbst, aber genausowenig weiß irgendeiner, wo er auskommt und ob er überhaupt die Zeit in den Strömungen überstehen wird.

Er war unterwegs, zwischen den Häusern des Dorfes M., mit denen zusammen, von denen er sich doch schon vor Jahren getrennt hatte. Hohe senkrechte Steine begrenzten das Gelände, wie Grabmäler, und da er fürchtete, einer von ihnen könnte auf ihn stürzen, verkeilte er den, der sich am meisten nach vorn neigte, mit einem Stück Holz, und diese Konstruktion hielt tatsächlich, zumindest für das erste. Reparaturen waren erforderlich, kleine Verbesserungen, die er klaglos ausführte, ja mit einer gewissen Freude, dadurch größeren Gefährdungen entgehen zu können. Erst einige Zeit später erinnerte er sich daran, daß dies doch ein ehemaliges Haus war, das längst verkauft war, und er wunderte sich, es innen gegenüber ihrer Zeit kaum verändert zu finden. Womöglich war der Besitzer verschwunden und es war aufgegeben und zurückübertragen worden. Aber seine Frau, die Frau von früher, unterrichtete ihn, der jetzige

Besitzer (ebendieser Käufer des Hauses) sei in der Kirche bei dem Begräbnisgottesdienst für Roman Köttner, einen Nachbarn auf der anderen Straßenseite, die Benachrichtigung liege in der Küche neben dem Kamin. Er schlug einen Haken, ging die Talstraße an den Weinbergen entlang. Es war fraglich geworden, ob er überhaupt noch einmal zurückkehren werde.

Der Sprung

Irgendeine Geschichte

Er ging an das Fenster. *Er schreitet fort bis zum Fenster. Jetzt, jetzt wird er es öffnen.* Er machte das Fenster auf und spürte die Luft, die kühle unbewegte Luft draußen.

Er muß dem Drang nachgeben, sonst verfolgt der Gedanke ihn. Dann herrscht wieder etwas Ruhe. Es ist ein körperlicher Drang, ein guter Mensch zu sein und dieser Drang wird immer stärker. Er will sich bekreuzigen, es ist nicht nur so, daß er sich einfach bekreuzigt, sondern es entsteht aus einem starken Gegengedanken zum Falschen. Er will verantwortlich sein für seine Familie und für die politischen Ereignisse.

Kältetag

Ein kalter Tag Anfang Oktober, kurz vor dem Jahrestag. Er hatte erst erwogen, gar nicht erst den Versuch zu machen, über die Grenze zu kommen, aber dann doch sich gerührt, die Taschen ausgeleert von Anstößigem und Belastendem. Damals war von ihm in einer Raststätte bei Hannover eine BILD-Zeitung mitgenommen worden, und er hatte sie noch im Kofferraum, als er in Berlin seinen bald gescheiterten Versuch startete. Ein höherer Offizier winkte ihn aus der Schlange heraus, er hatte da schon eine Viertelstunde gewartet. Der Umtauschbetrag wurde zurückerstattet, sehr korrekt.

Jetzt hatte er keinen Brief an einen halbliberalen Kinderpsychiater in Sachen Deutschland dabei, der noch dazu Haus an Haus wohnte mit Ingeborg Drewitz, sie muß damals noch gelebt haben, und kein Adreßbuch. Dieser Arzt, der mit wenigen Möbeln in einem gemieteten Reihengebäude hauste, mit Plastikzweisitzern wie vom Sperrmüll, kam auch nicht auf die Bahn, kam nicht aus den Socken, blieb irgendwo ab als unbekannt Verzogener.

Abschiede

Abschiede, über welches Verbot kannst du dich noch hinwegsetzen, wenn es kein Gebot gibt, an das du dich halten könntest und das dich halten könnte, ein öliger Boden, in dem die Füße einsacken oder sich selbständig machen, er verließ das Auto und begann ein Restaurant zu suchen, dessen Name nicht auf dem Schild stand und in dem er ein einziges Mal gewesen war. Ein mieser Regen fiel. Zweimal ging er das Stück Straße herab, sah durch das Fenster, erkannte den Raum wieder und war sich doch nicht sicher genug, um sofort hineinzuschleichen, aber es war das einzige Lokal, das gemeint sein konnte. Also trat er ein.

Der Zugriff

Wie der Wald brennt oder Menschen gequält werden und dann natürlich nicht einer sich wartend niederläßt und zu Schaden kommt, sondern zügig loslegt, um den Gefahrenbereich verlassen zu haben, ehe ihm Ernstes geschehen könnte. Wie aber anders, wenn es um das Gute geht, zumindest das für den Moment Gute! Dann setzt dieses seltsame Zögern und Ausweichen in seitliche Sackgassen ein, dann geschieht so vieles, damit nur ja nichts geschähe. Es sind etwa diese Besuche in fremden Wohnungen, eine Befragung zur Wohnsituation und dem gesamten Umfeld, durchgeführt von der Eigentümerin des gesamten großen Komplexes.
Ehe ich die Arbeit, eine Art Praktikum, antrete, merke ich mir den Standort eines Kinos, das ich später besuchen will. Ich bin zum ersten Mal dort, es ist fußläufig von der neuen Arbeitsstelle zu erreichen. Ich habe eine wenig beschwerliche Büroarbeit, die ich am frühen Nachmittag (morgen ist ein Feiertag) verlasse, unter dem mißbilligenden Blick einer Sekretärin. Ich will ihr, obwohl ich nicht im mindesten vorhabe, heute noch hierhin zurückzukehren, statt *Auf Wiedersehen* zurufen *Bis nachher*, lasse es dann aber. Beim Verlassen des Gebäudes über eine Außentreppe fallen einige Teile eines Fensterrahmens, in dem kein Glas ist, auf mich von oben herab, aber sie sind eher aus Kartonage als aus Holz, so daß sie mich nicht verletzen. Ein Kollege, der noch vor mir gegangen ist (oder ist es mein Bruder?) fährt auf einem Moped an mir vorbei. Er winkt, ich winke, ich überlege, daß er mich bis zum Kino auf seinem Gepäckträger mitnehmen könnte, frage ihn aber dann doch nicht. Ich durchquere den Werkseingang, aber statt nach links zu Fuß das Kino anzusteuern, besteige ich einen Bus, der in die falsche Richtung fährt. Ich beschließe, an der nächsten Station auszusteigen und bis zum Kino oder bis zum Betrieb zurückzufahren.

Das Haus Eichenstab

Es war dieser Tag, an dem Jahr für Jahr die Maßgeblichen die Bürger auffordern, mal zu denken, der Tag des Denkmals. Auch ich gedachte, dieser Aufforderung nachzukommen. Beladen mit der Hoffnung auf beeindruckende Ein- und Ausblicke machte ich mich auf den Weg zur Eichenstab-Fabrik, einem seit Jahrzehnten stillgelegten Gebäudekomplex im Norden der Stadt, zwischen Bahngeleisen, dem Randkanal und der Überlandstraße. Ich hatte diese düstergraue Hinterlassenschaft gelegentlich vom Zug aus in groben Umrissen wahrgenommen. Stets hatte ich den Eindruck einer toten, aber sich immer noch gegen das unvermeidliche Ende wehrenden Restbetriebsamkeit, die den Zerfall in Ruinentrümmer noch hinausschieben will. Lebensverlängerung eines Sterbenden, der halb schon abgestorben ist.

Träume

I.

Ich laufe zu einer an der Station wartenden altertümlichen Straßenbahn. Eine ältere Romafrau stellt sich in die hintere Wagentür, ein Bein draußen auf dem Boden, damit der Fahrer nicht ohne mich abfährt. Obwohl ich von hinten komme, laufe ich zur vorderen Tür. Als ich sie erreiche, schließen sich die Türen und die Bahn fährt ab. Die Frau steht wie ich außen auf dem Trittbrett. Erst an der nächsten Station steigen wir beide ein, sie hinten, ich vorn. An dieser Stelle endet der Traum.

II.

Vater kommt zu meinem Geburtstag mit einem Strauß aus mehreren großen roten Rosen, die im unteren Bereich von zehn bis zwölf kleineren weißen umgeben sind. Ich denke, daß aus Sparsamkeit Vater die roten und Mutter die weißen gekauft hat, bin mir aber nicht sicher, ob es vielleicht nicht umgekehrt gewesen ist.

III.

Ich begrüße HW auf einer Vorweihnachtsfeier. Wenig später wiederhole ich das. Er weist mich darauf hin. Ich sage zu mir: So zeige ich ihm meine Geringschätzung.
H. und ich, H. fährt ein Auto durch enge Gassen, parkt vor einem Lokal. Ich bestelle dort „Einen Absinth ohne Karnickel."

IV.

Ein Traum: Ich parke mein Auto an einem großen halb überfluteten Bahnhof, gehe von dort zu Fuß zur Arbeit, durch fast kniehohes Wasser. Auf halbem Weg zum Büro kehre ich um, weil ich mich nun doch entschlossen habe, das Auto weiter weg zu parken – aus Angst, daß es überspült wird. Ich nähere mich dem Bahnhof in einem großen Bogen, beschließe, für ein Stück der Strecke den Bus zu nehmen. Wir sind nicht mehr weit vom Bahnhof entfernt, als ich kurz einnicke. Ich steige an der nächsten Haltestelle aus, muß aber nun zurückfahren. Unter einer Brücke ist ein Stand einer Gruppe von Lidl-Frauen, die Unterschriften gegen ihre Entlassung sammeln. Ich unterschreibe und esse etwas von den belegten Broten, die sie anbieten. Ich suche nach dem Autoschlüssel, kann ihn aber nicht finden, befürchte schon, daß ich Monika anrufen muß. Mit ihrem Zweitschlüssel läßt das Auto sich starten, aber es kann nicht abgeschlossen werden.

V.

Habe ich es gelesen oder habe ich es nur geträumt: Eine überfüllte politische Veranstaltung, der Eintritt wird verdoppelt auf zwei Lewa, um den Zustrom zu begrenzen. Ein Oligarch bezahlt diesen Preis. Kaum ist er dort, werden alle Anwesenden erschossen. „Ich bezahle jeden Preis."

VI.

Ich komme ins Schlafzimmer, finde in meinem Bett, wie ich meine, D., sage etwas in barschem Ton, um sie zu vertreiben. Aber es ist S., S. als kleines blondes Mädchen und I. in dem anderen. Ich tue so, als sei mein Anraunzen nur ein Scherz gewesen, schäkere und spiele mit S., während I. telefoniert. Ein Sprung Jahre zurück.

VII.

Anruf eines unbekannten Mädchens, das sich *Agnes* nennt und mich beschuldigt, ihren Vater öffentlich angegriffen zu haben. Ich erinnere mich vage, in einer Zeitschrift in einem längeren Gedicht einen Lehrer lächerlich gemacht zu haben. Als ich mich verteidigen will, hat sie schon eingehängt.

VIII.

Ich fahre mit dem Zug nach Rees. Am Bahnhof treffe ich eine füllige Dame, mit der ich verabredet bin, ein amouröses Treffen, das irgendwie unter dem Vorzeichen läuft „Fußballanhänger kommen zusammen". Sie will ohne Umschweife mit mir schlafen, in einem winzigen Kabuff am Bahnhof. Sie hat ihre kleine Tochter dabei, der sie sagt, sie solle sich umdrehen. Ich lege sie flach, ein schwarzer Schleier schiebt sich halb über ihr Gesicht. Ich wedele ihn fort, küsse sie und dringe mit kräftigen Stößen ein, denke aber gleichzeitig wie wohl die nächste sein wird, die ich so bekommen werde.

IX.

In einem Traum bin ich in Man., besuche mit der jetzigen Frau und dem Enkel einen vorigen aufgegebenen Besitz. Er ist schon verkauft, ich habe meinen Anteil erhalten und die neuen Besitzer haben schon Materialien zum Aufbau herbeigeschafft. Kaum sind wir dort, erscheint auch die neue Besitzerin. Ich überspiele die Peinlichkeit, daß wir – immer noch im Besitz von Schlüsseln – eingedrungen sind in einen Bereich, der uns nicht mehr gehört. Ihre Reaktion ist freundlich und sie fragt nicht nach, was wir dort noch zu schaffen haben. Ich hätte es nicht erklären können. Verkaufen? Aber das haben wir doch schon getan und sind ausgezahlt worden. Vielleicht wollte ich noch etwas retten und mitnehmen, aber was?
Wenig später gehe ich mit einem iranischen Bekannten durch die Mülheimer Innenstadt, an der zentralen Kreuzung. Ich frage ihn, wie er unsere Veranstaltung fand. Er nimmt vom Straßengeländer eine Hose mit, die dort hängt in der Hoffnung, daß irgendjemand dafür eine Verwendung hat. Er will sie in den Iran schicken, an arme Verwandte. Auf meine Frage antwortet er eher unverständlich. Ich muß nachfragen, was er genau gesagt hat, ob er einverstanden und begeistert war oder nicht.

X.

Beinschmerzen, aufsteigendes Unwohlsein, Müdigkeit, die selbst durch kurze Schlafeinlagen nicht zu beseitigen war, dann das Herunterfallen nicht der Sonne aber meiner blauen Tasche von dem Hartschalenkoffer exakt auf meinen Kopf, mit Büchern. Ich machte nicht einmal einen Scherz für die mitreisenden Staatsbediensteten, Handelsvertreter und Vollkaufleute, verstaute nur schnell die Tasche erneut und sicherer. Die Unglücke setzten sich fort mit einer Umleitung des Zuges, mit dem Halt auf einem Kleinbahnhof, wo die Perronhöhe so niedrig war, daß ich fast gestolpert wäre. Eine halbe Stunde wartete ich in einer Meute vor auf Abbruch stehenden Aufbauten mit zugenagelten Türen und türkisgrün gestrichenen Rostpockenfenstern. Dann aber sah ich einen Regenbogen, seit Jahren wieder ein Regenbogen, und ein Sonnenfinale, dessen Spiegelung in der Scheibe des Zuges in ein trugtratschiges Rot verschoben war.
Der Regen begann noch auf dem Wege, ehe ich an dem ominösen Hotel vorbei war, von dem aus ich damals ihr Fenster sehen konnte und wie sie

halbnackt auf dem Balkon lag. Ich hatte gespürt, wie sie zögerte, mich erneut zu sehen, nach fünf oder sechs Jahren. Ich hatte Schwierigkeiten, das Jahr genau anzugeben, in dem es mit uns angefangen hatte, eines nach den Baggerzeiten, nach der Epoche der auf irgendeinem Feldweg umgeklappten Autositze. Eine mit gelegentlichen Buchsendungen und Glückwunschkarten und Telefonaten alle paar Wochen fortgesetzte Romanze. Die Nachbarn standen hinter Gardinen oder traten wie zufällig aus der Haustür, nur weil da ein Mann mit zwei Taschen und dem grauen Kamerafutteral vorbeiging. Das Dunkel der auf Schienen und Verstellvorrichtungen vorbeigezogenen Bäume, die Blätter zu Tüchern verschmelzend, ausgezackte Ränder gleichhoher Bäume, Stahlmasten in einem Karree mit Stahlseilen festgezurrt und aufgerichtet einfach nur so, für irgendeinen sinnlosen Zweck.

Verkehre

Der Mann und die Frau, in einem kleinen gelben Auto, auf der Autobahn von Nord nach Süden. Genaueres weiß nur der Mann, die Frau kann es nicht ganz glauben, weigert sich, es an sich heranzulassen, daß sie diesen Mann abgeben muß, halb jedenfalls, daß sie ihn nur noch halb behalten kann oder ihn gleich in den Wind schießen kann und *Tschüß* und *Ab mit Schaden*. Das will sie anscheinend auch nicht (wenn sie in sich hineinschaut und hineinhört – nichts, nur schwarze stumme Starre). Also läßt sie es kommen, wie es kommt.

Als sie das Steuer übernommen hat, onaniert er ein wenig neben ihr, die Hose heruntergezogen, die Rute empor. Sie schaut mißbilligend und murmelt etwas wie *„Was soll der Quatsch?“* Er hat sie nicht weiter beachtet und hat gerieben bis kurz vor dem Spritzen, sogar mit einem Schließen der Augen und einem leisen Stöhnen.

Irgendwann, kurz hinter Frankfurt, fährt er wieder und hat einen dunkelblauen BMW hinter sich, den er fürs erste nicht vorbeiläßt. Lichthupe, Aufblenden, Abblenden, Dauerblinker, Hupen – er hat einfach keine Lust, die linke Spur aufzugeben und auszuweichen. Der BMW versucht es rechts, bleibt aber hinter einem Lieferwagen stecken, der plötzlich abbremst und ihn fast aufbrettern läßt.

Als der Mann endlich genug hat von dem Spielchen und den BMW vorbeiläßt, hat dessen Fahrer aber kein Motiv, sich mit dem üblichen Gruß per Faust und Stinkefinger zu verabschieden. Er bleibt exakt links von der gelben Konkurrenz, läßt sich kurz zurückfallen wie ein Verfolgerfahrzeug, geht dann wieder rechts seitlich, Fahrer und Beifahrer glotzen scharf herüber aus dem einen Aquarium in das andere. „Wenn du jetzt herausfährst, dann wirst du ausgeladen und bekommst deine Packung“, denkt der Mann. Er beschließt, erst einmal auf der Bahn zu bleiben und den anderen müde zu machen.

Schwer zu sagen, warum ihm das winzige Stück Fleisch, das er mit einer Stecknadel aus seiner Zahnbürste entfernt hatte (erst unter warmem, dann unter kaltem Wasser, wegen der Bakteriengefahr in der Wärme) an diesem Morgen besonders aufgefallen war und warum es sich für ihn verband mit einem Gedanken, der ihn seit Tagen verfolgte. *Ich bin ein Spinner, das muß ich ja zugeben, ganz unter uns und nicht über Lautsprecher*, aber das änderte nichts daran, daß dieser Gedanke da war, wiederkehrte, untertauchte und plötzlich zeigt er sich erneut in alter Hartnäckigkeit. Es ist so etwas wie eine Geschichte, aber in voller Gegenwart, jetzt und gleich und wie die Acht-Uhr-abends-Tagesschau, zugeschaltet vom Tatort und um den Reporter rennen die Erdbebenopfer herum, schlammverkrustet oder wie die Partyfackeln brennend. Es ist eher ein Bild als eine Idee, ein genaues Bild mit klar benennbaren Beteiligten – eine kleine Gruppe von Engeln hockt zusammen, die natürlich nicht an Flügelemblemen oder irgendeiner Uniform als Engel erkennbar sind, sondern aussehen wie wir alle, wie eine Convention von Mohrenkopf-Direktvertreibern oder eine solche des Deutschen Displayaufstellerverbandes, aber dennoch wissen sie selbst und ich ohnehin, daß sie Engel sind und daß sie allein es sind, die festzurren, was in der Welt geschieht. Stirnrunzelnd und unzustimmend haben sie gerade zur Kenntnis genommen, daß da in den großen Zeiten ein junger Bauernsohn, zuerst Vieh-, dann Honighändler, sich in den Besitz des Hauses eines der wenigen reichen Juden der Kleinstadt gebracht hat und daß er seiner Familie Goldringe angeblich unklarer, ihm aber durchaus bekannter Herkunft aus dem Krieg auf dem Balkan geschenkt hat. Warum auch immer haben sie die Angelegenheit nicht gleich bereinigt – etwa, indem sie dem Motor seines Militärlastwagens einen Aussetzer spendierten auf einer Strecke in den Bergen und die Partisanen sind nicht weit und erledigen es in aller Eile oder indem sie ihn in russische Gefangenschaft geraten und in Kolyma verrecken ließen. Sie haben es sich jedenfalls aufgehoben für später - erst, als seine Kinder schon groß sind, lassen sie ihn abtreten, aber mit dieser billigen Strafe lassen sie es nicht bewenden. Wenn es überhaupt eine Strafe genannt werden kann, daß einer im gesegneten Alter, die achtzig in Sicht, abmachen muß, wenn auch nicht im blütenweißen Linnen des heimischen Bettes, sondern im Abwassergraben vor der Haustür, wo doch jeder irgendwann dran ist und die allermeisten lange vorher am Haken hängen müssen. Nein, das härtere Stück, das dicke Ende kommt da erst noch nach, das hatten sich die Engel des Herrn aufgehoben für die Kinder und auch da bleibt es offen, ob es das schon war und damit ist schon alles gegessen oder ob es nur der langsame weiche Anfang ist und es geht gleich weiter mit den Kindern der Kinder und den Kindeskindern, bis in alle Ewigkeit und immer noch ein Nachschlag genau ins Kontor.

An der glatten grünlichen Kunststoffwand klebten zwei braune Tupfer, Brocken von mittlerer Konsistenz. Er hatte diese Stückchen hochgeschleudert und an seinem Hemd vorbei nach vorne, als er kurz nach dem Niederhocken das Gefühl hatte, es sei angesichts der hervorkommenden Ausscheidung sinnvoll, sein Unterhemd ein wenig hochzuziehen. Gleichzeitig ließ er die Papierrolle fallen, aus seiner Hand in die Wasser- oder Pisselachen vorheriger Besucher des Kabinetts. Er mußte die durchfeuchteten oberen Blätter von der Rolle reißen und sie (immer noch sitzend) an seinem Gehänge vorbei in den Topf werfen: Er stand kurz auf, rieb die Wand ab, setzte sich wieder hin, um sich mit Wasser und Handtüchern hintenherum zu säubern und die Rolle in ihrem Fach zu verstauen. Dann konnte er sein Oberhemd ausziehen und sein Unterhemd mit der Flüssigseife auswaschen. Beim Aufhängen des Oberhemdes auf den Haken, an dem bereits die Kamera baumelte, fiel die herunter. Er prüfte, ob sie Schaden genommen hatte und verbannte sie in eine trockene Ecke.

Er war schon einige Zeit in den Speisewagen zurückgekehrt, las in einer gefundenen Zeitung vom Vortag, als die Kellnerin, ein kurzhaarig kleinköpfiges Ostgeschöpf, ihn ansprach: „Entschuldigung, Sie haben Schokolade auf dem Hemd: Hinten auf dem Rücken.“ Die versuchte sie nun zu entfernen, ungeschützt, fingerweise. Nichts Bewegendes, es hätten fast Spuren von Vögeln sein können, die in den Bäumen von Biergärten zu finden sind. Aber er wußte ja, um was es sich handelte. Er wurde rot, ging nach vorn, wo er kurz vor der Abfahrt mit einer roten Jacke seinen Platz markiert hatte für alle Fälle.

Ein älterer Ausländer hatte sich dort aufgepflanzt und seine Jacke der Schaffnerin, einem mittelalten Weib, als Fundgut übergeben. Er schenkte es sich, sie anzufahren, sie habe doch schlußendlich seine Platzreservierung mitbekommen, als er vor ihren Augen eine Jacke ausgezogen und abgelegt hatte. Im Dienstabteil erhielt er sie zurück. In der Verborgenheit zog er sich um, nahm aus der Reisetasche das zerknitterte Hemd vom Vortag, auf dem es keine auszuwaschenden Flecken gab. Als er in den Speisewagen zurückkehrte, bemerkte die Kellnerin sein neues altes Hemd und lächelte ihn an. Die Sonne ging unter am unteren Ende der Wolken. Sie blendete.

Gisa

Sie hatte immer ein Gefühl der Freude verspürt, wenn sie eine Fliege zerquetschte. Als sie fast erwachsen war, gestand sie sich ein, daß sie sich darüber freute, töten zu können.

Der Mann, der eine halbe Stunde nach Mitternacht an dem Trümmergrundstück in der Schlesischen Straße vorbeikam, wollte nicht sterben. Er war Mitte dreißig, breitschultrig, neigte zum Fettansatz und zu feuchten Händen. Er ging schnell, sah sich aber immer wieder um, als suche er etwas. Was er suchte: Eine Frau und zwar für sofort und für alles. Der Mann wollte nicht sterben und daß er das nicht wollte, wußte er ganz genau. Was er nicht genau wußte, war, daß er zehn Minuten später tot sein würde.

Die Frau, die aus der Gegenrichtung das Trümmergrundstück noch vor sich hatte, zwei Minuten Gefahr von seitlich und Kloßgefühl im Hals, wollte nicht sterben und würde nicht sterben, nicht jetzt. Sie war etwas jünger als der Mann und ziemlich schmächtig, aber dafür hatte sie einen Blick, der im richtigen Moment geradezu gefriergetrocknet war. Bei einem, der nur halb entschlossen war und halb nicht, hätten ihre kalten grauen Augen ausgereicht, um ihn anzupfeifen und zu stoppen. Nur war hier einer, der unbedingt wollte, nur das und nichts sonst. Sie konnte es in seinem Gesicht sehen oder meinte es jedenfalls zu sehen, als er plötzlich aus dem Dunkel eines Mauervorsprungs hervorkam, sie wortlos an der Schulter und am Arm packte, um sie Richtung Ruine zu zerren, in das Dunkel, das ihm so sehr gefiel und das so viel Spaß versprach. Er sah das Messer erst, als sie schon mit einem kurzen unsinnigen Schrei zustach, exakt in die Herzregion. Er kam nicht einmal mehr dazu zurückzuschreien. Er stürzte, den Mund weit offen, die Augen komplett verdreht, röchelte, spuckte Blut. Er war schon wieder ganz still, als sie quer über das Müllgelände die Parallelstraße erreicht hatte. Sie hatte ihren Kaschmirpullover ausgezogen, um das Messer gut zu verstecken, trug dieses Bündel mit einer gewissen Nonchalance und gab sich alle Mühe, so zu gehen, wie sie immer ging, wenn alles in bester Butter war.

Gisa, wie sie leibte und lebte, wie sie tanzte wie der Bär tanzt, wenn erendlich los ist von der Kette. Sie hatte sich eine Flasche Sekt aus dem Küchenkühlschrank geholt, natürlich gerade deshalb, weil soviel Selbständigkeit nicht vorgesehen war für die Gäste. Ihre Flasche, die Flasche von ganz hinten, war eine bessere Sorte als der pißlich-mißlich gelbkleberige Freixenet-Sekt aus dem Penny-Markt, der schon lau für lau auf den Tischen stand. „Feixe nit" nannte Timo diese Marke, seine Haus- und Standard-Marke für den außerprivaten Gebrauch, und er kam gerade dazu, als Gisa sich einschenkte, machte ein säuerliches unfröhliches Quälgesicht, als er sich ein „Darf ich dir einen einschenken?" abrang und auch das hatte einen fatalen doppelten Sinn, *das will er wahrscheinlich, der Sack,* dachte Gisa, *aber wir wollen ihn nicht reinlassen, den nun schon mal gar nicht.* Sie starrte auf ihre Fingerspitzen, bemerkte deren Zittern, das sich beim besten Willen nicht unterdrücken ließ. *Vielleicht sollte ich doch diesen Arsch von Timo machen lassen, jedenfalls beim Servieren, das ist ja klar, daß ich von der Rolle bin, das ist völlig normal. Wer bringt schon jeden Tag einen um die Ecke, ich jedenfalls nicht, ich mache das hier zum ersten Mal und muß noch üben. Am besten wird es sein, ich drehe voll auf und mache Halligalli.* Sie schnappte sich die Flasche und das Glas, ließ Timo einfach stehen, *dem Gastgeber habe ich es gegeben, mit einem kleinen Klatsch aufs Auge.* Sie hatte so laut, daß die halbe Partymannschaft es mitbekam, zu Timo gesagt: „Was sollen wir die warme Brühe saufen, wenn du die guten Sachen hinten drin vor uns versteckst?" Alle hatten sich beeiert über diesen Spruch. Egbert und Wigand hatten sogar gebrüllt: „Timo, wir danken dir, für dieses Billigbier". Aber obwohl alles in Gisas Kopf im Kreis herum durcheinanderflog, hatte sie doch ganz klar gespürt, *das war wieder unheimlich dämlich von dir, der wird sich rächen an dir, das wird er dir nie vergessen und eines Tages gibt es das mit dicken Zinsen zurück aufs Konto.* Sie hatte mitgekriegt, wie Timo einen roten Ballon bekam und erst etwas sagen wollte, halb anfing, etwas Unverständliches hervorzustottern und es dann doch bleiben ließ. Na ja, das war gelaufen jetzt, so oder so.

Und weil es jetzt nicht mehr darauf ankam, drehte sie die Anlage ziemlich weit, knapp bis an den Anschlag, und steppte auf dem Carrara-Marmor in der Diele, daß zwei Zimmer weiter die Gläser im Schrank klirrten. „Gisa, bitte, laß das sein. Du weißt, das ich mit den anderen Eigentümern ohnehin reichlich Ärger habe wegen eurem Krach bei meinem Geburtstag, wie ihr da wie die versengten Säue im Hausflur rumgebrüllt und gesungen habt."

„Ach, das wußte ich ja gar nicht. Hattest du echt Streß deshalb?“ Natürlich wußte sie es ganz genau, und sie sagte es nur, weil sie wußte, er weiß das auch und ärgert sich krumm, daß ich hier das hirnlose Lieschen spiele. „Och komm, so ein bißchen steppen auf dem Nachbarn seine Decke, das macht doch Laune, da kann doch keiner viel dagegen haben. Und du darfst dir wirklich nicht alles gefallen lassen von den Typen hier im Haus.“ „Und von dir, soll ich mir da alles gefallen lassen?“ „Sollst du, sollst du.“ Und mit großer Geste wandte sie sich um und rief - wieder dreimal zu laut und dreimal zu scharf - „Barbara, komm doch mal her, dein Göttergatte hat heute eine Laune, die ist so was von Scheiße, da mußt du dir was einfallen lassen, um ihn wieder in Stimmung zu bringen.“ *Alle lachen sich schimmelig, alle bis auf das traute gastgebende Ehepaar. Aber wenn sie ausgelacht haben, dann ist es vorbei und dann ist es ihnen wieder egal, ob sie da eben gelacht haben oder gegähnt oder gar nichts. Und ich muß wieder aufpassen, wenn die Kutsche retour rollt.* Aber die Kutsche kam gleich, da half auch kein Aufpassen mehr. „Ach Gisa“, rief die Getreueste der Getreuen von der Küche her, wo sie gerade einen Zettel mit einer Telefonnummer suchte, von dem sie fürchtete, daß sie ihn vergessen hatte und daß Timo ihn fand, den Braten roch und da mal anrief probehalber und dann ist da ein Mann mit einer Stimme, die gleich nach Dealer und Bedienung schmeckt, hier gibt es Koks, hier gibt es Streicheleinheiten, alles im Angebot, alles fair ausgepreist. „Ach Gisa, das bißchen kannst du doch übernehmen. Frag mal Timo, ob er will. Wäre doch schön für dich, mal einen Kuß zu kriegen. Den ersten dieses Jahr. Oder habe ich da was übersehen?“ Allgemeines Gekicher bis Gegröhle. „Hast du, meine Süße, hast du. Ich würde nie im Leben küssen, wenn deine dumme Visage in Sicht ist. Da kann ich nur noch kotzen.“ Kein Gelächter, dafür Gemurmel, saure Blicke, Getuschel. Dann Timo: „Gisa, das war's für heute. Du kannst die Mücke machen. Wir haben hier keinen Bock auf durchgeknallte Tussies. Besauf dich woanders. Allons.“ Er packte sie am Arm, schob sie Richtung Diele, schien auf ein Gerangel zu hoffen, um ihr eins verpassen zu können ohne allzuviel Aufsehen, ein gezielter Schlag ins Gekröse oder einmal Schraubstock mit Sahne. Aber sie reagierte gar nicht, war ruckzuck draußen vor der Tür, in dem klinisch staubfreien Hausflur, wo ihr zehn Sekunden später der Hausmeister entgegenkam und dumm fragte, ob er ihr helfen könne. Wahrscheinlich, weil sie so belämmert aussah und ihren verknautschten Fellmantel vor sich hertrug wie einen Schild – noch genauso, wie Timo ihn vom Haken gerissen und ihr in die Hand gedrückt hatte. Natürlich hatte sie diese Dienste dankend abgelehnt, was sollte sie mit einem Hausmeister. Und dann, wenn einer mitbekam, daß sie schon so weit war, sich von einem Hausmeister helfen zu lassen. Also kurz mit dem Kopf schütteln, ein tonloses NEIN DANKE NEIN NEIN murmeln und nichts wie weg. Aus den Augen, aus dem Schußfeld. Sie rannte zur U-Bahn, *hinein mit dir* und ab. Ab mit Schaden.

Aber sie war immer noch da auf dieser Party, die gar nicht enden wollte und von der sie nur im Kopf zwei Minuten abgekommen war für ein kleines Hirntheater. Renate, die gerade eine Fingerfutterplatte dekorierte, hatte sie wieder einmal genervt mit ihrer unglaublichen Gutmütigkeit. Renate, der sie womöglich bald den Mann ausspannen würde. Gisa spürte so etwas wie ein schlechtes Gewissen, aber das hielt nicht allzulange vor, denn schon wieder rutschte sie ab in Gedankenfilme – all das, was man mit diesem bislang von ihr noch ungenutzten unbenutzten Mann machen könnte. Vorausgesetzt, daß an ihm das dran war, was er zu versprechen schien und was sie sich zurechtträumte.

Die Garantie

Es sind viele, die finden wieder zusammen, aber manche haben dann schon alles verloren. Es wäre auch schwer gewesen, sich nicht in Sicherheit zu bringen und den Posten zu entgehen, die zur Rettung und Katastrophenverwehrung aufgestellt waren. Es beginnt mit einem Photo, sie photographierte sich selbst mittels eines Selbstauslösers, in einem rosig und herzig verzierten Kleid vor dem Löwen von Belfort. Die Pforte schien ihm offen, und er sprach sie an, ob sie ihm nicht besser den Apparat überließe, das Einfallstor, obwohl sie zunächst zögerte und vielleicht einen geschickten Raub ihrer Kamera befürchtete. Aber sie überließ sie ihm, er konnte seine Finger dorthin legen, wo sie ihre Finger gehabt hatte, er sah die Schwitzflecken auf dem Gehäuse, sah einen ganz leichten Rand um die Haare unter ihrer Achsel, als sie den Arm hob und eine pathetische Geste vorführte.

Sie war wütend auf sich, daß sie der simplen Überrumpelung Überraschung nachgegeben hatte. Sie sollte also wieder eingefangen und abgeschossen werden. „Festgehalten“, sagte er mit einem leicht boshaften Unterton, „für die Nachwelt und für die Ewigkeit.“ Er gab ihr den Apparat zurück, ohne den Scherz, den er eigentlich vorbringen wollte, „nur im Tausch gegen einen Kuß“. Seine Stimme wäre zu hoch gewesen und womöglich verstolpert.

Für diesmal war es ihr gelungen, ihn abzuschütteln. Sie hatte abgelehnt, mit ihm einige Schritte spazierenzugehen und die Stadt anzuschauen. Er hatte ein wenig herumgejammert, war dann aber schnell abgezogen, mit dem schönen Schmerzgesicht der armen Sau. Aber damit war es nicht vorüber. Am Abend sahen sich beide wieder. Es war ein Empfang, der zu nichts anderem diente, als abzusahnen. Elend bezahlte einheimische Lehrer, ohne Devisen losgeschickte afrikanische Professoren und polnische Anpassungskünstler drängten sich an die Fleischtöpfe. Er beschränkte sich auf das Nötigste, schichtete einen Schwung Lachs- und Kaviarbrötchen auf seinen Teller und verzog sich in eine Ecke. Er wußte, daß sie ihn für einen unverschämten deutschen Parasiten hielten, aber es ließ ihn kalt, solange sie ihn nicht behelligten und er ohne Aufsehen in Deckung gehen konnte. Als er alles verstaut hatte, ging er mit einem vollen Glas Rotwein nach draußen, um sich den Nachthimmel anzuschauen. Sie saß an einem der Tische, mit einer zugeknöpften Freundin und einem überzogenen Kollegen.

Er knipste mit den Händen, die mißlungene Szene von heute Nachmittag nachgespielt, vor einem neuen Publikum.

Die Krähen

Die Krähen, sagt man, sind die Boten des Frühlings. Aber man sagt auch, sie seien die Boten des Herbstes. Vielleicht ist das überhaupt ihr Schicksal, Überbringer zu sein. Sie machen sich breit auf einem Feld, aber bei meiner Annäherung – ich verlasse gerade erst den Waldrand – fliegen sie auf und ziehen sich krächzend auf eine westliche Fluchtlinie zurück. Mit ihnen ist ein Schwarm kleiner schwarzer Vögel. Während die Krähen sich einzeln und ungeordnet davonmachen, bewegen sich die Kleinen in einer Formation, wie ein elegant geschwenktes Taschentuch, wie das Aufbäumen einer Stute in scharfem Ritt. Sie lassen sich auf einem Baum nieder, schwarz und gleichgültig ist der, ein einzelner einsamer Baum in einer abgestorbenen Welt.

An der nächsten Wegbiegung komme ich, wie es scheint, den Krähen näher. Einige fliegen auf, und es folgen ihnen die, die auf einer Buche, unter der ich gleich durchlaufen werde, Quartier genommen haben – nacheinander, zuerst die schreckhaftesten, dann die mutigeren, zuletzt die, die immer zuerst drankommen, weil sie immer als letzte sich aus dem Staube machen. Die meisten Krähen wollen nun auch auf den Baum der kleinen Vögel, die aber flattern schon vorher auf einen Ast, müssen gar nicht erst gewaltsam verscheucht werden. Nun sind sie an einem und demselben Ort versammelt, aber sie haben gerade soviel miteinander zu tun wie die Steine, die in einem Gießbach gemeinsam zerrieben und talwärts abgedrängt werden. Aber daß Frühling ist, über Nacht Frühling, oder daß er jedenfalls kommen wird demnächst, das ist den Krähen gewiß und uns ohnehin.

Einer

I.

Manche Orte haben etwas Mörderisches an sich. Auch wenn es schwerfällt, das zu akzeptieren, auch wenn man eher glauben möchte, daß es die Geister der Ermordeten sind, die noch umgehen und in einem glücklichen Moment auf einer der Zwischenebenen uns jedenfalls insofern erreichen können, daß uns ein Hauch von Verwesung und hilflosen Schreien anweht. Ich empfand dies zum ersten Mal in meinem bisher noch so kurzen Leben an einem künstlich angelegten See in K., zwischen Kiesgruben, einem Industriegelände und der Autobahn. Schwärzliche Luft, selbst in der Sonne, die Eintönigkeit asphaltierter und verschilfter Ufer, und ich wußte, daß es hier Tote gegeben hatte, vielleicht immer noch unaufgeklärte alte kalte Fälle, ohne die Chance, Erde auf sie zu werfen. So begegnen uns auch Menschen, die uns im ersten Augenblick schon Angst und Widerwillen eingeben, weil sie uns begegnet sind in einem anderen Leben. Vielleicht waren sie es, die unser Opfer wurden. Vielleicht ist unsere Erregung an den seltsamen Orten diejenige eines Täters, der an seinen Tatort zurückkehrt, Jahrhunderte später, viel zu spät, aber trotzdem.

II.

Einer. Einer von siebenhundert.

Siebenhundert, die starben, siebenhundert, die ihren Glauben bis zuletzt für sich hatten. „Ja“, sagte der Mann mit dem Stock, der hinter dem Esel ging, „ja, das haben sie von ihrem Glauben gehabt, Das muß man ihnen lassen. Ihren Glauben haben sie behalten. Für sich und für ihren Gott. Nur das Leben, das haben sie nicht behalten. Und wenn sie ewig und drei Tage weiterleben, in der Hölle oder im

Paradies. Hier leben sie nicht mehr, hier stören sie keine Fliege mehr. Nicht einmal eine tote."

Einer, der sie überlebte. Alle überlebte er, alle die Toten. Einer, der den Glauben weggeben mußte, der keinen Glauben mehr hatte und einen neuen Glauben bekam, den er gar nicht annehmen wollte und nur halb und wie gar nicht annehmen konnte. Nur ganz außen, nicht unter der Haut.

Einer, der hinter seinem verlorenen Glauben durch die halbe Welt lief und die Wege des Abends und die Wege des Morgens abging, um das Fortgeworfene hoffnungslos zu suchen und um eines weit entrückten Tages zurückzukehren dahin, wo er einmal gewesen war. Um Rache zu nehmen an sich selbst, um Vergebung zu finden bei den Lebenden und bei den Toten.

Einer allein.

Einer von siebenhundert. Einer, der sie verraten hat, um sie zu überleben, um noch dazusein, wenn ihr Blut schwarz geworden ist in dem Graben, den die Knechte des Schwertrichters angelegt hatten von der Richtstätte zu einem feuchten Geviert, das für immer Blutsumpf heißen sollte.

Einer: Ich. Jakob, der Sohn des Jakob. Der Sohn jenes Jakob, der das Volk nicht verraten hatte, hat das Volk verraten und hat sich selbst verraten und deshalb lebt er. Ich, ich allein, nur ich. Kein anderer der siebenhundert, keiner sonst.

III.

Eine Zeit gab es, da war Judas noch nicht verlassen worden von unserem Herrn, da war Judas noch nicht einmal zum allerersten Mal in Versuchung geführt worden, und er hatte noch nicht gezögert und die vielen Silbermünzen noch nicht mehrfach zurückgewiesen. Gott war noch bei ihm, hatte sich noch nicht abgewandt von ihm und war noch nicht nach einer langen Verlassenheit wiedergekommen im schwarzen blutverkrusteten Mantel des Versuchers, und nur der Versucher ist es, der den Verräter verraten läßt, der Versucher ist es, der sich stumm die Hände reibt und sie sich waschen wird, um sich danach abzuwenden mit einem lauten herrischen Lachen, daß der zurückbleibt, der sich und alles verlor und von allen vergessen sein wird für alle Zeit.

IV.

„Wir werden die ersten sein, die sterben“, sagte der Mann, der über das Tal blickte. Auf dessen anderer Seite, fast im Nebel verschwunden, zeichneten sich die Umrisse der gegnerischen Grenzfestung ab. Unten im Taleinschnitt verbarg sich der Fluß Uxis, an dem die Reiche aneinanderstießen. Von hier oben wäre sein trübes, träges Wasser auch dann nicht zu sehen gewesen, wenn helleres Wetter geherrscht hätte.

Meinen damaligen Namen, den Namen, den ich damals trug, weiß ich nicht. Der Name, der mir irgendwann mitten im wochenlangen Nachgrübeln einfiel – Georgios Laskaris – mag der meine gewesen sein. Vielleicht ist er nur eine Art Überlagerung, ein schwarzer Überzug über einer Erinnerung, die immer wieder verschüttet wurde: Eine der Erinnerungen, die unter einer gewöhnlichen oder geradezu sinnlosen Bedeutung einen geheimgehaltenen Abgrund verschwinden lassen. Auch habe ich keine genaue Vorstellung, wann ich lebte, in welchem der zehn Jahrhunderte, in denen unser Reich aufblühte, niederging und doch so elend lange nicht sterben konnte. Allerdings spricht vieles dafür, daß es nicht im ersten Drittel dieser Zeit und eher im letzten als im mittleren Drittel war. Wenn die beiden Burgen, an denen ich im letzten Sommer zufällig (oder doch gezogen an einem der unseren Augen entzogenen Fäden) vorbeikam, die richtigen waren (die, um die damals gekämpft wurde) ließe sich eine genaue Zeit angeben: Von dem und dem Jahr bis zu dem und dem. Wenn . . . Aber ich bin trotz allen Fragen an mich selbst, trotz allen Nachspürens und Hineinhörens in mich nicht zu einem Ergebnis gelangt, ob es diese beiden Burgen und nur diese beiden waren oder ob es sich bei ihnen nur um ein Muster, ein Bild von mehreren Varianten handelte, die es im Laufe der Zeit an diesem und jenem Ort des Reiches gab. Immer in einer und derselben

Anordnung: hier die Unseren, in aller Regel belagert und wenig mehr als ihr Leben verzweifelt verteidigend, dort die anderen, ruhig zuwartend und gierig auf den kaum noch gefährdeten Sieg.
Ich war, gelangweilt und ermüdet von ereignislosen Strandtagen und Halbschlaflektüre in einem schattenkühlen Nebenraum der Bar, mit einem geliehenen Fiat 124 aufgebrochen in die Berge. Nicht allein: Mit meiner Frau, meiner Tochter, einer anderen Frau und deren Tochter. Wir hatten die Landstraße verlassen (die Straße, auf der nachts die eingeschlafenen Fahrer der Überlandbusse in den Acker rasen oder in den Gegenverkehr) und waren durch eine sattgrüne Ebene gekommen. Ufer von Flüssen mit silbrigen Bäumen, wohl Erlen, Felder mit großblättrigen riesigen Stauden, bei denen ich wieder einmal nicht wußte und nicht in Erfahrung bringen konnte, um was es sich handelte. Die Pflanzen erinnerten an Bananenstauden.
Es war das erste Mal, daß ich nicht in das Blaue hinein gefahren war, sondern uns am Flughafen eine Pauschalreise besorgt hatte – nach einigem Herumgelaufe und Gefeilsche mit genervten Angestellten, die frech behaupteten, sie hätten keine Möglichkeit, einen Nachlaß zu geben, das ließe ihr Chef nicht zu oder aber der Computer nicht, in dem nur feste Summen gespeichert seien.
Die Reise für drei Personen führte in ein türkisches Luxushotel, unmittelbar an der Küste gelegen. Ich versuchte mir damals noch einzureden, ich müsse auch einmal die Erfahrung geordneten und ruhig-aufregungslosen Urlaubes machen, ich sei angeschlagen von den zurückliegenden Monaten, in denen ich ergebnislos versucht hatte, meiner Abwahl und Ausschaltung zu entgehen. Ich hatte mir eingeredet, meine Entscheidung für die Türkei habe einzig und allein mit den verlockend niedrigen Preisen zu tun. Die Jahre zuvor hatte ich mich stets auf mein gutes Glück verlassen, war ohne Vorbuchungen und Zeitplan in einem fremden Land und in fremden Städten aufgetaucht, hatte mich durchgefragt zu einem mehr oder weniger obskuren Hotel, hatte auch einmal, als alles nicht half, eine Nacht auf einem marokkanischen Bahnhof verbracht, umschwirrt

von einigen Jünglingen, die sich selbst offerierten und alternativ oder als Zugabe eine große Portion Traumfutter.
Wir hatten eine uralte Brücke überquert, die über einen fast ausgetrockneten kleinen Fluß führte. Plötzlich, ich wollte eigentlich längst schon erneut Gas geben und zusehen, daß wir an unser Tagesziel kamen, stand vor uns mitten auf der Straße ein alter Mann, der einen verwegenen Turban trug – einen Kopfputz, den ich auf dieser Reise noch nirgendwo gesehen hatte. Er winkte gebieterisch: „Cannot continue, street is broken. Is impossible and is forbidden. Please hold here and be my guest here. It is a beautiful morning". Eigentlich wußte ich längst, daß bis auf die letzte Bemerkung alles, was er gesagt hatte, erstunken und erlogen war und daß es schon geradezu erstaunlich war, wenn überhaupt einmal ein Fitzelchen von seinen Behauptungen per Zufall mit der Wahrheit übereinkam. Ich kannte ihn doch: Ismael, den Sheitan, den Straßenräuber aus Berufung, Beruf und tiefster Neigung, Ismael, der uns gehaßt hatte bis auf den letzten Tropfen Blut und bis auf die äußerste Messerspitze. Aber ich wollte ihn ja nicht erkennen, ich wollte ja jedenfalls so tun, als habe ich noch nie von ihm gehört und noch nie mit ihm auf das Widerlichste zu tun gehabt. Ich wollte ja ahnungslos sein. Ich schaute mich um, glotzte zuerst zu Maria, die mit meiner Tochter und mit ihrer hinten saß, dann (mit dem schuldbewußten Gefühl, daß ich an beide denken mußte und an die gesetzliche *Nummer Eins* zuerst) zu Silvia: „Wie ist es, die Damen, sollen wir bleiben und schauen, wie weit man zu Fuß kommt?" Alle vier waren sofort begeistert dafür, den schönen Tag mit einem schönen Picknick zu beginnen. Ich ahnte, daß die Bereitschaft zu Fußmarschexkursionen eine arg begrenzte war, und obwohl ich das Gefühl hatte, ein derartiges herumfaulenzendes Sich-Hängen-Lassen nicht dulden zu dürfen, jedenfalls nicht stillschweigend, freute mich andererseits die vage Hoffnung, allein und ohne lästigen Anhang mir einen Weg suchen zu können und mich ganz und gar meinen Träumereien hingeben zu können – vielleicht sogar auf eine Hagar oder Rebekka an irgendeinem einsamen Brunnen zu stoßen, eine der wenigen, die immer bereit sind und die sich sofort öffnen, selbst

wenn du zu feige und zu schüchtern bist, sie an den Händen oder den Schultern zu greifen.

V.

Wie die Jugend beginnt, die das Leben ist, das Leben, das war und zu Ende ist, wenn du bemerkst, daß es zu Ende sein könnte, eine gute Jugend. Spielplätze haben sie, die Enkel und Enkelsöhne und Enkeltöchter, meterhoch umzäunte, daß kein Ball herüberfliegt auf den Notar Schubert II, der mit zwei Hunden abends aus ist, eine knappe Million für eine Herrenhauswohnung knapp neben den Sozialcontainern den Betonwaben, da ist wenig Platz, um von Eckfahne zu Eckfahne zu rennen und unter dem Kunststoff ist Gußasphalt, von drinnen ein Käfig, von draußen ein Käfig und wenn die von hinter der Bahn kommen und den Eingang besetzt halten, ist der Sack zu. Aber wir, wir haben anders gelebt, ohne feste Plätze und Gerätschaften, mal hier mal da, immer auf Achse, immer im Absprung und in der offenen Tür. Wessen Leben war das überhaupt, das ich erzählen soll, wer ist das gewesen, ich? Dieser ICH, „ich" sagte mein Ältester, als er mich anrief, „wer ist denn da", wenn du weißt, wer es ist, reicht das, aber nur dann, wenn du es sagst, weiß ich, du bist es und keiner sonst, aber woher weiß ich, daß ich es bin, ich kann mich ja nicht hören.

Um am Anfang anzufangen, warum nicht am Anfang, wenn es noch kein Ende gibt: Geboren in einem Haus, das einmal eine hohe Hausnummer hatte in einer Straße, die damals Bergstraße hieß, ohne daß es weit und breit einen Berg gab und unser Stück wurde später umbenannt in Eltener Straße, auch wenn Elten fast in Hohlland liegt, aber es wurde damals darum gekämpft, diesen Landzipfel behalten zu können und ihn nicht an die Käsköppe zu verlieren und daher rutschte die Hausnummer weit nach unten, die neue Zahl stand neben der durchgestrichenen alten, es war ein Abstieg, nicht einmal ein krummer Name durch einen prächtigen ersetzt, nicht statt

„Dorfstraße“ oder „Lehmkaulenweg“ plötzlich „Burgenblick“ oder „Rheintöchterallee“, ein einziger Abstieg stattdessen, nur Rutschen, nur Durchhängen. Nicht daß alles besser gewesen wäre, und mehr Lametta sowieso nicht, aber es war nicht soviel im Weg, es kam nicht so oft einer in die Quere, der dir sagte das und das und du konntest mehr machen. Und Zeit hattest du, ganze Tage Zeit, morgens noch tote Ruhe und am Abend warst du ausgekämpft als ob du im Krieg gewesen wärst.

Ich bin ein alter Mann jetzt, aber jetzt hier, wo ich davon rede bin ich auch ein Kind, das Verwandlungswunder mein Gesicht dürfte sich verrückt haben, ein kleingeratenes Grinsen und das faltenlose Lächeln, das die Kinder auf Knopfdruck herauszaubern können, es ist kein Trost, daß der Arsch Falten schlägt und auch nicht, sich damit zu trösten, daß du bis zur Vergasung behauptest, der Alte geblieben zu sein welcher Alte überhaupt, der Zehnjährige mit Scheiß am Bein, der Zwanzigjährige mit Samen am Sack oder der Dreißigjährige ohne Einkehrmöglichkeit oder der Vierzigjährige ohne Lust und ohne die letzte Hoffnung, welcher von allen oder überhaupt keiner. Alle Umzugkartons sind gefüllt, die Teppiche zusammengerollt, die Bilder abgehängt und dann geht der Hausherr noch einmal durch die Räume, von unten nach oben, von oben nach unten und wieder zurück. Und wie er oben angekommen ist, schaut er auf ein großes quadratisches Loch im Boden, das bis gestern abgedeckt war durch einen Nomadenkelim, er denkt nach, schüttelt sich, wendet sich einigen zufällig aufsteigenden Gedanken zu blickt aus dem Fenster in eine leergeräumte Staublandschaft und stürzt dann aus Gedankenlosigkeit oder Vorbedacht in eine Tiefe, die kein Ende nimmt.

Das weite Revier, das wir hatten, war die Aue. Kleine Hügel aus lehmigem Sand, erdige Abbrüche, die so steil waren und so wenig Halt boten, daß all die Jahre niemand es hinbekam da nach oben zu gelangen und es auch keiner versuchen mochte, nicht einmal ich und ich bin mit fünfundfünfzig noch in die Berge, über ein Brett eine Schlucht überquert ohne die Arme zu heben zur Balance. Holunder wuchs da, sogar Schilf an kleinen Tümpeln, ein hartes spelziges Gras,

Eisenkraut das dort wächst wo viel Pisse auf den Boden kommt, Wolfsmilchgewächse und Sonnentau. Sonnentau, wir versuchten Fliegen zu fangen mit bloßer Hand was schwierig genug war und selten gelang aber wir haben es jedenfalls versucht und manchmal hat es auch geklappt und dann begann der schwierigere Teil der Aufgabe die Fliege dem Sonnentau zu übergeben und sie nahe genug heranzupraktizieren an die Schnapphärchen und es gab immer nur wenige Pflanzen und die allermeisten Fliegen schafften es zu entwischen entweder döste die Pflanze oder hatte gerade ohnehin eine Fliege in der Mangel und war wenig ansprechbar deswegen aber es soll einige Male gelungen sein mir jedenfalls nicht ich mochte dieses Spiel nicht und hatte es nur zwei- oder dreimal versucht und dabei immer ein schlechtes Gewissen gehabt ich fand es immer schon besser kurzen Prozeß zu machen und Fliegen die mich in Ruhe ließen habe ich nie zerquetscht.

Es gab nichts damals in der Aue, nur Erde und Gebüsche, Wasser und Gestrüpp, kein einziges Gebäude jedenfalls bis hin zur Hansastraße und bis hinter die Weseler Straße wo der Hafen begann die ersten Holzfirmen Schrottfirmen und Lagerhäuser die aus schwarzem Ruß eisige Kälte erzeugten viermal soviel brauchst du als du für das Heizen nötig hättest, völlig unbebautes Revier. Freiheit gibt es nur ohne Häuser und nur ganz zu Anfang, vor 1955, als fast kein Auto auf der Autobahn fuhr, konntest du ohne Gefahr von hier nach da rennen und schon ein oder zwei Jahre später soll es die ersten Toten gegeben haben, ein Sechzehnjähriger die Polizei kommt zu seiner Mutter und ehe sie den Mund aufbekommen schreit sie: „Sagen Sie nichts, ich weiß, daß er tot ist“, der einzige Sohn und die Mütter haben einfach einen ominösen Draht über zehn Kilometer weg und wissen alles sofort. „Laß sie, sie müssen sich austoben“, hatte sein Vater ihr immer gesagt, sie hat ihm das nie verziehen.

Die Winter waren Winter damals, so, wie sie sein müssen. Elend kalt ab November und Schnee schon oft vor Weihnachten und es blieb weiß bis März hin. Schlitten und Schlittschuh, schon morgens vor der Schule von sechs bis sieben und ab mittags, wenn Vater es nicht mitbekam. Nur die Schicht mußte stimmen: Frühschicht war blöd, dann war er fast den ganzen Nachmittag da, Spätschicht war sehr gut und Nachtschicht auch weil er dann meist nur zwischen eins und sieben wach war, kaum aus seinem Stall hervorkam und verdächtigt wurde von uns, daß er irgendwo hinter den Kaninchenställen auf einer Schütte Stroh noch eine Runde döste. Aber wenn er in der Woche einen Tag frei hatte, dann zog er selbst die Schlittschuhe an und kam mit uns mit, obwohl alle sagten, er solle an sein Alter denken, das schicke sich nicht und er habe es doch nun wirklich viel zu sehr in den Gelenken. Trotzdem kam er mit. Ließ sich sowieso nie viel sagen, bis zuletzt.

VI.

Ich hatte Glück gehabt, damals in meinen ersten Jahren. Auch wenn ich es erst später begriff, daß es eine wirksame Hilfe für das Leben ist, wenn du mit zwanzig schon einmal oder zweimal fast gestorben warst. Ich hatte dieses Glück, den Tod zu sehen, den Tod zu berühren und doch gerade noch wegzukommen aus dem Mahlwerk. Nichts – auch das begriff ich erst später – konnte mich jetzt noch überraschen oder sogar zerstören. Es sind diese ersten Wunden, die unverwundbar machen, wenn sie nur tief genug hinabreichen.

VII.

Es waren Zweige, die an sein Gesicht schlugen, von Krüppelsträuchern, unter denen er hermußte, „aus der Fasson, aus der Fasson, ich bin aus der Fasson." Und Gräser, gut einen halben Meter hoch, dürr und brüchig, oben ein bräunlicher Federbusch, wie ein Rohrkolben, wie Schilf. Wenn das ein See ist, ein klitzkitziges Seelein, nur eine große Pfütze, für einen Schluck aus der Hand in den Mund oder gleich mit der Zunge gelöffelt. Wasser, kühles Wasser, daß du die Stirn kühlen kannst. Löscht jeden Brand, macht das Feuer weg, das in den Eingeweiden angefeuert ist, nur ein Schluck und noch einzwei, wäre schon genug, fürs erste satt genug. Da war eine Burg gewesen in Trümmern halb an dem Berg über dem Rhein, da hatte er in der Sonne gesessen solange es die Sonne gab und hatte gewußt, die Burgmauern spiegeln sich unten, auch wenn er es nicht sehen konnte, die Burg ist zweimal da und verschwindet und taucht auf im Fluß. Bloß Wasser jetzt, nur das, reicht dicke, muß nicht mehr sein als das, aber das jedenfalls. Da war er beim Winzer gewesen, hart, ziemlich hart in dem steilen Hang bei der Sommerglut und in dem Fadenregen, aber auch Besseres, lasche Mittagsruhe an guten Tagen wenn der Alte ihn alleinließ und sich wegmachte zu anderen Stücken, alles in Parzellchen hier und überall, da von einer Tante da von einem Nennonkel geerbt und dann allein, er konnte es sich aufteilen sich einteilen, mittags eine ganze Stunde Schlaf im Gras zwischen den Reihen oder in einem der gerümpeligen Unterstände. An einem Tag, am allerbesten aller Tage, war Karin auf einmal da, vorsichtig und wie nichts aus dem Wald, von oben her, das verdammte Mensch, keine lange Frage, kein Gezier und Gezerr, sie legte nur den Finger auf den Mund. Hin zu ihm und ihre Hand an seinem Arm.

„Das Ende ist niemals gut", sagte sie, „das Ende ist immer das Ende." „Ja", antwortete er, „aber dann ist es vorbei. Wir sollen uns sagen, daß es das war und uns abfinden." „Daß es vorbei ist, wie kann das gut sein? Was gut ist, geht nie vorbei", flüsterte sie, „und damit Schluß." Einige Sekunden später schlief er ein. Später war er sich sicher, daß sie noch vor ihm hinübergedämmert war.

Als er wach wurde, war sie fort – ganz so, wie er es immer erwartet hatte, nur in gerade dem Augenblick, wo sie schon gehen wollte und vielleicht nur wartete, bis er ab in den Traum war, hatte er daran keinen Gedanken verloren.

Eine Trauerweide war es, in dem ersten Grün noch vor dem Frühling, sprühiges Gezitter. Mitten im überschwemmten Strom die untergegangene Insel, die kaum ein Schattenriß noch sein wird im untersten Schlamm.

Größere Väter

Er hatte kurz gewartet, an dem ersten Friedhofstor, dort, wo die asphaltierte Zufahrt leicht anstieg zu der HALLE hin („wir schreiben auch IN DER KAPELLE, wenn Sie es wünschen, das ist alles möglich, aber meist heißt es in den Benachrichtigungen IN DER HALLE“), er hatte sich diesem allgemeinen Sprachgebrauch angeschlossen in seiner Skizze der Todesmitteilung, hatte gewartet neben seinem Auto, nur zwei oder drei Minuten und vorher war er noch um drei Ecken gefahren, um eine Telefonzelle zu finden und einen Anruf erledigt zu bekommen, der unbemerkt eingeschoben werden sollte und sich dann doch nicht so machen ließ wie gedacht. Jetzt ging er neben dem Begräbnisunternehmer diesen Weg, auch das kein LETZTER WEG, keiner wie der, den der so sehr fragliche Franz Loeser nicht so nennen wollte und mußte ihn doch gehen. Es waren kaum hundert Meter bis zu dem kleinen gekälkten Gebäude, vorn der Eingang für die Trauergesellschaften, seitlich die Totenkammern mit ihrer fast perfekten Kühlung. Morgen wird der Leichendiener sie öffnen und entscheiden, welche Särge nach seiner Beschau nicht mehr geöffnet werden dürfen, weil in der züngelnden Gewitterluft der Körper sich VERÄNDERT hat, als ob nicht jeder Körper sich in jedem Moment verändert, aber mit dem neutralseifigen VERÄNDERT meinen sie doch nur, daß sich die Haut lila-grünlich zu verfärben beginnt, daß die Leiche von oben und von unten her sich aufwirft sich aufbläht und einen unübertönbaren Gestank abläßt. Um zunächst einmal zu klären, ob dieser Zustand schon erreicht war, hatte der Bestatter, hell gekleidet an diesem Sonntagnachmittag, in Pfeffer-und-Salz-Montur, mußte sich vorher noch umziehen und den Wagen holen, WENN ES IHNEN NICHTS AUSMACHT DASS VOR IHRER TÜR EIN LEICHENWAGEN HÄLT HOLEN WIR SIE AUCH VON ZUHAUSE AB, hatte der Leichenbestatter also ihn gebeten, vorausgehen zu dürfen und erst einmal nachzusehen. Was soll man dazu sagen, soll man sagen ICH KOMME GLEICH MIT, ER KANN AUSSEHEN WIE ER WILL, aber er sagte das ja nicht, ließ es wortlos geschehen, daß erst einmal ohne ihn aufgeschlossen wurde und der Bestatter sich vergewisserte, ob alles noch regelrecht verlief, der normale Gang der Dinge. Schon längst Auflösung, von der Sekunde des Absterbens an oder schon vorher, aber keiner, der es nicht unbedingt merken und hündisch erschnüffeln will, wird es bemerken, WENN ICH MIR DEN TOTEN SELBST NICHT MEHR ZUMUTEN KANN, ZEIGE ICH IHN AUCH KEINEM ANDEREN.

In dieser kurzen Wartespanne las er die Anschläge unter dem Glas eines Informationskastens, Preise für Grabüberlassung und Dekoration mit Streublumen, Aufforderungen, mit dem Kriegsgräberbund zu Gräbern zu reisen in ganz Europa, jahrzehntealte und ultrafrische Gräber und dazwischen der skelettig-leere Zwischenraum, wie die Sender 1949, die schon auf tonlose Sendezeichen ausgewichen waren, als kurz vor Mitternacht eine Symphonie aus erstens defekten und zweitens abgeschalteten Radiogeräten ertönen sollte. Er las diese Zettel ohne sie zu lesen und sah auf den gezeichneten Papieren eine weiße wüstige Schneelichkeit und überließ sich ihr, die alles mit frostigen Hüttchen bedeckte, bis sich sein Begleiter bemerkbar machte. „Es ist alles noch in Ordnung, Sie können kommen und Ihren Vater anschauen.“ Die Tür zu einer Art Seitengelaß war geöffnet. Er, der gewähnt hatte, seinem Vater zu begegnen in einem Saal oder zumindest doch in einem Zimmer, stand vor einem Nebenraum, kaum eisenbahnabteilgroß, beherrscht von dem Sarg, der um den silbriggrauen Stoff der Unterlage und den unter einer Art Bettdecke ausgestreckten kleinen toten Mann einen hölzernen Rahmen zog, eine Bildeinfassung, die ihren Inhalt, ihr Zentrum, noch weiter schrumpfen ließ. Dieser Mensch lag ja nun wirklich stiller als still, aber es war keine endgültige Ruhe eingekehrt, es war eher ein krampfiges Verstummen, als habe da einer für wenige Momente sich entschieden im sinnlosen Vorwärtskriechen innezuhalten und die verbliebene geringe Luft zu sammeln für einen letzten verhallenden Ruf. „Ihre Mutter will nicht kommen?“ „Meine Mutter will nicht kommen, sie hat sich als Kind allzusehr erschreckt bei einem toten Onkel, den sie auch noch anfassen mußte auf dringliches Drängen ihres Vormundes hin.“ Darauf gab es keine

Antwort, wie er ja seinen Schulfreund, der angab, als Beisitzer in einem Prüfungsausschuß unabkömmlich und unersetzbar zu sein und deshalb nicht zu der Beerdigung kommen zu können, auch nur angeschwiegen hatte und ihm nicht wie gewünscht mit einer Einverständniserklärung zu Hilfe gekommen war, so daß der geradezu flehentlich bat, das Gespräch an dieser Stelle vorläufig zu beenden.
Die Haut des Toten hatte einen gelblichen Farbton angenommen. Gewaschen war er, angekleidet mit einem schwarzen Anzug, einem weißen Hemd und einem dunkelblauen Binder. Den Mund hatte der Bestatter kunstfertig geschlossen, ganz ohne eine Binde, die die längst erschlafften Kinnmuskeln zu ersetzen gehabt hätte, aber dieser künstliche Mund gab dem Gesicht, das noch vor Wochen eher weich und verschlossen-gütig gewesen war, eine Ferne und Fremdheit, die nicht einmal mehr mit einem leichthin ausgesprochenen Vergleich, einer freudig aufgegriffenen Erinnerung aufzuheben oder doch abzumildern war. Drei Tage zuvor, kaum eine halbe Stunde nachdem der Tod eingetreten war, IHR VATER HAT EINFACH AUFGEHÖRT ZU ATMEN, sagte die Krankenschwester, die nicht einmal ein Bedauern aussprach, keine stumme Beileidsgeste andeutete, waren sie in das übliche Nebenzimmer der Intensivstation gebeten worden. Er lag da, von den Beatmungs-, Nahrungs- und Abführungsschläuchen befreit, den Mund weit offen, mit den an den Wurzeln noch schwarzen und oben in ein kräftiges Weiß übergehenden Haaren der alten Propheten, der Patriarchen, die wie er bis zuletzt durch die Wüsten und Ödnisse ihre Verzweiflung und ihre Befehle an den ausbleibenden Gott der zwölf Stämme gebrüllt hatten, gebogen wie ein Bogen und der Bogenschütze, der noch nach Jahren einen und denselben Pfeil in die Weite schießen wird und der nicht sterben kann, selbst wenn er es sich in einem schwächlichen Augenblick wünschen wollte.

Albin Kurti

Difficile est satiram legere.

Warum seine Eltern ihn bei seiner Geburt in Bremerhaven 2020 per Vornamen zu einer Zweitausgabe eines mittelprächtigen und mittelalten kosovarischen Politikers mit blonder skandinavischer Importfrau machten, ließ sich nicht mehr genau klären. Als er zehn Jahre später hätte fragen können, waren seine Eltern gestorben. Die von ihm etwas später, als er zum ersten Mal von dem Namensdoppelgänger gehört hatte, befragten Verwandten zuckten nur mit den Schultern. Er hieß zwar Kurti, aber es hätte tausende von besseren Vornamen gegeben, zumal er ein Albaner war und kein armer Vetter aus dem Kosovo. Doch was blieb ihm übrig: Durchhusten, Ohren platt und windschnittig anlegen und weiter.

Die zweitausendvierziger Jahre hatten begonnen. In dieser düsteren und sich verdüsternden Zeit leuchtete er immer noch nicht, obwohl er dem doch durch unermüdliches Lesen und eine rasante Verbücherung aufzuhelfen versuchte. Es waren die Jahre, in denen die dümmsten und dreisteten Journalisten nicht mehr abstreiten konnten, daß es nur noch Streit und Scheitern gab und auf dem Weg abwärts der Aufprall bevorstand. Albin Kurti war durchaus dreist, aber nicht dumm, und er hatte klar erkannt, daß man in einer Baisse sicherheitshalber davon ausgehen sollte, es wird noch tiefer hinein in den Modder gehen. Also beschloß er, sein solides Halbwissen zu Geld zu machen, gründete ein Ein-Mann-Unternehmen mit ein paar Strohmännern und einem Schwindelinstitut im Rücken und bot qualifizierte, wissenschaftlich basierte Regierungsberatung an.

Sein erster genialer Vorschlag war, die Sozialausgaben, die ohnehin nicht mehr zu finanzieren waren, stufenweise einzufrieren und abzusenken. Erste Stufe: Alle arbeitslosen Nicht-Staatsangehörigen, sprich Ausländer und Staatenlose, wurden auf Nulleinkunft gesetzt – versüßt durch das Angebot, eine Versicherung in der Sozialsicherungskasse abzuschließen und zunächst einmal das

einzuzahlen, was später an sie, vermindert um eine kleine staatliche Abgabe, ausgezahlt wurde. Begeistert stimmten die Entscheidungsgremien dieser Anregung zu und setzten sie sofort um. Welcher Erfolg: Wie gewünscht belasteten nur wenige mit ihrem Antrag die drei landesweit zur Bearbeitung vorgesehenen Bürokräfte. Die vorhersehbaren und vorgesehenen Demonstrationen der Betroffenen und der sozialindustriellen Fachkräfte wurden mit polizeilicher Abstandssicherstellung und feuchter Deeskalation durchgestanden. Während noch demonstriert wurde, zogen es schon die ersten vor, auszuziehen aus dem gelobten Land in andere Weltgegenden. Nach einem halben Jahr blieben nur noch die Fanatiker und Enthusiasten, die ihre Einzahlung nach und nach zurückerhalten wollten.
Die zweite Stufe wendete sich den arbeitslosen Staatsangehörigen zu, die entweder eine ihnen angebotene beliebige Arbeit anzunehmen hatten oder bezugsfrei gestellt wurden. Die Ereigniskette wiederholte sich: Begeisterte Zustimmung der Regierenden, Proteste der freiheitsliebenden Arbeitsfreien, schnelle Besserung bei einigen durch Arbeitsaufnahme, Besserung bei den meisten anderen innerhalb eines halben Jahres nach Aufbrauchen von Reserven und dem Scheitern von Bettel- und Einbruchsversuchen, Verbleiben eines unbelehrbaren Restes von Asketen und Personen mit Querfinanzierung. Zu letzteren gehörten auch diejenigen, die als Vorzeigarbeitslose von der Arbeitslosenlobby dauerhaft alimentiert wurden.
Jetzt, ein Jahr nach Gründung des BIVERSAL-Instituts und der ersten so erfolgreichen Beratung, wurde es Zeit zur dritten Stufe. Nach längeren Beratungen einigte man sich mit den Anführenden auf folgendes Vorgehen: Durch eine auf ein Jahr limitierte Wiedernutzung der Prügelstrafe und der 40-Stunden-Woche in den Schulen und obligatorische Namensschilder auf der Schuluniform wurde das Bildungsniveau drastisch angehoben. Schüler, die nicht zu den besten zwanzig Prozent der Klasse rechneten, erhielten mit 15 Jahren einen Ausbildungsvertrag im Bereich Gas, Wasser & Sonstwas oder in der Fleischverarbeitung. Auch die zutiefst darüber zornige Jugendbewegung FREITAGE FÜRS FAULENZEN schuf keine

größeren Probleme, da die Jungs und Mädels zu den geplanten Demonstrationsterminen gerade in der Sonne chillten.
Die vierte Stufe der Gesellschaftsreform wurde eingeläutet durch eine Kampagne GERECHTIGKEIT BEI DEN BELASTUNGEN. Völlig zu Recht verwies diese Initiative auf den Umstand, daß es ungerecht sei, die bekanntlich bunten und nachhaltig vielfältigen Jüngeren heranzuziehen und die alten reichen und weißen Säcke zu schonen. Zur Wiederherstellung der Gerechtigkeit wurden nun für alle die Steuern verdoppelt, während die Arbeitszeiten lediglich um dreißig Prozent verlängert wurden. Zwar blieben Beifallsstürme aus, zwar wurde lang und breit debattiert, aber es konnten doch Individuen identifiziert werden, die nichts einzuwenden hatten und die sich über ein Exklusivinterview im Öffi-Fernsehen freuten.
All das hatte Albin Kurti erreicht – er hatte eine Welt umgeschaffen oder sogar neu geschaffen. Nun aber unterlief ihm ein unverzeihlicher Fehler: Er ließ durch Freunde/-innen aus seinem umfangreichen Netzwerk eine Petition starten und ans Nobel-Komitee richten FRIEDENSNOBELPREIS AN ALBIN KURTI. Aber erstens blieb die Petition trotz einiger tausend in Fußgängerzonen mit etlichen Kleingeschenken ermöglichter Unterschriften erfolglos, zweitens erfuhren so hunderttausende Empörte, wem sie ihre Empörung verdankten. Mehrere Messermänner und Messerfrauen stürmten daraufhin auf ihn ein, als er gerade in der wirtschaftswissenschaftlichen Fakultät Baden-Baden einen Vortrag zur Frage UNÜBERWINDLICHE WIDERSTÄNDE ÜBERWINDEN halten wollte. Der Rettungsdienst konnte ihn nicht mehr retten, aber er übermittelte der Nachwelt die äußerst bedenkenswerten, wenngleich geheimnisvollen letzten Worte Albin Kurtis: „Um die Schmetterlinge zu verteidigen, muß man die Raupen verteidigen."

Der schuldlose Mörder

Ein Kleiderbügel lag auf dem Steinboden, vor dem Schrank. Das paßte nicht zu dem ausgeprägten Ordnungssinn des Hausherrn, des Doktors der Rechte Otfried Wöhler, der als Kopf der dreiköpfigen Obersten Firmenleitung gestern für eine Woche nach Baden-Baden zum Geschäftsführer-Kongreß reisen wollte, wie eine an alle Mitarbeiterlinge verbreitete Information verkündet hatte. Albrecht Flaskamp, seit Jahren in flacher Hierarchie diesem Vorgesetzten untergeordnet, zugleich dessen langjähriger Freund und ein heimlicher Freund der Hausherrin, war eben erst nicht ganz zufällig an der Wöhlerschen Villa angekommen, aus dem in einer Nebenstraße geparkten Auto gestiegen und, die in ihren Vorgärten werkelnden Nachbarn freundlich grüßend, vorbeigestiefelt. „Mögen sie denken, was sie wollen“, dachte er bei sich, „der eine kommt, der andere geht. Für Bewegung ist gesorgt.“
Er hatte sich gewundert, daß die Haustür nur angelehnt war. Er kannte die ausgeprägte Furcht der Familie vor herumstreunenden Profi-Dieben und Schlimmerem und verspürte ein Warnsignal im Hinterkopf. Vielleicht war übelerweise der Chef doch nicht abgereist und war entweder kurz aus dem Haus gegangen, vor zehn Sekunden mit einem Kollaps zusammengebrochen und noch nicht wieder ins volle Leben zurückgekehrt oder ein Schlaganfall hatte für seinen sofortigen Abgang gesorgt und der physische Rest lag jetzt irgendwo herum. Oder ein als Polizist getarnter Eindringling hatte ihn um die Ecke gebracht und danach aus irgendeinem Grund bei seinem Abmarsch nicht die Haustür geschlossen. Womöglich war der fremde Schlagetot sogar noch im Haus und präparierte sich, das nächste Opfer abzuschicken ins Sarglager. Nach dem Chef ist halt der Untergebene dran. Oder es war ein übler Trick des guten alten Otfrieds, in Wirklichkeit nicht abzureisen und den Rivalen so in eine womöglich tödliche Falle zu locken. Vielleicht hatte er irgendwoher erfahren, daß seine Gattin den treuen Albrecht gerade heute zu einem Liebesmahl am eigenen Herd eingeladen hatte.

Weihnachten, das Fest der Liebe und der Überraschungen, stand wieder einmal vor der Tür und forderte, trotz gelegentlicher allergischer Reaktionen und durchgängiger Überforderungsgefühle endlich eingelassen zu werden. Allerdings hatte Albrecht im Moment keine Hirnkapazität für Halleluja-Rufe wegen bevorstehender erfreulicher Ereignisse. Er war voll und ganz damit beschäftigt, sich lauernd mit kleinen Schritten vorwärtszubewegen, blickte in alle Richtungen und in alle Ecken, schnüffelte wie ein Hund in Erwartung verdächtiger Gerüche, wurde aber darin enttäuscht durch das Vorherrschen des ihm nur allzugut bekannten lavendelig-rosigen Raumluftverbesserungsgestanks. Zu sehen war nichts Besonderes – keine Blutspuren, zumindest keine, die ohne Spezialgeräte ins Auge fielen, keine Kampf- oder Schleifspuren. Kein Chef, keine Herzallerliebste, in keinem der Räume, die er systematisch abging. Er stieg überflüssigerweise sogar in den Keller hinab, was ihm wie ein Tauchgang in die killeralgenverseuchte Schmuddel-Ostsee vorkam.
Am Ende blieben nur zwei Indizien für ein einschneidendes Ereignis: Die offene Haustür und der Kleiderbügel. Kurz erwog er, daß auch seine Paula den Bügel aus Versehen hätte fallenlassen können, als sie etwas aus dem Schrank nahm. Aber erstens war sie noch ordentlicher als ihr Gatte und hätte das Teil sofort aufgehoben und an seinen Platz zurückgebracht, zweitens weigerte sie sich konsequent, sich auch nur sporadisch um die Kleidung ihres Mannes zu kümmern. Zur Sicherheit blickte er aber auch noch in den Schrank, als wäre dort der lange gesuchte Leichnam versteckt. Nichts, natürlich nichts außer den üblichen Mänteln, Anzügen und Kombinationsjacken, alles Herrenkonfektion. Immerhin fanden sich zusätzlich in Silber- und Goldpapier eingeschlagene Geschenke in diesem Schrank. Kurz erwog er, ein kleines handliches Päckchen in seiner Hosentasche verschwinden zu lassen, nahm aber dann doch davon Abstand.
Er überlegte, was nun zu tun sei. Dann hatte er den wie er zuerst glaubte glorreichen Einfall, die, die hier sein sollte, es aber nicht war, und den, der sich gefälligst zum Teufel oder zumindest zu seinem verfluchten Geschlechtsbohrer-Kongreß scheren sollte, anzurufen. Zuerst also Paula. Ergebnis: Ihre Flötenstimme auf dem

Anrufbeantworter. Er verzichtete auf einen Beitrag anordnender oder kommentierender Art. Nun der Chef. Der aber ließ sich entschuldigen durch die Mitteilung der Telefongesellschaft „Der Teilnehmer ist nicht erreichbar. Bitte rufen Sie später erneut an.“ „Später ist schon zu spät gewesen“, dachte er.
Es half alles nichts, er mußte sich erst einmal sammeln und einen strategischen Plan ausarbeiten. Also beschloß er, die Haustür zu schließen und mit der vorgelegten Sicherheitskette zu verrammeln, einen Kognak der gehobenen Kategorie aus dem Barschrank zu entnehmen und – die Füße auf die dicke schwarze Schieferplatte gelegt – sich in den roten englischen Sessel zu flezen. Alle Möglichkeiten durchdenken, sie anordnen nach Wahrscheinlichkeit – so lautete nun die Devise. Es hatte immer mal Streit gegeben zwischen Paula und ihrem Ehegespons. Wenn nun der gestern eskaliert war, womöglich wegen der angekündigten und dann doch nicht vollzogenen Abreise, und einer der beiden war dabei über die Klinge gesprungen, um anschließend entsorgt zu werden, dann war natürlich der Überlebende der Hauptverdächtige am Kanthaken der Kripo. Es sei denn, er hatte die Spuren geschickt so gelegt, daß unser Albrecht, der eben noch als ein allen längst vom Sehen her bekannter Freund der Familie und des Hauses an den Nachbarn vorbeigegangen war, nun ins Visier der Fahnder geriet. Ihm wurde heiß ums Kinn. Abstreiten, daß er den überlebenden Ehepartner kannte, konnte er so wenig, wie er abstreiten konnte, daß da ein Kröschen mit der Frau des Freundes gewesen war. „Ganz harmlos, Herr Kommissar, rein platonisch-philosophisch. Ich bin seit Jahren wegen Erektionsstörungen in psychotherapeutischer Behandlung.“
Er erinnerte sich, wie ihm vor einigen Wochen ein breitschultriger, fett tätowierter Schwarzarbeiter vom Grundstück eines Wöhler-Nachbarn zugerufen hatte: „Du ficki ficki! Kuhl!“ Das war also schon sozusagen amtlich. Als hätte BILD schon darüber berichtet. Er hörte den Kommissar sagen: „Herr Flaskamp, das war doch bestimmt nur Verletzung mit Todesfolge. Oder Totschlag. Oder sogar Putativ-Notwehr. Der eifersüchtige Ehemann wollte wohl gestern Sie als Nebenbuhler erledigen und so seine Ehe sanieren. Und Sie fürchteten

um Ihr Leben und mußten sich halt verteidigen. Sagen Sie mir doch, wie es war, und ich helfe Ihnen weiter. Wir beide wissen doch, daß Sie für gestern Abend kein Alibi haben. Sie kommen zum Haus Ihres Chefs und schleichen sich im Dunkel vom Gartentor her ins Haus. Sie hatten ja Duplikate aller Schlüssel. Und da steht Ihnen plötzlich Ihr Chef gegenüber, den Sie nach Baden-Baden abgereist wähnten.“ Ja, das Alibi. Paula wollte ihn eigentlich schon gestern gesehen haben, aber er hatte es vorgezogen, sich noch einen Termin daheim zu genehmigen, mit Champagner und Schaumbad, ein Selferchen ganz allein mit sich und drei Pornofilmen.

Das waren seine Überlegungen für den Fall, daß Paula ihren Mann kaltgemacht hatte und sich keinen anderen Ausweg wußte, als den Mord ihrem Zweitmann anzuhängen. Schreckliche Vorstellung, aber immerhin denkbar. Mindestens genauso wahrscheinlich, eher noch wahrscheinlicher war allerdings, daß der Chef seine Holde erledigt hatte und nun einen präsentablen Übernehmer suchte, dem man die Schuld ans Bein hängen konnte. Wer kam ihm da zuerst in den Sinn? Natürlich Albi, dem er schon in der Schulzeit so gern den einen oder anderen Streich gespielt hatte. Albi, der immer der erste war, den sich der Lehrer vornahm, wenn ein Verantwortlicher gesucht wurde, um ihn an den Schultern zu packen und mit seinem Hinterkopf den Rauhputz an der Wand noch ein bißchen aufzurauhen.

Jetzt erst bemerkte er, daß auf der Schieferplatte neben einer aufgerissenen Erdnußtüte noch zwei halbvolle Kognakgläser standen. Es kam ihm so vor, als sei an dem einen Glas ein Anflug von Lippenstift. Und jetzt erst sah er den schweren Eichenknüppel, wie von Rübezahl ausgeborgt, der als anscheinend neu erworbenes Dekorationsobjekt neben der Palme stand. Der dunkle Fleck an seinem oberen Ende war sicher kein Lippenstift.

Aber ehe er diesen Oschi näher inspizieren konnte, kam Besuch. Besuch, der nicht klingelte und auch nicht klingeln mußte, denn er wurde von der rechtmäßigen Inhaberin eines Haustürschlüssels eingelassen – von Paula. Drei ausgesprochen ausgewachsene Zeitgenossen in Uniform und eine uniformierte Rothaarige waren gekommen, die Hände nahe an der Dienstwaffe und hinter ihnen stand seine Paula, blendend schön und durchstilisiert wie immer, aber mit verheultem und gerötetem Gesicht.. Aber war sie noch seine Paula? Was trieb sie an die Seite dieses Rollkommandos. „Herr Flaskamp, wie schön Sie hier vorzufinden, am Ort des Geschehens. Sie helfen uns beträchtlich. Wir haben einige Fragen an Sie und dürfen Sie bitten, uns ohne Sperenzchen zu begleiten. Geben Sie uns bitte Ihren Autoschlüssel. Ein Kollege fährt Ihren Wagen zum Präsidium, von da können Sie ihn dann wieder mitnehmen."

Mit offenem Mund und hängenden Schultern folgte Albrecht Flaskamp den vier, stieg, während alle Nachbarn, verschämt halb hinter den Gardinen verborgen, dem Schauspiel zusahen, in den Polizeiwagen, den die Rothaarige steuerte, während der kostenlos mitreisende Fahrgast zwischen zwei Breitschultrigen eingeklemmt hinten zu sitzen kam. Paula hatte ihn keines Blickes und keines Wortes gewürdigt.

Während der Fahrt sprach keiner. Im Präsidium lieferte man ihn ab bei einem Oberkommissar, der nach der Frage, ob es Kaffee, Tee oder Limo sein solle, sofort auf des Pudels Kern zusteuerte: „Herr Flaskamp, beschreiben Sie bitte Ihren gestrigen Abend!" „Ja, was soll ich sagen. Ich war den ganzen Abend zuhause, habe Filme geschaut und gebadet. Um elf bin ich ins Bett." „Das war alles?", „Ja, was sonst?" „Vielleicht haben Sie vergessen, daß Sie um zehn eine Spazierfahrt zum Hause Wöhler gemacht haben." „Unsinn, ich war müde und bin keinen Meter mehr gerollt." „Wie erklären Sie es sich, daß Ihr Auto gegen viertel nach zehn dort in einer Nebenstraße stand? Zwei Nachbarn haben beim Gassigehen mit dem Hund es bemerkt und einer ist sich sicher, daß es gegen halb zwölf dort nicht mehr war."

Paula! Paula hatte einen Zündschlüssel seines Autos. Sie mußte sich den Wagen geholt haben und ihn zurückgebracht haben. Auf seinem Parkplatz am Rand eines Waldes war abends weit und breit kein Mensch. Mithin keine Zeugen, wenn man ein bißchen aufpaßte. Aber sollte er den Wahrheitsforschern diese Variante auftischen? Lieber jetzt noch nicht.

Im Übrigen hatte, als er gestern Abend nach Hause gekommen war, ihn niemand gesehen. Niemand hatte ihn angerufen in der fraglichen

Zeit und auch er hatte nicht telefoniert. Er kannte niemanden, der ihm ein Alibi herbeigeschwindelt hätte, wie Paula es ohne weiteres getan hätte, wenn nicht ... Aber jetzt war er ihr Alibi, jetzt war er geliefert und sie war gut heraus.
„Können Sie mir sagen, warum Sie mich mit diesem Gefrage belästigen? Was ist denn passiert?“ „Das wissen Sie doch am allerbesten. Sie waren doch ein alter Freund Herrn Doktor Wöhlers.“ „Wieso waren? Was soll das heißen? Ich bin immer noch mit Direktor Wöhler befreundet.“ „Darf ich Ihrem Gedächtnis aufhelfen? Doktor Wöhler ist seit gestern Abend tot, gestorben gegen zehn Uhr. Exakter gesagt, ermordet, noch exakter: erschlagen.“ Ein Beamter in weißem Kittel kam herein, flüsterte dem Oberkommissar etwas ins Ohr. Der sagte laut „Danke“, nickte und wandte sich wieder dem Delinquenten zu: „Herr Flaskamp, es tut mir leid, Sie sind verhaftet. Sie stehen unter Mordverdacht. Im Kofferraum Ihres Autos wurden Blutspuren gefunden. Wir werden noch herausfinden, wie und wo Sie die Leiche entsorgt haben. Ach übrigens, hier können Sie die Rechtsbelehrung nachlesen und natürlich können Sie einen Rechtsanwalt anrufen.“

Composit 2100

Ich nehme an, Sie wissen, was ein Compo ist? Nein, nein, ich meine nicht die wunderhübsche Nährstofflösung mit den eingearbeiteten Samenkörnern, die aus einer wüsten Schotterfläche einen Blühgarten macht. Sehen Sie, jetzt erinnern Sie sich. Da war doch was mit den Plänen für eine Gehirn- und Lebenserweiterung. Genau! Aber es hat schon seinen Grund, daß man in letzter Zeit davon nichts mehr gehört hat. Wir haben eine gewisse Nachrichtensperre gebraucht, damit unsere Forscher in aller Ruhe die kleinen Mängel des Projekts abstellen können, die nun einmal naturnotwendig in jeder anfänglichen Experimentalphase auftreten. Ach, Sie meinen, die Bürger hätten dafür sicher Verständnis gehabt. Ihr Wort in Gottes Ohr. Sie ahnen ja nicht, wie daneben unsere Mitmenschen sind. Sie wollen viel hören und man muß ihnen natürlich irgendetwas erzählen. Aber zuviel darf es nicht sein. Vor allem nichts, was sie nicht verstehen können.

Jedenfalls haben wir inzwischen gut zweihundert Compos im Land, vorschriftsmäßig konstruierte und ausgestattete Composit-Menschen, und die allermeisten laufen in der Spur. Aber da wir hier ja UNTER DREI reden, werde ich Ihnen von einem noch nicht vollständig gelösten Problemfall berichten. Nur für Sie als Hintergrundinformation, auf keinen Fall zur Weitergabe an Unbefugte. Sie möchten ja, wie ich weiß, kein Fortschrittsverhinderer sein.

Also, rekapitulieren wir. Vor zehn Jahren gab es nach Jahrzehnten mühevoller, teurer und häufig fehlschlagender Forschung den großen Durchbruch. Peter Kamill Meier, ich meine den Nobelpreisträger, war der erste, der sich compositieren ließ. Leider starb er kurz darauf und konnte so nicht mehr die geistigen Früchte seines Wagemutes ernten. Aber er hatte einen Schüler, der sein würdiger Nachfolger wurde: Albert Eduard Gombrowski. AEG, wie ihn alle nennen, wollte durch sein Beispiel zunächst einfach nur beweisen, daß der Tod seines verehrten Lehrers absolut nichts mit der Composit-Methode zu tun hatte. Der Einbau des Composit-Zweitgehirns ist – schon allein, weil fast nur Naturmaterialien verwendet werden – für den Neurochirurgen weitgehend unproblematisch. Die installierte Einheit kann dann mit einer fast unendlichen Quantität an intellektuellem und emotionalem Material gefüllt werden – ganz so, wie der Träger es wünscht und der Compositeur es aufgrund der Vorplanungen und der aktuellen Gegebenheiten für verantwortbar hält.

Am besten, ich erzähle Ihnen jetzt mal die komplette Geschichte. Wie sie sicher wissen, kommt unser AEG ursprünglich aus dem Ruhrgebiet, aus Mülheim. Keine Alteingesessenen unter den Altvorderen, sondern irgendwann ist man mit dem Polenzuzug gekommen, aber schon die Großeltern sind hier vor Ort geboren. Die saßen mit ihren sieben kleinen Rackern in zwei Zimmern in Saarn, das damals noch ein Dorf war und wo es noch etliche gab, die nie groß herausgekommen waren aus ihrem Kaff. Die sprachen ein spezielles Platt, das Mölmsch. Für AEG, der ja aufgestiegen war in die lichten Höhen der Wissenschaft, waren das im Grunde ferne Mythen einer fernen Zeit, aber sie trugen den Zauber des einfach nur Gewesenen und der Jugend für und für. Er hatte schon als Kind seinen Vater immer wieder gebeten, ihm von Hinrich und von Heinz Hesse zu erzählen. Auch der Papa hatte die nicht mehr kennengelernt, sondern nur die Legenden gehört, die in der Familie weitergetragen wurden.

Es war geradezu unvermeidlich, daß AEG diese Familienüberlieferungen in das Aufnahmegerät sprach und dem kleinen grünen Männchen in der Künstlichen Intelligenz so das Futter lieferte, aus dem sich ein pralles Stück Leben fabrizieren ließ. Mit Hinrich war es nämlich so, daß er, seit er als Bergmann seine Frühinvalidenrente bezog, Tag für Tag, sieben Tage die Woche exakt um halb eins satt vom Mittagessen und ausgesprochen durstig im „Handelshof“ auftauchte, mit einem geknurrten „Mahlzeit“ ein Bier und zwei Korn bestellte, sich an die Theke stellte und auf die Gläsersammlung starrte. Leben kam erst in ihn, wenn einer der Jungs sich ihm zuwandte mit den Worten „Hinrich, Duwenvatter, spökes Mölmsch.“ Das mußte man ihm nicht zweimal sagen, und der Nachmittag war für den Taubenvater und sein Publikum gerettet, erst recht, wenn es noch ein bißchen Spektakel gab, wie das Mal, als der einarmige Handelsvertreter aus Bergeborbeck vorbeikam und sich, weil er bei den Kunden an dem Tag richtig abgesahnt hatte, die Kante gab. Er gehörte allerdings nicht zu der Spezies, die abgefüllt still wegsackt und nur noch für den Weltfrieden ist. Ganz im Gegenteil, er fing das große Krakeelen an, beschuldigte den Wirt, er schütte die Gläser nur halbvoll und dann sei das doch kein Bier, das sei doch warme Plörre, „da kannze die Füße mit waschen oder den Hintern". Heinz Hesse, der Mann hinter dem Tresen, war wirklich kein Klopper, aber immerhin nicht gerade klein und schwach. Doch als er begütigend den Arm um die Schulter des Schreiers legte, ihm gut zuredete und ihn hinausgeleiten wollte, fing er sich einen Schlag voll auf die Zwölf und flog quer durch den Raum. Hinrich griemelte mit dem stillen Genuß des Zuschauers und empfahl dem Heinz ein hier völlig unpassendes „Bowen aan." Als er dann auch noch sich das Späßchen erlaubte, das nächste Mal bringe er extra für den Heinz einen Kumpel ganz ohne Arme mit, spuckte der seine Wut und seinen Frust auf den Boden, Spucke hellrot mit Blut vermischt, und grunzte nur knapp „Fresse".

Als AEG dem Aufnahmegerät von diesen guten alten Zeiten erzählte, die er leider selbst nicht miterlebt hatte, verspürte er einen warmen Schauder und eine Sehnsucht wie ein Kind, das am Gartenzaun steht, aber nicht mitspielen darf. Er hatte eigentlich nur erwartet, die KI werde ihm das Ganze neu filetiert und garniert auftischen und wie ein Hörspiel vordudeln, aber er merkte sehr schnell, daß hier nicht mehr die Steinzeittechnik des Zwanzigsten Jahrhunderts rotierte, sondern das einstige Leben unverstellt wiederkehrte und all die heißen Typen wieder auftauchten, neu belebt und wiedergeboren.

Schon am nächsten Tag marschierte AEG zum „Handelshof" bestellte ein „Berch Mölmsch" und zwei Korn. Diese beiden bekam er auch, aber dazu die Auskunft, so eine Biersorte hätten sie nicht, die gäbe es schon hundert Jahre nicht mehr, sondern nur entweder „Prinzen" oder „Ganter". „Dann von beide eins", antwortete er und fragte, ob der Einarmige heute schon da war. „Dä Monteur?" „Nä, dä Vertreta aus Berge." „Kenn ich nich. Gibs hier nich." „Wo is denn dä Heinz?"

„Welchen Heinz?“ „Na, dä Wirt.“ „Dä is in Urlaub. Aber dä heißt Murratt.“ „Na sowatt. Is nich wahr.“
Sie merken schon, hier läuft was gewaltig schief. Ein klarer Fall von Überidentifikation, Differenzierungsstörung und Grenzauflösung im Persönlichkeitskonzept. AEG säuft ab in verschiedenen Erinnerungen, die nicht einmal seine eigenen sind. Statt bloß nostalgisch und fröhlich an Hinrich, Heinz und den Einarmigen zu denken, stolpert er ein Jahrhundert zurück und hält sich doch tatsächlich für Hinrich, den Duwenvatter. Wäre auch noch halb so schlimm, wenn er bloß seinen Spleen pflegen würde, halt so ein Sparren in der matschigen Birne. Aber nein, weil Heinz Hesse und der Einarmige ihn haben hängen lassen und im Stich gelassen haben, holt er die dicke Trommel heraus und macht auf Protest. Da ist der historische Friedhof unterhalb der Freilichtbühne. Er weiß, da ist ein Grabstein für einen Heinrich Schulten mit einer eingemeißelten Taubenzeichnung. Schon wegen der nahen Bühne macht er hier ein Heidentheater und brüllt, nachdem er unter Aufbietung aller Kräfte den Grabstein umgestoßen hat, durch ein Megaphon: „Das ist eine kriminelle Verschwörung! Wer weiß, wen sie da umgebracht und verscharrt haben. Mich jedenfalls nicht. Ich lebe. Ihr könnt meine Duwe fragen.“ Da kommt er noch gerade weg, ehe das herbeigerufene Überfallkommando ihn einsammeln kann. Sein Weg führt ihn in die „Walliser Stuben“, in deren ersten Stock. Nur daß es die „Walliser Stuben“ nicht mehr gibt, nur noch eine alte Aufschrift. Die reicht als Anhaltspunkt, denn nun ist er sein Urgroßvater, von dem es immer geheißen hatte, er habe jedes Jahr an Rosenmontag in den „Walliser Stuben“ aus dem Fenster im ersten Stock Bier auf die unten Vorbeitrottenden gegossen und auch schon mal ein Glas oder einen Krug hinterhergeworfen. Unten ist die Tür offen und AEG klingelt, ohne sich näher mit dem Namensschild zu beschäftigen, im ersten Stock, rennt die grundsolide ältere Dame, die ihm öffnet, um, stürmt nach vorn Richtung Straße und wirft fröhlich einen mitgebrachten, am Vortage zufällig in seine großen Manteltaschen geratenen gläsernen Bierkrug hinab. Knapp an der Schulter eines Passanten vorbei, der schimpfend die Faust gegen den erhebt, der da wie ein Triumphator am Fenster steht. Aber die

Wohnungsinhaberin hat bereits die Herren in Uniform alarmiert, denen AEG prompt bei seinem schließlichen Rückzug, immer noch über die unverständliche Ummöblierung der „Walliser Stuben“ mosernd, in die Arme läuft. Sie halten den Tobenden mit drei Mann fest, ehe ein Sanitätsmobil mit vier Figuren ganz in Weiß eintrifft, die AEG neu einkleiden und mit einer Spritze ins Traumland verladen.
Sie fragen sich und mich, ob er noch weiterhin eingehaust ist? Ist er, denn die Psychiater streiten mit den Neurochirurgen herum, was wohl besser ist, das Compo-Teil demontieren oder es neu laden. Es ist sauschwer, die Herren Experten zu einem Kompromiß zu bewegen und dafür zu sorgen, daß alle den Mund halten und nicht zur Presse laufen und Stimmung machen gegen uns. Für die sind wir nur Frankensteins Monster-Macher. Aber das ist nun einmal der Weg der Wissenschaft, der mit Opfern gepflastert wird. Wer sind wir, wenn wir nicht bereit sind, selbst zu Märtyrern des Fortschritts zu werden?

Urknall und Gerümpel

Jonathan E. Fuller war kein Kind von Traurigkeit. Während in Princeton seine studentischen Damenbekanntschaften vor den ersten einschlägigen Erfahrungen mit ihm befürchtet hatten, er sei einer dieser übervernünftigen antialkoholischen Langeweiler, verfolgte ihn auch in seinem späteren Berufsleben das Vorurteil, alle Physiker seien verschrobene und lebensuntüchtige Forschungsfanatiker und zu jedem entschlossenen Zugriff ins pralle Leben und ins frische Fleisch unfähig. Selbst sein teils proletarisch-praktisches, teils hippiehaft-buntes Erscheinungsbild in Jeans, Sombrero und Hawaihemden half ihm da ebensowenig wie seine blumigen Berichte über durchzechte Nächte und die sich anschließenden erotischen Eskapaden. „Das war die beste Zeit, da waren wir obenauf im wahrsten Sinne des Wortes“, pflegte er diese länger zurückliegende Lebensepoche zu kommentieren. Damals hatte er viele Freunde und einige Feinde – letztere vor allem unter jenen, denen er für einige Zeit die allerbeste Freundin ausgespannt hatte, zur privatistischen Zwischennutzung. Damals war sein bester Gefährte und nahezu ständiger Begleiter Lucius Davenport, ein oberklassiger Engländer, hochbegabt, aber in seiner sozialen Kommunikation eher minderbemittelt. Lucius Davenport, damals für alle Kumpane PORKY, was der so Benannte sich damals leise grummelnd gefallen ließ, später aber zutiefst verabscheute, segelte sozusagen im Windschatten und im Schlepptau von Master Fuller durch die Welt der Abende und Wochenenden und Ferien – hier eine verschmähte oder nach einer Nacht abgelegte Freundin erbend, dort einfach nur mitpalavernd und mittrinkend, bis alle Begierde sich nur noch auf den Tiefschlaf und das matte Wegsacken auf irgendeinem Sofa richtete.
Wie es nun einmal ist, trennt das Leben auch eng parallel verlaufende Wege. Lucius Davenport kam zu der im Übrigen irrigen Meinung, es sei der verfluchte Jonathan gewesen, der als erster den diskriminierenden Spitznamen PORKY aufgebracht habe. Des Weiteren bereute er sein eigenes unsolides und teures Lotterleben in

Princeton. Der Geist der Puritaner und eines durch kein Weihnachtsbrimborium beeinflußbaren Ebenezer Scrooge ergriff Besitz von ihm. Und wer hatte ihm die Schmerzen der Reue, Buße und Zerknirschung eingehandelt? Es erschien ihm sonnenklar und gerichtsfest beweisbar: Kein anderer als Jonathan E. Fuller, der Verführer zahlloser Jungfrauen und junger Frauen und eines noch ungefestigten Jünglings aus England! Diese Einsicht bestärkte ihn darin, sich als geschworenen Feind des Patriarchats zu sehen, als Feminist par excellence.

Nicht zuletzt, um den Gefahren eines Rückfalls in den alten Schlendrian zu entgehen, kehrte Lucius nach einem frostigen Abschied von den alten Kameraden nach England zurück, in den Schoß seiner Familie, die ihn eher nicht vermißt hatte, jedoch gnädig wieder aufnahm. Seine Eltern fürchteten, daß sie dieses siebte ihrer acht Kinder in Zukunft alimentieren müßten, aber Lucius erhielt sofort eine Stelle in Oxford, die ihm immerhin als miserabel vergüteter Akademischer Rat viel Ehre und ein bescheidenes Auskommen sicherte.

Was niemand erwartet und ihm zugetraut hatte: Gerade von unten her, am Fuße der Pyramide scheinbar auf Dauer festgezurrt, entwickelte er ungeahnte Energie und Aktivitäten. Inzwischen war er fest davon überzeugt, daß spätestens in dreißig Jahren der König Schwedens ihm in Stockholm den Physik-Nobelpreis verleihen werde. Immer wieder spielte er in Tagträumen diese Szene durch. Das war der große Knall, der all die Ehrabschneider ins Bodenlose schleudern würde. Da würden sie jammern: „Porky hat uns alle naßgemacht. Der ist fein raus und obenauf. Hätten wir ihn uns doch warmgehalten, dann würde er was für uns rausholen.“ Nein, nein, ihr Freundchen, Porky hustet euch was. Er wird euch noch das Genick brechen, wenn er euch in die Finger kriegt.

Aber nur vom Tagträumen wird man nichts. Also legte er sich einen Schlachtplan zurecht. Erster Punkt: Die Wahl des Schlachtfeldes. Er entschied sich für die Erforschung des Anfangs aller Dinge, weil dieser im Hinblick auf den allerersten Moment unsichtbar und unentscheidbar bleiben würde, aber zugleich reichlich Raum für

Modelle und Spekulationen bot. Zweiter Punkt: Die Wahl der exakten Kampfstätte. Nach einiger Überlegung schien ihm die Urknall-Theorie diejenige, die einerseits seiner aus Eis und Feuer zusammengebackenen und verzögert explosiven Persönlichkeit entsprach, andererseits nicht zu neu, zu exotisch und zu randständig war. Dritter Punkt: Die Beseitigung von Hindernissen. Um vorwärtszukommen, sah er nur zwei Möglichkeiten. Entweder mußte der Bildungsminister einen neuen Lehrstuhl für Astrophysik einrichten und ihm den zuschieben, aber in der Regierung kannte niemand Lucius Davenport und zu einer förderlichen Barzahlungsspende fehlte das nötige Kleingeld. Oder aber der hinderliche bisherige Lehrstuhlinhaber James Lessonian mußte aus dem Weg geräumt werden, tot oder lebendig. So traurig und niederschmetternd es ist: Selbst über einen Mord an seinem noch fröhlich amtierenden Vorgänger dachte Lucius Davenport nach, ob nun eigenhändig oder als Auftragsmord. Die Risiken bewogen ihn aber dann doch dazu, auf ein allzu gewalttätiges Vorgehen zu verzichten und durch kluge Strategie seine Führungsqualitäten unter Beweis zu stellen. Als erstes näherte er sich bei einem Institutsfest der Gattin des Konkurrenten. Der Stelleninhaber verschwendete an eine Gefährdung durch diesen neu Hinzugekommenen keinen Gedanken und ebensowenig beschäftigten ihn Treue oder Untreue seiner Ehefrau, die für ihn zum beweglichen Inventar zählte, nützlich zwar, aber doch weit unterhalb der reinen Wissenschaft. Jedenfalls scheiterte Lucius Davenport im ersten Ansturm an der kalten Schulter und dem höhnischen Spott der Umworbenen. Kein erwiderndes Charmieren, kein Austausch der Visitenkarten, keine heimlich-schnelle Verabredung im Café. Doch diese Pleite war kein Grund für einen Abbruch des Feldzugs. Also Angriff aus dem Dunkel und von einer anderen Seite her. Der Lehrstuhlaspirant verbrachte einen Abend damit, mit verstellter ornamentreicher Handschrift auf fliederfarbenem, mit Rosenduft versehenen Büttenpapier anzügliche Briefe einer Delia zu verfassen, die er während einer kurzen Abwesenheit des ahnungslosen Feindes in dessen Mantelinnentasche praktizierte. Dazu kamen die obligaten Anrufe bei Familie Lessonian

mit einem wortlosen Auflegen, sobald die Dame des Hauses sich meldete. Nach drei Tagen zeigte der Professor eine verpflasterte Stirnwunde, die zwar von ihm wortreich einem Anstoßen an einer Schranktür zugeschrieben wurde, von Davenport aber nicht zu Unrecht als tatkräftige Rache einer Empörten an einem Ungetreuen gedeutet wurde. In der Tat erfuhr er schon in der folgenden Woche unter dem Siegel der Verschwiegenheit von der Sekretärin, Frau Lessonian sei ausgezogen aus der ehelichen Wohnung und wildestens zur Scheidung entschlossen. Ja, sie habe sogar geäußert, sie werde der Universitätsleitung eine für ihren Ex äußerst unangenehme Sache mitteilen, die ihn sofort eliminieren oder doch zumindest in einen Emeritus verwandeln werde.
Die Dinge entwickelten sich prächtig, denn James Lessonian sah sich gezwungen, der Institutsmannschaft mitzuteilen, daß er aus gesundheitlichen Gründen die Universität gebeten habe, ihn von allen Aufgaben zu entbinden und seine Aufgaben dem Kollegen Lucius Davenport zu übertragen. Diesem gratuliere er herzlich. Der neue Chef zeigte sich nicht kleinlich: Er opferte eine erkleckliche Summe, um die Ära Lessonian mit einer würdigen Abschiedsfeier zu beschließen. Ganz kurz hatte er den Gedanken, sich an die abhanden gekommene Gattin heranzuwanzen, aber er verwarf das schnell, denn er wollte nicht seinerseits demnächst zum Opfer hoher moralischer Werte und zügiger Schlagfertigkeit werden.
Während Lucius Davenport derartige Etappensiege auf dem steinigen Weg Richtung Stockholm errungen hatte und mithilfe seiner Institutsuntergebenen und gelegentlich wechselnder Beziehungen zu Naturwissenschaftlerinnen, die den wissenschaftlichen Nutzen mit purer Naturnutzung verbanden, laufend in gehobensten Journalen publizieren konnte, den Urknall um- und einkreisend, war Jonathan E. Fuller aus der untersten und hintersten Reihe der Astrophysiker in Princeton dank unermüdlicher Forschung, unermüdlichen Antichambrierens, politischer Landschaftspflege und intensiver persönlicher Zusatzangebote vorgedrungen in die zweite Reihe des gehobenen Mittelmaßes. Da auch er über den Anfang des Universums forschte und brütete, blieb es ihm nicht erspart, mitanzusehen, wie

ausgerechnet der einst so verklemmte und schlaffe Porky in Oxford aufstieg zu einem Leitstern am Himmel der Theoriebildung. Was tun? Zuallererst kam es darauf an, nicht auf der Bahn des Gegners zu laufen, sondern ihm von der Seite den Weg abzuschneiden. Dazu brauchte es einen anderen Ansatz, eine alternative Erklärung. Und so stand bald schon für ihn fest, daß er gegen Porky's absurde Urknallkopp-Theorie den Big Bounce, den Urprall, verfechten werde. Ohne den Herrn aus Oxford einer Nennung oder Zitierung zu würdigen verfaßte er einen langen Aufsatz, der den Urknall ein für alle mal ins Reich der Fabel verweisen sollte. Tatsächlich gelang es, dieses historische Dokument in einer namhaften Zeitschrift zu plazieren. Fuller hatte sogar in einer Fußnote einen verschämt verschwurbelten Hinweis untergebracht, die mit der Relativitätstheorie unvereinbare Urknall-Hypothese lasse womöglich eine antisemitische Beimengung erkennen. Er war sich sicher, daß Porky dies lesen und vor Wut Geschirr zertrümmern werde. Zwei Wochen darauf erhielt er von ebendiesem einen ungemein freundlichen Brief des Inhalts, er habe da Neues und Anregendes gelesen von einem Gefährten seiner Jugend und würde sich freuen, wenn sie beide in Oxford in alter Verbundenheit ihr Fachgespräch fortführen könnten. Johnny sei eingeladen, das Gästezimmer stehe bereit.

Jonathan E. Fuller witterte Gefahr. Da sollte ihm ein Bein gestellt werden, da sollte er erst eingeseift und dann abgeschossen werden, das stand fest. Das Beste wäre, diesem Schleicher die Lampe auszupusten. Aber schlußendlich war ein Fuller niemand, der vor einer Gefahr weglief. Also schrieb er zurück, er freue sich auf ein Wiedersehen und da ohnehin bald in Oxford ein Sternforscherkongreß anstehe, werde er kommen. Kurz vor seiner Abreise schlug er die neueste Ausgabe jener Zeitschrift auf, die seine Philippika gebracht hatte. Sofort stach ein Titel ins Auge: „Eine notwendige Entgegnung auf Jonathan E. Fullers Spekulationen". Verfasser? Natürlich Porky. Tendenz: Eine Ansammlung von Unverschämtheiten. „Eine ausgerechnet von zwei deutschen Provinzwissenschaftlern herbeiphantasierte und völlig unfundierte Kalkulation mit Imaginiertem", „losgelöst von allen Ergebnissen der internationalen

Debatte in den letzten Jahrzehnten“, „zurückfallend hinter den erreichten Forschungsstand“ undsoweiter undsoweiter. „Na warte“, dachte er, „das wird quittiert“. Um seine tiefe Liebe zum alten Porky noch zu steigern, stand vor dessen Name ein „Sir“. Sir Porky war also von der Krone nobilitiert worden. Der Klassenhaß kochte in unserem amerikanischen Demokraten. Aber natürlich schrieb er, die Freundlichkeit der Einladung erwidernd und sie noch steigernd, er werde selbstverständlich gern annehmen und kommen.
Mitte Mai war es so weit. Jonathan E. Fuller hatte sich in Oxford im besten Hotel am Platze, dem „Randolph“, eigentlich viel zu teuer für seine Belange, aber für seine Selbstbewußtseinssteigerung unerläßlich, eingemietet – schon für den Fall, daß es mit Porky Krach gab und der ihn hochkant hinauswarf. Außerdem hatte er da einen kleinen gemeinen Plan. Der Big Bounce im Kleinformat: Das üble Alte prallt mit dem aufstrebenden Neuen zusammen, zerlegt sich und das Neue triumphiert. Repräsentant des Neuen konnte nur er sein, nur er selbst.

Als er, mit einem altertümlichen Taxi angerollt, an der Tür einer eindrucksvollen viktorianischen Villa klingelte, öffnete nicht etwa ein livrierter Butler, sondern der Hausherr selbst. Man umarmte sich, klopfte sich die Schultern und machte sich Komplimente. Fünf Meter weiter sah Jonathan E. Fuller in der geweihbestückten Garderobe zum ersten und einzigen Mal doch noch einen Butler: Ein spezieller Bursche, lebensgroß und lebensecht, sogar mit beweglichen Gelenken, wie der stolze Besitzer ihm vorführte.
Kaum hatten sie die imposante Wohnhalle betreten, goß der große Meister sich und seinem kleinen amerikanischen Freund großzügig einen dreifachen Whisky ein, ganz im Geiste der Völkerfreundschaft und demokratischer Grundsätze aus amerikanischer Massenproduktion stammend und nicht etwa aus schottischen Nobeldestillerien. Gerade wollte er das Glas erheben, da bellte das Telefon. Porky entschuldigte sich und entschwand in einen Nebenraum. Wunderbar, das war die Gelegenheit! Jonathan E. Fuller wurde seine tödliche geruchs- und geschmacklose Dosis eines tödlichen Giftes los in das Glas des Gastgebers. Dann eilte er freudig erregt ins Kabinett, wo eine

heftige Darmentleerung ihn überfiel. Als er zurückkehrte, hatte der mißtrauische Lucius Davenport die Gläser vertauscht. Ein fröhlicher Trinkspruch, „hoch die Tassen, auf Ex". Kaum hatte der gute alte Johnny sein Glas geleert, überfiel ihn ein Würgen und Zucken, er brachte nur noch ein gestammeltes „Du" hervor und stürzte zu Boden." „Ja, ja, so geht das. Das war dein Big Bounce", griemelte der dem Anschlag auf sein Leben knapp entgangene Ritter des Empire.
Er mochte, wie ja bereits deutlich wurde, die Deutschen nicht allzusehr. Aber jetzt profitierte er von einem klassischen Werk deutscher Erzählkunst, dessen Übersetzung ihm vor langer Zeit Eindruck gemacht hatte: „Unterm Birnbaum" von Theodor Fontane, „Under the Pear Tree". Also zog er seine weißen Münzsammlerhandschuhe an, bekleidete seinen künstlerisch wertvollen Butler mit Hut und Mantel des teuren Toten, praktizierte ihn auf den Beifahrersitz und anschließend die Leiche, gut verborgen in einem Plastiksack, in den Kofferraum. Er fuhr eine Schleife bis in die Nähe des „Randolph", von dem ihm Johnny in seinem Brief berichtet hatte, als Quartier für die erste Oxford-Nacht. Als guter Nachbar und Mitbürger erfreute er sich an einer dezenten Winkzeremonie mit dem einen oder anderen Bekannten, der aus der Ferne in Regen und Dunkel flüchtig sah, daß Sir Davenport einen Mitfahrer hatte. Dann setzte er seine Ausfahrt fort in unbelebte Gefilde, wo er Johnny wieder mit Mantel und Hut versah, den Butler in den Kofferraum verlud und den Toten auf einer einsamen Bank deponierte, wie bereitgestellt für einen verzweifelten Selbstmörder. Den Plastiksack verstaute er in einem an der Straße stehenden Mülleimer.
Am nächsten Morgen traf er gegen elf am „Randolph" ein, fragte nach seinem dort abgestiegenen Freund, mußte aber erfahren, Mr. Fuller sei nicht zum Frühstück erschienen und nicht auf seinem Zimmer erreichbar. Er bat den Hotelmanager, doch bitte nachzuschauen, Herr Fuller habe sich am Abend bei einem Besuch im Hause Davenport nicht wohlgefühlt, ja sei sogar etwas verwirrt gewesen. Bald schon kam der Oberdomestik zurück: Niemand im Zimmer, das Bett nicht angerührt. Sir Davenport empfahl folglich, ihn über eine eventuelle

Rückkehr des Gesuchten zu unterrichten und, wenn dies nicht geschehe, die Polizei zu informieren. Für alle Fälle werde er stehenden Fußes die Rechnung seines Freundes begleichen. Dann mit einem Lächeln und drohendem Zeigefinger: „Aber nicht zweimal kassieren!"

DAS HAUS
AUF DER ANDEREN SEITE

Vergiß nicht: Du wolltest nichts vergessen.

Niemand wird sich wundern, daß mir mein Vater Schwierigkeiten machte - gleich an dem Tag, als wir in unser neues Haus einzogen. „Nur weil du Alexander heißt, bist du noch lange nicht der Größte“, giftete er mich an. Ich schoß natürlich zurück: „Ich bedanke mich, daß ich schon wieder keine eigene Meinung haben darf.“ „Du redest wie dein großer Bruder. Von dem höre ich das jeden Tag.“ Da hatte er recht, aber ich war nicht dumm genug, das auch zuzugeben.
Es war abscheulich heiß, mein rotes kariertes Hemd klebte auf der Haut. Vater schien mit den Nerven herunter zu sein. Aber ich wollte nicht nachgeben. Ich schrie „Ich weiß es besser“ und warf hinter mir die Tür ins Schloß, um Vater keine Gelegenheit zur Antwort zu lassen. Durch die Tür hörte ich, wie er zu Mutter sagte: „Genau wie sein großer Bruder!“ Das schien zum Teil ein Vorwurf und zum Teil eine kleine Anerkennung zu sein.

Unser Streit hatte angefangen, als die Möbelpacker in unserem neuen Haus die ersten Kisten in das Wohnzimmer stellten. Wir hatten es uns auf ihnen gemütlich gemacht, aßen dick mit Senf bestrichene Russenei-Brote und schauten aus den hohen Fenstern über den Fluß. Ich bemerkte zum ersten Mal, daß jenseits des Flusses ein Haus stand. Ich sprang auf, trat ans Fenster und versuchte festzustellen, ob es dort Kinder gab. „Was guckst du die ganze Zeit?“, fragte Vater. „Zählst du die Stichlinge im Fluß? Oder siehst du ein Neunauge mit zehn Augen?“ „Witz! Witz!“, antwortete ich, „ich schaue mir die Kinder an, die da drüben spielen. Ich habe ein Mädchen gesehen und zwei Jungen.“ Vater stand auf, ging ans Fenster, kniff die Augen zusammen und starrte hinaus. Dann schüttelte er den Kopf: „Kein Kind drüben weit und breit! Wo sollen die Kinder denn herkommen, Junge?“ „Muß ich das wissen? Du weißt doch sonst immer alles!“ „Werde bloß nicht frech! Aber ich kann dir ja helfen.“ Und Vater brüllte aus Leibeskräften: „Ihr Kinderlein kommet, o kommet doch all und sehet, welch

Ochsen wir haben im Stall." Die Möbelpacker schauten sich an und mein Bruder Thomas machte ein Gesicht, als wollte er sagen *Der Alte spinnt.* Vater wurde jetzt hektisch. Er suchte in allen möglichen Kartons herum, bis er triumphierend eine Straßenkarte hervorzog, um mir damit zu beweisen, daß es am anderen Ufer fünf Kilometer stromauf und sieben Kilometer stromab kein Dorf gab. „Na und, es gibt aber einzelne Häuser und die sind nicht in deiner Karte eingezeichnet." „Und wo sind die Häuser, mein Söhnchen, bitteschön?" „Da drüben zum Beispiel, da steht eins!" Vater sah in die Richtung, die meine ausgestreckte Hand ihm wies. Er guckte mich seltsam an, so von der Seite her, sagte aber lediglich: „Du bist ein elender Rechthaber." Dann ging er hinaus, um die Möbelpacker in die richtigen Räume zu dirigieren.

Unseren großen Krach gab es am frühen Abend. Ich stand schon eine halbe Stunde am Fenster und starrte hinüber, auf die im Krieg zerschossenen Pfeilerstümpfe der Eisenbahnbrücke und auf das Haus. Plötzlich sah ich, wie drüben ein Mädchen in einem blauen Kleid mit großen weißen Punkten über den Hof lief und in einem seitlichen Gebäude, vielleicht einem Stall, verschwand. Vater kam gerade in den Raum, er hatte sich anscheinend über jemanden geärgert. „Was stehst du da herum, Alexius, gibt es nichts Besseres zu tun?" „Ich habe nur schnell geschaut, wer drüben wohnt. Da ist ein Mädchen. Die Jungen habe ich nicht mehr gesehen. Können wir nächsten Samstag mal hinfahren und fragen? Das ist doch langweilig, daß ich hier auf unserer Seite niemanden zum Spielen habe." „Der einzige, der langweilig ist, bist du. Was quasselst du da von einem Mädchen, wo ist ein Mädchen?" „Drüben in dem Haus am anderen Ufer, auf der anderen Seite vom Fluß." „In welchem Haus?" „Na, in dem roten Ziegelhaus mit dem Strohdach. Hast du noch nicht nach drüben geguckt?" „Sag mal, spinnst du? Wo drüben?" „Da vorne." Ich zeigte Vater das Haus, aber er glotzte mich nur ungläubig an und brummte: „Hör mal, vereiern kann ich mich selbst. Da drüben ist kein Haus, da sind die letzten Reste der Brücke, das Laub und das Gras auf den Wiesen und sonst nichts." Und dann brüllte er regelrecht: „Da ist kein Haus! Und jetzt an die Arbeit!" Mutter kam herein: „Müßt ihr euch wieder streiten? Gleich am ersten Tag in unserem neuen Heim. Obwohl alles hier so still ist, eine solche himmlische Ruhe." Vater tippte sich an die Stirn: „Dein Sohn spinnt hier herum. Oder siehst du drüben am anderen Ufer ein Haus? Sag ihm mal, was du siehst, mir glaubt er ja nichts." „Nein, wo soll denn da ein Haus sein, Alex?" „Na siehst du, Söhnchen, zwei Erwachsene gegen einen albernen Knirps. Willst du immer noch behaupten, da wäre ein Haus?“ „Wenn ich es aber sehe?“ „Wenn du es siehst, kriegst du eins hinter die Löffel, bis dir Hören und Sehen vergeht. So, Spaß beiseite, jetzt geht es ran. Du hilfst deiner Mutter beim Geschirreinräumen. Aber schlage nicht wieder alles kaputt, sonst räume ich deinen Sparhasen aus, um neues Geschirr zu kaufen.“ „Der ist doch sowieso leer, weil ich von Mutter nie Taschengeld bekomme.“ „Dein Taschengeld kommt von mir, lieber Herr Sohn. Mutter zahlt es dir nur aus aus meinen Barbeständen. Klar oder nicht klar?“ „Und von wem hast du dein Geld, hast du es selbst fabriziert? Nein, das kannst du nicht, du holst es von der Bank ab. Und ich helfe dir, es sicher unterzubringen. Meinen Sparhasen hat der Gerichtsvollzieher nicht gefunden.“ Vater runzelte die Stirn, zwischen den Augen zeigte sich seine Zornesfalte, aber Mutter hob beschwörend die Arme. Er verkniff es sich, mir schon wieder zu widersprechen.

Ich konnte nicht schlafen in dieser ersten Nacht. Ich drehte mich von rechts nach links und von links nach rechts, versuchte es auf der linken Schulter und auf der rechten Schulter, auf dem Rücken und auf dem Bauch, mit kleinem Kopfkissen und großem Kopfkissen und ganz ohne. Ich hielt die Augen fest geschlossen, zählte von elf bis einhundertelf und noch einmal von vorn. Schließlich starrte ich in das Dunkel und hoffte darauf, meine Augen würden von selbst zufallen - alles zwecklos. Um mich herum war es fast schwarz, nur das grünliche Licht meiner Einschlaflampe warf einen schmalen Kreis auf das Bett. Man mußte sie in die Steckdose drücken und dann leuchtete sie, bis es draußen wieder hell wurde. Vater hatte mir das Lämpchen vor einigen Jahren geschenkt. Damals hatte ich im Dunkeln große Angst.

Als alles nichts half, kroch ich aus dem Bett und schlich hinaus auf den Flur. An dessen Ende lag ein Balkon, von dem aus man den Fluß anschauen konnte. Aus der Etage unter uns hörte ich das Husten meiner Großmutter, ein Geräusch, das durch drei Türen ging. Seltsamerweise stand die Balkontür auf, als hätte hier jemand einen Eingang gefunden in unser Haus. Ich blieb in der Balkontür stehen und blickte mich nach allen Seiten um. Nichts - keine Weiße Frau und kein Schwarzer Mann, kein Kind mit einem welken Myrtenkranz, kein Hund mit Wolfsaugen und gesträubtem Fell. Nur ich - und dieses Husten, das manchmal in ein Röcheln überging oder unterbrochen wurde von lautem Schlafgerede und halbem Geschrei meiner Großmutter: *„Laß mich los“, „bitte, bitte nicht“, „nicht mehr, nicht mehr“, „ich kann nicht“, „ich sterbe.“* Ich schloß die Balkontür erst einmal,

als könne ich so gerade eben noch einen Eindringling abwehren. Ein Schatten, ein Gesicht, Hände am Glas. Ich starb fast vor Schreck. Aber es war nur Vater, den ich ausgesperrt hatte. Ich öffnete die Tür wieder. „Geht es dir noch danke? Was hast du hier um diese Zeit noch zu suchen? Marsch, ab ins Körbchen." „Ich konnte nicht schlafen, ich wollte über den Fluß schauen und müde werden." „Dann geht es dir fast wie mir. Aber es ist zu ungemütlich draußen, du kannst dich erkälten. Geh lieber in dein Zimmer. Du brauchst den Schlaf."
Vater legte die Hand auf meine Schulter und brachte mich mit sanftem Druck zurück. Ich hatte einfach keine Lust, jetzt zu streiten. Ich beschloß, es in einer Stunde wieder zu versuchen. Dann würde der große König schlafen und nicht hören, wie der Prinz auf sein Pferd sprang und durch die Nebelwälder ostwärts floh.

Ich hatte mir so fest vorgenommen, wachzubleiben. Aber kaum hatte ich mich ganz kurz auf mein Bett gesetzt, um mir die Zeit mit dem Zeichnen von Supermännern und Flugdrachen zu vertreiben, da schlief ich auch schon ein. Ich träumte eine wilde Geschichte, in der das Mädchen mit dem blauen Kleid und den weißen Punkten die Hauptrolle spielte. Sie war die Königin eines Landes, das immer tiefer absank und bald vom Wasser des großen Stromes überspült sein würde. Ich war gerade zu ihr gekommen - ein Fremder, der nach einem endlos langen Ritt erschöpft von seinem Rappen stieg. Sie kam auf mich zu, begrüßte mich, als hätte sie mich schon erwartet, ja als wäre ich kein Unbekannter. Und wirklich behauptete sie, mich seit ewig zu kennen. Endlich sei ich zurückgekehrt in die Heimat. Sie schien so glücklich über meine Wiederkehr, aber zugleich weinte sie ununterbrochen. „Unser Land wird bald untergehen, wenn nichts geschieht. Wir sind alle verloren. Wir werden spurlos verschwinden unter dem Wasser." Erst als sie dies sagte, bemerkte ich, daß sie in meiner Sprache sprach, aber doch in einem etwas anderen Klang. Dieser Tonfall erinnert mich an irgendetwas. Ich wußte nur nicht, an was. Seltsam, daß in dem Traum auch meine eigenen Worte diese besondere Färbung annahmen. Seltsam, daß ich mich nicht mehr fremd fühlte. Ich stand auf, blickte zu Boden, spürte an meinen Füßen, wie die Erde sich Millimeter um Millimeter senkte. Ich blickte hinüber zum Flußufer. Das Wasser hatte schon den schmalen Uferweg überspült. Alle Müdigkeit war mit einem Mal abgeschüttelt. Ich hob die Hand wie zum Schwur: „Ich werde dich retten und uns alle und das ganze Land.“ In diesem Augenblick schien es mir, als wisse ich ganz genau, wie das zu schaffen sei. Dann wurde ich wach.

Ich wollte aus dem Bett springen und mich abhetzen, um noch rechtzeitig in die Schule zu rennen. Aber gleich darauf fiel mir ein, daß Ferien waren. Ende August würde ich in eine neue Schule kommen, zu neuen Mitschülern und Lehrern, die ich genausowenig bisher kannte wie das Schulgebäude. Aber man wird sehen! Wenn mir die Kameraden nicht gefallen, dann kann ich immer noch abhauen nach Afrika oder nach Grönland. Ich las damals gerade nebeneinanderher über die Entdeckungsfahrten Gustav Nachtigals im schwärzesten Afrika und über Fridtjof Nansens Vorstoß zum Pol. Schwer zu sagen, was mich mehr reizte - dem großen Zug der Elefanten und Gnus durch die Steppe zuzuschauen und Jagd auf Löwen zu machen oder aber ganz allein oder mit ein paar Gefährten durch die Totenstille der ewigen Eisnacht vorzustoßen bis dorthin, wo alles erreicht ist. Jedenfalls hatte ich mir auf mein Federmäppchen einen Spruch geschrieben, der von meinem großen Bruder stammte: „Etwas Besseres als die Schule findest du überall.“

Mutter war ins Zimmer gekommen. „Alex, warum liegst du angezogen auf dem Bett. Junge! In all dem Papier. Und zugedeckt bist du auch nicht. Du kannst dir so leicht etwas holen, wo es noch so kalt ist im Haus.“ „Ach Mutter, ich bin der Eisenmann. Ich kann gar nicht krank werden. Jedenfalls nicht, wenn ich es nicht will.“ „Alter Angeber!“
Mit der Kälte hatte Mutter übrigens recht. Als wir gestern eingezogen waren, hatten alle gefröstelt. Ich hatte zufällig mitbekommen, wie Mutter Vater deshalb Vorwürfe machte: „Ob das wirklich so furchtbar genial war, mit diesem Haus? All die hohen Bäume, die die Sonne abhalten. Und dann die kalte nasse Luft vom Fluß her. Hier werden wir alle erfrieren.“ Vater hatte nur mit den Schultern gezuckt und irgendetwas gemurmelt wie „Im Sommer ist es dafür angenehm kühl.“ Eigentlich war jetzt Sommer und angenehm kühl war es wirklich nicht. Vielleicht kam auch die Kälte daher, daß das Haus viele Jahre leergestanden hatte. Vater war vor einem halben Jahr hierher gezogen und hatte mit einigen Bauarbeitern und Handwerkern das Haus wieder bewohnbar gemacht. Großmutter hatte ihre eigene Idee, weshalb es so kalt war im Haus. Beim Abendessen hatte sie lang und breit erzählt, man müsse erst warm werden mit dem Haus und mit ihm verwachsen, dann beginne es zu leben und sei nicht mehr so kalt wie eine Leiche. Vielleicht war es das.

Den Rest des Tages verbummelte ich unten am Fluß. Vater sah ich gar nicht, den Rest der Familie nur kurz. Ich hatte eines meiner üblichen Schnell-Fertig-Boote aus Kiefernrinde geschnitzt und wollte es schwimmen lassen. Vorsichtig ließ ich es ins Wasser. Mit einem langen dünnen Stock versuchte ich, es auf Kurs zu halten. Aber das Schiffchen bekam zuviel Fahrt, wurde von einer Welle gefaßt und von der Strömung mitgerissen. Ich wäre beinahe im Wasser gelandet, konnte mich aber noch an einer überhängenden Trauerweide festhalten. Wo war mein Bötchen? Da - es tanzte wie ein Kreisel mitten im Strom, wurde dann wie mit einem Magneten ans andere Ufer gezogen. Knapp neben dem Brückenpfeiler verschwand es im Ufergestrüpp.
Ich hatte keine Lust, noch ein Boot zu schnitzen. Ich setzte mich am Ufer auf einen großen grauen Felsblock und starrte hinüber. Bei dem Haus auf der anderen Seite war alles ruhig. Den ganzen Tag hatte ich dort noch keinen Menschen und kein Tier gesehen. Wo das Mädchen sein mochte? Schlafen konnte es ja wohl nicht mehr. Vielleicht saß sie hinten im Hof und schlug die Zeit tot mit Lesen oder mit Häkeln. Komm zeig dich doch, du dumme Gans! Wenn ich dich jedenfalls sehen könnte, wäre mir nur noch halb so langweilig. Vielleicht war sie auch plötzlich krank geworden und zu schwach, um aufzustehen und ans Fenster zu kommen. O nein, nur nicht das! Du sollst nicht krank sein. Und sterben darfst du auf keinen Fall. Ich will dich doch sehen und kennenlernen. Wir wollen doch zusammen spielen. Vielleicht hatte sie Hausarrest bekommen, in irgendeinem düsteren Hinterzimmer oder sogar im Keller bei den Mäusen und Kellerasseln. Womöglich hatte sie Widerworte gegeben oder ständig beim Geschirrabspülen gemeckert. Ach, wie gut ich dich verstehen kann, daß du jetzt sauer bist auf deine Eltern. Blöde Eltern, blöder blöder Hausarrest! Bei meinen war das auch immer das letzte Mittel, um mir eins überzubraten. Da hast du mal eben einmal die Schule geschwänzt oder eine völlig belanglose Sechs geschrieben oder dem Nachbarn ein paar Kracher unters Fenster gelegt, und schon wirst du eingebuchtet. In unserem alten Haus mußte ich dann immer ins Gästezimmer oder in die Abstellkammer. Dieser Geruch nach Mottenpulver, Lavendel und Fliederparfüm. Und du sitzt da und kannst nichts machen. Außer ein paar Plänen, wie du es demnächst deinen Eltern zeigen wirst. Dann werden sie kommen, ganz klein mit Hut, und „Bitte, bitte“ machen und versprechen, daß sie in Zukunft immer nett und lieb zu dir sind.

Aber vielleicht hatte sie gar keinen Hausarrest. Vielleicht war sie in der letzten Nacht gestorben. Nein, dann hätte man drüben Sargträger und alte Frauen in Schwarz sehen müssen und einen Pfarrer. Oder es war gestern ihr letzter Tag in diesem Haus und nachts war sie abgereist. Eben, vielleicht war sie ja nur zu Besuch gewesen in dem Haus. Oder aus irgendeinem Grunde hatten ihre Eltern und sie in der Nacht das Haus verlassen und waren mit Sack und Pack in eine andere Gegend gezogen. Vielleicht wegen des Gerichtsvollziehers nachts. Komisch, wir ziehen hierher und die da drüben ziehen weg. Oder sie war wirklich nur ein Spuk und ich hatte mir alles nur eingebildet, wie Vater es behauptet hatte. Also, das war völlig unmöglich. „Eher bringe ich mich um", dachte ich, „als daß das stimmt."

Bis es dämmerte, bis Mutter mich zum Abendessen rief, saß ich am Fluß. Drüben tat sich nullkommanichts. Abgesehen davon, daß zwei Graureiher lange auf dem halb im Wasser liegenden Brückengestänge hockten. Sie bewegten sich keinen Millimeter. Im Abendlicht wirkten sie wie zwei in die Erde geschlagene Lanzen. Erst als ein großer Bussard auf sie zuflog, schlugen sie mit den Flügeln und machten sich davon. Als es schon fast dunkel war, kam drüben noch ein Reh ans Wasser und trank. Und etwas später huschte ein dunkler Schatten durch das Uferschilf. Vielleicht ein Fischotter. Es gruselte mir, wenn ich daran dachte, daß ich mitten im Schwimmen mit solch einem pelzigen Gesellen zusammenstoßen könnte. Ein Gefühl, als bisse er mir gerade eben in die Halsschlagader.

Das Abendessen war seltsam. Vater sagte anfangs gar nichts, schien ganz in Gedanken versunken. Dann babbelte er von seinen erfolglosen Versuchen, in der Scheune einen Flaschenzug einzubauen, um Heuballen und Getreidesäcke auf den Scheunenboden hochzuziehen. „Du bist eben kein Praktiker", sagte Mutter mit einem Lächeln. „Dann hättest du eben einen Praktiker heiraten sollen. Vielleicht hätte der auch ein besseres Essen gekocht", giftete Vater zurück. Wie ich es erwartet hatte, war er jetzt erst einmal beleidigt und hielt sich fünf Minuten zurück. Niemand sagte etwas, aber dann unterbrach Mutter die Stille. Sie konnte das, was sie ein „böses Schweigen" nennt, noch nie gut haben. „Kinder, erzählt doch mal, was ihr heute gemacht habt." „Welche Kinder?", antwortete Thomas spitz. „Ich sehe hier nur ein Kind, meinen klitzekleinen Bruderzwerg Alexanderchen." „Aber Tommy, du bist doch mein Kind und du bleibst mein Kind. Auch wenn du schon siebzehn bist", beharrte Mutter. „Aber dann will ich auch ein Lätzchen haben und einen Schnuller wie mein kleiner Bruder." Jetzt hatte er mich wieder so weit. Das konnte ich mir wirklich nicht gefallen lassen: „Ich habe schon tausend Jahre lang kein Lätzchen und keinen Schnuller mehr. Ich bin zwar jünger, aber bald bin ich genauso alt wie du.“ „Ach, bloß bin ich dann schon wieder vier Jahre älter. Du bist und bleibst der Kleine. Außerdem, wieso redest du eigentlich hier mit, wenn Erwachsene sich unterhalten? Hatte ich gerade etwas von Ketchup gesagt?“ Wie ich das hasse, diese blöden Witzchen über mich als Baby-Würstchen. Hunderttausendmal habe ich sie schon gehört. Jedenfalls unterstützte mich Vater jetzt: „Also, Thomas, das ist nicht in Ordnung, daß du deinen Bruder immer hänselst. Laß ihn jetzt einmal erzählen, was er heute gemacht hat. Und danach kannst du uns deinen Tag berichten.“ Also teilte ich einigermaßen genau allen mit, wie der Tag für mich verlaufen war. Nur das Haus gegenüber und meine Überlegungen erwähnte ich nicht. Vater hörte ausnahmsweise einmal aufmerksam zu, ohne die Augen halb zu schließen und ohne aus dem Fenster zu starren. „Also, ich finde“, sagte er, „Alexander hat heute wirklich was aus dem Tag gemacht. Du bist schon dabei, dich einzuleben. Das ist gut. Und du, Thomas?“ „Ich, ich habe mich ausgelebt. Ich habe bis mittags geschlafen, dann mir drei neue Kreuzworträtsel ausgedacht, noch ein Stündchen geschlafen und dann drei Stunden für Latein und Griechisch Vokabeln gepaukt.“ Das war typisch Tommy. Bis auf das Schlafen stimmte an dieser Geschichte wahrscheinlich kein Fitzelchen. Aber wie üblich kam er damit durch und die lieben Eltern dachten sich wieder einmal: „Der Junge ist aber auch wirklich fleißig. Er lernt Tag und Nacht. Und immer beschäftigt er sich mit etwas Sinnvollem. Und wenn er mal länger schläft, sagt er es auch und schwindelt nicht.“ Toller Junge! Am besten sollte man ihn in Watte packen und ausstellen! Nie bekam er wie ich zu hören: „Also, du könntest wirklich mehr tun für die Schule. Sitz nicht so untätig herum, beschäftige dich doch nicht mit so einem Quatsch, sondern mit etwas Sinnvollem.“ Undsoweiter.

Nach Tommys Schwindelgeschichte war wieder erst einmal Ruhe. Ich wollte gerade anfangen und an mein noch ausstehendes Taschengeld erinnern, da kam Vater mit einer seiner Fragen von hinten durch die Brust. „Ach, Alexius, als ich heute zur Stadt fuhr, habe ich mir im Rathaus noch einmal die neuesten Landkarten angesehen. Was meinst du, was auf der anderen Flußseite eingezeichnet ist?“ „Was schon, das Haus, das da steht.“ „Welches Haus“, fragte Tommy mit säuselndem Unterton, „ich habe außer unserem hier weit und breit kein Haus gesehen.“ „Siehst du“, kam es jetzt von Vater, „dein Bruder sieht es auch nicht. Es ist in der Karte kein Haus zu finden zwei Kilometer stromabwärts und vier Kilometer stromaufwärts.

Nicht einmal eine Ruine oder eine Scheune ist in den Karten." „Ich glaube nur, was ich sehe", antwortete ich. „Die Karte ist eben voll daneben. Auch so ein Kartenmacher vergißt eben manchmal etwas." „Kartograph heißt der Onkel", vereimerte mich mein blöder Bruder, „das ist ein Verwandter vom Deichgraf." „Du Arsch", gab ich ihm zurück, fing mir aber dafür von ihm einen Tritt gegen das Schienbein ein und von meiner Mutter einen empörten Blick. Großmutter, die den ganzen Abend noch nichts gesagt hatte, runzelte die Stirn. Sie sah mich scharf an, aber doch ganz freundlich und liebevoll. Dann sagte sie etwas, das keiner so ganz verstand: „Laßt den Jungen in Ruhe. Kinder und alte Leute sehen mehr als andere." Ehe sie einer fragen konnte, wie sie das meine, stand sie auf, gab jedem die Hand zum Gutenachtgruß und ging in ihr Zimmer.

In dieser Nacht wollte ich unbedingt wachbleiben und einen Vorstoß wagen bis zum Fluß oder sogar auf die andere Seite des Flusses. Ich baute mir eine spezielle Weckvorrichtung, denn ich traute mich nicht, meinen richtigen Wecker zu benutzen. Er klingelt so laut, daß Tommy nebenan garantiert wachwerden mußte und dann würde er mich heimlich verfolgen und mich vielleicht sogar bei meinen Eltern verpetzen. Deshalb die Spezialvorrichtung: Ein Besenstiel, der links und rechts auf den hohen Randbrettern meines Betts aufliegt und von dem ein klatschnasses Handtuch so herabhängt, daß es fast meine Stirn berührt. Meine stille Hoffnung war, daß ich, wenn ich einschlafe und mich im Traum bewege, den Besenstiel ins Rollen bringe und das Handtuch mir auf die Stirn baumelt und daß ich davon erwache.
Bis auf das Wachwerden klappte auch alles vorzüglich. Kaum lag ich, schlief ich ein. Ich träumte irgendetwas Wildes-Wirres, ich hampelte sicher kräftig herum, und als ich die Augen öffnen wollte, tröpfelte mir Wasser ins Gesicht. Ich schob das Handtuch beiseite. Es war hell. Unten hörte ich Mutter schon in der Küche hantieren. Verdammte Schläfrigkeit! „Das passiert dir nie wieder", dachte ich, wollte mich noch einmal kurz ausstrecken, aber keine drei Sekunden später war ich schon wieder eingeschlafen.

Der Tag fing an mit grauem Himmel, Geniesel, Kälte, aber gegen Mittag hatte das Wetter sich bekriegt und die Sonne kämpfte sich durch all den Wolkenmodder ins Licht. Erst hatte ich morgens zu nichts Lust gehabt, hatte nur herumgenölt und herumgenörgelt, aber jetzt kam ich langsam in

Gang. Ich wühlte so lange in den noch unausgepackten Umzugskisten im Keller herum, bis ich meine Angel, den Fischkescher und meine selbstgebastelte Harpune fand. Um ehrlich zu sein, mit der Harpune hatte ich noch nie etwas gefangen. Sie war aus Holz, hatte vorne eine Spitze, die ich aus einem Torgitter herausgesägt hatte und hinten eine Rückholleine aus Angelschnur. Auch mit dem Kescher hatte ich bisher allenfalls ein bis zwei Stichlinge gefangen. Aber immerhin war es mir schon mehrfach gelungen, mit der Angel neben alten Turnschuhen und halbzerbrochenen Flaschenträgern aus Plastik auch Fische aus dem Wasser zu ziehen - Fische, die meine Mutter gebraten hatte. Einmal hatte sie voller Bewunderung zu mir gesagt: „Du bist der beste Junge der Welt. Dein Vater hat es noch nie geschafft, irgendetwas zu angeln. Ihm ist das alles zu praktisch. Außerdem fehlt ihm zum Angeln die Geduld. Und dabei schmeckt nichts so gut wie frischer selbstgefangener Fisch." Bloß heute hatte ich, als ich mit allen Gerätschaften am Fluß ankam, irgendwie keine rechte Lust zum Angeln. Ich deponierte das Gerümpel in einem Busch und ging unschlüssig am Ufer auf und ab.

Die Wiesen reichten fast bis zum Wasser, aber es blieb doch ein schmaler Ufersaum übrig, übersät mit bunten Kieseln, die unter meinen Schritten knirschten. An einer Biegung, wo das Ufer mit schwarzen Basaltsteinen befestigt war, setzte ich mich hin und starrte in die Wellen. Dieser Wechsel von Hell und Dunkel, das Glitzern der Sonne, ein Strahlennetz, das immer wieder zerrissen und neu verknotet wurde, der gekräuselte weiße Schaum, der sich schneller auflöste in das übliche Dunkelgrau als man hinsehen konnte, und in den Wellen einzelne Linien und Punkte, die aussahen wie Gesichtsstücke und Körperfetzen, als wäre dort im Wasser eine ziellos taumelnde Menschenmenge unterwegs, die sich eben noch stützte und sich jetzt schon hin und her drängt und einer reißt den anderen um.

Mir kam der Gedanke, daß es vielleicht gar nicht nötig und gar nicht so klug war, bis in die Nacht zu warten. Vielleicht war es das Beste, jetzt gleich durch den Fluß zu schwimmen und drüben das Mädchen mit dem blauen Kleid und den weißen Punkten zu suchen. Ich zog Schuhe, Hose und Hemd aus, setzte vorsichtig die Füße ins Wasser. Ganz nach Vorschrift, ganz genauso, wie Vater es uns immer gepredigt hatte, benetzte ich die Brust, die Schultern und die Achselhöhlen mit dem kalten Wasser. Brr, da konnte man wirklich einen Herzschlag kriegen. Langsam ging ich weiter, weiter und weiter hinein. Vielleicht gab es hier eine Furt, so daß ich bis zum anderen Ufer waten konnte. Urplötzlich war der Halt unter meinen Füßen

weg. Entweder war hier eine steile Abbruchkante, über die ich gerade hinaus war, oder irgendjemand hatte mir aus purer Bosheit den Boden unter den Füßen weggerissen. Ich rutschte mit dem Kopf unter Wasser, schluckte einen guten Schluck von der Flußbrühe, spuckte und prustete. Ich schlug wie wild mit den Armen um mich. Ehe ich es richtig mitbekommen hatte, war ich die paar Meter zurückgeschwommen. Gerade wollte ich an Land kriechen, als irgendetwas Feuchtes Glibberiges mein Bein berührte. Ich zuckte zusammen und schrie auf.
Ich weiß nicht, ob es am Zusammenzucken, am Schrei oder an beidem lag oder woran auch immer - jedenfalls war das Etwas weg, ehe ich es gewagt hatte, danach zu greifen. Na ja, ich glaube, ich hätte auch dann nicht riskiert, unter Wasser nachzuforschen, was dort genau los war, wenn da eine lahme Schildkröte gesessen hätte und mir zugerufen hätte *„Fang mich, ich warte auch ganz bestimmt."* Ich wollte einfach nur weg - an Land, in Sicherheit. Fürs erste hatte ich genug von allen Abenteuern.

Abends saß ich als erster in der Diele am Tisch und wartete auf die anderen. Ich hatte Zeit zum Nachdenken, Zeit, um in mir nachzuforschen, ob ich vor lauter Angst alle großen Pläne aufgeben wollte. Aber die Angst war wie nicht gewesen. Ich hob die rechte Hand, um mir selbst zu schwören, daß in dieser Nacht die Eroberung des anderen Ufers beginnen werde. „Was hebst du da die Hand, Ali? Willst du Bundeskanzler werden?" Das war Thomas, der wie üblich mich mit seinen blöden Sprüchen mitten in den besten Gedanken störte. „Na klar werde ich das. Und dann werden alle älteren Brüder auf den Mond geschossen." „Hör sich einer unser Würstchen an! Ganz schön frech für dein Alter. Das hätten wir uns früher mal erlauben sollen." Und mit diesen Worten schubste er mich beiseite, setzte sich auf den besten Platz und begann, sich mehrere Knifften Brot abzusäbeln.
Beim Essen sagte Vater irgendwann zu Großmutter: „Mutter, ich finde, du könntest heute den Kindern und uns etwas erzählen von Eurem Leben früher." Vater sagt immer *„Mutter"* zu Großmutter, obwohl sie gar nicht seine Mutter ist, sondern nur die Schwiegermutter. Seine Mutter, also meine andere Großmutter, ist schon lange tot. Ich habe sie nie gekannt und auch Vater war ein kleines Kind, als sie starb. Großmutter sagte erst gar nichts, rührte in ihrem Tee, warf noch ein Stückchen Kandiszucker nach, schaute hierhin und dahin. Aber dann hatte sie wohl doch das Gefühl, etwas sagen zu müssen: „Ach bitte, heute nicht. Es geht mir nicht gut, und es ist ein so schöner Tag. Ich werde es euch erzählen, wenn es mir besser geht,

wenn es draußen frostig, ungemütlich und scheußlich ist. Wie damals im Januar." Sie schwieg. „Fängt die Geschichte im Januar an, Großmutter?", ergriff ich die Gelegenheit beim Schopfe. „Nein, da endet sie. Oder auch nicht. Weißt du, mein Vater, also dein Urgroßvater hatte dafür immer einen Spruch, der sehr klug ist. Er sagte: „Wenn einer tot sein soll, dann schau dir die Leiche an. Und wenn du keine Leiche siehst, dann nehme erst einmal an, daß er noch nicht tot ist. Und manchmal ist er nicht einmal tot, wenn du die Leiche siehst." Ich überlegte, was das nun wieder heißen sollte, beschloß aber, Großmutter lieber dann zu fragen, wenn wir allein waren. Alle schauten auf ihren Teller und mümmelten schweigend vor sich hin. Vater, der es eigentlich auch nicht gut haben kann, wenn keiner etwas sagt, versuchte, einen neuen Gesprächsanfang hinzubekommen: „Alex, dann erzähl du uns doch, was es Neues am anderen Ufer..." Er stockte, weil Mutter ihm einen durchdringenden Blick zuwarf. So kannte ich meine Mutter gar nicht, mit solchen stechenden Augen, regelrechten Mörderdolch-Augen. Also, wieder Schweigen, bis Thomas etwas herumsülzte von seinen Berufsplänen und wie er unser Haus umbauen würde, wenn er zu sagen hätte. „Hast du aber nicht, Freundchen", dachte ich hämisch. „Noch hast du hier gar nichts zu melden." Natürlich beeindruckte er Vater und Mutter sehr damit, daß er entweder Oberlandesgerichtspräsident oder Nobelpreisträger für Physik werden wollte, als ob das einfach so mir nichts dir nichts zu haben ist. „Du hast ganz schön Ehrgeiz", sagte Vater mit einem bewundernden Unterton. Aber Großmutter fuhr ihm in die Parade: „Das hilft manchmal auch nicht weiter. Unser Paul hatte auch Ehrgeiz. Und, wo hat der ihn hingebracht?" Wer war das nun wieder? „Großmutter, wer ist Paul?" „Paul, Junge, das war mein Bruder." „Wieso kenne ich ihn nicht, wo ist er denn jetzt?" „Auf der Krim, da, wo ihm nichts mehr wehtut." Erst verstand ich nicht ganz, was sie meinte, aber Thomas nutzte die Chance, mir auf die Sprünge zu helfen und mich als begriffsstutzig hinzustellen. „Onkel Paul war im Krieg, in Rußland. Der liegt jetzt tot auf einem Friedhof da ganz unten am Schwarzen Meer." „Warum ist er denn bis dahin, Großmutter?" „Ich weiß es auch nicht, warum er es tat. Er meldete sich, ehe sie ihn einzogen. Er meldete sich zum Gefährlichsten, das es gab, zu den Kampfschwimmern." „Vielleicht wollte er ja sterben." Als ich das sagte, hatte ich gleich das Gefühl, daß Vater eine solche Meinung nicht unwidersprochen im Raum stehen läßt. So war es auch: „Aber Alex", kam es von Vater, „was ist das für ein Unsinn. Niemand will sterben und dein Großonkel Paul wollte es schon gar nicht." Aber diesmal stand ich jedenfalls nicht allein da mit meiner Meinung. Großmutter sprang mir bei: „Der Junge hat recht, vielleicht wollte Paul wirklich sterben. Auch ich habe eine Zeit erlebt, als ich nur noch sterben wollte.“ „Wann war das“, fragte ich. Ja, es stimmt, ich war da verdammt neugierig und hoffte auf eine richtige Sensation. Aber Großmutter schüttelte nur den Kopf: „Später, Alex, später. Im Winter werde ich euch alles erzählen.“

In der Nacht wollte ich aber nun wirklich unwiderruflich wachbleiben und einen Vorstoß wagen. Ich legte mich gar nicht erst schlafen. Ich war mißtrauisch geworden gegenüber mir selbst und fürchtete, gleich wieder hoffnungslos wegzuratzen, wenn ich ein Kissen unter dem Kopf hatte. Also, lieber kein Risiko eingehen! Ich kniete mich einen halben Meter neben meinem Schreibtisch hin und machte es mir so unbequem wie eben möglich. Am liebsten hätte ich mir Kieselsteine unter die Kniescheiben gelegt, um mich richtig zu kasteien, aber ich hatte keine zur Hand. Ich wartete, bis die Geräusche aus den anderen Zimmern aufhörten. Es war nach elf Uhr. Tommy hatte seine Onkidonki-Musik abgestellt, das laute Gemurmelgespräch aus dem Schlafzimmer meiner Eltern war abgeebbt, von Großmutters Zimmer her hörte man weder ein Schnarchen noch irgendwelche Schreie. Ich beschloß, jetzt gleich loszugehen.
Vorsichtig schlich ich über den Flur und die Treppe hinab. Ich schloß die Haustür auf, nahm den Schlüssel, schloß von außen wieder zu und machte mich auf zum Fluß. Kurz vor der Biegung, hinter der der Weg von unserem Haus auf den Uferweg trifft, hörte ich ein Geräusch - irgendetwas, das wie ein Schlag ins Wasser klang. Ich blieb stehen, setzte einen Fuß vor den anderen, pirschte mich heran. Da - unten am Fluß sah ich einen weißen Schatten, wie ein Nebel, der über das Wasser weht. Die Weiße Frau, von der mir meine Mutter so manche schlimme Geschichte erzählt hat! Die von ihren Geschwistern umgebrachte Frau, die keine Ruhe mehr findet und niemals Rache und Sühne erreicht! Immer wieder muß sie hervorkommen aus ihren Verstecken zwischen Türblättern und Klaviertasten und muß herumspuken, mit hauchzarten Taschentüchern winken, leise seufzen oder gräßlich stöhnen. Sollte ich besser sofort die Flucht antreten? Aber wie konnte ich jemals ans andere Ufer gelangen, wenn ich jedes Mal sofort einknickte und wegrannte? Und vielleicht war es sogar so, daß die Weiße Frau mir ungewollt behilflich war, ans andere Ufer zu gelangen. Zumindest würden sich solche Weicheier wie mein Brüderchen nicht aus dem Haus

trauen, wenn draußen die Weiße Frau herumgeisterte. Aber deshalb mußte ich nicht gleich so laut randalieren, daß sie mich bemerkte und mir zur Begrüßung ihre Knochenhand auf die Schulter legte. Daher blieb ich möglichst auf Abstand und achtete höllisch darauf, auf keinen Knackzweig zu treten.

Ohne daß sie sich einmal umblickte, ging die Weiße Frau zum Ufer, kroch unter einen Busch und zog ein Boot hervor. Ein Boot, das ich bei all meinen Streifzügen noch nicht gesehen hatte. Das konnte also nicht mit rechten Dingen zugehen. Sie zerrte das Boot an einer Leine hinter sich her, bis es über den Ufersand knirschte. Es platschte ins Wasser, genau neben dem kleinen verfallenen Steg, von dem aus ich meine Kieferschiffchen hatte schwimmen lassen. Die Weiße Frau kletterte langsam und unbeholfen auf den Steg, balancierte ins Boot, kniete sich hin und begann zu paddeln. Das Boot tanzte im Mondlicht undeutlich auf und ab. Langsam entfernte es sich.

Was sich während der Fahrt und am anderen Ufer erkennen ließ, war verflucht wenig. Einmal hatte ich den Eindruck, daß ein goldener Strahl vom Mond her bis auf die Weiße Frau gelenkt wurde. Als ob da jemand von oben her eine Art Steuerung bediente und das Boot exakt an den vorgesehenen Landeplatz dirigierte. Ich konnte nicht erkennen, ob es drüben auch einen Steg gab. Jedenfalls wurde das Boot irgendwie festgemacht und der weiße Schatten verschwand im Ufergehölz. „Warum braucht ein Gespenst bloß ein Boot“, dachte ich. Gespenster können doch fliegen, über Gebirge hinweg oder quer durch den Weltraum oder sie starten eine Zeitreise in einem alten abgewetzten Zirkuskoffer. Warum also ein lästiges mickriges Boot? Aber weiß der Himmel, vielleicht war Bootfahren für Geister einfach eine tolle einmalige Schau.

Irgendwie war ich mir ziemlich sicher, daß die Weiße Frau noch in dieser Nacht wieder an unser Ufer zurückkommen würde. Deshalb wartete ich. Vielleicht verbarg sie das Boot wieder unter dem Gebüsch und verflüchtigte sich, um in irgendeinem Haarspalt den Rest der Nacht zu verschlafen. Wenn ich soviel Glück haben sollte, dann war es klar wie Kloßbrühe, daß ich dann sofort mit dem Boot in See stechen würde. „Was so eine Geistertante kann, kann ich auch“, dachte ich.

Es dauerte vielleicht eine Stunde, dann sah ich, wie ein Boot sich auf unser Ufer zu bewegte. Die Weiße Frau kehrte zurück! Deutlich sichtbar kniete sie im Boot. Jetzt konnte ich schon das leise Geräusch des Stechpaddels hören. Plötzlich drängte sich eine schwarze Wolke vor den Mond, und es wurde rabenfinster. Vielleicht war das eine geplante Vertuschung, damit ich nicht zuviel mitbekam! Die Finsternis dauerte ein paar Minuten. Der Wind nahm zu, eine Bö blies mir kräftig ins Gesicht. Es war dieser Wind, der auch die schwarze Wolke vertrieb. Der Mond schien noch viel heller. Als seien seine Scheinwerfer gerade frisch geputzt worden, leuchtete der Mond herab. Da, am Ufer die Gestalt, immer noch die Weiße Frau. Sie scheint das Boot verstaut zu haben. Jetzt dreht sie sich um. Im Mondlicht sehe ich ihr Gesicht. *Großmutter*! Denkste - die Weiße Frau. Es ist *meine Großmutter* - und nicht die tote unbekannte, sondern die lebende, neben der ich vor fünf Stunden noch am Tisch saß. Was soll ich tun? Mich nicht zeigen und mir heimlich das Boot unter den Nagel reißen? Oder mich zeigen und Großmutter bitten, daß sie mit mir hinüberfährt. Sie scheint sich dort auszukennen. Plötzlich, ich weiß nicht wie, schießt mir ein Gedanke durch den Kopf: Da drüben ist Großmutters Heimat. Von dort kommt sie. Dort muß das geschehen sein, über das sie nicht sprechen wollte. Dort drüben kommen sie her, die Schreie, die sie jede Nacht im Traum ausstößt. Ich begreife, daß ich jetzt alles riskieren muß, wenn ich jemals hinter das Rätsel kommen will. „Großmutter“, sage ich leise und komme hervor aus meinem Versteck. Großmutter zuckt zusammen. Sie zittert und starrt mich an: „Paul, Paul, was machst du hier. Du bist doch tot, schon so lange tot.“ Als ob ich Paul heiße und tot bin! „Aber Großmutter, ich bin doch dein Enkel Alex. Und tot bin ich nicht. Sehe ich aus wie ein toter Soldat?“ Großmutter scheint mich nicht zu hören. Sie wendet sich ab und schlägt die Hände vors Gesicht. Ich höre ihr Schluchzen. Was soll ich jetzt sagen? „Großmutter, wir sind doch alle bei dir. Willst du mir nicht das andere Ufer zeigen? Ich kann auch für dich paddeln.“ Aber Großmutter schüttelt den Kopf, streicht sich die Haare aus dem Gesicht, greift nach meiner Hand und zieht mich zum Haus. „Morgen, besser morgen“, ist alles, was sie sagt. Und: „Gute Nacht, mein Junge“, als sie sich im Flur von mir verabschiedet.

Am nächsten Morgen geschah etwas, mit dem vielleicht alle gerechnet hatten, nur ich nicht. Oder vielleicht hatte ich auch damit gerechnet, es mir aber nicht eingestanden. Es fällt mir immer noch schwer, daran auch nur zu denken. Deshalb überlasse ich es meinem Tagebuch, für mich zu sprechen: *Großmutter ist tot. Ich will es immer noch nicht glauben. Ich will es nicht. Es soll nicht wahr sein! Ich will immer nur NEIN NEIN NEIN schreien. Wenn ich sie wieder lebendig machen, wenn ich zaubern könnte... Aber ich kann gar nichts.*

Als Großmutter nicht zum Frühstück kommt, geht Mutter hoch, um sie zu rufen. Sie geht hinein, kommt nach ein paar Sekunden wieder heraus, ganz bleich, die Augen verdreht. Sie schreit los: „Mutter rührt sich nicht! Kommt doch, ruft doch den Arzt! Sie wird doch nicht tot sein!" Vater rennt zu ihr hoch, Tommy und ich schauen uns an, gehen langsam hinterher. Als ob wir jeder einen Zentner Blei geschluckt haben.
Großmutter liegt in ihrem Bett, angezogen, in ihrem besten Sonntagskleid. Sie hat die Augen geschlossen. Sie scheint zu lächeln. Irgendwie ein trauriges Lächeln. Vater zieht mich und Thomas am Arm: „Kommt mit, wir rufen den Arzt." Ich spüre, daß er denkt, uns das Schlimmste zu ersparen. Wir rasen, weil wir noch kein Telefon haben, mit dem Auto zum Arzt. Der kommt gleich, kann aber nicht helfen. Großmutter ist tot und bleibt tot.
Ich sitze den ganzen Tag in meinem Zimmer am Fenster und heule. Als es Abend wird, sehe ich drüben das Mädchen. Sie hebt den Arm und winkt. Meint sie mich? Oder Großmutter, weil sie noch gar nicht weiß, daß die tot ist? Ich werde es erfahren. Ich werde den Fluß überqueren, tot oder lebendig. Ich werde sehen, was Großmutter sah. Ich werde das andere Ufer betreten und das Haus. Heute Nacht oder in den nächsten Nächten.

E N D E

Inhalt